21世纪高等学校课程教材

XIANDAI JIAOYUXUE JICHU

现代教育学基础

主　编　王家云　张启树

副主编　孙小青　吴小贻　储召红　丁雪红　王　平

编　委　（按姓氏笔画排列）

丁雪红（宿州学院）
王　平（安徽技术师范学院）
王家云（淮北煤炭师范学院）
王全林（皖西学院）
许世平（安庆师范学院）
任京民（淮北煤炭师范学院）
孙小青（巢湖学院）
张启树（安庆师范学院）
严从根（淮北煤炭师范学院）
李　瑛（巢湖学院）
吴小贻（池州师范专科学校）
汪晓敏（池州师范专科学校）
束仁龙（池州师范专科学校）
单振生（池州师范专科学校）
黄兴帅（安庆师范学院）
曾庆芳（皖西学院）
储召红（皖西学院）
路　洋（巢湖学院）

安徽大学出版社

图书在版编目(CIP)数据

现代教育学基础 / 王家云,张启树主编.-合肥:安徽大学出版社,2004.8

ISBN 978-7-81052-862-7

Ⅰ.现... Ⅱ.①王...②张... Ⅲ.教育学 Ⅳ.G40

中国版本图书馆 CIP 数据核字(2004)第 070198 号

21 世纪高等学校课程教材

现代教育学基础 王家云 张启树 主编

出版发行	安徽大学出版社 (合肥市肥西路 3 号 邮编 230039)	**经 销**	全国新华书店
		印 刷	合肥中德印刷培训中心印刷厂
联系电话	编辑室 0551－5108348	**开 本**	850×1168 1/16
	发行部 0551－5107716	**印 张**	20.5
电子信箱	ahdxchps@mail.hf.ah.cn	**字 数**	380 千
责任编辑	谈 菁	**版 次**	2004 年 8 月第 1 版
封面设计	张 犇	**印 次**	2011 年 6 月第 4 次印刷

ISBN 978-7-81052-862-7 **定价** 24.00 元

前　言

教材建设是教学改革的核心,在担任教师教育任务的学校开设教育学,是提高教师教育质量,适应教师专业化发展的根本措施。也是未来的教育工作者提升教育理论水平,了解教育教学改革动向的重要途径。

《现代教育学基础》系安徽省教育厅组织编写的高校公共课教材,着重体现以下特色:一是科学性与创新性。我们尽可能把最新的研究成果吸收到教材内容中来,让学生尽可能多地了解教育科学发展的前沿动态,也把参编教师与学者的研究心得奉献给大家,试图从问题入手,培养学习者的研究兴趣。二是灵活性与系统性。教育学教材的编写往往容易陷入两难境地,过分考虑学科体系容易变得枯燥乏味,以实践中的问题为序列又往往导致体系的不完整,我们在呈现基本内容的同时专门设置了一些专栏,介绍背景材料,分析教育现象。这是我们一次有益的尝试。三是专业性与综合性。要培养新时期研究型教师,应该把教育工作当做一项专业来研究,教育科学素养应当是教师素质的最重要的组成部分。对教育中的人、事的研究应当结合相关学科的研究成果,心理学、伦理学、社会学等都在我们的视野之内。四是应用性与针对性。理论与实践结合是许多教育工作者对教育学学科的最迫切的要求,有人就曾经形象地批评教育研究"上不了天,入不了地",似乎解决不了实际问题。本书力图贴近中小学教育实际,反映基础教育课程改革的基本精神,针对中小学教师教育实践中的疑难问题进行理性的分析和认真地总结。

省教育厅高教处领导始终关心和指导本书的编辑出版,安徽大学出版社为本书的出版付出了辛勤的劳动,在编写过程中,我们还参考了有关专家学者的研究成果,恕不一一列出,在此一并表示诚挚的谢意。由于我们视野与能力有限,本书的错误与疏漏之处在所难免,我们诚恳地期待各位方家的宝贵意见。

本书是集体智慧的结晶，由淮北煤炭师范学院王家云副教授、安庆师范学院张启树副教授担任主编，由较高职称和丰富教学经验的一线教师担任各章节撰写任务。具体分工为：王家云（第一章）、张启树（第二章）、许世平（第三章）、黄兴帅（第四章第一、二节）、孙小青（第四章第三节、第四节）、路洋（第五章）、任京民（第六章）、严从根（第七章）、李瑛（第八章）、王平（第九章）、曾庆芳（第十章第一节、第十一章）、王全林（第十章第二、三节）、储召红（第十二章）、吴小贻（第十三章第一、二、五节）、单振生（第十三章第三、四节）、汪晓敏（第十四章第一、四节）、束仁龙（第十四章第二、三节）、丁雪红（第十五章）。最后由王家云、张启树统稿。

本书可以作为高等师范院校教师教育教学用书，也可以作为各级各类教育学院、教师进修学校进行教师继续教育的教材。

编　者

2004 年 7 月

目　次

第一章　教育与教育学 …… 1

第一节　教育的概念与教育的历史发展 …… 1
第二节　教育的历史发展 …… 8
第三节　教育学的产生与发展 …… 11
第四节　中国教育学的发展 …… 18
思考题 …… 20

第二章　人类发展与教育 …… 21

第一节　人学视野中的教育 …… 21
第二节　人的存在与教育 …… 25
第三节　主体性教育 …… 32
第四节　教育与人的自由 …… 37
思考题 …… 42

第三章　个体发展与教育 …… 43

第一节　个体发展界说 …… 43
第二节　影响个体发展的因素及分析 …… 50
第三节　教育的个体发展功能 …… 55
思考题 …… 58

第四章　教育与现代社会发展 …… 59

第一节　教育与现代经济 …… 59
第二节　教育与现代政治 …… 65
第三节　教育与现代文化 …… 70
第四节　教育的生态功能 …… 74
思考题 …… 80

第五章　教育目的 …… 81

第一节　教育目的的概述 …… 81
第二节　教育目的的价值取向 …… 86
第三节　我国的教育目的 …… 91

思考题 …………………………………………………………………… 96

第六章 课程(上) ………………………………………………………… 97

第一节 课程概论 ………………………………………………………… 97
第二节 课程设计……………………………………………………………104
第三节 课程实施……………………………………………………………114
第四节 课程评价……………………………………………………………116
思考题…………………………………………………………………………119

第七章 课程(下)……………………………………………………………120

第一节 基础教育课程改革的背景和目标…………………………………120
第二节 基础教育课程结构的重建…………………………………………124
第三节 基础教育课程标准…………………………………………………131
第四节 基础教育课程管理和课程资源开发………………………………135
思考题…………………………………………………………………………141

第八章 教学(上)……………………………………………………………142

第一节 教学概述……………………………………………………………142
第二节 教学过程……………………………………………………………144
第三节 教学原则……………………………………………………………148
第四节 教学模式……………………………………………………………150
思考题…………………………………………………………………………157

第九章 教学(下)……………………………………………………………158

第一节 教学工作的主要环节………………………………………………158
第二节 教学方式方法………………………………………………………167
第三节 教学设计……………………………………………………………173
思考题…………………………………………………………………………183

第十章 学校德育(上)………………………………………………………184

第一节 德育概述……………………………………………………………184
第二节 现代德育思想………………………………………………………191
第三节 德育模式……………………………………………………………198
思考题…………………………………………………………………………207

第十一章 学校德育(下)……………………………………………………208

第一节 德育目标……………………………………………………………208

第二节　德育内容……………………………………………………………………… 213
第三节　德育过程……………………………………………………………………… 217
第四节　德育途径和方法……………………………………………………………… 222
思考题……………………………………………………………………………… 230

第十二章　教师……………………………………………………………………… 231

第一节　教师的权利与义务…………………………………………………………… 231
第二节　教师劳动的性质和特点……………………………………………………… 236
第三节　教师的素质…………………………………………………………………… 238
第四节　教师的专业发展……………………………………………………………… 247
思考题……………………………………………………………………………… 254

第十三章　班级管理………………………………………………………………… 255

第一节　班级管理概述………………………………………………………………… 255
第二节　班级管理过程………………………………………………………………… 260
第三节　班级集体的教育管理………………………………………………………… 262
第四节　班级个体的教育管理………………………………………………………… 265
第五节　班级管理者的素质…………………………………………………………… 269
思考题……………………………………………………………………………… 273

第十四章　教育科学研究的理论与方法…………………………………………… 274

第一节　教育科学研究的一般原理…………………………………………………… 274
第二节　教育研究的设计……………………………………………………………… 276
第三节　问卷编制与结果处理………………………………………………………… 282
第四节　校本研究及行动研究………………………………………………………… 287
思考题……………………………………………………………………………… 293

第十五章　现代教育思想…………………………………………………………… 294

第一节　教育思想概述………………………………………………………………… 294
第二节　现代教育流派简介…………………………………………………………… 297
第三节　现代教育理论简介…………………………………………………………… 304
第四节　终身教育思潮简介…………………………………………………………… 310
思考题……………………………………………………………………………… 313

主要参考文献………………………………………………………………………… 314

第一章　教育与教育学

第一节　教育的概念与教育的历史发展

同学们都经历了12年左右的学校教育，并且一直都在接受家庭教育，应当说对学校教育、家庭教育是不陌生的。同学们对学校教育、家庭教育以及教育有什么要说的吗？能不能给它们下一个定义呢？一个人对教育有自己关心的角度和把握的深度是很正常的，它既与一个人认识教育问题的方式和能力有关，也与一个人接触到的是什么样的教育素材有关。给教育下定义是对教育现象进行理性认识的一个惯用手法。

一、教育的概念

(一)“教育”的词源

在我国，一般认为“教育”一词最早见于《孟子·尽心上》中的“得天下英才而教育之，三乐也”。但由于20世纪前，人们很少把这两个字合起来作为一个词使用，所以这里的“教育”主要指“教”或“育”。按东汉许慎所著《说文解字》的解释，即“教，上所施，下所效也”；“育，养子使作善也”。在我国古代思想家的教育论说中，与“教”相伴出现的字多为“学”。这与古代的“教”主要指“教学生学有关的知识”，“学”主要指“儿童在房子里学习有关的知识”，“教”与“学”只是从不同角度描述同一种活动有关系。

在现代英语中，教育是“education”；在法语中，教育是“éducation”；在德语中，教育是“erziehung”，三词都来源于拉丁文“educare”。“educare”是名词，它是从动词“educĕre”转换来的。“educĕre”是由前缀“e”与词根“ducĕre”合成的。前缀“e”有“出”的意思，词根“ducĕre”有“引导”的意思，合起来即为“引出”。意思是借助一定的办法，把潜藏于儿童内心的东西(知识、智慧等)引导出来。

“教育”一词逐渐被中国人认识、传播，并成为使用频繁的名词，与西方教育传入中国有关。明清之际，来华的耶酥会士在为传教服务的宗旨下，翻译介绍了各种科学文化知识，同时也为中国带来了与传统的封建教育不同的西方教育。如高一志(A. Vagnoni)的《童幼教育》(1620)、艾儒略(J. leni)的《西学凡》(1623)和《职方外纪》(1623)等。19世纪中叶，传教士加强了对西方学制的介绍，如丁韪良(W. A. P. Martin)的《西学考略》、李提摩太(T. Richord)的《七国兴学备要》等。这时期的传入，虽然数量很少，但已经激起了一部分人对新“教育”的兴趣。甲午战争以后，借助日本这个媒介，中国真正开始大量引介西方教育思想、学说和理论著作。当时去日本留学的一些人开始翻译日文教育学书籍。由于日文中有“教育”和“教育学”一词，故翻译过来的有关“兴学”活动和理论就称为“教育”和“教育学”。正是在我国最早创办的教育译介《教育世界》以及教育著作的影响下,"教育"一词频繁出现,逐渐代替了原先使用的"教"和"学"的单音词。

(二)"教育"的定义

在教育界里里外外的许多人都不仅喜欢谈论教育,而且非常愿意界说教育。同时,教育领域在历史长河中不断地拓宽,教育与社会发展和个体发展的关系也处于不断的变化之中,"教育"的定义类型和词义也因此而多种多样。

专栏 1-1

美国分析哲学家谢弗勒(I. Scheffler)在其《教育的语言》(the Language of Education, 1960)一书中,探讨了三种定义,即规定性定义(the stipulative)、描述性定义(the descriptive)和纲领性定义(the programmatic)。所谓规定性定义就是作者所下(创制)的定义,其内涵在作者的某种话语情境中保持同一。也就是说,"不管其他人所用的'教育'一词是什么意思,我所用的'教育'一词就是这个意思"。所谓描述性定义就是适当地描述被界说的对象或使用该术语的方法。实际上,词典就是试图罗列描述性定义。所谓纲领性定义就是明确地或隐含地告诉人们,事物应该(should)怎样。教育一词的纲领性定义,往往包含是(is)和应当(ought)两种成分,是描述性定义和规定性定义的混合。教育毕竟是人类的一项复杂事业,人们不应该对教育的定义经常外显地或内隐地包含某些纲领、规范、规定或价值观而感到惊奇。

[资料来源]瞿葆奎主编:《教育学文集·教育与教育学》,31~37页,北京,人民教育出版社,1993。

一般说来,人们从两个角度给"教育"下定义,一是社会的角度,一是个体的角度。

从社会的角度来定义"教育",代表性的观点有涂尔干的"教育在于使年轻一代系统地社会化",巴格莱的"教育是传递人类积累的知识中具有永久不朽价值的那部分的过程"。不少学者根据"教育"一词外延的大小作进一步区分。教育即传授社会生活经验并培养人的社会活动。广义的教育,泛指影响人们知识、技能、身心健康、思想品德的形成和发展的各种活动。狭义的教育,主要指学校教育,即根据一定的社会要求和受教育者的发展需要,有目的、有计划、有组织地对受教育者施加影响,以培养一定社会(或阶级)所需要的人的活动。特指义的教育,指有计划地形成学生一定的思想政治观点和道德品质的活动,与德育同义。在此类定义中,教育是社会进化的一个基本因素,强调社会政治、经济和文化等因素对个体发展的影响,强调发挥教育在促进个体履行社会功能方面的作用。

从个体的角度来定义"教育",往往把"教育"等同于个体的学习或发展过程。代表性的观点有特朗里的"教育即成功地学习知识、技能与正确态度的过程",李特的"教育就是对人性的改造”[①]。在此类定义中，教育是个体发展与完善的一个基本因素，强调个体的价值以及个体发展对社会的发展与进步的积极作用。

这些“教育”定义从不同角度揭示了教育活动的某些属性，展示了教育活动在范围、内容、层次、过程或结果等方面的不同状况，有助于人们更加全面地认识教育活动。但这些定义对教育活动的层次性普遍重视不够，缺乏立体感，从而影响人们对教育活动的深入理解。

根据对“教育”概念的分析，我们尝试将“教育”区分为三个层次，并分别定义为：低限“教育”，即使人免受伤害的人际交往活动；现实“教育”，即使人掌握谋生本领的人际交往活动；理想“教育”，即发展人的自由人格的人际交往活动。

教育从来都是具体的，低限（原初、底线）教育和现实教育是非常具体的教育，教育要有理想，但即使教育的理想和理想的教育也应该是具体的。使人免受伤害，是人类社会或个体办教育、个体或群体接受教育的原初动力来源。办教育，提高民众（哪怕只是少数人）的文明程度，目的是使这些受教育民众不因无知和无能受到或带给自己、他人、自然及社会的伤害。虽然最初阶段的专门教育可能只是为了使（少数人）自己少受或不受伤害，与此同时，甚至还会对他人及社会造成一定伤害，但人们接受教育的初始动力没有因此发生改变，教育能够满足人的初始需求的功能没有因此发生改变。这里的“伤害”既包括生理（物质）上的，也包括心理（精神）上的；既包括来自社会政治、经济、文化、环境的，也包括来自个体的。人与人（群）之间、人与社会之间、人与自然之间免受伤害的基础，是人要把握生理（物质）和心理（精神）需求的合理度，人的贪婪和无知一样都会带来伤害。“免受或少受”不仅有消极防御的意思，也有积极进取的含义。为了实现“使人免受伤害”的目的，消除无知和贪婪是必由之路，为此，人类要有教育，要设定教育目的，要不断变化、更新教育内容，要寻找有效的教育方式和方法，要采取一些必要的管理策略和措施。人们看到今天的教育更加人性化，更加体现人与人、人与自然之间的和谐，已经是使人少受伤害的教育现实。而人类正在积极倡导的“生命教育”、“健康心灵教育”、“全纳教育”、“关注弱势群体权利的教育”，争取教育平等、民主，合理处理教育中的各种关系等也都是为了使人免受伤害，它是人类更高发展阶段的教育，和当下的教育一样，它们都是先人的教育理想。它与公、检、法之所以不同，就在于它是一种“人际交往活动”。教育者和学习者之间通过共同的中介性客体而结成主体—主体间的关系。这种关系包含两方面意思：一是人格意义上的关系，即教育者与学习者在交往中，不分高低，相互尊重，民主平等，不允许教育者支配、控制、压制学习者情况的发生；二是教育意义上的关系，即基于教育者已经发展起来的主体性，他首先必须承担激发、引导和发展学习者主体性的任务。学习者主体性的发展离不开教育者的教育。

“使人掌握谋生本领”是现实教育的真实追求，也是衡量现实教育价值大小的主要砝码。斯宾塞的“教育为未来生活做准备”，揭示了教育的继时谋生价值，忽视了教育的即时谋生价值，现实的教育应该争取这两种价值的有机结合。教育，哪怕是以公共性为

① 邹进著：《现代德国文化教育学》，90页，太原，山西教育出版社，1992。

根本特征的基础教育都应该建立起与谋生的实质性联系。教育目的的确立,课程计划的制定,课程目标、内容的选择,教学活动的安排,教育活动的管理与评价等都应该体现谋生要求。“谋生”教育不排斥公共理想教育,不等于工具性(狭隘功利性)教育。学习者掌握基础知识、基本技能,提示搜集、处理信息能力与分析、解决问题的能力,提高交流、合作能力,养成积极、乐观的人生态度和实事求是的科学精神等都是谋生本领的有机组成部分。个体生活、生产、创造发明以及一切技术特长都生成于教育过程,都有赖于教育活动打下的基础。教育应该使人自立、自强、自我发展和完善。人只有逐渐成为独立自主的人,才会有主体性,才能与教育者以及其他人形成人际交往关系,个体谋生的独特价值才能体现出来。

“发展人的自由人格”是理想的教育,是教育的执着追求,是人成为“人”的真正标尺。自由人格的人是一个完整的人,是全人教育和自由活动相融合,促成个性充分发展的人。

全人教育是基础。全人教育不同于近代教育思想史上的“人的全面和谐发展”教育,后者基本上是以抽象的人性观为理论基础的。马克思主义经典作家,从考察分工入手,揭示人的片面发展的根源,指出社会化大工业生产和资本主义的高速度发展为人的全面发展提供了物质基础,“用那种把不同的社会职能当作相互交替的活动方式的全面发展的个人,来代替只是承担一种社会局部职能的局部个人”,是资本主义生产发展的必然要求。这样就导致“能够适应极其不同的劳动需求并且在交替变换的职能中只是使自己先天的和后天的各种能力得到自由的发展”。这种发展的核心是“个人能力(体力和智力)的多方面的、充分的发展”(这个意思与我们今天讲的“全人教育”不完全相同)。人是实践的存在物。人有自然生命(种生命)和自为生命(类生命);人有物质生命本质(种本质)和社会文化本质(类本质)。“自由自觉的活动”就是人的类生命、类本质。而衡量“自由自觉”的尺度是真善美①,“真”是一种外在的科学的尺度,衡量活动客体的运动是否合规律;“善”是一种内在的价值的尺度,衡量活动主体的价值追求和目的意向是否合社会准则;只有既合科学规律又合社会准则,才是美的。

以自由活动为主线。体现为:认识活动的自由(多些“内发”,少些“外铄”;多些“思考”,少些“静听”;多些“主动”,少些“被动”)和交往的自由,即人格意义上的交往(平等)和教育意义上的交往(不完全平等、不平等)。

以个性发展为落脚点。《学会生存》一书中揭示了今天和未来的教育要把发展人良好的个性品质、优化人的个性作为神圣的使命。履行好教育发展人的自由人格的职责就需要采取以下措施②:

(1)提高认知水平。即获得知识,掌握研究与表达思想的工具;培养自己的观察、实验和对经验与知识进行分类的能力;在讨论过程中表达自己和听取别人意见的能力;从事系统怀疑的能力;不断进行阅读的能力;把科学精神和诗情意境两相结合以探索世界

---

① 参见张世英《哲学导论》,222～233页,北京大学出版社,2002。

② 联合国教科文组织国际教育发展委员会编著:《学会生存》,211～216页,上海译文出版社,1979。

的能力。

(2)鼓励和养成复合态度。即尊重人格的各个方面,使组成人格的各方面保持平衡。

(3)培养情感方面的品质,特别是人与人关系中的情感品质。如交往、合作、共处等情感品质。

(4)重视美感活动。即培养对美的兴趣、识别美的能力,把美吸收到一个人的人格中去。

(5)把文化价值与身体健康结合在一起。引导人们重新欣赏他们的身体,把身体当做生命力与体格的和谐、美感享受、自信心、个人表现与情绪体验的基本源泉。通过训练,控制我们的身体,控制身体的力量和质量。适当注意性的教育,注意训练肌肉与神经。抵制由于各种刺激所引起的自我堕落和败坏倾向。

作为教育主体的人,在很大程度上,是一个普遍的人,但每一个学习者却是一个非常具体的人。他有自己的历史,这个历史是不能和任何别人的历史混淆的。他有自己的个性,这种个性随着年龄的增长而越来越被一个由许多因素组成的复合体所决定。这个复合体是由生物的、生理的、地理的、社会的、经济的、文化的和职业的因素所组成的。儿童的内心有家庭环境的影响和四周经济状况的影响,在继续教育中还有成人的影响——生产者、消费者、公民、家长。关于人的发展与教育问题我们在随后的两章还有更深入的论述。

教育是发生在人际之间的实践交往活动,无论从历史的,还是现实的角度,也无论从群体的,还是个体的角度,它都应该是抽象概括性与具体层次性的交融。站在个体发展的角度将教育作三个层次的划分,有助于澄清教育功能上的递进关系,便于人们理解教育的阶段性地位与作用,同时有利于人们更好地分析、把握教育与个体成长,教育与社会发展之间的复杂关系。

二、教育过程的基本要素

教育是由人际交往实践构成的复杂的活动,是一种相对独立的社会子系统。这个子系统包括三种基本要素:教育者、学习者和教育中介要素。

(一)教育者

教育者就是在教育活动中承担教的责任和施加教育影响的人。包括直接和间接"承担教者"和"施加影响者"。这样看来,广义的教育者应该包括:专职和兼职教师、各级教育管理人员、校外教育机构的工作人员、学生家长以及学生自己等。狭义的教育者,多在学校教育领域内使用,应该指具有一定资格的专职教师和相对固定的兼职教师。因为教育活动要求有明确的目标,借助一定的内容、策略或手段,追求特定的教育意义与价值,因此对教育者应该有专业素养和职责范围等要求,他们/她们有别于那些在自然或自发状态下偶尔对学习者发生"各种影响"的人。一个不懂得引导学生使自己或他人免受伤害,反而扮演经常伤害学生身心角色者,是不能自称为教育者的。一个不能逐渐提高学生谋生本领,反而扮演日益削弱学生生存适应力、竞争力者,是不能自称为教育者的。一个不能适时、适度发展学生的自由个性，反而处处扼杀学生个性发展者，是不能自称为教育者的。

(二)学习者

学习者就是在教育活动中承担学的责任和接受教育影响的人。包括直接和间接"承担学者"和"接受影响者"。广义的学习者几乎指任何人(只要他/她因为缺少点什么在与别人交流、对话或模仿时)。狭义的学习者，多在学校教育领域内使用，应该指获得入学资格的相对固定的那些人。学校里的学习者不一定是传统意义上的"学生"，也不能简单地称为"受教育者"。学习者的基本特征和基本要求是：

1.在认知或非认知方面，或仅仅在某些更具体的方面存在不足，这种不足可以是别人界定的，也可以是自我发现的或感觉到的；

2.对自身存在的不足，有程度不同的弥(填)补、改变、提升、重组需求等；

3.学习者之间存在动机、兴趣、方法、过程及结果上的差异；

4.具备学习所需的内在身心基本条件；

5.学习者能够获得学习的外在条件与机会；

6.学习者所从事的学习能够带来精神上和物质上的报偿。

(三)教育中介要素

教育中介要素就是与教育相关联的精神性客体(相当于素材性教育资源)和/或物质性客体(相当于条件性教育资源)。"精神性客体"或"素材性教育资源(教育者和学习者不包括在内)"指教育活动中教育者与学习者共同认识、掌握、运用的对象——合教育性文化(资源)。它是教育活动中的客体，具有发展人的道德、情感、态度、智慧、体力、审美能力和综合实践能力等方面的作用。"精神性客体"或"素材性教育资源"的构成大致可分为四种成分：

1.取之于符号文化的教育工具文化；

2.取之于人类智慧结晶的教育材料文化；

3.取之于"行为—作用体系"文化的教育手段文化；

4.取之于制度文化的教育组织形式与活动方式形态文化。

"物质性客体"或"条件性教育资源(即教育活动展开所必要的物质条件)"指进入教育活动过程的各种物质资源。根据这些物质资源在教育中的不同作用，可以把它们分为教育的活动场所与设施、教育媒体以及教育辅助手段三大类。

教育的活动场所与设施在学校中主要指校舍、教室、操场、实验室、综合活动室等的数量与内部的设备装置。

教育媒体是教育活动中教育者与学习者之间传递信息的工具。如口头语言、图片、印刷物、影碟、电子文本等。它是教育"精神性客体"或"素材性教育资源"的载体。同样的，精神性客体可以使用不同的载体，不同的载体对不同的学习者的学习也会产生不同的作用，从而影响教育的最终效果。

教育辅助手段是那些帮助教育者和学习者开展教育活动的物质工具与技术手段。它与教育媒体的区别在于它本身并不是教育中需要传递的信息的载体，而是某些信息载体传递时必须有的工具或手段。如录音机、计算机以及其他教育工具。不同教育媒体往往需要不同的教育辅助手段。

如果没有最低限度的条件性教育资源，教育活动就不能开展下去。从这个意义上可以说物质性客体对教育活动起着决定性作用。但具备基本教育教学条件之后，对教育活动质量产生决定性作用的因素是一组动态因素，它们依次是教育者、学习者、教育管理和教育观念。教育管理和教育观念似乎不是独立的因素，但它们是最特别的、具有决定人行为意义的复合因素，复合因素与它的载体之间相互影响，但复合因素因载体而“水涨船高”。后一个（些）动态因素功能大小取决于前一个（些）因素的状况，前一个（些）因素的质量决定后一个（些）因素的质量，也决定教育的整体质量。此即教育的“五层塔理论”。

三、教育过程的关系结构

教育者、学习者和教育中介要素是构成教育过程的基本要素，三者有机结合，共同推动教育活动的发展变化，在发展变化的过程中形成三者之间复杂的关系。

传统的实践教育观认为，教育就是教育者对受教育者的一种有目的、有计划、有组织的改造（影响）活动，以达到教育者期望的目的。在这种教育观中，教育者是教育活动的主体，学习者是被动接受的客体。虽然这种教师中心的现象在今天还大量存在着，但在理论上已经不再有市场，理论上使用得多的是“教师主导，学生主体”说或“双主体”说，但由于它把教育或教学分割为“教”与“学”两个过程，或者用“教的过程主导学的过程”，因而解释不清楚基本要素之间的复杂关系。

在此，借用哲学“人与世界万物”的关系理论，对教育中的要素关系分析如下：

专栏1－2

人与世界万物的两种关系：

1.主—客关系。

2.人—世界关系。

上述两个层次的关系，可以表现为三个阶段：“前主客体关系的天人合一”或“前主体性的天人合一”阶段；“主体－客体”阶段；经过了前阶段洗礼，包含“主体－客体”在内而又超越了“主体－客体”式的“天人合一”，或称“后主客关系的天人合一”或“后主体性的天人合一”阶段。

［资料来源］张世英著：《哲学导论》，3～16页，北京大学出版社，2002。

（一）教育活动中的“主—客”关系

从教育发生发展总过程或现实存在的总体状况来看，教师是主体，学生是客体。教育活动是以变革学习者身心（包括使人免受伤害、使人获得谋生本领、发展人的自由人格）为目标的人际交往实践活动。教育者总体上承担着启动、引导和调控的职责，学习者是变革的对象，是教育活动的主体学习者作为接受教育影响的人，是教育活动的作用对象和承受者,是教育活动的客体。

(二)教育者与受教育者、教育中介客体之间对象性的关系

这种对象性关系实际包括三要素之间因教育活动或课堂教学情景不断变化而形成的关系群:

1.教育者是主体,教育中介要素和学习者是认识客体;

2.学习者是主体,教育者和教育中介要素是认识或实践的客体;

3.教育者是主体,学习者与教育中介要素紧密结合构成复合主体(不是纯粹意义上的客体或主体,而是具备主体能力的潜在主体);

4.学习者是主体,教育者与教育中介要素紧密结合构成复合主体;

5.在教育者和学习者共同面对教育中介要素时,教育者和学习者都作为主体结成一定的主体间关系。在这些关系中,教育中介要素是作为"僵死的、令人窒息的"物质存在和精神存在,还是表现为"有灵性的、有价值生命的"物质运动和精神运动,与教育者和学习者觉悟到的自己的地位和作用相关。

(三)主体我与客体我之间的关系

根据上述分析,教育者和学习者都既作为主体,又是客体,是主客体的对立和统一体。主体我与客体我的地位变更和作用变化是教育者和学习者角色扮演能力的一个重要方面,也是教育活动得以开展的基本要求。教师仅有主体意识,容易把自己当做教育中心,目中无学生,不能向学习者/学生学习,不能富有成效地完成促进学习者发展的根本任务;教师缺乏主体意识,容易把学生/学习者估计过高,不对学习者进行必要的指导,容易使学生错过发展的大好时机,有害于学生的成长。学习者缺乏主体意识,容易养成被动学习的习惯,学习的主动性、积极性和创造性的发展受阻,不利于促进教师教育教学水平的提高,不利于自身的健康成长;学习者仅有主体意识,容易把自己当做教育的中心,目中无教师,不能虚心向别人学习,容易养成浮躁心态,也不利于自身发展。

第二节 教育的历史发展

一、教育的起源

教育的起源是一个相当长的动态的历史过程。教育不是从一开始就是完善的,也不是与生产及其他活动分化开来的独立的活动。相对于成为专门活动的教育而言,整个原始社会时期的教育都还处在一种发生的时期,是和整个社会实践结合在一起走向逐渐分化的过程,是从萌芽状态到更有意识更有目的的状态的过程,而在这个过程中又是有着变化和发展的。马克思把人的进化分为猿人→正在形成中的人→人,并相应地把劳动分为猿人的动作→动物式的劳动→劳动。据此,可以把教育产生的进程分为动物的本能训练→适应性模仿→人的教育。

法国社会学家、哲学家勒图尔诺(C. Letourneau,1831~1902)在《人类各种人种的教育演化》(1900)一书中提出,教育活动不仅存在于人类社会之中,也存在于动物界,

"动物尤其是略为高等的动物,完全同人一样,生来就有一种由遗传而得到的潜在的教育,其效果见诸于个体的发展过程"。教育不仅存在于脊椎动物中,非脊椎动物中也存在教育。"我们在蚁穴中可以看到一种不由自主的社会教育,它来自成年蚂蚁所进行的有趣的活动,来自这种能给幼蚁一些有用的暗示的紧张的生活。除此之外,我认为还可以看到存在着一种名符其实的教育,其目的在于尽快地使学生在蚂蚁居住区中成为一个有用的角色。对生命期很短的动物说来,最为宝贵的莫过于这种教育性启蒙。"他得出的结论是:"兽类教育和人类教育在根本上有同样的基础;由人强加的人为的教育,可以动摇甚至改变动物的被称为本能的倾向,并反复教它们具有一些新的倾向;为取得这一结果,通常只要让年幼动物反复地练习并恰当地利用奖惩也就够了。由此不难看出,人类教育的进行与动物的教育差别不大,在低等人种中进行的教育,与许多动物对其孩子进行的教育甚至相差无几。"英国教育学家沛西能(T. P. Nunn,1870~1944)在1923年不列颠协会教育科学组大会上以《人民的教育》为题指出,"教育从它的起源来说,是一个生物学的过程"。"生物的冲动是教育的主流。"生物起源说的观点揭示了动物"教育"的基础是本能,其核心是动物本能的训练,它不属于真正意义上的教育,是教育产生的始前阶段。

美国教育家孟禄(P. Monroe,1869~1947)认为,原始教育的形式和方法主要是日常生活中儿童对成人的无意识模仿。"在这里,生活没有所有高度发展的文化形式的复杂性……间接地用做生活指导基础的大量知识或学习科目尚未组织起来。使用的方法从头至尾都是简单的、无意识的模仿。"这种模仿首先是模仿动物的行为,随后在群体间相互模仿这些行为,这些经验和动作的沉淀和积累构成了群体共有的动作和规范,"模仿"成为形成中的人身心进化的组成部分,形成中的人因"模仿"而逐渐成为人。

现在一般认为,劳动是教育产生的直接必要条件,但教育不等同于劳动。劳动是人与自然之间借助于工具发生的物质交换关系,教育是人与人之间借助交往实践活动发生的心灵沟通交流关系,因此不能把"教育等同于劳动"。人与人之间的交往实践需要使教育得以最终产生,随着交往实践需要在目的、内容、方法、手段等方面的变化,出现了非形式化教育、形式化教育,非制度化教育、制度化教育、去制度化教育[①]。

二、教育实体的产生与教育系统的形成

教育随着人类社会的产生而产生,但最初的教育没有固定的教育者和学习者,学习的内容与生产和生活联系在一起,教育的形式是不定型的,是一种非形式化教育。教育的进一步发展,出现了承担教育职能的机构(教育职能可能只是该机构的职能之一),我们把它们称为教育实体,伴随教育实体的产生出现了固定的教育者和学习者,出现了相对独立于生产和生活的教育内容,教育形式日益定型,于是产生了形式化教育。在形式化教育的发展过程中,教育实体本身还经历着"非制度化教育实体"到"制度化教育实

① 用"去制度化教育"这个概念在避免与历史上"非制度化教育"概念混淆的同时,表达了它应具存的对制度化教育的超越的基本内涵。——编者

体”的演变过程。制度化的教育实体以近代学校的出现为标志。

从学校兴起的那时起,教育便步入系统化、制度化、正规化的发展道路之中。各级各类教育系统正是在这一过程中建立和完善起来的。教育系统的发生,是制度化教育形成的前提。在历史发展过程中,随着教育系统组织化程度的不断提高,各级各类教育实体内部及实体之间,在关系处理以及活动开展等方面渐渐形成了彼此遵循的标准和规范,即教育活动日益制度化。

制度化教育在数百年的发展过程中,其本身的正规化、封闭化和划一化特征不仅造就了不计其数的各级各类人才,促进了社会的进步与繁荣,而且巩固了它自身的社会地位和内在结构,形成了相对稳定的运行规则。但是随着人类社会不断进步,这种以杰出人才论为标准的精英教育,自然也渐渐被认为是一种不民主的教育,因而难以适应现代社会的需要。对制度化教育进行改革已不可避免。一方面,改进现行的学校教育系统。把教育的空间从学校扩大到社会,构建一个学习化社会;用开放的教育系统代替封闭的系统;提高教育的个人选择性;推行现代教育技术背景下的个别化教育。另一方面,发展去制度化、非正规化教育。去制度化教育与非制度化教育不同,非制度化教育是教育发展的低级形式,是发展不足的教育;去制度化教育则是在对制度化教育缺陷反思基础上确立起来的新型教育,是对制度化教育的超越,它的根本追求是避免制度化教育所产生的消极影响,使人摆脱不合理教育制度的束缚。非正规教育的发展,打破制度化教育、正规教育对整个教育系统的垄断,形成对正规教育系统十分重要的补充。由这样的复杂网络构建起来的教育就是走向学习化社会的终身教育。

三、终身教育与学习化社会

终身教育作为一种世界性教育思潮,兴起于 20 世纪 60、70 年代,随后得到了越来越多政府和个人的关注,其含义也不断丰富起来。终身教育以人的“未完成性”为基本假设,“人永远不会变成一个人,他的生存是一个无止境的完善过程和学习过程”。因此,“每个人必须终身不断地学习”。与制度化教育相比,终身教育的一个基本特点在于,“纵不断线,横不断项”,在任何一个点上都不中断,具有连续性和统一性。所以,终身教育是人在一生中所受到的各种教育和培养的总和。终身教育的现代发展,转向终身学习。终身教育作为终身发展的手段,主要在于“自己学”,而不在“别人教”,正如《学会生存》所指出的,“我们今天把重点放在教育与学习过程的‘自学’原则上,而不是放在传统教育学的教学原则上”。终身学习概念突出了学习者的主体价值,“学习者成为教育活动的中心”,教育的标准以学习者的旨趣和已有发展水平而定,他可以在比较灵活的范围内,比较自由地选择他的道路。

“学习化社会”这个词,由美国学者赫钦斯(R. M. Hutchins)于 1968 年发表的 The Learning Society 中首次使用。1972 年《学会生存》发表,使“学习化社会”广泛流传于世界。“这样一个社会的出现,只能把它理解为一个教育与社会、政治与经济组织(包括家庭单位与公民生活)密切交织的过程。这就是说,每一个公民享有在任何情况之下都可以自由取得学习、训练和培养自己的各种手段。”

学习化社会的载体是社会各种机构或系统，落脚点是教育，是按照教育的要求来改造社会系统，使他们承担教育的职责。理想的学习化社会应该通过家庭教育、学校教育、社会教育、企业教育和网络教育共同推进。

教育内部的发展变化向来不是独自、孤立进行的，它一方面受社会发展总体水平的制约，另一方面又与社会各系统、各环节的发展保持相对开放的能量交换关系。

第三节　教育学的产生与发展

一、"教育学"概念

教育学这个词源于希腊语中的教仆(pedagogue)一词，教仆一般由照料年幼男孩的奴隶担任，主要任务是送孩子上学，接他回家，替他携带学习用品，并在必要的时候管束他。因为"教育学"是从"教仆"这个词派生出来的，很长时间里，人们认为"教育学探讨的是教育的通常被认为是最幼稚、最令人不感兴趣的方面，教育学反映的是与保育员、母亲和教仆有关的生活，因此它几乎没有什么内容博得在心智或意志方面有才干的人去研究"，同时它作为一种应用的艺术，很少受到尊重。所以，教育学这个词从一开始就没有"深奥的科学"的涵义，后来因教育改革家执着的努力，教育学才有了更丰富的内容，获得了更高的地位。教育学(pedagogy，后改用 education)因此被理解为教的科学和艺术。1970 年前后，德国教育家朔伊尔(H. Scheuerl)和施密特(G. R. Schmidt)还把教育学作了四种不同意义的区分：作为教育的行为方式和观念；作为教育理论；作为教育科学和作为建立在牢固科学基础上的教育学。这次区分对教育学的定位和分化研究起到了重要的推动和指导作用。现在一般认为，教育学是以教育事实为基础，以教育价值观引导下形成的教育问题为对象，探索和揭示教育活动的规律性联系，并服务于教育实践的一门学问。教育学的基础理论研究的目标是"上天"，即探索和揭示教育知识体系的元件——概念的精确化、术语化，使元件与元件之间的联系更为严密，使整个理论体系显示出更强的解释能力和预测能力。因为理论只有深刻才有力量。同时，教育学应用研究的真正目的应该是"着地"，即使人们获得一套把理论研究成果转化为实践行为的指示或工具。因为应用学科只有在应用中才能保持其旺盛的生命力，但它们的共同研究基础是(历史的或现实的、中国的或外国的)教育事实。研究教育问题意识的产生标志着教育学的萌芽，教育问题意识及其能力的发展是推动教育学发展的内在动力，教育问题的深化或转换导致教育学研究传统的绵延或范式的变革，对教育问题的不同回答形成不同的教育思想或派别。

二、教育学的产生与发展

(一)教育学的萌芽

自从有了人类社会就有了教育，教育经验以及教育其他认识成果也在社会发展过程中逐步积累起来。但近代之前，人们对教育的认识主要属于教育经验范畴，史称"前教育学时期"。只有把各种教育问题和各种教育思想作为客观存在的研究对象予以研究,并形成了关于这些问题和思想的系统的理论体系的时候,才形成了真正意义上的教育学。

从人类社会的产生至奴隶社会、封建社会,以至于资本主义社会初期,东西方学者所取得的教育认识成果主要体现在一些哲学家、思想家们的哲学或思想著作中。中国的如《论语》、《孟子》、《老子》、《庄子》、《中庸》、《四书集注》、《传习录》等。这一时期也出现了一些教育专著,如《学记》、《大学》、《师说》等。西方的如毕达哥拉斯(Pythagoras,约公元前580~前500)的《金言》、柏拉图(Plato,公元前427~前347)的《理想国》(The Republic)与《美诺篇》(Meno)、亚里斯多德(Aristotle,公元前384~前322)的《政治学》(The politics)与《尼各马可伦理学》(The Nichomachean Ethics)、昆体良(M.F.Quintilianus,35~95)的《雄辩术原理》(Institutio Oratoria)以及中世纪和文艺复兴时期许多思想家们的哲学、社会学论著。

在早期中外教育认识成果中,《学记》是世界上最早的"为儒家总结教学理论的'教学论'专著"[1]。它"专门研究把人如何培养成才的道理,研究通过教学手段,把学子培养成人才,使其'知类通达、强立而不反',而达到'大成'。把人培养成有知识、有毅力的人才"[2],是它提出的教学目的。《学记》全文1229字,分为12节,第1节谈化民成俗,其必由学;第2节谈建国君民,教学为先;第3节谈教学相长;第4节谈教育实体和考学制度;第5节谈学不躐等和大学之教也时;第6节谈教之不刑、教之兴与教之废;第7节谈教学之十二字法;第8节谈长善救失;第9节谈教之语言;第10节谈择师和尊师;第11节谈叩问之道;第12节谈人以学为本及务本之法。其论述方式主要采用类比、格言、比喻等。《学记》虽然揭示了许多教学之道,有些习语具有规约当代教学的价值,但理论的系统性和深刻性均存在不足。

(二)教育学的独立时期

教育学的独立和其他许多学科的独立一样,首先来源于教育(社会)实践的客观需要。17~19世纪间,随着新航路的开辟,资本主义的产生和发展,产生了一些新型的实科学校。为满足培养讲授实科的教师的迫切需要,17世纪末开始,欧洲陆续出现了一些教师讲习所,讲习新教师需要的新的教育教学方法。其次,近代以来的学科分化趋势也为教育学从哲学中分化出来提供了契机。再次,教育学的独立与教育理论工作者和教育实践工作者的艰辛努力是分不开的。

近代教育学的奠基人为夸美纽斯(J.A.Comenius,1592~1670),他所著的《大教学论》(Magna Didactica,1632)的问世是教育学成为一门独立学科的标志。主要原由:第一,从当时整个文化与科学发展的背景来看,正是近代科学与哲学开始分化的时期;第二,当时社会的政治经济发展状况,也对近代教育学的产生起了直接的推动作用;第三,从当时的教育思想发展来看,文艺复兴以后的教育思想成就,构成了夸美纽斯教育学思

① 陈元晖著:《中国教育学史遗稿》,135页,北京师范大学出版社,2001。

② 同上,129页。

想的主要来源;第四,从夸美纽斯的个人生活经验特别是他的教育经验的积累来看,近代教育学的产生,与个人的潜心研究和经验积累有相当深的关系①。

夸美纽斯对教育学的建树,概括起来有四个方面:

1.倡导教育对象普及化,主张"一切城镇乡村的男女儿童,不论富贵贫贱,都应该进学校"。

2.提出了泛智教育思想,探讨"把一切事物教给一切人类的全部艺术",提出了系统的关于教育目的、方法、原则以及课程、教学及德育等思想。

3.他所创立的教育学体系是近代教育理论的基本框架,而以"经验—描述"形式写就的教育学则成了教育学研究的基本范式。

4.晚年提出终身教育的设想,将人的一生分为胎儿、婴儿、儿童、少年、青年、成年和老年七个发展阶段,并为每个阶段规定具体的教育任务。

尽管后人给予夸美纽斯很多很高的评价,但他所提出的教育改革方案,直到 19 世纪才由其他教育革新家重新提出来,而在他的同时代人身上只是引起了某些同情和赞誉,并没有得到实施。

在夸美纽斯之后,有许多著名的哲学家、思想家写出了专门的教育学著作,为教育学的创立做出了自己的贡献。如英国哲学家洛克(J. Locke,1632～1704)于 1693 年出版的《教育漫话》(Some Thoughts Concerning Education),提出了完整的绅士教育理论体系。法国思想家卢梭(J. J. Rousseau,1712～1778)于 1762 年出版的《爱弥儿》(Emile),深刻地表达了卢梭的资产阶级个人主义教育思想。瑞士教育家裴斯泰洛齐(J. H. Pestalozzi,1746～1827)分别于 1781 年、1783 年、1785 年和 1787 年出版了他的四卷本教育小说《林哈德与葛笃德》(Lienhard und Gertrud),在该书中,他把教育目的规定为全面、和谐地发展人的一切天赋力量和能力。为达到这个目的,教育必须与生产劳动相结合,必须符合学生的本性,必须从最简单的要素开始直到最复杂的事物。他的实践及思想,横跨 18、19 两个世纪,在经验教育学和哲学教育学之间架起了一座桥梁。

在教育学创立过程中,德国著名哲学家康德(I. Kant,1724～1804)功不可没。他在哥尼斯堡大学期间,先后四次讲授教育学。1803 年,《康德论教育》(On Education, Immanuel Kant)一书出版。康德认为"只有人是需要教育的","人只有靠教育才能成人。人完全是教育的结果。更可注意的是只有人能教育人——换言之,即只有是自身受过教育的才能教育人"。强调运用启发方法,注重实践。他开创了哲学教育学时代。

康德之后,对教育学的创立做出重要贡献的是赫尔巴特(J. F. Herbart,1776～1841)。1808 年,他前往哥尼斯堡大学接受康德哲学讲座职位,兼讲教育学。是近代德国著名的心理学家和教育学家,在世界教育史上被认为是"现代教育学之父"或"科学教育学的奠基人"。1806 年出版的《普通教育学》(The Science of Education)是公认的第一本现代教育学著作。

赫尔巴特教育学的基本内容主要体现在《普通教育学》和《教育学讲授纲要》中。主

---

① 王坤庆著:《教育学史论纲》,52～59 页,武汉,湖北教育出版社,2000。

要由“基础理论”、“教学论”、“训育论”和“学校管理论”构成。

赫尔巴特教育学的方法论主要具有四个方面的特征：第一，建立科学的教育学必须依赖于科学的心理学，必须运用科学的传播方法；第二，建立在哲学、心理学、逻辑学和伦理学等宽厚的理论基础之上；第三，以丰富的教育实践经验为依托；第四，坚持推陈出新。他不仅给“经验—描述”教育学的发展划上了一个圆满的句号，而且创造了“哲学—思辨”教育学的辉煌成就，开拓了教育学发展的新方向。

(三)教育学的发展时期

赫尔巴特所创立的教育学理论，最初并没有被人们真正理解，直到19世纪60年代以后，由于赫尔巴特学派的宣传和应用，才引起人们的兴趣，并逐渐形成壮观的赫尔巴特运动。这场运动开始不久，便逐渐形成了赫尔巴特教育学的两种研究方法导向，即以思辨、演绎为特征的哲学导向和以观察、归纳为特征的科学导向。最终在赫尔巴特后继者斯托依、莱因、戚勒以及英国教育家斯宾塞的努力下，科学导向的教育学真正占据了上风。

19世纪下半叶，受自然科学迅速发展的影响，自然科学研究中的实验方法被引入教育研究。在改造原有的以赫尔巴特为代表的传统教育学研究范式的过程中，逐渐孕育并形成了“科学—实证”教育学研究范式，教育学进入科学发展时期。

1875～1876年，德国教育家威尔曼在布拉格大学主讲教育学时，首次宣称要建立教育科学。他认为，应把教育学视为一种事实的科学而从社会的、心理的层面加以解释，回答“是什么”的问题，这种以归纳、分析为特征的科学没有规范、指导的功能，只具有解释、说明的性质。

拉伊(W.A.Lay，1862～1926)与梅伊曼(E.Meuman，1862～1915)是使教育学研究真正具有现代科学性质的关键人物。拉伊的代表作是《实验教育学》(Experimental Pedagogy，1908)，梅伊曼的代表作是《实验教育学纲要》(Outline of Experimental pedagogy，1914)。他们的共同信念是：必须赋予教育学以真正科学的性质。他们认为，所谓“教育科学”，实质上就是把教育学当成“教育技术”加以研究，研究的基本原则是“实验/心理实验/统计”与“观察”，研究的结果是形成实验教育学，是理论假设转化为“技术”与“操作模型”。梅伊曼认为，无实验根据的任何思辨都是违背实验教育学的精神的。他们把教育实验分为三个阶段：就某一问题构成假设——根据假设制定实验计划，进行实验——将实验结果应用于实际，以证明其正确性。调查、观察、统计、实验等研究方法的运用改变了教育学的形式和内容，也改变了教育理论与教育实践之间的关系，教育学也因此成为一种新的生命存在。实验教育学的方法也有它的局限性，如果过分夸大定量方法的应用范围和程度就错误地走进了教育学研究中“唯科学主义”的泥沼。

教育学发展阶段的第二项成果是具有“规范—综合”性质的文化教育学(Kutur Pädagogik)的诞生。文化教育学又称精神科学教育学(Geist eswissenschaftliche Pädagogik)，是19世纪末以来出现在德国的一种教育学说，其代表人物主要有狄尔泰(W.Dilthey，1833～1911)、斯普兰格(E.Spranger，1882～1963)、利特(T.Litt，1880～1962)等人，代表作主要有狄尔泰的《关于普遍妥当的教育学的可能》(1888)、斯普兰格的《教育与文化》(1919)、利特的《职业陶冶、专业教育、人的陶冶》(1958)等。他们认为，人是一种文化存在，人类历史是一种文化历史，教育过程是一种历史文化过程，在这个过程中，“人应该是总体地发展，知情意全生命的活生生生成”①，教育活动要建立在学生主观能动性充分发挥的基础上；教育的研究既不能采用赫尔巴特纯粹的概念思辨来进行，也不能依靠实验教育学的数量统计来进行，而必须采用精神科学或文化科学的方法，亦即理解与解释的方法进行；教育的目的就是要促使社会历史的客观文化向个体的主观文化的转变，并将个体主观世界引导向博大的客观文化世界，从而培养完整的人格，其主要途径是“陶冶”与“唤醒”，发挥教师和学生的积极作用，建构和谐的对话的师生关系。文化教育学的思辨气息浓厚，在教育实践中很难提出有针对性和可操作的建议。

20世纪初，在欧美社会里，随着社会政治、经济的持续变化，科学的发展继续走在时代的前列，多元科学研究传统开始确立，用实用论取代实证论成为时代精神的核心。与时代精神相适应，发生了一场影响波及世界的教育理论与实践的改革运动。对此，杜威(J. Dewey，1859～1952)写道：“我们的社会生活正在经历着一个彻底的和根本的变化。如果我们的教育对于生活必须具有任何意义的话，那么它就必须经历一个相应的完全的变革。这个变革并不是突然出现的，也不是凭着预想的目的在朝夕之间就能完成的。——所有这一切，都不是偶然发生的，而是出于广大社会发展的各种需要。”②杜威于1899年在《学校与社会》(The School and Society)一书中第一次用“传统教育”对赫尔巴特教育理论进行了定性，同时把自己的教育理论称为“现代教育”。杜威针对赫尔巴特的“教师中心、教科书中心和教室中心”，针锋相对地提出了“儿童中心、经验中心和活动中心”，尤其对“儿童中心”，杜威更是情有独钟，“我们教育中将引起的改变是重心的转移。——这里，儿童变成了太阳，而教育的一切措施则围绕着他们转动，儿童是中心，教育的措施便围绕他们而组织起来”③。针对传统教育以教科书作为学生主要的知识来源，杜威提出了以经验作为学生的主要学习内容，从经验中学习。他还指出，经验作为动词，是学生学习的过程，经验作为名词，是学生学习的结果，这两方面对学生而言，都是非常需要的，也是重要的。针对传统教育把课堂和教师讲解作为不变的教学组织形式和方法，杜威主张以儿童的实践经验活动作为主要教学组织形式和方法，强调“从做中学”、“从活动中学”。此外，杜威还提出了其他一些著名的教育口号，如“教育即生活”、“教育即生长”、“学校即社会”等，并非常强调教育对社会和个人的有用性，极力主张弘扬教育的功利价值。以上这些实用主义教育学主张主要是以美国实用主义文化为基础的，是美国资本主义发展的教育学表达，它对世界各国当代教育改革产生了重要的影响。

教育学发展阶段的第三大成果是马克思主义教育学的产生与发展。马克思主义教

① 邹进著：《现代德国文化教育学》，202页，太原，山西教育出版社，1992。

② 赵祥麟，王承绪编译：《杜威教育论著选》，32页，上海，华东师范大学出版社，1981。

③ 同上，32页。

育学包括两部分内容:一部分是马克思、恩格斯以及其他马克思主义的经典作家对教育问题的论述;另一部分是教育家们根据马克思主义的基本原理对现代教育一系列问题的研究结果。在马克思主义的思想体系中,揭示了教育与社会关系的本质联系及相互作用的辩证关系,社会发展水平与教育发展水平的一致性,分析了人的全面发展的意义和教育对人的全面发展的重要性,强调无产阶级掌握全人类知识的重要意义,强调教育与生产劳动的有机联系。在马克思主义教育思想的指引下,1939年,苏联教育理论家凯洛夫主编了当时被认为具有权威性的马克思主义的《教育学》。该书共有16章,大体可分为总论、教学论、德育论和学校管理论四个部分。其主要特点是重视智育在全面发展中的地位和作用,认为"学校的首要任务,就是授予学生以自然、社会和人类思维发展的深刻而确实的普通知识",形成学生熟练的技能,并在此基础上发展学生的认识能力,培养学生的共产主义人生观;强调教师在教育和教学中的主导作用,强调教材的权威性和稳定性,强调学校工作基本组织形式是课堂教学,强调教育行政管理中的统一性,相对忽视了学校、教师及学生教育中的自主性和创造性。

20世纪70年代西方教育理论界兴起了批判教育学思潮。代表人物有美国的鲍尔斯(S. Bowles)、金蒂斯(H. Gintis)、阿普尔(M. Apple)、吉鲁克斯(H. Groux)、法国的布厄迪尔(P. Boudieu)等,代表著作有鲍尔斯与金蒂斯的《资本主义美国的学校教育》(Schooling in Capitalist America,1976)、布厄迪尔的《教育、社会和文化的再生产》(Production in Education, Society and Culture,1979)、阿普尔的《教育与权力》(Education and Power,1982)、吉鲁克斯的《批判教育学、国家与文化斗争》(Critical Pedagogy, the State Reproduction and Cultural Struggle,1989)等。这里仅结合鲍尔斯、金蒂斯的代表作对新马克思主义教育思想作些介绍。新马克思主义教育思想的产生是与教育的发展、教育理论解释功能的丧失和马克思主义在西方的传播分不开的。鲍尔斯和金蒂斯等在亲眼目睹"向贫困开战"令人激动的开局和令人失望的结局后,于1968年在福特基金会的支持下开始对美国教育历史的考察,试图找到历次教育变革的动因和畏缩不前,甚至失败的原因。在考察中,他们认为:美国历史上的教育变革从根本上说都是失败的。教育从来就不是实现经济平等的推动力。人们认识到学校已经越来越不可能实现机会均等和个人圆满发展的神话。同时,他们认为"自由派教育理论"(主要指以杜威为代表的进步主义理论和以涂尔干、帕森斯为代表的功能主义理论)已经丧失了它的解释功能。杜威的进步主义理论主要阐述教育与民主的关系,对教育促进民主持乐观态度。杜威认为教育具有统合、平等化和发展职能。帕森斯等功能主义教育理论主要揭示教育与技术之间的关系(亦称技术决定论),他们认为,社会变革和教育变革的动力是以技术发展和社会一体化为目的的进步运动,学校是再生产劳动者所需要的技能的工具。自由派教育理论宣扬,教育与社会平等、个人自由之间存在着正相关;社会各要素之间,教育各因素与功能之间,教育与社会化之间是统一的、和谐的,社会变革和教育变革的动力就在于这种统一与和谐。然而,新马克思主义者持相反的观点——变革的动力在于冲突。新马克思主义教育思想的基本观点主要有:第一,社会变革的动力——(阶级)冲突和意识(觉醒)。他们所强调的只是劳动者个人需要与组织化之间的冲突,是主体与客体的异化，不是马克思主义所说的无产阶级与资产阶级在生产关系与分配关系上的冲突，更不是生产方式与生产力之间的冲突。第二，社会变革的方向——“美国式的社会主义”（包含教育理想）。新马克思主义思想的核心就是反对组织化、机构化。鲍尔斯和金蒂斯提出要建立“美国式的社会主义”。这种社会主义的模式是：由一个社会党领导；经济民主制，即每一个人都享有经济上的民主和自由，享有经济参与权，享有劳动选择权；代议制政府；平等的、人道主义的社会主义；人的天性不是利己主义的、地方主义的和竞争的。这种模式只能是小资产阶级式的民主、自由、平等思想的大杂烩。其本身矛盾重重：经济民主制是一种私有制，而又企求人不是自私的、竞争的；经济民主，政治民主，个人参与却又出来一个社会党。第三，教育是上层建筑。鲍尔斯和金蒂斯对教育的社会作用作了如下说明：“美国社会在创造和剥夺剩余价值即利润的社会过程中发展了双重作用：一方面，通过传递技术的和社会的技能以及适当的动机，教育提高了劳动者的生产能力；另一方面，教育有助于使可能爆炸的生产过程的阶级关系，变得没有爆炸性和非政治化，因而有助于使这种社会的、政治的和经济的条件得以永存。”教育是再生产科技知识、技能，再生产不平等社会关系，维持统治阶级利益的诸种意识形态的国家机器的一种。他们揭露了教育作为国家及阶级意识统治机器的工具性，揭示了技术、智商、文凭的虚伪，并对教育赖以维持阶级意识的途径和实体作了说明，对于人们理解资本主义教育的阶级性无疑有理论和实践意义。但他们的分析有片面性：把教育归属于上层建筑，否定教育与生产力、经济生活之间的辩证关系；把教育看成国家意识形态的工具，没有尊重教育作为意识形态的自主性；只看到技术、智商、文凭的虚伪，无视它们在维持平等、合法中的积极作用。第四，教育与社会的对应。鲍尔斯和金蒂斯认为，教育不是一个独立机构，而是国家、统治阶级或者说劳动市场控制下的机构。教育系统是由一套与劳动市场相对应的社会关系和组织形式组成的。“教育系统与其说按照教师和行政管理人员在日常生活中的自觉意图来运转，不如说是通过影响劳动场所个人关系的社会关系与教育系统的社会关系之间的紧密对应来运行。”有什么样的社会政治、经济和文化，就有什么样的学校教育机构，社会的政治形态、文化样态、经济结构强烈地制约着学校的目的、课程、师生关系、评价方式等。他们在“教育与社会对应”问题的阐释过程中，忽视了教育与社会之间的对立和不协调关系，忽视了教育的自身发展规律。除鲍尔斯和金蒂斯对于批判教育学作出的杰出贡献外，其他学者的理论观点同样是非常丰富和富有建设性的。可列表如下[①]：

① 转引自陆有铨著《现代西方教育哲学》，430页，郑州，河南教育出版社，1993。

表 1－1　批判教育学基本情况概览

		代表人物	中心概念
再生产理论	经济——再生产模式	S.鲍尔斯、 H.金蒂斯、 L.阿尔都塞等	“对应理论”(Correspondence Theory)、 “隐蔽课程”(Hidden Curriculum)、 “再生产”(Reproduction)等。
	文化——再生产模式	P.布厄迪尔	“符号暴力”(Symbolic Violence)、 “文化资本”(Cultural Capital)、 “霸权课程”(Hegemonic Curriculum)等。
霸权——国家再生产模式		A.葛兰西、 M.阿普尔等	“国家”、“霸权”(Hegemony)等。
抵制理论		P.威利斯、 A.麦克罗毕、 D.赫布戴吉、 H.吉鲁克斯等。	“人的能动作用”(Human Agency)、“抵制”(Ressistance)、 “批判性思考”(Critical Thinking)等。

批判教育学正处于发展之中,它将对 21 世纪的新教育理论的产生和发展产生重大影响,对此,我们应该给予充分的关注。

第四节　中国教育学的发展[①]

从 1898 年至 1905 年,基于师范教育的需要,国人大量译介了日本的教育学著作。其中有王国维译立花铣三郎讲述的《教育学》(1901)、牧濑五一郎著的《教育学教科书》(1902)等,这大概是国人了解到的最早的教育学了。1905 年至 1917 年,国人根据日本原作译编、改编或自编了大量教育学。如缪文攻的《最新教育学教科书》(1906)、蒋维乔的《教育学》(1909)、张继煦编辑的《教育学讲义》(1910)、张之河编写的《大教育学》(1914)、舒新城编著的《教育学要览》(1917)等。1920 年至 1949 年,中国教育学一改译介日本的做法,转而效仿美国(兼及德国、苏联),其主体是在大量吸收美国杜威、桑代克等教育思想的基础上进行草创。此时,教育学的著作纷呈,中国的第一代教育家群体形成。这一时期,教育学的建构取向主要有三种,一种是以美国为蓝本,模仿吸收美国教育理论;一种是借鉴德国文化教育学的主张建构教育学;一种是吸收苏联的唯物主义观点建构教育学。第一种取向在当时居主流地位,重视儿童。庄泽宣的《教育概论》、吴俊升和王西征的《教育概论》、余家菊的《教育原理》等,是这方面的代表作。石联星编的《教育学概论》(1946)则体现“教育是一种精神文化”。钱亦石的《现代教育原理》(1934)和杨贤江的《新教育大纲》(1936)则体现教育学的唯物主义导向。

建国以来教育学的发展大体经历了 4 个阶段:1949～1957 年,学习苏联阶段;1958～1965 年,教育学中国化阶段;1966～1976 年,教育学语录化阶段;1977 年至今,教育学逐步发展阶段。

---

① 瞿葆奎主编:《教育学文集·教育与教育学》,421～437 页,北京,人民教育出版社,1993。

一、学习苏联的教育学

以马列主义为指导，建构新的教育学体系，是当时教育学的一个显著特征。胡守芬的《新教育概论：马列主义的教育理论》(1950)和程今吾的《新教育体系》(1951)是这类体系的代表。

《人民教育》在1952年11月曾发表社论：《进一步学习苏联的先进教育经验》，其中对于为何要打碎那一套资产阶级教育理论、制度、方法，为何要学习苏联先进的教育经验与理论作了说明。从那个时候起，一直到1955、1956年，整个教育系统出现了学习苏联的热潮。从教育理论到教学实践，从学校创办到专业设置几乎都是照搬苏联的。凯洛夫主编的《教育学》，成为中小学教师的必读课本，几乎人手一册。这种情况下，我国的教育理论和实际工作者，关注的都是如何传播和运用已有的苏联的教育学，极少过问教育学自身的建设。

二、教育学中国化

教育学中国化始于研究者对苏联教育学存在问题的反思，但直接原因是适应"教育大革命"的需求。"我们应当根据我国自己的特点，把马克思主义的普遍真理同我国的具体实际结合起来，来规定我国的教育方针、教育政策、教育制度、教育方法等等"，建立我们自己的教育科学。随后不久，便兴起编写教育学教材之风。此时的教育学教材基本上都是"教育政策汇编"，除了大量引用毛泽东关于教育的各种论断，就是介绍中国共产党的一般教育政策和一般工作原则。1962年5月以后，提出"在编书过程中，必须保证学术争论的自由"的主张，以上海师范大学教育学教材编写组编写的《教育学》为标志，越来越多的教育学开始从"政策汇编"与"工作手册"式的模式下解脱出来。教育学中国化在此间取得了较大的成绩。

三、教育学语录化

"文革"时期，左倾教育思潮泛滥，除了马克思、恩格斯、列宁、毛泽东的教育思想外，一切古今中外的教育思想、理论、制度等都是与无产阶级"格格不入"的，都属"横扫"之列。凯洛夫的《教育学》也被大肆批判。

这一时期也编写了一些所谓教育学的书籍。但几乎都是大段大段地引述马克思、恩格斯、列宁、毛泽东的语录，用语录代替说理，用语录代替论证。"教育学"中的任何内容无不体现着"以阶级斗争为纲"的要求。

四、教育学的逐步发展

70年代末80年代初，教育学研究主要在于回复"文革"前17年的成果，重新认定凯洛夫主编《教育学》的理论与实践价值，力求对杜威实用主义教育学做出公正、合理的评价，恢复对教育基本问题的关注与讨论。正是在这个恢复的基础上，教育学研究的问题领域逐渐扩大，教育学研究基础和研究模式逐渐多样化，教育学科进一步分化，教育学越来越关注现实问题的思考与解决,教育理论在教育改革中的价值日益明显。

思考题

1. 结合自身成长经历,谈谈对“教育”概念的理解。
2. 谈谈对教育基本要素及其相互关系的理解。
3. 你怎么看待教育学中国化问题?
4. 对照我国与西方教育学的发展历史,分析两者在发展脉络、走向等方面的差异。

第二章　人类发展与教育

第一节　人学视野中的教育

在现实生活中,人的问题是我们遇到的最常见而又最难解决的问题,面对人性的无常与多变,我们都会追问"人是什么"这样一个千古难题。海伦·加德纳说过:无论何时何地,人是我们所知的宇宙间一个具有精神和自我意识的无与伦比的存在物。在西方思想史上,对于这个问题的探讨往往融合了经验观察和理性判断的内容,思想家们要么将人性归结到形式生活中人的某些行为特征上,要么将人性定位在"应当"的理想状态中,人性问题陷入了纷争之中。

人类至今还没有找到一个公认的、完整的人性定义,正是因为人性的复杂性和多变性,人们提出了人性是完全开放的和不可定义的主张,我们在现实生活中看到的是被肢解的人性,看到的是支离破碎的和扭曲变形的人的形象,面对纷繁复杂的人性理论,我们确实无所适从。从最古老的古希腊古罗马神话到新近的各种人性的科学研究,人们对人性的探索和思考一直没有停止过,对于"人是什么"的解答,一直贯穿在人类思想文化的发展之中,追问人性当然不仅仅是出于理智上的好奇,更主要的是受到人类固有的生存矛盾的困惑,诸如肉体与灵魂的分合、感性与理性的冲突、本能与道德的对立、个体与社会的碰撞。凡此种种,人的起源、人的本质、人的发展、人的地位、人的价值、人的幸福以及人的命运都进入思想家们的理论视野。各种各样的人学理论不断地涌现出来。自然主义、德性主义、快乐主义、经验主义、意志主义向我们描绘出了各不相同的人性形象,同时也构成了人学思想的发展脉络。

一、主体与人、人性

主体作为一个哲学范畴,有本体论和认识论两种含义。本体论意义上的"主体"是指属性、关系、状态、运动变化等的物质载体的"承担者",近似于哲学上的"实体"、"本体"概念。古希腊哲学家亚里斯多德认为,本体是作为"这个"的存在,也就是"实体",它是性质、状态、关系、活动等的基质和主体,在这个意义上,只有本体才是主体。显然,这里的主体,并不是认识论上的主体。至于认识论上的"主体",是与认识和实践的客体相对立、相关联而获得其规定性的,具体说就是指从事认识活动和实践活动的人。它不是一个实体范畴,而是一个关系范畴。主体与客体是相对应的,离开客体,不存在主体。同样,离开主体,也不存在客体。

马克思主义哲学认为,人的主体性和主体地位不是一个本体论概念,而是一个认识论命题,是指人作为主体在对象性活动中相对于客体所处的态势而表现出的功能特性。

所以我们所要考察的是作为认识论范畴的“主体”。主体和客体构成了认识和实践关系的两个基本因素。主体是指实践者、认识者或实践—认识活动的行为者本身,它是作为认识—实践活动的发出者而存在的。客体是作为实践和认识对象的世界、事物以及人。我们认为,人的主体性、人性、主体的属性并不是同一概念。人的主体性与人性的区别源于主体和人的不同,主体是人,但人并非一定是主体。“主体和人是就不同的方面而言的,前者主要是活动方面,后者主要从存在方面,分别反映人的不同性质,因而在使用中并不能随意地代换”[①],人只有在与一定客体关系中通过自己的自觉能动活动而获得对客体的主动态势时才会成为主体。

人性,从最一般的意义上来说是指人的一般属性、共同属性,它是作为物性、兽性、神性的对立面提出来的,是在同物的对比中来揭示人的规定性。而人的主体性是指人作为活动主体在同客体的相互作用中表现出来的功能特性,是活动主体区别活动客体的特殊性,是在同客体的对比中来揭示主体的规定性。人的主体地位和主体性的确立,是一定历史阶段的产物,所以,把“人”等同于“主体”,必然会脱离人的社会历史性的认识—实践活动的具体性,把人抽象化、简单化。

主体是就其活动而言的,人是就其存在性质而言的,但人作为人的存在状态同人在生活中的主体状态,又是彼此适应、基本一致的。

二、主体人格的历史生成

专栏 2－1

人的依赖关系(起初完全是自然发生的),是最初的社会形式,在这种形式下,人的生产能力只是在狭小的范围内和孤立的地点上发展着的。以物的依赖性为基础的人的独立性,是第二大形式,在这种形式下,才形成普遍的社会物质交换、全面的关系、多方面的需要以及全面的能力的体系。建立在个人全面发展和他们共同的、社会的生产能力成为从属于他们的社会财富这一基础上的自由个性,是第三个阶段。

[资料来源]《马克思恩格斯选集》第46卷(上),104页,北京,人民出版社,1980。

马克思提出著名的关于人与社会发展的“三形态”理论是学者们研究人格生成的重要理论根据。依据这一理论,可以把人格范型的历史形态分为三种:

(1)与“人的依赖关系”这一社会最初生存状态相应的“依附人格”;

(2)与“以物的依赖为基础的人的独立性”这一人类发展第二大形态相应的“独立人格”;

(3)与“个人全面发展”这一第三大形态相应的“自由个性人格”。

马克思的“三形态”理论揭示的人类历史发展过程,在一定意义上也就是人的主体人格的历史生成过程。

① 高清海:《主体呼唤的历史根据和时代内涵》,《中国社会科学》,1994(4)。

(一)依附人格

“人的依赖”条件下的人身依附性存在是人的非主体性生存方式的最初形式。在自然生产力条件下,源于自然肉体存在的人的体力,是人的能力在自然生产中发挥和实现的基本形式。人的能力发挥的自然原始性,使得人在自然界面前就必然渺小和脆弱,其结果是个人必须依附于一定的群体——血缘群体或权力共同体才能生存,整体的存在与发展对于个人具有至高无上的意义,从而形成了以对血缘和权力的人身依附关系为前提和基础的非主体性存在方式。所谓个体,其实质是以氏族共同体的身份而存在。在奴隶社会和封建社会,仍然不存在单个人的独立自主的生产活动。生产劳动要么以大规模的、强制的奴隶劳动方式进行,要么以家庭经营的小农经济或封建庄园经济的方式进行,对特定权力共同体(奴隶主或封建主)的依附和归属仍然是个人从事生产活动的前提和基础。个体的人只不过是特定权力共同体的一个环节。作为历史前提的这些个人其实不过是一些生命个体,它们同动物并无多少差别,尚属纯粹的自然存在,严格地说,还不能成为现实活动的主体。如果说与动物有所不同,那只在于他们能够以某种特殊的方式结集成共同体,借助彼此的合作关系提高对付自然力量的生命活动的能力。

这说明,原始社会人只能以“集群”的方式结成一体与自然抗争。因此形成的是“集群主体形态”。它表明作为“初民”状态的人以族群的方式生活着,离开族群,人就不能战胜时时威胁人的生命的自然界,不能摆脱自然环境对生命活动的天然束缚;离开族群,也就没有归属,乃至没有作为人的本性规定。从奴隶社会过渡到封建社会,人有了基本的生存权利和弱小的自我意识,但取代原始族群共同体的是神权等级共同体或皇权等级共同体,人在宗教或宗法的等级关系中并未摆脱“人的依附关系”的生存形态,个人仅在其所处的等级地位角色中获得其有限的非自我性的人格权,人的性质还是在其所属的等级群体中获得给予的规定。这一时期仍属“集群主体”形态的历史阶段,只不过由对自然的依赖转向对人与人关系的依赖,与此相对应的人格形态也是“依附人格”。

所以,依附人格是与自然经济相适应的人格范型,其人格特点体现为对自然和族群的依附关系的简单性、封闭性、狭隘性。在这种人格状态中,个人只有依附群体才能生存,缺少自主活动的意识和能力,所以,马克思说他们是“一定的狭隘人群的附属物”。

(二)个人主体的独立人格

“物的依赖”条件下的物化存在也是一种非主体性生存方式。在一般商品经济条件下,高度商品化和机器化的大工业生产是社会生产的主要内容和基本方式。依靠工业生产和科技力量,人确立了其在自然界中的独立性和自主性。但是,劳动对科技、资本和机器的依赖,使人的能力发挥具有“物的依赖”特征,呈异化状态,人的劳动成为机器和资本的附属物。以货币为纽带的物化社会关系,打破了以血缘和权力为纽带的人身依附关系对人的存在和发展的束缚和限制,消除了人的自然血统对人的存在和发展的先天限定,促使了独立人格的萌芽与发展,但是这种独立是以人对物的依赖为前提的,从而又把人置于“物的依赖”之下。在此阶段,人的活动和关系普遍物化,对物的过度依赖使得人的力量和价值被物的力量和价值所遮蔽、所吞噬。人的存在和发展仍然具有明显的非主体性特征。

文艺复兴运动是人类独立人格意识觉醒，重新发现人，重新认识人的价值和尊严的思想启蒙运动。这一思想启蒙运动使人的人格化历史进程超越了依附人格的范型阶段，进入到以个体为本位的个体化人格范型阶段。

文艺复兴为人格独立提供了文化背景，但最根本的促进因素则是商品经济的发展。商品经济“形成了普遍的社会物质交换，全面的关系，多方面的需求以及全面的能力体系”。独立人格与商品经济中的自由、自立、平等的特性有着天然的契合，是与商品市场经济相适应的人格范型，商品经济发展阶段也正是个体人格走向独立的阶段。商品交换得以实现，要求交换主体地位平等、人格独立，交换的任何一方当事人都不得把自己的意愿强加于对方，独立自主与平等原则体现了商品经济关系的本质特征和市场经济的基本法则。所以，市场经济彻底打破了“对人的依赖关系”，为个体独立人格的形成准备了充分的条件。

从群体本位人格走向个体本位人格，打破了那种片面的、固定化的人身依附和等级从属关系，否定了自然属性结成的那种狭隘的、局部的统一关系，是个人的一次解放。在资本主义市场经济条件下，个人虽然具有了独立性，获得了自由，但这种自由是不完善的自由，是从属于物的自由。所以，人格范型虽超越了“依附人格”而走向“个体化”的独立人格，但这种“个体化”人格仍受着“物”的局限。一方面，它使劳动者获得了人格独立，使人成为市场经济的独立主体；同时也使个人自我认识被唤醒和得到确立，个人的能力也随之获得空前的发展。另一方面，大工业要求的日益精细的社会分工不断地造成实践活动的片面化、个体对象性关系的贫乏化和个人社会关系的异化，个人的主体性受技术所统治，这种状况，又造成了工业文明中人变成了“单向度的人”，只具有“理性”而无“人性”的“技术动物”，使个人成为只为追求物的利益而存在的“商品的贪婪者”，成为“孤立的个人”。

在资本主义条件下，以个人为本位的社会形态以及相应的个人主体人格还是片面的，它把人从群体本位的人身依附和等级从属的束缚中解放出来的同时，又将其置于金钱、财富等物的支配下，使人变成物的奴隶。社会关系的物化也是人的自我失落，属于人对自身本质的一种异化状态。所以，个人主体形态并非人的完善形态，它只不过是历史过渡的一个环节，在进一步的发展中也必然要否定，为更高的类主体形态所取代。

（三）类主体的自由个性人格

类主体是人类发展及社会发展的最高目标。随着资本主义市场经济的发展，世界市场逐渐形成并日益扩大，人与人之间的交往关系更加密切。“过去那种地方的和民族的自给自足和闭关自守状态，被各民族各方面的相互往来和各方面的相互依赖所代替了。”人类正式进入“世界历史（马克思语）”，人也超越“狭隘的范围和孤立的地点”，而最终走向类主体。

随着主体形态从群体主体、个人主体向类主体的转变，人格形态也从族群人格、依附人格、独立人格向自由人格转变。自由人格是人格发展的最高形态。在自然化的人格范型阶段，人要摆脱的是族群中的“人的依附关系”，要超越的是纯然无我的依附人格状态；在群体化的人格范型阶段，人要摆脱的是神权或皇权社会中的等级从属关系，要超越的是奴性人格状态;在个体化的人格范型阶段,人要摆脱的是“人对物的依赖关系”,要超越的是“物化人格”状态。按照历史发展的逻辑,在类主体状态下,人已摆脱了前三种范型阶段人或物对人的奴役状态,摆脱了人与自身的分裂,而将进入个体与类融合、人与自然融合、人与社会融合的自由自觉的存在状态。因此,“它是人向自身,向社会(即人的)复归,这种复归是完全的、自觉的,而且是保存了以往全部发展财富的”。

类主体的人格范型具有如下特征:

第一,必须是完整的人。类主体是人以一种全面的方式占有自己全面的本质,马克思在描述“自由个性”时,把人的全面发展作为“自由个性”的基础,实际上也说明了这一点。

第二,必须是自由的人。自由是人作为类主体的本质,也是类主体的最高追求。马克思认为:“自由王国只是在由必需和外在目的规定要作的劳动终止的地方才开始。”

第三,必须是主体性的人。在自由王国中,所有的历史活动都被置于人的合理控制之下,人变成历史的自觉主体,不为“人的依附关系”所奴役,不为“物的依赖性”所奴役。在这样一个理想王国中,人自身的发展也扬弃了异化,呈现出有意识的主体自我建构。这种主体性表现为自主、自觉、自律和超越。

第四,必须是有个性的人。人在自由自觉的活动中,全面地发展人的潜能,就会使人的个性差异得到充分的张扬,使每个人都成为独特的人。在这个意义上,个体生命就是个性与类性的一种复合型存在。

这就是人作为主体发展的过程:集群主体人只能是以群体方式发挥主体性;个人主体是随着个人走向独立才逐渐形成;类主体是人的发展的最高目的,在类主体状态下每个人都是“小我”和“大我”的统一体,人与人之间不再有人的分别,而只有个性的不同,也就是说,他们在人格上是完全平等的,个性上是充分自由的。

第二节 人的存在与教育

一、人的存在的界定

人作为一个独立的存在物,无疑具有自己独特性,这种独特性是人作为一个独立存在物的基础、前提与根据。古希腊“斯芬克斯之谜”给我们留下的是如下答案:人是一种早上四条腿走路,中午两条腿走路,傍晚三条腿走路的存在物。普罗泰哥拉说:“人是万物的尺度。”柏拉图说:“人是无羽毛的两足者。”亚里斯多德则从不同的维度,对人作出了三个著名的界定:“人是两足动物”、“人是理性动物”、“人是政治动物”。本·富兰克林说:“人是能制造劳动工具的动物。”费尔巴哈说:人就是“理性、意志和心”。尼采说:“人是能够允诺的动物。”卡西尔认为人是“符号动物”。萨特说:“人就是自由。”

思想史上有关人的界说还有许多。解读人的存在,重要的是要抓住人的根本性或本源性的特征,惟有这种本源性的特征,才能将人的存在与人之外的它物的存在从根本上区分开来。那么,人的存在的根本特性是什么?即人的生命活动的性质。“一个种的全部特性,种的类特性就在于生命活动的性质,而人的类特性恰恰就是自由的自觉的活动。"[①] 了解思想史上人对自己的存在的各种界定,是真正理解人的存在的出发点。在人类思想史上,有几种关于人的理解具有很大的影响。

第一,理性的存在:理性主义哲学传统把人的存在界定为理性的存在。因此,人的基本生存结构表现为:人凭着概念、判断、推理等理性的认识能力揭示外部存在的结构,把握人同客观事物的关系,同时,人凭着关于外部存在的知识和工具、手段创造物质财富,实现人的对象化本质。应当说,理性主义抓住了人的存在中的一个重要的维度,这对于丰富人关于自身的理解具有十分重要的意义。但同时,"人是理性的存在"这一界定也具有一定的片面性,因为它忽略了情感、本能、欲望等非理性因素在人的存在中的地位与作用,所以,它没有形成关于人的存在的全面的和总体性的理解。

第二,自然的存在:自然主义哲学强调自然,特别是客观规律性对人的活动的决定作用。这种理解认为:人来自于自然,服从于物质世界的机械的、物理的、化学的规律。同样,人的存在虽然是通过人的有意识、有目的的活动完成的,但它服从于与自然规律性有同等约束力的历史必然性。因此,人从本质上是一种自然的存在。自然主义把人的存在界定为自然的存在,有其一定的根据,因为在人的生存结构中的确有自然的维度,人是大自然进化的产物,不能不在某些方面受自然制约。但必须看到,人之为人正在于人通过自由自觉的对象化活动不断扬弃和超越自然性和给定性,由此获得自由,实现人的本质。

第三,自为的存在:存在主义把人的存在界定为"自为的存在"。萨特认为,人作为自为的存在并不是现成给定的东西,而是通过自己的活动、设计和选择不断生产、不断取得本质规定的存在。人作为自为的存在,其存在先于本质。应当看到,以存在主义为代表的现代人本主义或非理性主义思潮探讨了情感、欲望、本能等非理性因素对人的存在的意义,并试图从中挖掘出人的存在的超越性和创造性,这种探索对于全面界定和理解人的存在有积极的意义。但是,由于这些哲学流派未能将人的存在结构中的这些非理性因素放到人的总体性的实践活动中加以把握,因此,它们往往不能正确地处理理性与非理性的关系,不能提出关于人的存在的总体性的理解,容易陷入片面夸大非理性因素对人的存在的作用的误区。

第四,文化的存在:这一命题是现代文化哲学对人的存在的基本界定。按照文化哲学的理解,人是文化的创造者,同时也是文化的产物,人的存在不是由外在的自然决定的,而是由内在的文化决定的,人只有在创造文化的活动中才成为真正意义上的人。哲学人类学对人的文化存在做了最为系统的探讨,它通过人的生物存在领域的"非特定性"特征说明人的后天文化创造对于确定人的本质的至关重要性。人生活于自己所创造的文化之中,生活于语言、家庭、社会、制度、传统、法律、科学、风俗、艺术、道德等文化世界之中。文化是人的第二天性,也是人自己本质的惟一领域。应当看到,哲学人类学关于人的存在的理解十分重要,它从人的自然存在(生物存在)结构出发,又没有停留于

① 《马克思恩格斯全集》第42卷,96页,北京,人民出版社,1979。

人的自然存在，而是把人的存在置入人的文化世界，即人的生活世界中加以理解，这对于正确把握人的存在具有重要的意义，因为人的存在归根到底应从人自身的特殊的存在结构加以把握。

马克思的实践哲学把人的存在界定为实践的存在，从而提供了关于人的存在的总体性把握。按照马克思的实践哲学，构成人的本质的实践是人特有的“自由自觉的活动”。人的历史的和现实的对象化活动，归根到底是人的实践活动。

第一，实践是人的具体特征和总体特征的统一。古往今来的哲学家或是把人的存在和人的本质归结为人区别于动物或其他自然存在物的某一突出的特征，如理性、意志、直觉、符号、本能等，或是把人的存在和人的本质归结为人的存在方式或活动的某一方面，如政治活动、自然活动、工具活动等。在这里始终没有从总体上揭示出人如何区别于其他一切存在物，即没有揭示出人的存在、人的活动的总体的本质结构。而马克思所阐述的实践则不同，这一活动综合了人之为人的所有根本特征，如自由、创造性、社会性、目的性等。而人所特有的这一活动本身也就是人的存在方式，这是自由的存在方式，它以自身的存在赋予自然界其他一切存在方式以意义，换言之，实践是人的存在的本体论结构，它为人的活动提供框架，在这里，人的理性、感性、情感、直觉、意志、本能都取得一席地位，它们构成有机的总体。

第二，实践是人“是什么”和“应如何”的统一。人虽然是自然的一部分，却又通过自由自觉的活动不断超越自然，既扬弃自然的给定性和自在性，又超越其现存。因此，在限定人的本质时，总面临着人“是什么”与“应如何”的矛盾：如果从人的现存入手，往往得到的是描述性的人的概念，结果容易把人的变化主要归结为外在的决定性因素；而如果从人的可能性存在和未来入手，则往往得到理想的、规范性的人的概念，这样又容易把人的未来同现存简单地对立起来。可以说，作为人的本质的实践既有描述功能，也具有规范功能。因为，一方面，就每一个历史断面而言，具体的实践活动的方式及其成果(包括人在这些活动中所形成的各种社会关系)的确是人所是的东西。另一方面，实践活动的本性就是对给定的不断扬弃，因此，正是在人的现存(人的实践总体、人的世界)中包含着人的超越、人的未来，也就是人“应如何”的导向。这也就是说，人的一切，人的过去、现在和未来、人的发展与变化，均是在历史性的实践总体中展开的，而不是由外在的自然的或超自然的必然性所先验地设定的。

二、人的存在的特性

人的存在是实践的存在，石中英教授认为人的存在有以下几个方面特性：

(一)存在的绝对性

存在具有绝对的价值，也是一切价值的基础、依据和目标。无论是作为个体的人还是作为总体的人，人首先存在，才能思考存在，也才能筹划如何存在。存在先于生活、先于生活的意义。在这个意义上，任何人、任何理由都不能剥夺人存在的权力。正是由于这种存在的绝对性，每个人在正常的心态下，都有强烈地维护自己的存在或安全的动机或本能。这种自卫性的动机或本能也是人生最根本的动力。

(二)存在的意向性

人作为人的存在,不同于动物的存在。在目前人类意识所能达到的范围内,动物的存在是一种机体的活着,最多只活在自己的“感受性”里。而人的存在首先是作为一种“意向性的存在”,其存在的方式是受意识指引的,而不是受感觉指引的。意向性是人作为人的存在从可能不断走向现实并开创未来的前提条件。失去了意向性,人不仅失去了历史,也失去了真正意义上的未来,失去了生命的连续性,活在一个个毫无意义的不可理喻的瞬间。

(三)存在的文化性

人是作为文化的存在而存在的。人之所以为人,被当作人一样来尊重,并不是因为他具有人的外表,而是因为他具有人的内心和外在行为表现。而这些东西都是文化的产物。不了解人所处的文化,就不了解人的存在本身。我们之所以被别人当作人一样来尊重,一定是因为我们身上的文化还可以被对方接受和理解。了解他人,就是理解他的文化。对人和人的生活进行文化的说明,有助于深入地理解人的思想和言行。

(四)存在的时间性

人作为人的存在是一种时间性的存在,而不是一种空间性的存在。与时间性比较起来,人存在的空间性只是一种附带的属性。人的时间性才是第一位的。人是存在于时间之中的,是不断呈现的和实现的。人的存在是历史性的,是不断向未来筹划的,而且在本质上是自我筹划的。任何外在的力量都不能造就人,只有人自己才能造就自己。我们必须反对在人的生成问题上的各种各样的决定论和宿命论的观点。作为时间性的存在,人的存在又是有限的存在。存在的有限性是人生意义的基础。认识不到存在的有限性,就不能很好地深思存在的意义。

(五)存在的独特性

独特性不仅表现在人的身体特征上,更是在人的精神特征和个体行为习惯上。精神特征的独特性主要是认识背景的独特性和认识结果的独特性。个体行为习惯上的独特性主要表现在人们在面临一种刺激上,所做出的反应的方式和强度不同。人存在的独特性也给他的生活世界涂上了个性的色彩。人的独特性和其生活世界的独特性是不可丧失,也是不可让渡的。否则,人就被他人或社会力量异化了。

三、人的存在的三种形式

人的存在方式是多种多样的,如果要列举出人的存在方式恐怕难以穷尽。但我们可以从结构与类型上对人的存在进行研究,尽管人的存在是“整体”的,但各个不同的维度却是全息的、自成一体的。

(一)人的自然性存在

人作为人存在,首先是一种自然的存在,即是说人首先是一种自然的存在物。人作为一种自然存在,当然不仅仅是意味着他本身是自然界的一部分,更是指他要以自然的存在作为自己存在的对象。人作为人存在,他们面对的第一个问题便是要解决自己的吃、喝、住、穿的问题,即需要一定的生活资料。但人不同于动物或其他的自然存在物,维持自己存在的养料或生活资料可以依赖于大自然的天然供给,他必须凭借自己的本质力量,与他所面对的自然界进行物质、能量与信息的交换。人从事这种物质、能量与信息的交换活动,即是人的实践活动或劳动。也就是说,在实践上,人的存在相对于自然界的存在来说,存在着一种双重的依赖关系。一方面,人要从自然界那里获得生活资料,这种生活资料的获得是人作为实践或劳动主体存在的基础与前提。另一方面,人的实践活动或生命活动要得以进行,也必须直接或间接地依赖于自然界为其提供"材料、对象和工具"。人作为一种自然存在物,直接或间接地要受到自然存在的特点与性质的规定与限制。受动与能动的统一,体现在人的实践活动的目的中,决定着人的活动目的的建构,既是自由与自觉的,同时又是受规定与制约的。人的实践活动是一种自由的活动,但这种自由是一种给定的自由,而不是一种任意的自由。

人是教育的起点,又是教育的终点。人的问题是教育的中心问题,教育是培养人的社会实践活动,人的自然存在决定着教育活动的存在。由于人的自然性存在肯定了教育的必要与可能,诸如"人为什么要受教育"、"人为什么能受教育"一类的问题就是教育人学对教育本身的观照,也是教育人学对人的生命的观照。教育必须关注作为生命存在的现实的人,关注人的自然生命与文化生命,这样,教育才有了存在的合法性,人的价值与意义生成才有了切实的保障。

教育的目的性取决于人的自然性存在。启蒙运动以来,人们打破了上帝的神话,树立了人的神话,科技理性成为人类生活的最高原则,教育的工具性职能得到了凸显,教育在价值理性和工具理性、科学主义与人文主义之间左右摇摆,人的自然性存在给了教育价值选择以一种人文的世界观的渗透。教育目的既要符合人性,又要提升人性,要准确地把握人与自然、人与社会、人与自身的关系,使受教育者成为人性丰满、个性完美的人。

人的自然性本身就是一种关系存在,与他人、与自然、与自我的关系把人置入一种交往的状态之中。"人类的教育活动起源于交往,在一定的意义上,教育是人类一种特殊的交往活动[①]。一旦交往的作用被人们认识到,并将此转化为以影响新生一代生长为目的的特殊的交往活动,交往的一方就转化为教育者,另一方就转化为受教育者,教育活动就由交往演化而来。杜威说过:"当一个人成为沟通的接受者,就获得扩大和改变的经验。一个人分享别人所想到的和所感到的东西,他自己的态度也就或多或少地有所改变。"这里所说的交往是一种源自人的自然存在的交往,是一种生长式的交往,是"经验的生长与改造"。

(二)人的社会性存在

人作为一种对象性存在物,不仅是一种自然存在物,同时也是一种社会存在物。人作为社会存在物的基本意蕴是指他要以社会的存在作为自己存在的基础、前提与对象。马克思主义历史观认为,人的劳动、实践活动要得以进行,不仅人与自然之间需要建立一定的联系,也需要在人与人之间建立一定的联系。因为人的劳动、实践活动不是,也

① 叶澜:《新编教育学教程》,32页,上海,华东师范大学出版社,1991。

不可能是一种单个人的行为，而是以社会中许多个人之间的相互协作与合作为基础。人与社会的关系是一种双向互动的关系。一方面，“社会生活在本质上是实践的”，社会是人的社会，是在人的历史实践活动基础上生成的，社会结构、社会关系、社会规律、社会发展无一不是在人的实践活动的基础上生成与实现的。另一方面，对于一定社会的人们来说，他们直面的社会不过是他的实践活动赖以进行的条件与基础。人的社会相对于人的实践活动来说，既是其活动的舞台或空间，也是其活动的规定与限制。

人作为一种社会存在物存在，决定了人也要作为一种历史物存在。因为，历史在本质上不过是社会在时间中的延续和积累。社会是历史的横断面，历史是社会的纵线条。无论是从个体的视角，还是从族类的视角看，人们从事实践活动的实践对象、实践手段、实践条件(包括物质条件与精神条件)，并不完全是自己创造的，而是从前人或历史上承继的。对于每一特定时代的人们来说，从历史中继承下来的东西，是他的生命活动的出发点，无论是积极的东西还是消极的东西，都会或多或少、直接或间接地起着作用。

任何有机体都与它的环境发生相互作用，人的生存环境和其他动物有所不同，这里不仅存在与每个个体有不同性质、不同密切程度联系的各类关系群体，而且存在着各类人的创造物。这样的环境要求生活于其中的人必须参与社会实践，只有通过社会实践人才能生存，才能将人的潜在可能转化为现实发展。理想社会中的人是教育的原点，教育在历史上第一次为一个尚未存在的社会培养着新人。教育与人的社会化在某种程度上是同义语，社会化是人的发展的必然过程，人与社会的天然联系使个体必须适应社会，进而在适应的过程中改造社会，发展自我。满足自身的需要是社会性存在的内驱力，因为在长期的社会生活中，人类的基本需要已打上了深深的社会烙印。

民主、公正、人道是教育的社会理想，它考虑到了人的自然性与社会性、个体的人与社会的人的均衡。民主是自由的个人与秩序的社会之间的一种默契，民主就是要保证每一个人都有机会使人性的内在力量生长起来，公正是社会道德的基础，它体现在对合理的社会制度的维护，制度公正是社会的追求，也是教育的保障。人道的目标就是要“把人当人看”和“使人成为人”，要保证人的基本权利之一的受教育权，更要体现在对社会弱势群体的教育补偿上。

(三)人的自为性存在

人不仅是一种对象性的存在，同时也是一种类存在。人的类存在是人作为实践存在物存在的重要表现。人的生命活动不同于动物的生命活动，动物的活动是一种本能性的适应活动，人的实践活动则是一种能动的改造对象世界的活动。正是在改造对象世界中，人才真正地证明自己是类存在物。人作为一种对象性的存在物，和其他各种对象性存在物一样是受动、受制约和限制的存在物……人作为一种自然、社会、历史的存在物，其生命活动无疑要受到自然、社会、历史条件的制约和限制。人作为一种类存在物，又是一种能动的存在物，即自由的存在物。人的存在的这种对象性存在与类存在的双重特性，决定着人是能动性与受动性的统一。这种受动与能动的统一，体现在人的实践活动的目的中，决定着人的活动目的的建构，既是自由与自觉的，同时又是受规定与制约的。

人的存在是一种不断否定、创造与不断超越的过程，在这一过程中，人把自己展示给世界。萨特认为，人的自为性存在实际上就是指人的意识自我纯粹的预谋和意向，永远是作为一种追求和趋向而存在。人的自我认识不仅仅是审视自己的现实，展现自己的未来，而且也解释自己的生存境遇，理解自己，为自己勾勒出理想的形象。它试图揭示人所具有的潜能、人的理性及智慧。这是教育产生的基础。自我认识具有规划自己的未来和为未来的发展创造条件的能力，在生物界惟有人才具有把握自己命运的能力。康德用诗一般的语言赞美道："人能够具有自我的观念，这使人无限地提升到地球上一切有生命的存在物之上，因此，他是一个人。"① 人要自己设计与选择未来，有一个前提条件，就是人必须被教育"唤醒"，教育要尊重人的主体地位，就应该引导人在一系列的境遇中通过自我设计、自我选择，自己决定要成为什么样的人。

自我实现是人的自为性存在的确认方式，"教育的功能，教育的目的——人的目的，人本主义的目的，与人有关的目的，在根本上就是人的自我实现，是丰满人性的形成，是人种所能达到的或个人所能达到的最高的发展。"② 尽管每个人自我实现的程度不同，但教育应该做到的，就是帮助人达到他的最佳状态，尽可能地发挥每个人的潜能。

四、教育与人的生成

（一）教育即生成

"生成就是习惯的不断形成与不断更新，这是一个人秉成自持的重要过程。"③ 生成来源于历史的积聚和自身不断重复努力。我们生活在形成习惯的过去之中，不断形成和打破习惯是我们现在生成的坚实基础，没有习惯为底蕴，我们精神的每一次进步将是不可能的。

教育本身不是一种建构，而是生成，它注重素质形成的内在机理。教育中重要的不是知识，而是智慧，真正的教育就是智慧的训练，因而，教育活动关注的就是"人的内部灵性与可能性如何生成"，教育如何完成人的灵魂的教育。杜威对教育生成的理解就是教育即生长，每一个学习者都是一个非常具体的人，他有自己的历史沉淀，有自己的个性伸展，进入教育过程的每一个儿童都是一个具有文化背景、认识结构和选择能力的自我设计者，教育所关注的就是帮助儿童不断地把外在的知识与自己的心理世界充分地融合在一起，形成"在境遇"中的成长，教育就是经验的不断改组，就是形成和打破习惯的不断的自我超越的过程。

（二）个体的生成

教育的最重要的职责在于引导受教育者成为一个真正的人，做人教育应是教育的永恒主题。人的生命自始至终充满了可塑性，他不可能停留在某一固定的状态，他会在与外界环境的适应和相互作用中，逐步把可能性变为现实性。教育学探讨的生命生成

---

① 康德著：《实用人类学》，1页，重庆出版社，1987。

② 马斯洛：《人性能达的境界》，169页，昆明，云南人民出版社，1987。

③ 雅斯贝尔斯：《什么是教育》，14页，北京，生活·读书·新知三联书店，1991。

之道,是“道生一,一生二,二生三,三生万物”中所体现出来的不断增生的力量。这既是生命本身的力量,又是教育的力量。

如何做人,首先是受教育者成为他自己,其次要使受教育者成为社会人。教育要使人成为人,从而获得属于自己的生命;教育要使人成为社会人,就是要肩负起社会的责任。说到底,教育要成人成事,成人就是要“学会做人”,要理解诸如“人是什么?”、“我将用我的生命去做什么?”这样的问题。成事与成人是分不开的,也是现代教育的四个支柱之一,成事就是要使人具有解决问题的能力,要使人成就一番事业。成事是人的能力的外显,通过他能更好地成人,确证人的存在,展示人的能力,促进人的生成。

一切教育的目的是形成人的人格。健康人格的养成是做人的重要成果,人格是文化积淀的结果,人与人之间的差异主要在于以不同的自然性的人在不同的文化境遇中所造就的不同的文化生命体。教育要培养有个性的人,是所有教育活动与整个教育过程的终极目标。

(三)类的生成

人的类存在,为教育发展提供了一个重要的参考系。教育就是人类通过有意识地影响人的身心发展来影响自身发展的社会实践活动,教育应该把它的着眼点放在人类,落脚点就是有个性的人的形成。马克思说过“一切人的自由发展恰恰是类的发展的前提”,教育本身就是类主体形成的标志。

教育作为文化的传承与创造活动,在个体与类的以文化为中介的交流与转化中起着重要作用。一方面,个体通过接受积淀的类经验,成为具有类文化成果意义上的类的人;另一方面,个体的经验通过教育的创造与表达、交往与理解、体验与生成而成为类的经验。教育的意义在于让个体意识到类的存在,类存在要求人们之间增进了解,互相尊重,为此教育应重视情感体验和人格养成,要有全人类的意识。

第三节　主体性教育

一、主体性教育

(一)主体性教育的内涵与特征

教育,作为一种培养人的社会实践活动,是以塑造和建构主体自身为对象的实践领域。在这个过程中,教育以育人功能为基础,又反映出社会的政治、经济、文化以及科学技术的发展要求并为之服务。正如法国作家孔巴斯所言:“未来学校应该培育灵魂,锻炼精神,优化情感,使学生成为热爱世界的主人。”教育的基本功能是把人类所创造的文化科学知识和经验内化为个体的精神财富,发展、提高他们的主体性,造就未来的行为主体,教育应该培养具有主体性的人,从根本上说,真正的教育应该是主体性教育。

那么,什么是主体性教育呢?在当前的教育理论界主要有三种不同的观点。

第一种观点认为主体性教育就是有目的的增强与发展人的现代性、有效性、能动性和创造性的过程,通过主体性教育把受教育者培养成具有现代教育思想、自我意识,能有效地、主动地、创造性地、自主地进行社会认识和社会实践的人①。

第二种观点认为教育活动过程的主体性是指教师主体与学生主体依据认识规律进行学习、认识与实践，以获得发展的对象性活动中表现出来的能动性、方向性、自主性和创造性②。

第三种观点认为，主体性教育包括相互联系的三个方面，即学生的主体性、教育活动的主体性和教育系统的主体性。

以上观点对于开启我们的思路，加深对主体性教育的认识具有重要意义。但我们认为，把主体性教育的领域无限扩大，如办学主体性、管理主体性等，给人的感觉似乎是主体性是一剂灵丹妙药，用它解决教育问题，可以药到病除。其实并不是这样，要真正在教育中体现主体性，就必须找到主体性与教育的结合点，这个结合点就是“充分尊重、发展受教育者的主体性、培养具有主体性的人，即以主体性教育培养主体性的人”。

主体性教育作为一种全新的教育思想，较之于传统教育来说表现出鲜明的个性特征：

1.科学性。主体性发展的重要基础是学生各方面素质的全面、充分、和谐的发展，形成主体性素质结构，主体性素质是一种综合的、整体的素质，学生既是教育的对象，又是教育活动的主体，在他们身上蕴藏着丰富的发展潜能。教育的作用就是根据学生发展的客观规律，引导学生通过独立思考和学习活动，把人类的认识成果转化为学生的知识财富、智力才能，使学生形成合理的知识结构、能力结构、方法结构，只有这样，主体人格才能不断完善。

2.民主性。在传统教育中，专制主义是师生关系的最大特点，在主体性教育思想中，师生关系要形成民主、和谐、宽容的氛围，主体性教育的师生观认为教育应以民主平等为基本原则，是教育爱与教育责任感的有机统一。严格要求是对人尊重的最重要的体现，也是教师对学生和社会未来发展负责的一种体现，教师对学生的爱是教育的润滑剂，它可以让学生充分感受到自身的价值实现。这种民主性可以表现在两方面，其一是将教育变成一种民主的生活方式，让学生自由地、生动活泼地发展；其二是要实现教育内容中民主意识的渗透和学生民族思想、民主精神、民主参与能力的培养，以民主精神造就富于主体性的人，这是教育的最高原则。

3.开放性。学校教育的专门化也导致了学校教育与社会的隔离，这种封闭的教育会导致学生视野狭窄、思维僵化、思路闭塞。主体性教育需要培养开放型人才，就必须体现在学校教育系统与整个社会生活的紧密联系上，要把学生引向广阔的社会，通过各种各样的活动丰富他们的知识，开阔他们的视野和思维，从而加速学生的成熟过程。此外，在学校教育内部应当树立开放的教育观念，建构开放的教育体系，运用开放式的教育方法。这种开放型的主体教育，为学生主体性的发展提供了良好的内外环境，有助于学生主体性有序、稳定地发展，加速学生主体的社会化进程。

---

① 黄崴：主体性、主体性教育、社会发展，《未来与发展》，1994(4)。

② 王道俊，郭文安：关于主体性教育的思考，《教育研究》，1992(11)。

二、主体性教育的历史发展

(一)自然性主体教育

自然性主体教育,是指把人作为一个自然的实体来发展。这一思想是以近代欧洲的唯物论为哲学基础的。近代唯物论从反对宗教出发,把被对象化到上帝那里去的人的本质归还给人,主张人是自然的一部分,用“自然人”取代上帝。近代唯物论批判了中世纪宗教神学的超自然的观点,把人归结为一个自然实体,用物的特性来把握人,认为人的发展服从于自然的客观规律。所以,从14世纪到16世纪的文艺复兴运动所发现的“人”是一种“自然人”,它相对于中世纪神性对人性的奴役和吞噬,要求人从神的束缚下解放出来,认为人是“宇宙的精华”、“万物的灵长”。它肯定和宣扬的是人的尊严和人的自然权利。

17世纪的教育家夸美纽斯就提出要发展人的自然本性。他认为,自然界中存在着一种起支配作用的普遍法则,这就是“秩序”。秩序是保证万物和谐发展的灵魂。他把人看做是自然界的一部分,因而人的发展以及人的教育,也应该服从这一普遍法则。夸美纽斯十分强调教育要依据人的自然本性,即儿童的天性。他以此划分了儿童的学龄阶段,安排了教学时间和科日,建立了自己的教学原则和方法体系。可以认为,夸美纽斯把“教育适应自然”的原理,作为一个主导原则贯彻其教育思想的始终,并落实到他所设计的“新学校”中。

卢梭的“自然教育”也在近代唯物论的影响下应运而生。他认为,出自造物主之手的东西都是好的,而一到人的手里,就全变坏了。人的最理想状态就是自然状态,教育的目的就是保护这些先天的自然本性,发展儿童的潜能。但是封建社会的腐败堕落,会对儿童善性的发展产生不良的影响,教育必须使儿童与社会隔离,所以,卢梭就提出“归于自然”的纲领,主张要把儿童置于大自然中,让其自然本性得到自由发展,把人培养成“自然人”。

近代唯物主义的“人性论”是一种自然主义的人性论,它打破宗教神学关于人的超验的观点,把人还给自然,把人看做自然的实体,从而取消了神,这相对于中世纪摧残、压抑人性的状况是大大进步了。但近代唯物主义有一个致命的弱点就是忽视了人的能动性、主体性,使人的发展只是成为身心的成熟,成了自然的奴隶。所以,在自然性主体教育中,虽注意到了个体人,但人被贬为像物一样可改造的客体,人的自主性沦为物的可改造性。

(二)科技理性与人的主体性教育

个人主体是建立在主—客对立分裂的基础上的,在科技至上的时代,人的主体性被理解为人对外部世界的认识、征服、改造、占有的活动中所表现出来的能动性或自由度。这种个人主体把人对自然界的征服和人类之间的竞争作为生存的原则,重视个人对物质世界的战胜和对他人的征服。弗罗姆说:“一个以人为中心的社会与一个以物为中心的社会之间的区别与生存和占有这两种生存方式之间的区别相差无几。占有取向是现代工业社会人的特征。在这个社会中,生活的中心就是对金钱、荣誉和权利的追求。”近代社会所进行的科学启蒙,提倡的就是这种占有性个人主体性。这种主体性有以下几个特征:首先,占有性。在占有性生存方式中,人和世界的关系是占有和被占有的关系,其指导思想是人类中心论和个人中心主义。其次,个人主义。占有性个人主体对自然和他人的征服、占有,固然为主体创造性的发挥、个性的多样化以及竞争机制的引入等提供了基础,但由此而过分地划定个人的权利,并以无情的竞争作为实现个体权利的方式,很容易导致个人主义乃至利己主义。再次,工具理性。近代社会的进步是和科学技术的发展密切相连的。培根的"知识就是力量",洛克的"对自然的否定就是通往幸福之路",康德的"人为自然立法",使得人类中心论的命题得到了彻底的证明。科技理性重视科技启蒙和人类对自然界的征服,发展的只是人的工具理性。

近代社会发展人的主体性是人类的进步,但把这种主体性建立在二元对立的基础上,教育仅仅重视占有性个人主体性的发展是错误的,这种主体性导致了人的本质的异化,人成为物质的奴隶、欲望的奴隶,人仅仅是为了占有自己的对象而活着,人成为工具,而非"人"。

(三)价值理性与人的主体性教育

科技理性时代的个人主体教育注重的只是人的技术理性方面的发展,忽视了人的价值方面的情感、意志的发展,其缺陷是显而易见的。

价值主体就是把主体性落实到先验主体的精神自由上,它不是指向外部的经验世界,而是指向人自身精神上的自我完善,价值主体的探讨由康德肇始。康德哲学中的主体性思想,在黑格尔那里就变成了"绝对精神"。主体是人的本质的先验存在,人的主体性就是人的这种先验理性的确立、发展和完善,它强调人的精神自由的真正实现。

存在主义主张从内在自我的完善和精神自由的实现来重建价值主体。它反对黑格尔普遍的、抽象的、无人性的价值主体,倡导"存在先于本质";反对理性,倡导非理性;反对普遍的个人,倡导具体的个人。存在主义的教育,是对传统教育人性压抑的一种抗议。为教育指明了改革方向,这就是"让教育为个人而存在","把个人还给教育"。因此,存在主义认为,教育应启发个体对自己存在及其价值的认识,启发受教育者要自由选择,自我实现。

当代人本主义教育,也旨在启发人的价值主体性。它认为,人有使自己趋向于更健康、更道德、更智慧的自我实现的需要和潜能,教育的作用就是指导和促进每个人的自我成长和自我实现。

三、主体性教育的目标

主体性教育的目标是在教育过程中,通过培养学生的主体意识和发展学生的主体能力,培育和提高他们在教育中的能动性、自主性和创造性,使他们具有自我教育、自我管理和自我完善的能力,从而成为自我发展的主体。主体性教育的最终目的是通过弘扬人的主体性,把学生培养成社会历史活动的主体。

(一)增强学生的主体意识

个体主体性的发展主要取决于两个方面,一是客体条件方面,即外部世界对个人才能的实际发展所起的推动作用。二是在客体相对有利的条件下，人的主体性发展由可能变为现实的决定因素是主体自身的条件。所谓主体意识，是指作为认识和实践活动主体的人对于自身的主体地位、主体能力和主体价值的一种自觉意识，是主体自觉性、自主性、创造性的一种表现，它包括主体的自我意识和对象意识。主体不仅能意识到内在于主体自身的需要、价值、能力等各种本质能力，而且也能意识到人的本质力量的充分展示。主体意识只有在对象性活动中，在主体对外部世界起到推动作用时才能实现。受教育者主体意识的强弱，对于主体性的发展有重要影响。首先，学生主体意识愈强，他们参与自身发展、在学习活动中实现自己本质力量的自觉性就愈大，也就愈能在教育活动中充分发挥主体自身的能动力量，不断地调整、改造自身的知识结构、心理状态与行为方式；其次，学生的主体意识愈强，他们对自身发展的抱负水平就愈高，就愈会严格要求自己。因此，学生主体意识的强弱，在一定意义上决定着学生对自身发展的自知、自控、自主的程度，最终决定主体性发展的水平。

(二)发展学生的主体能力

个体能力的提高与发展，是个体参与认识、改造自然和社会所必需的。一般地说，个体的能力与其地位、价值直接相关，能力的高低意味着个体对自然与社会所取得的自由程度与贡献的大小。对学生而言，要充分发挥其主体性，使他们真正成为教育活动和自身发展的主体，仅仅具有主体意识是不够的，还需要具有与其相适应的能力，即主体能力。所谓主体能力，就是主体能动地驾驭外部世界对其才能实际发展的推动作用，从而使自身主体性不断发展的能力。

个体主体能力发展水平体现着个体对外部世界、自身以及二者关系的认识和把握程度，这有赖于学生主动地在对象性活动中去发展与提高。学生的主体能力愈强，他就愈能利用外部世界去发展自身，从而发展自己的主体性，反之，学生的主体能力水平愈低，他在自身主体性的发展中就愈感到无能，就不可能成为教育活动和自身发展的真正的主体。

(三)养成学生的主体人格

人的主体性发展实质是指人的各种能力和力量的综合发展，它不仅包括理性因素，还包括非理性因素，即人格。人的主体性地位的确立与主体性的发挥来源于人的整个因素与属性。在主体的认识和实践活动中，理性因素制约着认识与实践活动的深度与广度，决定着认识活动的方式与效果。但对认识活动起调节作用的则是人的非理性因素，它能使主体的心理活动处于积极状态而具有动力性质。所以，非理性因素是人的主体性发挥的催化剂。为此，教育要重视培养学生的情感、意志、信念等非理性因素。在教育活动中，应创设一种民主、自由、宽容的教育氛围，让学生逐步养成独立完满的主体人格。

(四)发展学生的类主体性

类主体即人的自觉的存在状态，是指在个人自由全面发展的基础上，实现的人与自然、人与社会、人与宇宙、人与他人的自觉融合与统一。教育在培养人的自主性、能动性、创造性的基础上，还要引导受教育者自觉地由个人主体向类主体提升，这是主体性教育发展的逻辑必然。

第四节　教育与人的自由

一、人的自由与人的自由发展

人类发展的历史,归根结底就是人类争取自身解放的一部自由的发展史。“自由”在英语中有两个来源,一个是拉丁语 libeialis 的 libeiral 及其衍生词 libeiate,libeiration,liberty 等;另一个是古希腊语 prays(古德语的 fri 和古英语的 fre)的 free 及其衍生词 freedom,虽然这两个词的来源不同,但在含义上却是相通的。在西方,自由最早被用来表示在初民社会中没有任何羁束的自然状态,在古罗马时代,则被用来形容对自己人身的自主状态,自由的人意味着不受他人的强制与奴役。中文翻译这个词时,一般译为“自由”或“解放”。马克思认为,人是现实的人,人处在现实世界的现实关系之中。因此,人的自由即体现了个人的权利,也体现了社会的约束。从总体上来看,现实的人所处的现实关系包括人作为主体与外部世界的主体—客体关系、人作为主体与他人的主体—主体关系以及人作为主体与自身的主体—自身的关系。那么,与之相对应,人的自由就包括三个方面:主体在认识外部世界的客观规律的基础上按照自身意愿改造外部世界的自由;主体在区分自己与他人的权利和利益范围时按照自己的意愿决定自己活动的自由;主体依据自身本性去支配自身存在与发展的自由。

人的自由发展的实质是人按照自身所固有的内在本性的要求去支配自身的发展,而不是被动地从属于某种外在的强制,使自身的发展偏离和压抑自己的内在本性。由于个体存在的现实决定了人的内在本性要通过个性的形成得以表现,所以,人的自由发展便具体地表现为个性自由。

马克思在《1844 年经济学哲学手稿》中,有一个著名的论断:“一个种的全部特性、种的类特性就在于生命活动的性质,而人的类特性恰恰就是自由自觉的活动。”[①] 马克思从人的类特性的角度去理解“自由”、“自觉”,凸显了人的内在本性。人作为特殊的生命存在物,他的生命活动的性质、他的内在本性的基本要求就是“自由”。马克思把这种自由进一步解释为“人的生命的自由表现”。

马克思从人的类特性和人的生命活动的基本特征的角度去阐发人的自由,为我们深刻认识和把握个性自由的实质提供了理论依据。个性自由是人对自身存在和发展的自由把握,而包含于人的存在与发展中的要求正是人的自由的生命体现,它的基本形式就是真正的自由活动,人的自由活动是以主体的实践形式展开,以人的自由发展为结果的。人的自由发展主要是指人按照自身所固有的内在本性去支配自身的发展,在现实生活中,人的自由发展又受一定的物质文化条件和社会关系的制约,前者表现为人的自由发展的自主性,后者表现为人的自由发展的客观制约性。全面发展的自由人是教育活动的理想形态,是人成为“人”的最高宗旨。自由的人,是一个完整的人,有主体性、有

---

① 《马克思恩格斯全集》第 42 卷,443 页,北京,人民出版社,1979。

个性,是具有类本质的人。类主体具有发展的全面性和发展的自由性。所以,类主体的教育就是人的自由的教育,类主体教育具有两个方面的含义:一是人的全面和谐发展;二是人的个性自由发展。也就是全人教育和自由活动的融合,最终落实到个性发展上,个性的充分发展是全人教育和自由教育相融合的结果。在自由的状态下,个人的全面发展,必然是以人的个性的充分发挥为基础。所以,培养类主体的教育和人的自由的教育,含义是一致的,就是把"全面发展"、"自由发展"和"个性发展"三者融合在一起,成为一个统一的整体。

教育致力于人的全面和谐的发展是教育思想史上的主旋律,是人类追求的最高理想,尤其是文艺复兴以后,人的全面和谐发展逐渐成为贯通整个西方文化的崇高理想和人道主义的最高目标。马克思从分工考察现实人的片面现象,预示人的全面发展,指出旧分工"压抑工人多种多样的生产志趣和生产才能,人为培植工作的片面技巧",致使"智力和身体上的畸形化","从根本上侵袭了个人的劳动力"①。针对人的片面发展,马克思提出,"用那种把不同的社会职能当作相互交替的活动方式的全面发展的个人,来代替只是承担一种社会局部职能的局部个人"②,使人"能够适应极其不同的劳动需求并且在交替变换的职能中只是使自己先天的和后天的各种能力得到自由的发展"③。

马克思主义是实践的唯物主义,以实践的观点来看待人,人是有着双重生命、双重本质的存在,既有大自然赋予的自然生命、本能生命,又有着自我创生的自为生命,智慧生命;既有物质生命的本质,又有社会文化的本质。前者我们称之为"种生命"、"种本质",后者称之为"类生命"、"类本质"。"种生命"、"种本质"是动物也具有的本质,只有人才能超越种的规定而具有类的本质。所以人之为人,重要的在于他的类本质。人的类生命、类本质就是马克思所说的"自由自觉的活动"。人类的活动在何种境界才能达到自由自觉?马克思认为,必须是实践活动中真的尺度、善的尺度、美的尺度的有机统一。自由是真善美的统一,是马克思主义的重要观点。真的尺度,是一种科学的尺度,它反映了活动客体本身的运动发展规律,是一种外在的尺度;善的尺度,它反映活动主体自身的价值追求和目的意向的是非曲直;美的尺度,是合乎外界规律,又合乎主体自身目的的事物,使活动主体产生愉悦的肯定性情感,这种情感使人有一种美的享受。因此,自由作为真善美的统一,也意味着自由的本质是主体在知、情、意方面的全面发展。因此,教育作为人类再生产自身、实现自己目的的手段,要在创造真善美中发展知情意,把真善美的统一和人的全面发展融为一体。教育必须把培养真善美的完美人格,作为全人的根本标志。人在实践活动中,只有实现了真善美三种尺度的统一,才能在活动中实现或达到合规律性和合目的性、实然与应然、占有与享受、主体与客体的统一。真善美的完美统一,标志着人的自由的最高境界。

根据人的生命价值体系,人在实践活动中要体现自然生命和价值生命的完美统一,

① 《马克思恩格斯全集》第23卷,399页,北京,人民出版社,1979。

② 《马克思恩格斯全集》第23卷,535页,北京,人民出版社,1979。

③ 《马克思恩格斯论教育》,234页,北京,人民教育出版社,1986。

就必须把自然教育和价值教育结合起来。自然教育是形而下的教育,它发展的是人的自然性;价值教育是形而上的教育,它发展的是人的自由性。其中价值教育又分为真的教育、善的教育、美的教育。

二、教育是人的自由发展的重要手段

(一)自由发展的人的有关论述

马克思主义把自由归结为人的类特性,看做人的生命的自由表现,人之为人的本质就在于人有自由,能独立自主,不受外物和他人的支配。在马克思看来,人的自由发展即他自由个性的实现,而它是以“他们共同的社会生产能力成为他们的社会财富”为基础的,人的自由发展与人的全面发展将在相互联结中达到统一。马克思把全面发展的个性看做是自由个性的基础,过去那种片面的个人、畸形化的个人,是难以自由的。而个人的全面发展又必然以自由发展为前提,只有当个人获得发展的自由时他才有可能突破片面的局限从而达到全面的发展。西方一些学者对自由教育也有一些独到的见解:

专栏 2-2

我希望我的生活与选择,能够由我本身来决定,而不取决于任何外界的力量。我希望成为我自己的意志,而不是别人意志的工具。我希望成为主体,而不是他人行为的对象;我希望我的行为出于我自己的理性、有意识之目的,而不是外来的原因。我希望成为重要的角色,而不是无名小卒;我希望成为一个行为者——自己作决定,而不是由别人决定;我希望拥有自我导向,而不是受外在自然力的影响,或者被别人当做一件物品、一只动物、一个奴隶;我希望我的人性角色,是自己设定自己的目标和决策,并且去实现它们……人,最重要的,我希望是一个有思想、有意志而积极的人,是一个能够为我自己的选择负起责任、并且能用我自己的思想和目的,来解释我为什么做这些选择的人。只要我相信这一点是真理,我就觉得自己是自由的,而如果有人强迫我认为这一点不是真理,那么,我就觉得在这种情形下,我已经受到了奴役。

[资料来源][英]伯林《两种自由概念》见刘军宁编:《市场逻辑与国家概念》,210页,北京,生活·读书·新知三联书店,1995。

(二)人的自由与生命教育

人的自然生命是人之为人的基础和前提,它是一种最基本的生命尺度,为人的价值生命提供着物质载体。人首先同动物一样,是一个自然存在物;但人又同动物不一样,人又是人的自然生命,不只是本能的冲动和自然的、自在的发展,人能够意识到自身生命的存在和发展,能够对自身生命的存在和发展方式作出自主的选择。因此,人的自然生命是可教的。但是,并不意味着人可按自己的目的去改变自然生命,自然生命的存在和发展,更多地受生理因素和遗传因素的制约。“‘自然’自己所作为的比我们指导它去作为的不但好得多,而且精确的多。”

生命教育是一种多层次的认识生命本质、理解生命意义、提升生命价值的教育。生

命教育不仅要教育青少年珍爱生命,更要启发青少年积极创造生命的价值;告诉青少年不仅要关注自身,而且要尊重、热爱他人生命。生命教育的根本是对爱的追求、对人性光辉的张扬,体现了人物共存、天人合一的境界,寻求和平与和谐,是对人类终极目标的追寻。生命教育以生命为主线由己及人,逐渐扩展到他人、社会、国家、世界。生命教育首先要注重生命意识的培养,帮助青少年认识生命的本质、珍惜生命的存在,进而欣赏生命的美好。其次是对青少年进行挫折教育,挫折与苦难是人生的重要组成部分,生命的旅程不会一路坦途,也会遇到曲折和坎坷,所以没有苦难的人生是残缺的人生。生命教育还离不开死亡教育,蒙田说过:“对死亡的熟思也是对自由的熟思。”死亡虽然是生命的终结,但却是生命的必要组成部分,对死亡的了解可以消除对死亡的恐惧,增强对生命中无常的心理准备和应付能力,更加珍惜生命、热爱生命,提升生命的意义和价值。再次,生命教育要强调和谐,《学习的革命》一书的作者戈登说过:“教育的最高境界应该达到三种和谐,即让学生与自身生命的和谐、与周围生命和谐、与大自然万物和谐。”从文化哲学的角度看,和谐乃是作为主体的人应与对象世界保持平衡和适度的关系,在于人与自我、人与人、人与社会、人与自然的相互适应与相互包容,所以生命教育的核心精神是对人及其生命的人文关怀,在于创造一种广泛的和谐。人的自然的教育,是注重于人的身体发展的形而下教育,它包括消极的形而下教育(自然教育的消极部分)和积极的形而下教育(自然教育的积极部分)。消极的部分是指身体的养护和锻炼。在康德看来,养护只局限在婴儿阶段,是父母和保姆的工作。康德在《论教育》第二节指出:“所谓养护,乃是父母必须对自己的孩子悉心照料和关注,以防他们用某种有害于自身的方式运用其力量。”在洛克看来,身体的养护是健康教育。健康的教育,不是要讨论医生对于有病的孩子采取什么措施,而是要讨论父母对于原本健康的,至少是没病的子女,在不用药的情况下,应当怎样维护他们的身体,使他们更加健康。实际上,身体的养护不只是在幼儿期由父母代劳的工作,更多地应该成为自我的一种自觉行动,它与身体锻炼一道,贯穿于从幼儿期到老年期的终生,促进身体机能的发展和完善。自然教育中的积极部分,注重人的心理官能的自然发展。康德在《论教育》中说:“形而下教育的积极方面是教养,正是这方面使人有别于动物,教育主要是各种心理官能的练习。”这主要是在游戏当中进行。同时康德又指出,训育应先于教养,训育将兽性转变为人性,其作用是抵制人性中的不循规蹈矩。训育是教养的前提,但训育是消极的,只有教养——心理官能的自然发展之结论,但仍然认为,心理的发展有一个成熟的过程。

(三)人的自由与真善美的教育

人作为自由的人,首先是一个“全面的人”,它强调人格的真善美三个方面,它体现的不是被动的发展,而是主动的自由发展。只有人的自由发展和人的全面发展的统一,主体以自由自觉的活动不断地开拓和丰富自身而成为“自由的真”、“自由的善”、“自由的美”的统一,人才能成为一个自由的人。

1.人的自由与求真的教育。人在对象性活动中认识、把握和改造对象化客体,并在这种认识—实践过程中使主体获得自由。一切客体都具有既成的、自在的性质,有其自身所固有的内在规律。因此,首先要对客体的尺度进行认识与把握,即对真理性知识的认识和掌握。但真理作为事物的本质,不会自动地呈现出来,人们还必须要有勇气和能力探索真理、发现真理。另外“真”作为一种科学的尺度,反映了不依人的意志为转移的客观事物的发展规律,但人若为“真”所钳制,则成为科学和技术的工具。正如西方学者所说,“人性变成了技术的牺牲品”,人们就会遗忘了对生存意义的寻求和反思。所以,人必须学会在符合社会发展和和人的自由发展的前提下,发现事物的价值。所以,人的自由发展中的“真”,表现出的不只是知识、能力,还有智慧,更重要的是主观精神的表现。

求真的教育的内涵,既表现为学问的教育,又体现了求真的精神。前者就是要传授给学生知识和技能。学问教育是基础,但应该看到学问教育的作用是有限的。洛克在谈到绅士的四种品质(德行、礼仪、智慧、学问)时说:“学问最不重要。”小原国芳在谈到学问教育时,转引中国学者和康德的话来说明比学问教育重要的是求智的教育,“‘使之掌握’即使之‘catch’的教育比‘给予’即‘give’的教育值得尊重”。这充分说明了真的教育不能把获取知识作为惟一的目的。知识本身对健全的人来说,有本体性价值,但更多的是工具性价值,为人的其他方面的发展奠定基础。后者是真的教育的最终目的。它应该包括科学精神的培养和科学方法的教育,两者互为支撑。科学精神意味着对科学探索的热情和勇气、批判与怀疑精神以及捍卫真理的精神。科学的方法的教育,是指教人掌握探索真理的方法、技能,培养学生的创造性。

2.人的自由与向善的教育。教育是一个道义的事业,应当体现基本的人道主义精神。人道主义的表现就是善,是基于对人在世界上的地位和作用、对人的本质以及人生意义和目的进行的探索,表现在人们追求幸福、追求个性发展、追求本质力量运动过程之中。人道主义认为人本身具有最高的价值与尊严,人和人的价值在一切价值中应当置于首位。人道主义的涵义是把人当人看和使人成为人。作为一种道德精神,它超越了分割人类的种种狭隘界限,以一种不计个人背景的博大精神来确立人们彼此交往的原则;它内含着一个普遍的道德要求:人类共同体的任何人都不应对其他成员的命运漠不关心,每个人在追求自己的幸福时必须尊重他人权利,不得有损于他人。教育的道义性着眼于人道主义的思想体系,肯定人的价值、尊重人的尊严、满足人的发展需要。“在所有的东西中间,人最需要的东西就是人”,社会等一切事物都不过是为人本身服务的手段而已,康德说人本身就是目的,文艺复兴时期艺术家米开朗基罗呼吁“把世界还给人,把人还给他自己”。善的教育体现了教育的本真价值,它体现在对受教育者人权的尊重和最大程度地促进受教育者的全面发展上。

人在实践活动中,既要遵循客体的真的尺度,又要遵循主体自身的内在尺度。主体的内在尺度就是善的尺度。亚里斯多德指出:“人类的善就应该是心灵合乎德行的活动,假如德行不止一种,那么人类的善就合乎最好的完全的德行的活动。”据此善就是指人的行为活动及其结果合社会的正当性、合社会的规范性。但价值生命中的善,反映了人性的一种追求,是人为满足自身需要而创造出来用以认识、肯定、发展和完善自己的手段。生命中的求善性,意味着人的高尚、意味着人性的进步和完善。

善的教育就是一种道德教育,道德在本质上是一个高度自主、自觉、自为的人的领域,是人的主体性得以深刻展示的领域,人是道德的主体,则人的道德教育就是主体的道德教育。道德教育通过指导学生的道德选择，培养学生的道德认识、道德情感和道德判断能力，并使其具有相应的社会责任感，这样培养的道德主体具有自律的、超越的道德人格。说到底，道德不是外在的要求，而是人内在需要。

实际上，善的教育就是一种人性的教育，人性昭示了人内心深层的灵魂。人不能没有灵魂，人性教育以道德教育为基础，从根本上唤醒人对在世意义的反思，唤醒人对真善美的内在追求。这样的教育就是要把人培养成为求真、求善、求美，最终是求得自由发展的具有主体精神的人。

3. 人的自由与审美的教育。马克思是从真的尺度和善的尺度的统一强调美就是自由的本质。中国当代美学家也认为美是主体自由的肯定。如蒋孔阳说美是自由的形象，李泽厚认为美是自由的形式，高尔泰认为美是自由的象征。美何以表现为自由的本质？如庖丁解牛，能够达到随心所欲、游刃有余，解牛本身成为一种自由的活动，成为美的享受。因此通过这种活动，人的本质力量得以对象化、形象化，使人能够从人化的自然中直观自身的本质力量。美学家蒋孔阳说认为，人的本质转化为具体的生命力量，在"人化的自然"中实现出来，对象化为自由的形象，这时才美。

美的教育旨在培养审美的人格。审美的人格是自由人格的一种表征。这种自由的人格要实现的是对人性异化的一种否定，对人的全面人化的一种肯定。因此，美的教育绝不仅仅是艺术修养，也不是道德意义上的心灵美、行为美的教育。美的教育是一种自由精神的培养，自然美、艺术美、人性美、社会美既是进行美的教育的手段，又是美的教育的载体。审美就是对人类自由本质力量的欣赏，欣赏需要一个正确的审美观和一个成熟的鉴赏能力。审美的教育就是培养学生正确的审美观，使他们具有感受美和鉴赏美的能力。正确的审美观就来源于人的心灵对于自由的渴望、主体对人格自由的唤醒。审美的目的就是创造美，创造美不只是指创造艺术作品，它是指人按照美的规律去塑造外部世界的"人化自然"和人的自身的内部世界，使之达到真与善的统一，所以，艺术美、人性美、社会美和经过人化的自然美，都是人按照美的规律创造的结果。所以，美育应该是培养学生的审美意识，引导他们感受美、发现美和创造美，把他们培养成热爱美、欣赏美、创造美的主体。

人的教育包括生命教育、真的教育、善的教育和美的教育等几个方面。教育的真正价值和意义在于健全的心智和完美的人格。所以，生命的教育只具有培养健全的心智和完美人格的手段性价值，正如洛克所说，保持身体强健而有活力，使之能够"服从并执行精神的命令"。真善美的教育才是目的性价值，求真、向善、审美作为人的价值生命中的三种成分，共同构建人的健全心智和完美人格。

思考题

1. 类主体所具有的人格范型具有什么样的特征？

2. 你认为人的存在的三种状态与教育的关系如何？

3. 结合中学教育现状，谈一谈对"主体性教育"的认识。

4. 自由教育与真善美的教育关系如何？

第三章　个体发展与教育

第一节　个体发展界说

一、个体发展的内涵以及实质

“个体”一词是与“群体”相对应的。任何生物都有“个体”与“群体”之别，这里的“个体”，是指作为人的“个体”，而不是泛指一切物种的“个体”。任何一个个体都具有自然性和社会性，是二者的有机统一。从自然性的角度看，人是一种不同于其他动物的有机整体；从社会性的角度看，现实生活中的每个个体体现了不同社会关系的总和；从纵向的角度看，每个人又是类、种、族的共性和个性的独特综合体。这些众多的、不同层次的综合，构成了人的全部复杂性。

“发展”是一个动态的概念，主要是指身体结构和机能中任何连续不断的、非病理的变化过程。这种变化既有量的，又有质的，既有连续性，又有阶段性。

人的发展的复杂性集中反映在构成个体的身、心两个方面以及这两个方面的复杂关系上。“身”指的是人的自然的、有机体的构成，包括身体各部分的结构、功能以及整体的结构与功能。“心”指的是人的全部心理构成。包括人的认识能力(即构成智力的因素)、情感因素、意志品质、构成人的行为动力因素的需要和动机、心理活动的综合外显方式——人的行为和构成个体整体特征与倾向的个体结构。个体身、心两方面是不可分割的统一体，无论哪一方面的状态都会对另一方面产生即时的或延时的影响。

传统意义上，人们通常把人的发展界定为青少年身体和心理上的连续不断的变化过程。但是，随着心理学、生理学和其他相关学科对人的深入和细致的研究，个体发展的多面性和达到程度的异时性、发展潜力相对于人生短暂的无限性，被人们越来越清楚地认识到了，因而不能用某一方面的正向变化作为标准来限制发展的时限。发展的时限就扩展到生命的全过程(即从生命的起点——受孕之日起到生命的终点——死亡之日止)。其内涵也随之相应丰富起来，主要指随着年龄的增长，个体蕴涵的潜能在社会实践活动中不断释放并转化为现实个性的过程。这是一种包含着量和质、内容和结构的不断变化的过程，是从简单到复杂的演化过程。

从这个意义上说，个体的发展主要就是指个体的身心发展，即作为复杂整体的个人在从生命开始到生命结束的全部人生中，不断发生的身心两方面的变化过程。这是人的各方面的潜在力量不断转化为现实个性的过程，也是充满着量变、质变、内容及结构变化的过程。其实质是个体生命多种潜在可能转化为现实个性的过程。

研究个体发展，尤其是个体的身心发展，就是为了最大限度地挖掘人的内在潜能，不断提升个体的价值和地位，充分展示人的个性，从而最终提高每个个体的生命质量。

二、关于人的发展的理论

关于人的发展的命题是诸多人文社会科学共同研究的领域。教育学是研究如何培养人的学问。教育学要真正搞清如何培养人，其首要前提是对人的全面理解。正如乌申斯基所说的那样："如果教育学希望从一切方面去教育人，那么就必须首先也从一切方面去了解人。"而哲学、心理学和社会学关于人的发展的问题的研究，为教育学了解人、研究人的发展奠定了坚实的理论基础，提供了广阔的理论研究视角。

(一)哲学基础

1.人的特性。从最一般的意义上说，人的特性就是人所共有的、区别于动物的特殊属性。主要包括：

(1)自然属性。就是指人与生俱来的通过遗传而得来的生理特性，是以人的本能的需要为基础的食欲、性欲和自我保存等特性。从起源的基础看，它们是与动物相互沟通的，但不能将人的自然属性简单地归结为动物性。因为在人的自然属性中融合着社会和文化的因素，在其非理性的本能中融合着人所特有的理性的能力。而且随着生产劳动作用的最大限度的发挥，人的机体的自然性和动物进一步区别开来，具体来说可以概括为"一强"、"一弱"和"一长"。一强是指人具有动物所不具备的高度发达和精细的神经系统、语言器官和双手等；一弱是指人还有不如其他动物器官技能高度特化的弱项(如狗的鼻子的灵敏性，猫在黑暗中的观察力等)；一长是指人有比许多动物长得多的从出生到生理上成熟的生长期。正是这"一强"、"一弱"和"一长"，使人具有其他动物不可能有的可塑性，使人的发展具有独特的生理基础和巨大的潜在可能性。人利用自己的强项在较长的生长期中去弥补自己的弱项，从而进一步和动物区别开来，同时也使新生个体的发展必然与学习、与上代人那里获得非遗传性的文化继承联系在一起。

(2)社会属性。是人在社会性上与动物相区别的独特性。首先，人的生存方式是群居并相互依存的，脱离社会的单个人是无法生存的，而社会离开了人也不成其为社会，人和社会是相互依存性的共生关系。其次，人具有交往的需要，交往是团结个体的方式，同时也是发展这些个体本身的方式，其目的是最终促进人的共同发展。再次，人能够在善恶美丑之间做出选择，使自己的行为具有道德的性质，与动物王国中的"类社会性"行为相比，无论在社会性的内容还是形式上都与动物截然不同，也就是说人具有人际关系的道德性。印度狼孩卡玛拉的故事就深刻地证明了人所独有的社会性的重要性。

(3)精神属性。人不仅与动物共有类同的生物组织(肉体的物质属性)，更有动物肉体所不具有的意识、思维、想像等精神属性。人的精神活动具有能动性、自我意识、价值和人生意义的追求等特征。人因为有了精神的创造，才有了人类社会的进化、发展和高度的文明。就像马斯洛所说："精神生命是人的本质的一部分，从而，它是确定人的本性的特征，没有这一部分，人的本性就不完满。"

2.人的本质。人的本质是对人的特性所进行的抽象和概括。马克思说过，人的本质并不是单个人所固有的抽象物。在其现实性上,它是一切社会关系的总和。

人是自然性与社会性的统一,是能动与受动的统一,更是共性与个性的统一。正是在这个意义上,人才能更像一个与动物高度区别开来的人。

3. 人的发展。人的全面、和谐、自由的发展是人的哲学的最高范畴。人的发展是作为目的本身的人类能力的发展,作为主体的人的发展从根本上说就是人的主体能力的发展。人的主体能力包括:

(1)智能(人类的特殊能力)。它使人不仅能够认识客观世界的各种属性,而且通过加工转换为自己服务,并且借助语言文字来实现经验的积累和认识的升华,实现自身以及整个人类的发展。

(2)巨大的潜能。人作为自然界进化过程中最高级的存在物,机体内蕴藏着亿万年生命演化所形成的极为丰富的肉体和精神力量,而且也凝聚着人类自身百万年文明进程的精华,二者的结合构成了人的发展的巨大潜能。罗马俱乐部在 1979 年发表题为《回答未来的挑战》的"内部界限"理论就是对人的发展潜力的充分认识。

(3)人类的创造能力。人通过自身的主体实践活动与外界客观物质环境和精神文化环境发生互动,并在继承上代所给予的遗传素质的基础上,进行富于创造性的发展。人的创造性发展体现着人对历史和现实的超越,体现着个体对上代的整体超越,体现着人类的进化和进步。

(二)心理学基础

1."最近发展区"理论。苏联著名心理学家维果茨基早年曾专门研究过教学与发展的关系问题。维果茨基所谈到的人的发展,主要是就儿童的心理和智力而言的。他在大量研究的基础上,提出了著名的"最近发展区"的概念。

维果茨基首先批评了传统教育的保守性,认为过去通常用让儿童解答各种智力习题的方法来确定儿童智力的发展水平的做法很不妥当。因为借助这种方法仅能测定儿童身上已经成熟的东西,却无法判断那些正在成熟而又尚未达到能独立解答智力习题程度的心理机能。由此,维果茨基提出,至少应该确定儿童的两种发展水平:第一种发展水平是现有发展水平,由已经完成的发展程序的结果而形成,表现为儿童能够独立解决智力任务;第二种发展水平维果茨基称之为"最近发展区",它表明那些尚未处于形成状态、在成熟的过程中的东西。这一水平表现为儿童还不能独立地解决某一问题,但在成人的帮助下,在集体活动中通过模仿,就能解决这些问题。其次,维果茨基强调指出,教育活动应建立在儿童的第二种水平之上,应立足于不断地将其"最近发展区"转化为现有的发展水平,使全部教育和教学工作走在学生发展的前面。

2."一般发展"理论。继维果茨基之后,苏联又一著名心理学家赞可夫卓有成效地研究了"教学与发展"这一课题。赞可夫把这种发展称做"一般发展",它指的是个体以智力为核心的包括情感、意志、个性以及集体主义精神在内的总体发展。在智力发展中,又以思维能力的发展为核心。

随着教育理论的发展,人们越来越清楚地认识到,人的发展不仅具有阶段性,而且也是多层次的。虽然较高层次的发展是建立在较低层次的发展水平基础之上的,但是这个过程却不是一个自发的过程。它是施教者对求教者施加积极影响，主动促进由低水平向高水平过渡的过程。智育过程如此，思想品德的形成和发展也不例外。从这个意义上来说，"最近发展区"和"一般发展"的理论作为一定阶段科学研究的突出成果，对正确理解人的发展的含义具有重要价值。

3."心理发生理论"。这一理论又可以分为三个学派。

(1)个性发生学派。这一学派把注意力放在整个个性的发展上，力图同自然主义的生物学观点相抗衡，试图从个性综合动机本身的深处导出个性的发展。但是其理论观点局限于情感和体验的描述，忽视社会阶级差异，无视个体所处的社会环境，低估社会实践活动的主导作用，过度强调主观的因素，因此缺乏足够的说服力和解释力。

(2)认识发生学派。其代表人物皮亚杰认为，儿童认知的发展可以划分为四个主要时期：感觉运算时期(婴儿期或从出生到2岁)；前运算时期(2岁到7岁)；具体运算时期(7岁到11岁)；形式运算时期(11岁到成年期)。年龄的规定只是一个大致的平均数，因此，阶段的划分会随着某些因素如儿童的环境不同而变化。对于每一个主要的时期，他都概括了标志着该阶段儿童特点的认知活动、构成这些认知活动的形式以及这些认知活动形式在未来发展中的作用。

这一理论认为个人具有实现某种逻辑行为的潜能，这种潜能起源于人最初的动作图式，思想是动作的内化。皮亚杰强调智力发展的生物成熟基础，并认为发展的各个阶段都是严格规定的，是不可逾越的。在他看来，外部刺激会引起个体的主动的反应，或者同化，或者顺应，但是外部刺激本身和智力的发展并无关系。

(3)活动心理学派，即心理动力学派。主要是用情感、爱好和其他心理成分术语来解释行为，美国心理学家埃里克森是主要代表人物。他发展了弗洛伊德的理论，抛弃了其中的生物主义和泛性论，开始注意到自我和社会文化生活的冲突、个人和社会的交往问题、情绪的问题以及从个性的自我转变为社会性的自我问题。他认为，研究自我既要考虑到生物性个体的问题，又要注意文化环境的影响。他试图通过个性内在固有的情感和趋向来解释个性的发展，认为这种情感和欲望有着天赋和生理的根源。这一理论有较强的解释力。

(三)社会学基础

按照社会学的观点，人的生存和发展是离不开社会的，人之所以为人是社会环境影响的结果，人的本质是社会的。因此，人的发展过程也就是人从生物学意义上的"自然人"逐步成长为"社会人"的过程，也就是"社会化"的过程。

目前关于社会化的含义还没有形成统一的认识，但其重要性却已经形成共识。简单地说，社会化包括两个方面：一是社会的个体化，也就是把社会的道德、规范等内化为个体的内在素质，体现个性和个别差异；一是个体的社会化，就是把每个个体培养成为社会所需要的人才的过程，这是共性的要求，是个人得以适应社会、参与社会生活、在社会环境中独立生存的必要条件，最终每个人都将成为一定社会生产力的承担者、一定社会关系的体现者和一定社会生活的参与者。长期以来，我们过分强调个体的社会化要求而忽视社会的个体化需求，在一定程度上抹杀了人的独特性、创造性和个性，这是今天在关注人的发展时必须认真反思的问题。

社会化是一个长期的,甚至是终身的过程。在人生的各个时期,人的社会化的要求是不一样的,但总体趋势是向前的。人的社会化主要是通过社会教化和个体内化这两个相辅相成的过程来实现的。

哲学、心理学和社会学关于人及其发展的研究不能简单地等同于教育学的相关理论。例如,哲学对人的研究是一种抽象的类的本质的研究,哲学研究中的人的发展是指作为人类一般的历史发展过程,而教育学要解决的主要是青少年儿童的身心发展问题;发展心理学研究人的一生心理发展的特征、规律,而教育学则侧重于学龄儿童、青少年的身心发展规律及对其教育的意义;社会学从社会化的角度来研究个体如何从一个自然人转变为社会成员,教育学则不仅重视儿童的社会化,还要研究如何促进学生认知能力的发展。这就需要教育学理论工作者在广泛吸取人文社会科学的研究成果的基础上,博采众长,潜心研究,从而建构自身的理论。

三、个体身心发展的一般规律

个体身心发展的一般规律是指不同个体在身心发展过程中所表现出来的共同方面,是不以人的意志为转移的客观规律。因为它由人的机体的成熟规律和外部社会发展状态相互作用所决定。研究个体身心发展的一般规律,可以方便我们更好地了解自己的教育对象,合理地设计教育活动,以获得预期的效果。

1.个体身心发展的不平衡性。个体身心发展的不平衡性表现在不同的层次和不同的方面。就同一时期而言,个体身心发展具有鲜明的异时现象。主要标志为个体生理、心理和社会性成熟的差异性。生理上的成熟以性机能的成熟为标志,现代女性的性成熟一般自 12~13 岁始至 16~18 岁,男性一般比女性成熟的起始年龄推迟 2~3 年,而完全成熟的年龄要再延伸 2~3 年。当然,随着社会物质生活水平的提高以及其他各种因素的影响,整体呈现年龄下降的趋势,因此,在小学阶段,就必须注意对儿童生理健康和卫生的指导。心理上的成熟则以独立思考能力、较稳定的自我意识与个性的形成为标志,出现的年龄相对于生理成熟来说晚很多,大约在 20 岁左右,甚至贯穿人的一生。个体社会性方面的成熟,以独立承担社会职业和家庭的义务为标志,大约在 24~30 岁。从完全成熟的角度说,孔子所说的"三十而立"具有一定的代表性。在对异时现象研究的过程中,心理学家提出了发展关键期(或最佳期)的概念,所谓发展关键期是指身体或心理的某一方面机能和能力最适合于形成的时期。这一时期对个体此方面的训练可以获得最优成绩,并能充分发挥个体在这方面的潜力,错过了关键期,所花费的代价将是巨大的,而且还达不到应有的水平。

2.个体身心发展的顺序性。个体身心发展的次序不是随机的,是按照某种固定的顺序展开的。因为人的生理成熟程序由基因控制,故顺序性首先突出表现在身体的发展方面。例如,身体的发展遵循着从上到下、从中间到四肢、从骨骼到肌肉的顺序发展。生理的变化必然会影响到以生理发展为基础(特别是神经系统发展)的心理发展,虽然发展的顺序还受到个体在人生不同阶段的活动领域、活动本身以及承担的社会义务的影响，在发展的程度上和成熟性上有较大的个体差异，但基本程序是确定的。瑞士的心理学家皮亚杰认为人的智力发展水平应该按照感知运动水平、前运算水平、具体运算水平和形式运算水平这样一个顺序发展。此外，个体的情感、意志品质的发展也遵循着一定的顺序。

3. 个体身心发展的阶段性。个体身心发展的不平衡性和顺序性的综合必然导致发展阶段性的呈现。处在不同年龄阶段的个体表现出不同的年龄特征，也面临着独特的属于此年龄阶段的发展任务。生理学家、心理学家和社会学家对划分年龄阶段的标准有分歧，因为人生各年龄阶段既有区别，也有联系，是相互关联的。人生的每一个阶段对人的发展来说不仅具有本阶段的意义，而且具有全程性的意义。人的身心发展的过程是人的内在潜力不断涌动、消长，在外界刺激下迸发，与周围环境不断相互作用、不断战胜新的挑战的过程。人的身心也在这个过程中不断建构、更新，使每个个体的发展过程都包含着丰富的变化和色彩。因此，我们一方面要了解各年龄阶段教育对象的特点，根据各年龄阶段的任务进行相应的教育；另一方面，我们必须在现阶段的基础上提出进一步的要求，以促进他们更好的、全面的发展。

4. 个体身心发展的互补性。互补性反映个体身心发展各组成部分的相互联系。它首先指机体某一方面的机能受损害甚至缺失后，可通过其他方面的超常发挥得到部分补偿。如失明者的听觉、触觉、嗅觉较一般正常人要灵敏些，生理上的补偿在残疾人身上体现得比较突出。机体各部分存在着互补的可能，为人在自身某方面缺失的情况下依然能与环境协调能继续生存与发展提供了条件。事实上，不同机能之间的协调互补、人以整体的方式与环境相互作用在正常人身上同样存在，只是由于它们的自然、平常而不容易被人们意识到，一旦缺失出现，它就以惊人的方式显现出来了。这种显现还使人们看到了人体器官各种机能的巨大发展潜力和可塑性。因此，从这个意义上，我们就容易理解"哀兵必胜"、"置之于死地而后生"、"狗急跳墙"等隐含的机能的极限发挥的强大功能。

互补性还存在于心理机能和生理机能之间。人的精神力量、意志、情绪状态对整个机体机能起到调节作用，帮助人战胜疾病和残疾，使身心得到发展。张海迪、海伦·凯勒等用他们的生命历程向我们展示了精神力量的强大。相反，一个人的心理承受能力极差，缺乏自我调节能力和坚强的意志，那么，就是不很严重的疾病都可能使他彻底垮下来，即使是正常的人也可能一无所获，得不到很好的发展。心理上的互补作用在一定程度上比生理上的互补作用更大、更强、更能推动人的发展。当前，在竞争日益激烈的现代社会，心理健康问题是我们不能忽视的严峻问题，这是每个教育工作者必须注意的。

互补性的存在使每个教育者乃至每一个人都应该树立起这样的信心：不管个体自身条件处在怎样的状态下，只要生命还存在，发展的可能也就存在，生命与发展的可能永远共存。

5. 个体身心发展的个别差异性。在这个世界上绝对找不到和自己一模一样的人，人与人相比在发展上存在着差异性。

个体差异性有多种层次。从群体角度看，首先表现为男女性别的差异，这不仅是自然性上的差异，还包括由性别带来的生理机能和社会地位、角色、交往群体的差别，在一定程度上造成了发展的方向与水平的差异；其次，个别差异还表现在身、心的所有构成方面，其中有些是发展水平的差异，有些是共性体现方式的差异。必须注意的是，个体发展水平的差异不只是由各人内在潜能、先天素质的差异所致，还受到环境以及发展主体在发展过程中的努力程度和自我意识的水平、自主选择方向的影响。在现实生活中，不是所有的人都充分发挥了自己的潜力，也远不是所有的人都达到了每个年龄阶段的发展水平，无论是整体还是部分系统的发展水平。超常的情况有，落后的情况也有。

从个体角度看，差异性主要表现在个体的独特性上。独特性是人的个性形成和完善的内在资源，也是教育的重要目标。珍视学生的独特性和培养具有独立个性的人，应成为我们对待学生的基本态度。

个体身心发展的个别差异性给我们提出了这样一个问题：学生的独特性和教育的统一性如何协调？在教育工作中，把握学生的年龄阶段特征而进行统一的要求与教育是必须的，但也是不够的。为了使教育工作对每个学生的发展都有一定的意义，还需要去发现学生的个别差异，发现每个人的独特之处，因材施教，这些对于教育来说都是重要的。许多教师教学的效果不理想，一个很重要的原因，就是我们根本不了解学生，不能因人而异，总是用同样的内容、同样的思路、同样的方法教不同的学生。

以上五条个体身心发展的一般规律有内在联系，它们从不同的角度揭示了个体身心发展的必然性的，也让我们看到了发展的无限可能性和丰富多样性。其中，生理上的成熟机制规定了个体发展的基本路线，从而影响了人的心理发展路线，但它并不能绝对地规定每一个阶段发展到的程度与速度。生理的成熟也不会自动导致心理的成熟。因为个体发展从潜在的可能转化为真实的状态还与外部环境和发展主体的选择、实践、能动性的发挥有关。此外，每一条规律都有它的必然性和独特作用，但在实际发展过程中，它们又不是单独地发挥自己的作用的，而是有机地结合在一起，成为一个整体，发挥综合的作用与影响。在人的身心发展问题上，限定的方面是有的，但宿命论则是极端错误的。

研究个体身心发展的这些规律，就是要求教育工作者要根据这些规律去开展教育教学工作，并且要充分意识到：每个人在不同时期、不同的人生发展阶段会面临不同的教育任务和教育追求，教育活动的内在要求也因此不同，教育只有适应个体发展的规律特点，才能真正地促使个体得到全面的、充分的发展。

表 3-1　个体发展的一般规律与教育的适应关系

规律	表现	教育的适应
不平衡性	三个标志：(1)生理成熟以性机能成熟为标志。(2)心理成熟以独立思考的能力、较稳定的自我意识与个性的形成为标志。(3)社会性成熟以独立承担社会职业和家庭的义务为标志。	抓住“关键期”(最佳期)，促进发展。

续表

规律	表现	教育的适应
顺序性	[瑞士]皮亚杰的"人的智力发展阶段":感知运动水平、前运算水平、具体运算水平、形式运算水平。	循序
阶段性	人的发展阶段:婴儿期、幼儿期、儿童期、少年期、青年期、成年期(青年期、壮年期、老年期)。	渐进
互补性	包括生理上的互补性和心理上的互补性。"不管个体自身条件处在怎样的状态下,只要生命还存在,发展的可能也就存在,生命与发展的可能永远共存。"	重视生命教育
个别差异性	性别差异;个体身心发展的所有构成方面;个体的独特性。	注意因材施教

第二节 影响个体发展的因素及分析

影响个体发展的因素很多,历史上对这个问题的研究经历了单因素决定论、双因素决定论以及多因素多层次相互作用论等几个不同的阶段。

单因素决定论是指有些人认为在众多的影响人发展的因素中只有一个是起决定作用的。其中一部分人强调内因、人的自然性的决定作用,如遗传决定论、成熟决定论等,他们通过实验、统计等方法来证实这一论点。如英国优生学的创始人高尔顿(1822~1911),在1869年发表了著名的《遗传的天才》一书,就是通过英国977位名人家谱调查统计来证明遗传的决定作用的;美国的格塞尔通过"双生子爬梯实验"来证明成熟是影响个体发展的决定性因素(该实验发表于1929年,过程简述如下:被试为一对满46周的同卵双生子,其中之一先做每天10分钟的爬梯训练,共6周。另一个未做过训练。第一轮训练结束后测量两个孩子爬同一梯子所需的时间。结果为:受训儿26秒,未受训儿45秒;然后对他们同时开始作为期2周的相同的爬梯训练,而后再次测量,结果是受训才2周的孩子只花了10秒就完成了爬梯任务。格塞尔以此证明成熟是决定性的因素)。环境决定论是单因素论中另一派的观点,行为主义学派赞成这一观点,并做了大量的实证性研究。

双因素决定论者把遗传与环境、成熟与学习各看做一对矛盾,认为是二者的相互作用决定了人的发展,他们力图克服单因素论的绝对性,从而把问题的研究推向深入。

多因素多层次相互作用论是把发展主体的自身作用也列入影响个体发展因素之中,并强调影响发展的因素在发展过程中的不同地位、作用力大小的动态变化。如皮亚杰把影响儿童发展的因素归结为:成熟、自然经验、社会经验及内部机制的平衡化,十分突出发展主体在内、外因素相互作用中的建构作用。

近些年来,关于人的发展的因素的争论还在继续,但在不断的冲突、对抗、交流和融合中,已经初步形成了一种主流思想,那就是将影响人的身心发展的因素大致分为四个方面:遗传、环境、教育和个体的实践活动。

一、遗传

遗传是指人从先辈那里继承下来的生理解剖上的特点,如机体的结构、形态以及感官和神经系统的特征,特别是脑机能的特点等。在遗传下来的生理解剖特点中,生理特点也称为遗传素质,是指功能特点,如出生后感觉的灵敏度、知觉的广度、注意的持久性、记忆的强度、思维的灵活性等;而解剖特点主要是指结构特点。

1.遗传对人的发展的影响。遗传是个体身心发展的物质基础和自然条件。没有从遗传获得的机体,也就没有个体的发展。一个先天失明的人不可能成为画家,一个生来就聋哑的人不可能成为音乐家,一个无脑畸形儿或染色体畸变者,无论外部条件如何优越,都无法使他们得到正常人应有的心理发展。拿现在的例子来说,在巨人运动的篮球界,也许你的父母甚至先辈的先天身高不足,这在一定程度上就决定了你不可能成为像姚明一样大红大紫的超级中锋。

遗传素质的生理成熟程度制约着人的身心发展的过程及其阶段。生理成熟指的是个体受遗传素质制约的生理机能和结构的变化在一定的年龄阶段所达到的一般程度。不同的年龄阶段,如幼儿期、童年期、青春期等,都具有各自不同的生理发展程度,这个生理发展程度决定了人的身心发展的过程和阶段。人的身心发展是个渐进的成熟过程,是个连续不断变化的过程,是从缓慢的量变到质变的过程。由于新质的出现,人的发展就从前一个阶段跃进到另一个新的阶段,并在一定程度上要受到遗传素质、生理成熟水平的制约。

遗传素质是造成人的个别差异的原因之一。这种差异的程度在身体上表现明显,在心理上则较为隐蔽。巴甫洛夫的条件反射实验研究表明,在常态下,遗传给神经系统带来的差别主要表现在强度、灵活度以及脑的微观结构上。现代科学研究也证明,基因中的主要成分DNA,是储存遗传信息或密码的单位,它通过控制蛋白质的合成,决定生物千差万别的性状。遗传素质不仅影响人的智力,也影响人的个性特征。由于遗传素质的差异,不同民族、种族、性别之间产生的区别不是靠简单的后天努力可以弥补的。

2.遗传作用的认识。遗传为人的身心发展提供了必要的生物前提(基础)、潜力和可能性,但不能起决定作用。一方面,从遗传素质到智慧才能,要经过一个复杂的发展过程,要受到多种因素的影响,并且随着时间的推移,遗传对人的发展影响总体上呈现减弱趋势;另一方面,因为个体的能动性和对后天环境的适应与学习,遗传的影响面也在减小,如英国出现了类似“变色龙”的变种青蛙就是一个例证。

在正确分析遗传在人的发展中的作用的同时,要反对形形色色的遗传决定论。在遗传决定论者看来,人的知识、能力和个性等如同他的眼睛、牙齿和手指一样,是自然赋予的,是先天得来的,教育和环境对其是无能为力的,也就是说,人们的遗传素质决定着一切。美国心理学家桑代克说:“人的智慧80%决定于基因,17%决定于训练,3%决定于偶然因素。”斯坦莱·霍尔也说:“一两的遗传胜过一吨的教育。”这些说法夸大了遗传的作用,并为“血统论”、“宿命论”提供了理论基础。遗传决定论者完全用生物学的观点分析人的发展,否定社会环境对人的发展产生的巨大影响,贬低教育的巨大作用,是极其片面和错误的。

二、环境

环境,一般指直接或间接影响个体形成和发展的全部外在因素,它包括自然环境和社会环境两个方面。在人的发展过程中,社会环境起着更为主导的作用。自然环境在人们利用它对人施加影响的过程中,也附加某种社会因素在内,成为人化了的自然,因而环境对人的影响,在一定程度上也可以说就是社会的影响。

1.环境影响人,主要是通过社会环境实现的。社会环境包括社会文明的整体水平,即社会生产力的发展水平、社会物质生活条件以及社会的政治经济制度和道德水准,其中最主要的是社会发展的程度和个人所拥有的社会关系。一般说来,可以把人看成是一切社会关系的总和。因为每个人从出生那天起,就生活在一定的社会关系中,就与家庭、亲友、邻居等发生着各种各样的关系,接受来自周围环境的各种积极或消极的影响。特别是青少年,由于知识相对贫乏,经验不足,模仿性强,可塑性大,对周围一切都抱着一种好奇的心理,因而最容易受环境潜移默化的影响。

环境为人的发展提供了多种可能,包括机遇和条件。社会物质生产方式制约着人的发展程度和范围,社会关系影响着人的发展的方向和性质,社会的精神文化影响着个体的身心发展内容,社会环境的不同还可能造成个体发展上的巨大差异。"近朱者赤,近墨者黑","橘生淮南为桔,生淮北则为枳","昔孟母择邻处"等古代名言,是环境对人的发展影响的真实写照。

2.环境对人的发展的作用。环境是人的发展的客观条件,对人的影响是经常的和广泛的。但是这种影响在大部分情况下是自发的、分散的和偶然的,没有既定的目标,不能按照一定的方向持续、系统地影响人的发展。它对个体身心发展有时可能是有利的、积极的,有时可能起不利的、消极的影响。因此,对环境作用的分析,还需要认清其作用方向,并努力增强环境因素中各种影响的正向合力。

人具有主观能动性,这就使得人对环境的作用和影响不是被动地接受,人在环境面前并不是无能为力的。人不但能正确认识外部世界,还能主动地改造世界,不仅是环境影响人,人也可以反过来改造环境,通过改造环境来更好适应环境,从而使自己得到最大限度的发展。一个人对环境的依赖性越大,其取得成功的可能性和突破性就越小。因此,讨论所谓的"顺境成才还是逆境成才?"就显得没有必要,顺境与逆境是人对环境的一种认识,并不能决定一个人成就的大小。换句话说,环境对人的发展不能起决定作用。

那种把人看成是环境的消极适应者、片面夸大环境作用的"环境决定论"是错误的。荀子说:"蓬生麻中,不扶而直。"墨子也说:"染于苍则苍,染于黄则黄,所入者变,其色亦变。"美国心理学家、行为主义的创始人华生说:"给我一打健全的婴儿,我可以用特殊的方法任意加以改变,或者使他们成为医生、律师,或者使他们成为乞丐、盗贼……"这些说法,都夸大了环境的作用,最终导致机械唯物论。当然同样也不能否认,人从事于这样或那样的实际活动,存在着这样或那样的主观状态,最终还是和客观环境的影响分不开。

三、教育

从广义上说,教育是社会环境的一部分,但它是社会环境中的特殊部分,是青少年学生生活于其中的一种特殊环境,同时也是把环境的影响有效地转化为人的心理的一种特殊的活动。教育,特别是学校教育,与遗传因素和自发的环境的影响相比,在人的身心发展中起着主导作用。这是因为:

1.教育是一种有目的、有计划、有组织、系统地培养人的活动。它根据一定社会发展的要求,根据青少年身心发展的规律,选择适当的教育内容,采取有效的教育方法,对人进行系统的教育和训练。它保证了人的发展方向,从根本上消除了环境对人的影响的自发性和盲目性。

2.教育是教师根据一定社会发展的要求,对青少年施加影响,促进他们获得全面发展的活动。专门负责教育工作的教师,其职责和工作特点保证了对青少年发展的正确影响。

3.在人的一生中,青少年时期是最需要受教育也最适宜受教育的时期。青少年时期是长知识、长身体和世界观逐步形成的重要时期,他们的知识比较贫乏,经验不足,独立思考问题的能力和判断是非的能力还不强,他们的成长有赖于正确教育的引导。心理学也以不争的事实证明:人先天的遗传素质是不一样的,但是教育可以根据儿童的遗传素质,有意识地发挥他的长处,弥补他的短处,使先天的遗传素质向有利于儿童成长的方向发展。

4.教育的主导作用是有范围和条件的。首先,教育作为一种社会现象,虽然具有自身的相对独立性,但是既不能超越它所依存的社会条件,凌驾于社会之上去发挥它的作用,又不能违背儿童身心发展的客观规律任意决定人的发展。其次,还应该看到,教育作用的发挥,往往需要经过一个长期的过程。知识是一点一滴积累的,能力是在千锤百炼中获得的,思想品德是在长期熏陶中形成的,对不良行为和思想的克服,则更需要经过一系列艰苦的工作,决不是轻而易举就能解决的。因此不能要求教育有立竿见影的效果,而应当通过长期的工作使之实现。再次,教育只是人的发展的外部条件(外因),根据哲学的观点,外因要通过内因才能起作用。因此,所谓的“教育万能论”是错误的,过分地夸大了教育的影响而忽视其他因素的作用,从某种程度上也加重了教育的负担。

四、个体的实践活动

个体与环境之间真实的相互作用,人与外界存在的摄取、吸收(无论是精神的,还是物质的)的活动都要通过对个体的不同性质、不同水平的生命活动来实现。这些活动就是个体的实践活动,是个体发展得以实现,从潜在的可能状态向显在的现实状态转化的决定性因素。

个体实践活动从过程结构来看,包括活动主体的需要和动机,指向的客观对象,活动的目的、内容、手段与工具,行为程序、结果及调控机制等基本要素。从活动水平的角度看,由生理、心理和社会三种不同层次和内容的活动构成。每一层次的活动对个体身心发展都具有特殊的和整体的影响。

个体活动体系中的第一个层次是人作为生命体进行的生理活动,它是人这一有机体与环境中的物质发生交换的过程,为维持人的生命服务,与人的身体发展直接相关,也是其他方面发展的基础。在生理活动中,人自身的各种器官是与环境沟通的直接工具,其实质是人体的新陈代谢。

第二个层次是个体的心理活动,它是每个个体无时无刻都在进行着的活动,是个体对外部世界能动的、带有个性的反映,也包括人对自身的意识、态度和倾向。它满足个体与外界环境进行信息交换和自我控制的需要,是个体认识外部世界并构建自己内部精神世界的过程,是物质对象转化为意识的过程,具有认识外部世界和发展个体心理发展水平与能力、控制主体活动的作用。

第三个层次是社会实践活动,是人的活动的最高层次,也是最富有综合性的活动。它除了具有社会和群体发展的意义外,对个体来说还具有满足人的生存、发展和创造需要的意义,是人与环境之间最富有能动性的交换活动,是一种能量的交换。社会实践活动具有鲜明的目的性、指向性和程序性,体现了人的主动选择。它不仅使人的智慧和力量得以外化和对象化,而且使人的才干、意志和智慧在实践中得到综合的运用,实现内部世界的丰富与发展。

生理、心理与社会实践活动这三种不同水平的个体活动及其作用,实际上是共时、交融的。人的生理活动和心理活动渗透在一切社会活动中,人的一切社会活动又受到它们的支持和影响;人的社会实践活动从综合的意义上又把主体与客体、个体与社会、人的内部世界与外部世界联系起来,成为推动人本身发展的决定性因素。

当然,处在不同发展阶段和达到不同发展水平的个体,在社会实践活动方面有不同的中心内容和不同的效果。实践活动对人的发展的影响大小与活动过程中诸多因素有关,也与人从事的各种活动的相互影响因素有关。

表 3-2 影响个体发展的因素

因素	表现	作用
遗传	“龙生龙,凤生凤,老鼠的儿子会打洞。”	物质前提
环境	“近朱者赤,近墨者黑。”	必要条件
教育	“性相近,习相远。”	主导作用
个体实践活动	生理活动—心理活动—社会实践活动	决定作用

这些因素中的每一项对于人的发展来说都是必不可少的,然而又都是不充分的,只有它们之间发生真实的联系并构成整体之后,才是人的发展的充足条件。它们之间的相互关系不是并列的,也非同类,不能相加,只能相互渗透、转化,互为因果。在个体身心发展的过程中,每一个因素所起的作用、所处的地位,随着个体的变化而变化,其自身

的内容与结构也呈变化状态，相互间的关系不断变化。从而使个体发展过程成为一个充满契机、内容不断丰富、结构不断变化的动态过程，一个具有多种可能性的过程。这也可看做人在任何情况下都应当对自己的发展充满信心的根据。

第三节　教育的个体发展功能

教育功能指的是教育在人及周围环境相互影响中所发挥的积极的、正向的作用。包括三个层次：理想的教育功能，潜在的教育功能和现实的教育功能。一般来说，教育的功能包括教育的社会功能和个体发展的功能。相对于社会功能，教育的个体发展功能更为直接和内在，因为无论哪一种社会功能的实现最终都必须落实到对受教育者的身心诸方面素质的培养上。影响受教育者身心发展既是教育的直接目的，也是它与其他社会活动的内在区别。为了实现教育的社会功能，必须发挥教育的个体发展功能，为了满足个体生长发展的需要，也必须发挥教育的个体发展功能。教育对个体发展的功能，主要表现为促进个体社会化的功能和促进人的个性化的功能。

一、教育的个体社会化功能

社会化是指人接受社会文化的过程，更具体地说是指“自然人”或“生物人”成长为“社会人”的过程

个体社会化是个体积极地能动地对社会的适应和超越。

政治、道德、观念的社会化与智力、能力及职业身份的社会化是个体的社会化的三个基本方面。教育在个体发展中的主导作用突出表现为教育能促进个体的社会化。

1.教育促进个体观念的社会化。个体观念是指个体对于社会事物的看法和个体在社会活动中形成的思想。个体观念的社会化，就是世界观、人生观、价值观的形成。

个体从“自然人”成长为“社会人”的过程乃是接受社会文化的过程，而接受社会文化的过程，从某种角度看，正是个体内化社会观念的过程，即人的观念的社会化过程。教育促进个体观念的社会化表现为促进个体政治观念的社会化和道德观念的社会化。

2.教育促进个体智力与能力的社会化。

(1)教育指导或规范个体智力、能力的社会化。首先，不同阶段的教育或不同类型的教育，指导与规范着个体智力、能力的发展方向。教育将个体智力、能力的发展引导到适应社会生存并为社会发展服务的轨道。其次，教育也规范着个体智力、能力的社会化发展的目标与水平。

(2)教育加速个体智力、能力的社会化。教育因其传授的人类科学文化知识具有简约化、浓缩化的特点，所以它对个体智力、能力的发展起着催化剂与加速剂的作用。人类之所以持续不断地运用教育并发展教育，其根本动因就在于它能缩短人类认识客观世界的历程，提高个体认识的起点，促进个体智力、能力的社会化。

3.教育促进个体职业、身份的社会化。教育是促进人的职业社会化的重要手段。个体谋求某种社会职业通常是以接受相关的教育和训练为前提的。教育也是促进个体

的身份社会化的重要手段。个体的身份是指个体在整个社会结构中的地位。

二、教育的个体个性化功能

个体的个性化包含个体的主体意识和个体特征的发展,最终促成个体价值的实现。但个体的个性化与个体的社会化是统一的,教育的功能在于促进二者有机的整合。

个性是指个体在社会实践活动中形成的独特性。个性具有一定的意识倾向性(体现为个体的信念、理想、人生观)和鲜明的个体差异性(体现为个体的能力、气质和性格)。

个性化是指个体在社会活动中形成独特性、自主性和创造性的过程。

人在社会化的过程中必然伴随着个性化,同时也要求个性化。人的个性化的形成与实现依赖于教育的作用,教育具有促进人的个性化的功能。

1.教育促进人的主体意识的发展。教育对人的主体意识的发展起着重要的促进作用。人的主体意识是人对自我的主观能动性的认识。在某种意义上,教育正是通过对人的道德、智力、能力的培养而提高人对自我的认识。对于个体而言,教育的过程是一个不断提升自我的过程,是激发并张扬人的主体意识的过程。人通过接受教育,通过形成道德观念,增加知识、提高能力而达到能动地适应客观世界并变革客观世界的目的。

人的主体意识突出地表现为人的创造意识。教育对于人的个性化的功能也突出地表现在它能为培养个体的创造意识、焕发个体的创造性服务。

2.教育促进人的个体特征的发展。人的个体特征是指人的身心发展的个体差异性。教育应该是尊重个体差异的教育。教育帮助个体充分开发内在的潜力并充分地发挥自己的特长。

教育促进人的个体特征的发展主要通过不同的教育内容与不同的教育形式来实现。

3.教育促进人的个体价值的实现。人的个体的生命价值是针对人对社会的贡献与作用而言的。每一个生命个体如何展现其人生的价值归根到底是通过他在社会生活中发挥作用的大小来衡量。

教育使人意识到生命的存在并努力追求生命的价值与意义。教育赋予人创造生命价值的信心和力量。

4.发展个性是教育长期追求的目标。人类世世代代所追求的教育目标,就是发展人的个性。马克思从当时的现实条件出发,并结合未来共产主义的理想追求,提出了人的全面发展学说,即主张个性的充分而自由的发展。具体来说,就是德才兼备、手脑结合、心身和谐、情知交融、天人合一、个体发展与集体发展的统一。

人的发展,人的个性的发展,是人自身的目标,也是社会的需要。社会发展的程度越高,对人的个性化的程度要求也越高;同时,它又为人的个性发展提供了广阔的空间和无限的可能。教育与个性发展是相互促进的,20世纪80年代以来,个性发展问题日益受到人们的重视,而到了90年代则与素质教育结合在一起,成为教育改革共同关注的话题和努力的方向。21世纪初进行的新一轮基础教育课程改革的目标之一就是要重视人的个性的充分发展，尤其重视情感、态度和价值观的训练和养成。

5.教育对个体地位的提升。从20世纪50年代后期的人本主义教育思潮到新一轮课程改革所倡导的“以人为本”思想，都主张通过教育来逐步提高人的地位。人的地位的提升，具体表现在五个方面：发现人的价值，发掘人的潜能，发挥人的力量，发展人的个性，提高个体的生命质量。

教育即发现人的价值。人的价值，就是人应有的地位、作用与尊严。马克思曾经在给青年学生择业的建议时说过：“我们从事的应该是这样的职业，不是作为奴隶般的工具而存在，而是在自己所从事的领域内能独立地进行创造。”荀子也说，“天地之间人为贵”。按照西方的“教育成层”理论，人的价值的充分展现也必须依靠教育才能发挥作用。

教育即发掘人的潜能。潜能是人区别动物的根本标志，是能够把人培养成为人的可能性或前提条件。人的潜能的充分实现，必须通过教育和学习才有可能，虽然教育对人的潜能的开发要受到种种条件特别是社会文化历史条件的限制，但是“罗森塔尔效应”已经证明了教育的巨大作用。

教育即发挥人的力量。人的力量包括体力（身体之能力）和心力（精神之能力）。虽然自古以来就提出了培养和谐的人、完整的人、完全之人物、全面发展的人，但是由于种种主客观的原因，人的力量没有的到充分的发挥和提高。但是从舒尔茨的“人力资本”理论，到20世纪后半叶的“教育人本论”的呼声，可以看出人的力量受到了前所未有的重视。进入21世纪以来，人们更主张通过教育，和谐地发展人的力量（体力和心力），逐步使每一个人都获得真正的全面发展，从而有助于不断提升人的地位。

教育即发展人的个性。个性是人们在生理、心理、社会性诸方面的一系列稳定特点的综合，是共同性和差别性的统一。发展个性，就是要在人的共同性的基础上，充分地把人的差别性显示出来，从而使每一个人都具有高度的自主性、独立性和创造性。

教育的过程实质上是不断提高个体生命质量的过程。生命教育就是指个体从出生到死亡的整个过程中，通过有目的、有计划、有组织地进行生存意识熏陶、生存能力培养和生命价值升华，最终使生命质量充分展现的活动过程，其主旨是珍惜生命，注重生命质量，凸现生命价值。生命教育应成为教育永恒的主题。

三、教育的个体发展功能实现的条件

第一，社会的整体发展水平达到重视个体（身心）发展的价值并积极为其创造政治的、经济的和文化的环境，这是一个发展的大前提（外部环境）。

第二，社会对教育（特别是学校教育）两大功能之间的内在联系有了清晰而正确的认识。

第三，教育，特别是学校教育按照人的发展规律处理教育与个体发展的关系。

第四，教育，特别是学校教育有能力协调各种影响个体发展的力量，使其产生正向的合力。

思考题

1.个体身心发展的含义和实质是什么?

2.人的身心发展的基本规律是什么?认识这些规律的教育意义是什么?

3.如何正确理解教育的个体发展功能?

4.结合自己的成长历程,试分析哪些主要因素在你发展过程中产生了作用?这些作用的性质和状态发生了那些变化?

5.本章的学习,你认为对你今后要从事的工作有什么启发?

第四章　教育与现代社会发展

教育是随着社会的发展而发展的。现代社会是一个不断变革的社会,其基本特征是生产社会化、生产方式和社会关系现代化、科学化、民主化、法制化等。探讨教育与现代社会发展的关系,将有助于对现代教育基本规律的认识与理解。

第一节　教育与现代经济

教育是一种社会现象,必然要同多种社会因素发生相互作用。其中与社会经济的相互作用尤为重要。现代教育的经济基础,是现代教育社会基础的重要部分。现代经济的发展,有力地推进现代教育的发展与变革;而现代教育的发展与变革又强烈地反作用于现代经济的进一步发展。

一、经济及现代经济

人们对经济的涵义有不同的理解与界定。一种观点认为,社会经济一般是指经济基础,即社会关系的总和或经济制度,它是政治制度和意识形态等上层建筑的基础。另一种观点认为,社会经济泛指社会生产力或社会生产力发展程度及水平,统称"经济建设"。还有一种观点认为,社会经济是经济体制及经济结构。经济结构,是指国民经济系统中各部分的排列、组合与结合方式,包括产业结构、部门结构、技术结构、劳动力结构、生产力要素结构、生产资料所有制形式以及国民收入分配结构等。综合上述对经济的各种界定,可以概括以下几点:一是社会生产关系的总和或经济制度。二是一个国家国民经济的总称,也是指国民经济的各个部门。三是社会物质资料的生产,包括社会生产与再生产过程中的生产、交换、分配、消费。它是现代社会存在与发展的基础。社会再生产是物质资料的再生产、劳动力再生产、生产关系再生产的统一。本节所涉及的经济概念,主要是指物质资料的生产与再生产。

现代经济是社会发展到一定阶段的产物。现代经济主要是指以机器、电子技术等生产工具为标志的社会生产力和以价值规律、竞争机制为特征的商品经济,或称市场经济。

二、教育的社会生产力基础及功能

(一)教育的社会生产力基础

马克思指出,生产工具是衡量人们控制自然、生产力发展水平的尺度,同时也是社会生产关系的指示器。现代生产是使用机器并广泛地利用科学技术成果和自然力的大生产。现代生产主要特征为:其一是生产科学化。几百年来工业生产发展的历史表明:

科学技术对于推动生产发展以及由此引起的社会发展,具有决定性的作用。科学技术已经构成了现代生产的基础。马克思说过:“大工业把巨大的自然力和自然科学并入生产过程,必然大大提高劳动生产率,这一点是一目了然的。”基础科学是技术科学发展的基础,对生产发展起着决定性的影响;将科学规律在技术设施中应用的技术科学,是技术和生产发展的直接动力。现代科学与技术的紧密结合,大大加速了科学发现的实际应用,使科学越来越变为直接生产力。当代科学技术进步超越了技术与生产的现状,它已成为不断产生新技术与推动生产的源泉。其二是生产社会化。现代生产社会化的主要表现为:生产资料使用上的社会化,生产过程的社会化,为满足社会需要而生产的产品社会化。生产资料使用上的社会化,就是说现代生产只能由大量的人来共同使用生产资料才能进行生产;生产过程社会化,就是说生产本身也从一系列的个人行为变成了一系列的社会行动,产品从单个人的产品变成了社会性的产品;满足社会需要的产品的社会化,也就是生产的产品已经由狭小的地方市场汇合成为统一的国内国际市场。生产社会化是现代化生产发展的必然趋势。其三是生产过程的不断更新与劳动生产率加速提高。大工业生产之前,所有的生产方式的技术基础基本上是保守的,而现代工业的技术基础是革命的。现代科学技术的发展革新在生产上的应用,必然引起生产过程的一系列的变化。正如马克思所说:“大工业本性决定了劳动的变换、职能的更动和工人的全面流动性。”劳动生产率是劳动者的生产效果或能力。其水平取决于生产力的发展水平,而在决定生产力的诸多因素中,科学技术的发展水平居有重要的地位。建立在科学技术基础上的现代生产,必然会促进劳动生产率的迅速提高。

现代教育是建立在以机器大工业为标志的生产力基础之上的。这一基础为现代教育既提供了物质技术条件,又提出了客观要求,成为推动教育发展的根本性的社会动力。

1.社会生产力为教育的发展提供了物质基础。社会生产力的发展为教育的发展提供了一定的人力、物力和财力,包括教育资金、教育技术设备以及其他人力资源。这是教育发展的基础性条件。一般说来,社会生产力发展到什么样的水平,教育才能达到什么样的程度。生产力发展水平越高的社会,教育发展的规模就越大,速度就越快,受教育的人数就越多,受教育的时间就越长。如日本在1886年开始实施4年义务教育,1907年又实施了6年制小学免费义务教育,1947年起又将义务教育延长为9年,到1989年又实施高中教育“准义务教育化”。改革开放以来,我国高等教育获得了大发展。1980年全国普通高等学校在校生数为114.4万人,到1998年达到了340.9万人,整整翻了两番。从1999年到2002年四年中,我国高等教育事业开始步入高速发展时期,并进入“大众化”发展时代。2002年全国招生620万人,比1998年增加了350万人,在校学生数达到1600万人,比1998年增加约820万人,毛入学率上升至15%。

生产力发展水平与教育发展水平具有一致性。任何不顾社会生产发展水平,随意或盲目发展教育的行为,都是违背教育与经济发展之间的客观规律的。然而,生产力的发展和提高为教育的发展只提供了基础性的可能条件,我们不能简单的认为:只要生产的产品丰富了,产值增加了,人民富裕了,闲暇时间增多了,教育自然就能发展了。如我国近年来有些农民有了钱，宁愿把钱用在修造坟墓上，也不肯为教育投资的现象时有所闻。因此已有的生产发展水平能否最大程度地促进教育的发展，还要看人们对教育重要性的认识。

2.社会生产力的发展对人才培养的规格和教育结构提出新的要求。教育要培养什么样的人，除了受一定社会的政治制度制约之外，社会生产力的发展也对它提出了新的要求。在古代社会，由于生产力水平低下，直接从事生产的劳动者，一般不需要经过学校教育的培养和训练，学校教育主要是培养有文化教养的统治人才。到了大工业机器生产的资本主义社会，由于科学技术的广泛应用，学校教育的培养目标发生了质的变化。学校不再把培养与直接生产劳动相分离的统治人才作为它仅有的目标，而是重视社会生产方面的劳动者、管理者和科技人员的培养，使每个生产者不仅掌握一定的科学知识和技能，而且具有一定适应能力与应变能力。

社会生产力的发展必然引起产业结构、职业结构、就业结构、技术结构、消费结构和分配结构的变化，与此相应，也必然引起教育结构的变化。设立什么样的学校，开设什么样的专业，各级各类学校之间的比例如何，各种专业之间的比例如何，都受到生产力发展水平和产业结构的制约。比如我国现阶段的产业结构和职业结构需要大量的中、初级职业技术人才，这就必须调整中等教育结构，大力发展中、初级职业技术教育，否则就会引起教育结构的失调，导致人才培养的结构性失调，造成一些层次和类型的人才不足，而另一些层次和类型的人才又过剩。

3.社会生产力的发展促进了教育内容和教育手段的改革。学校的课程设置及其内容都为社会生产力发展水平所制约。在生产力水平低下的古代社会中，学校教育内容十分贫乏，开设的课程门类不多，且大多属于人文科学，自然科学内容很少。随着生产力的发展，教育的内容不断地扩大和更新。14 世纪西欧学校开设自然科学方面的课程仅有算术、几何和天文学。文艺复兴以后，增加了地理学和力学。18 世纪产业革命以后，又增加了代数、三角、植物学、动物学、物理、化学等。到了现代社会，学校既重视科学教育又重视人文教育，初步形成了较为完整的学科门类体系。当代世界各国的重大教育改革几乎都是以课程体系和教育内容改革为核心，其目的都是为了适应和反映生产力和科学技术发展的新要求和新水平。

教育手段和技术是一定的生产工具和科学技术在教育领域的应用，它反映了社会生产力和科学技术的发展水平。19 世纪以前，学校教学的主要设备是黑板加粉笔、模型加地图。19 世纪下半叶开始，幻灯、投影、电影、电视、录音、录像、广播、程序教学机等相继应用于教育领域。当代科学技术迅速发展，更多更新的技术手段，如电子计算机、人造卫星、微电子技术、光纤通讯和网络技术等被应用于教育和教学领域，正日益影响教育的全方位发展。当前我国计算机辅助教学、多媒体教学、网上教学及计算机远程教学正在逐步推广，这必将引起我国教育技术和教学方式的重大变革。

（二）教育的社会生产力功能

社会生产力推动着教育的发展，而教育反过来又对社会生产力的发展起着巨大的促进作用。

1.教育是劳动力再生产的重要手段。劳动力就是人们进行劳动的能力,它是构成生产力的最基本的要素,是人的智力和体力的总和。人不是生下来自然就能成为劳动力的,需要通过教育获得一定的生产知识和劳动技能。也就是说,一个没有受过教育的人,还只是一个潜在的劳动力。只有通过教育和训练,才能由潜在的劳动力变为现实的劳动力,从而实现科学知识与人的结合。马克思曾经说过:“要改变一般人的本性,使它获得一定劳动部门的技能和技巧,成为发达的和专门的劳动力,就要有一定的教育和训练。”这种新的劳动能力的获得,在现代社会主要是靠学校来实现的。通过学校教育将一般的劳动力加工成为专门的劳动力,将经验型的劳动力培养成科学型的劳动力,将体力型的劳动力教育成智力型的劳动力。有关统计资料表明:在工业经济时代,直接从事生产的工人占劳动力的80%;知识经济时代生产工人将降到20%以下,而从事知识生产和知识传播的人将占劳动力的80%以上。

现代教育通过人的素质的提高和专门劳动力的培养,对经济的发展起着越来越直接的巨大作用。早在上个世纪20年代,前苏联教育经济学家斯特鲁米林运用以受教育的年限的长短来确定劳动简化率的方法计算出教育程度的提高所产生的价值占国民收入的比率为30%。美国经济学家、1979年诺贝尔经济学奖获得者西奥多·W·舒尔茨(Theodore W. Schultz)根据人力资本理论的观点,推算出美国1929~1957年教育投资的收益在劳动收入增长中的比重是70%,在国民收入增长中所起的作用是33%。我国学者研究认为,在第一个五年计划期间,我国教育收益占国民收入增长额的24%;1964~1987年期间教育对国民收入增长额的贡献为36%左右。因此现代世界各国都十分重视人力资源的开发,把教育投资看做一种在发展生产中能取得最显著效果的最合理的投资。

20世纪下半叶以来,人类社会的科学技术特别是信息技术的迅速发展,给社会生产和人们的社会生活带来了巨大的变化,使人类面临着一个新的经济时代,人类在经历了以土地与劳动力为主的农业经济时代和以能源与资本为主的工业经济时代之后,即将进入一个以知识为基础的新的历史时代——知识经济时代。知识经济是直接建立在知识的生产、分配和使用上的经济。例如美国连续9年来出现的经济最佳增长率,主要来自高新技术的巨大贡献。支撑美国经济的不再是汽车和钢铁企业,而是40,000多家软件公司和300多家芯片公司。1996年新增产值三分之二是由微软公司所创造;高新技术产业对GDP的贡献率已达到27%,远高于房地产业(14%)和汽车工业(4%)。正如世界经合组织在一份报告中指出的:“今天,各种形式的知识在经济过程中起着关键的作用,无形资产投入的速度远快于有形资产的投入,拥有更多知识的人获得更高报酬的工作,拥有更多知识的企业是市场的赢家,拥有更多知识的国家有着更高的产出。”

因此,教育为社会提供了科学人员队伍、管理人员队伍、设计人员队伍、工程技术人员队伍和熟练的工人队伍,提高了劳动生产率,促进了现代经济的发展。

专栏 4-1

舒尔茨的人力资本理论

1959年,美国经济学家舒尔茨(Sohltz T.W.)在其《人力投资——一个经济观点》一文中首次阐述了他的人力资本理论:全面的资本概念应包括物力和人力资本。体现在机器、厂房、设备等物质形式方面的资本为物质资本;体现在劳动者身上,知识、技能、体力等形式方面的资本是人力资本。人力资本是对人的能力(包括体力和智力)过去投资的现行价值,是通过人力投资形成的。人们用在教育、卫生以及获得更好的就业机会而进行的国内迁移方面的直接费用,乃至为了获得高层次教育而放弃的收入,构成了人力资本投资。人力资本的主要成分是教育资本,它提高了人们的生产能力,是经济增长的源泉,也是真正解决贫困问题的有效途径。用单纯增加物质资本和劳动力数量来促进生产发展,不如通过教育提高人力的能力、发展科学技术来促进生产发展更为迅速。

[资源来源]王玉昆:《教育经济学》,49~50页,北京,华文出版社,1998。

2.教育是科学知识再生产的手段。首先科学知识的再生产需要积累和继承。马克思说过:“每一项发现都成了新的发明或生产方法的新的改进的基础。”科学知识的积累和继承离不开科学知识一代又一代的传递或传承,教育就是传递或传承科学知识的最重要手段。如果没有教育所实现的科学知识的再生产,所有个体都在自己的实践活动中认识世界,那就很难想像当代科学知识会达到今天这样的高度。其次科学知识的再生产需要传播。通过学校教育,原来为少数人所掌握的科学知识,在较短的时间内为更多的人所掌握,并且不断扩大其传播范围。正如马克思在论述脑力劳动的价值时所说的那样,再生产科学所需要的劳动时间,同最初生产科学所需要的劳动时间是无法相比的,一个学生在课堂上大约只需一个小时就能学会二项式定理,而前人发现它却花了几百年的时间。这种科学知识的扩大再生产,提高了全社会的科学文化水平,为新产品的推广与使用,为科技的普及与提高准备了条件,直接推动生产力的发展。

3.教育是产生新的科学技术知识的手段。教育的主要职能是传递和传播人类已经积累的科学知识,但它也担负着创造新的科学技术的功能,学校特别是高等学校在这方面尤为突出。高等学校开展科学研究有着许多有利条件,科学研究力量比较集中,科学研究设备比较完备,学科比较齐全,有利于开展综合性课题和跨学科的研究。学校教学与科研紧密结合是近代教育的显著特点。自19世纪初德国威廉·洪堡创立柏林大学,首开“科学研究与教学统一”之先河以来,科学研究早已成为现代大学的第二职能。据统计,美国有60%以上高级研究人员集中在大学,近40年来,在获得诺贝尔奖的149位科学家中,有118位是在美国大学学习和获得博士学位的。上个世纪70年代末,日本大学承担的基础研究就已占到全国的57.7%,此外大学承担的应用研究和发展研究也已分别占到全国的35.8%和6.5%。我国高等学校被列为全国科学研究五大方面军之一。目前全国普通高校有60万教学科研人员,其中有数百名中国科学院、中国工程院的院士。自80年代以来,高校承担了国家自然科学基金项目的三分之二、863计划项目的三分之一、国家科技攻关项目的14%。高校在国内外发表的论文数和获国家自然科学奖项目均占全国的60%左右,签订技术转让合同3万余项,出售专利近3000项。这些发明创造推动着我国经济的快速发展。

教育与社会生产力是相互制约的关系。因为社会生产力只能把它的物质资料的一部分用于教育事业。教育在使用经济条件时需要同用于其他部门的物质资料和经济条件相协调、相平衡。另外教育对经济的作用具有周期性长、收效慢的特点。因此在处理教育与经济的关系时,既要考虑经济发展的状况和发展水平,实事求实地追加教育投资,发展教育事业,又要克服只顾眼前短期经济利益,忽视教育对经济的长期性、迟效性作用的观点,要用发展的眼光看待教育对经济增长的作用。目前有关教育与经济的关系有几种不同的说法:一种是教育先行论,即首先发展教育而后发展经济。这是一种超前发展理论。一种是教育同步论,即教育和经济发展同步增长。还有一种是教育滞后论,即教育发展落后于经济增长的速度和比例。无论哪种理论,如果不讲在一定的条件下,或在特定意义上,而片面强调某一方面,都是违背了教育与经济发展之间的客观规律的。

三、教育与市场经济的关系

教育与市场经济的关系是现代商品经济社会中教育与经济关系的一种表现形式。商品经济的社会化及其生产的集约化,必然出现现代市场经济形式。市场经济的市场调节、等价交换以及竞争机制为其基本规律与主要特征。

(一)关于教育商品性问题

教育是商品还是具有商品性?我们应该从教育本身、教育成果和教育所提供的服务或劳务几方面考虑。

第一,教育部分成果是商品,教育提供的服务或劳务具有商品性。因为只有物品和生产物品的劳动力,以及一些为物质生产提供劳务或服务的活动方式,通过市场交换才能成为商品或具有商品价值。教育从整体上讲不是物品。宏观上说它是国家或社会的业务职能部门;微观上说它是一种社会实践,是一种活动过程。教育具有劳务性、服务性和生产性。因此部分教育产品具有商品性。

第二,基础教育、职业技术教育和高等专业教育,其教育成果的商品性也要作具体分析。职业技术教育成果,特别是同产业部门、同物质生产领域有直接关系的职业教育和技术教育,具有较为直接的商品性,许多本身就是商品;高等专业教育成果比较复杂,有的是商品,有的则不是商品;普通中小学基础教育是一种社会公民基本素质教育,不直接承担培养一定职业技术和专业技术的专门劳动力的任务,也不承担科学研究和技术开发的任务,不直接生产科技产品,其教育成果不具有商品性质。

(二)关于教育产业化问题

由于教育成果不都是商品,由于学校教育过程不完全等同于企业商品生产过程,因此完全把市场经济的各种运行机制和规律引入教育是不应该的,因为教育过程还具有它自身的运行规律,违背现代教育自身的发展规律是要受到惩罚的。

第一,不同级别和不同类别的学校应区别看待。基础教育的教育经费来源、投资主体应该主要是国家和政府,来源于国家财政拨款,不应该推给市场;特别是义务教育阶段的学校不能进入市场,也不宜采取市场行为进行经营和管理。各级各类职业技术学校则与产业部门、与物质生产领域和过程有较为直接的联系,其教育成果和所提供的教育劳务具有明显的商品性。因此学校可以逐步走向产业化或者成为产业集团的有机部分,或者产业是学校的一部分,实行产教结合,校企统一。高等专业学校从总体讲不可能完全运用市场经济的运行机制,对于那些应用性很强,又与产业部门和物质生产领域联系密切的部分专业和学科可以引入市场经济的运行机制。现代社会高等学校必须参与劳务市场、人才市场的竞争,否则有些专业、学科甚至整个学校将失去生命力,并被淘汰。

第二,学校各方面所承担的不同任务、不同工作性质应区别看待。校办产业无疑应该产业化,并且逐步发展为产业集团。学校教育、教学和管理则应与校办产业有所区别。学校教学和管理的某些具体环节可以利用市场经济的一些运行机制,按照价值规律,实行公平竞争,优胜劣汰,优化组合。如在学校与学校之间、学校与学生之间、学生与学生之间在招生、录取和就业等环节上引入竞争机制,实行双向选择和建立淘汰制度;学校管理环节上实行教育成本核算,提高教育投资效益等。

第二节　教育与现代政治

政治是人类社会最重要的活动,任何社会成员、社会组织都以一定的方式与政治发生关系,教育也不例外。教育作为一项社会事业,深受政治的制约,体现着社会政治的特征,同时教育作为一种政治的工具,在影响社会政治生活,维护社会稳定,促进社会发展方面起着不容忽视的作用。现代政治一方面构成现代教育社会基础的主要部分,另一方面也受到现代教育的巨大影响和作用。

一、教育的政治基础

(一)政治及现代政治

何谓政治?由于社会政治是一个复杂的社会现象,对它的理解有多种层面与多个维度。政治就其属性来说,是各阶级之间的斗争。政治就其内容来说,是阶级社会中各阶级为维护和发展本阶级的利益而采取的策略、行为、手段和组织形式。对于国家中占统治地位的阶级来说,政治就是对统治权的维护和国家的管理。

在阶级社会里,政治的鲜明特征是政权,是夺取政权和巩固政权的斗争。其实政权问题仅是社会政治斗争一个时期的集中表现,不能用政权问题代替政治的全部内容和形态。社会政治除政权斗争形式外,还有其他表现形态:政治机构形态,即国家政治制度、法律制度以及政府、党派的各种组织管理和机构;政治活动形态,即维护政党、阶级利益的各种政治活动;政治观念形态,即反映政党、阶级利益和要求的政治路线、方针、政策以及与其有关的各种政治理论和学说。

所谓现代政治包含相互联系的两层意思。其一,从社会政治发展进程上分析,是指废除封建专制制度,建立新的社会制度,并向民主政治转化与发展的进程;其二,从社会政治所担负的任务上分析,则是指根据现代经济发展的要求建立新的政治结构与政治制度,保障人们的经济活动和经济利益。

(二)教育的社会政治基础

在阶级社会里,统治阶级总是通过各种政治手段来控制教育。从教育的领导权到受教育权,从教育目的到各级各类学校办学目标,从教育事业发展的规模到速度,以及教育经费、教育内容、教育方法等,统治阶级都具有制约作用。现代教育的社会政治基础,是通过现代政治对现代教育的决定作用反映与表现出来的。

社会政治通过政治组织或团体的力量来掌握教育的领导权和支配权。政治是经济的集中表现,任何阶级的政治都以保护本阶级的利益和取得政治地位为目的。在一个国家和社会中,统治阶级掌握了政权,它就必然会控制教育的领导权,并优先把自己的意志和利益付诸于教育实践。首先统治阶级是通过教育机构从组织上进行直接领导,实现对教育的控制。目前世界上基本有三种类型的国家政治管理体制,即中央集权、地方分权、中央集权与地方分权相结合体制。虽然世界各国组织领导的形式各不相同,但实质上都是一种控制。其次,统治阶级利用其拥有的组织人事权,对教育者进行培养和委任。教育管理人员、教师在政治上扮演的角色是政府或一定阶级、一定党派的利益、方针、政策在教育领域内的具体贯彻者,学校教育能否按教育目的规定的方向运行,最终取决于他们对教育目的持何种态度,尤其是教师。诚如列宁所说:“在任何学校里,最重要的是课程的思想政治方向。这个方向由什么来决定呢? 完全只能由教学人员来决定。……任何监督、任何教学大纲等等,绝对不能改变由教学人员所决定的课程的方向。”正因如此,在培训、录用师资方面,各国政府、各阶级历来都重视政治态度问题。如日本教育基本法规定,“在日本宪法实行后,参加主张对日本国宪法或对其下设的政府进行暴力破坏的政党以及结成和加入其他团体者”,要被取消教育公务员资格。再如我国衡量教师合格与否的起码标准是能否教书育人,即能否按照我国的社会主义政治标准来育人。

社会政治通过政府、政党制定一系列方针、政策,包括总的方针、政策,教育的方针、政策以及与教育相关的其他活动领域的方针、政策等,规定办学的宗旨和方针。教育作为社会活动的一个组成部分,必然要受到总方针、总政策的影响。因此教育的方针、政策主要是某一历史时期国家或政党的总方针、总政策在教育领域内的具体体现,它规定了一定历史时期的教育工作总任务和性质,并且在不同的历史时期有着不同的内容和概括。但是教育方针、政策与教育规律之间也有不完全一致的地方。建国以来,我们有许多历史经验教训,不能简单地用方针、政策来代替对教育规律的研究,要在制定方针、政策过程中,加强科学论证和可行性研究,探讨教育规律。做到教育决策科学化,使社会主义国家的教育方针、政策与教育规律之间在可能范围内保持最大限度的一致性。除了教育方针、政策外,劳动就业政策、工资政策、干部政策等也对教育产生影响作用。

社会政治通过法律形式，颁布一系列教育法律和法规，以强制的手段监督执行，把教育纳入到所需要的轨道上。法律体现着统治阶级的意志，代表着统治阶级的根本利益，具有规范性和强制性。近现代社会教育的作用越来越大，教育的成败将直接影响着整个社会的发展，各国政府都重视教育立法。如 1870 年英国国会正式颁布了“初等教育法”(ElementaryEducation Act—Forster，也称福斯特法案)，1890 年日本天皇下达了《教育敕语》。法律对教育的作用，主要表现在两个方面，一是通过法律形式保障人们受教育的权利。如 18 世纪末 19 世纪初，一些资本主义国家通过了义务教育法，推动了教育的普及。我国宪法中有关条款，以及已颁布实行的《中华人民共和国教育法》、《中华人民共和国义务教育法》等，都对公民的教育权做出了相关规定。二是掌握政权的阶级，都要充分利用各种法律手段来保证教育的发展，协调各方面的力量。

社会政治通过对受教育者进行政治思想教育，影响受教育者的政治立场、观点与态度，形成受教育者的公民意识和行为。这种作用更为直接。其主要内容贯彻在学校中设置的政治理论课、公民课以及各种政治活动中，培养国家或统治阶级所需要的人。

专栏 4－2

落实科教兴国和人才强国战略，加快教育改革与发展的基本蓝图

今后几年，我们要高举邓小平理论伟大旗帜，以“三个代表”重要思想为指导，坚持教育为人民服务的宗旨，巩固成果，深化改革，提高质量，持续发展，办好让人民满意的教育。努力实现党的十六大提出的历史性任务，构建中国特色社会主义现代化教育体系，为建立全民学习、终身学习的学习型社会奠定基础；培养数以亿计的高素质劳动者、数以千万计的专门人才和一大批拔尖创新人才，把巨大的人口压力转化为丰富的人力资源优势；加强教育同科技与经济、同文化与社会的结合，为现代化建设提供更大的智力支持和贡献。

［资源来源］《2003～2007 年教育振兴行动计划》

二、教育的政治功能

虽然现代社会教育逐渐从过去较多地为政治服务转移到为经济服务，但是教育仍然具有促进社会政治发展的作用和功能，只不过现代社会中教育的政治功能与古代社会有了很不相同的特点。在古代社会，教育和政治是融为一体的，主要维系社会政治的稳定。在现代社会，教育相对独立于政治，但教育为政治服务也是必然的事情，不仅维系社会政治的稳定，而且促进社会政治的变革。它主要是通过培养合格的公民和政治人才，宣传政治路线、方针、政策，推进社会民主进程，来为社会政治服务的。

(一)通过教育培养合格的公民和各种政治人才

无论哪个时代或阶级，都要通过教育向受教育者灌输一定的政治、哲学、道德等方面的思想体系，使其形成阶级或时代所希望的政治观、世界观、人生观和行为品质。如我国封建社会中向受教育者灌输“劳心者治人,劳力者治于人”的思想以及尽忠、尽孝的观念,目的是要培养封建制度的卫道士。资本主义社会的教育,也是向受教育者灌输资本主义政治制度是神圣的、永恒的观念,培养既能为资本主义制度创造利润,又不打扰统治者安宁的人。社会主义教育十分重视提高人民的政治、文化素质,培养当家作主的公民。

个体政治社会化反映在教育中,或者以开设政治理论课、公民课和思想教育课的形式来进行,或者在相关学科中渗透有关的政治教育、公民教育的内容,以形成受教育者相应的政治意识和政治理念。如20世纪80年代,哈佛通识教育的核心课程包括六大类:文学与艺术、科学、历史研究、社会分析、道德思考、外国文化,其目的是培养出有教养的美国人。有教养的美国人不仅要有人文、科学知识素养,还要了解、思考社会问题、道德伦理问题,并能作出理智的判断。

教育不仅为一定社会培养合格的公民,还可以培养出各种专门的政治人才或者为这种人才成长打下必要的基础。如我国古代的教育向学生传授的大半是“修己治人之道”,目的是要他们能够“致君致泽”。古代学校实际上就是官吏的养成所。又如,我国学校教育发展比较兴盛的东汉,当时的最高学府“太学”,成为一种很强大的政治势力,它在进退百官、议论朝政等方面都享有很大的权威。到了近代,由于科学技术的发展,社会政治、经济日趋复杂,需要较高科学知识和领导才能的政治人才,这些人才更有赖于学校的培养。当代,要求专门从事政治活动的人必须具备较高的科学文化水平和政治素质,因此通过系统教育的方式来培养政治人才的趋势日益明显。在一些资本主义国家中出现了“专家政治”的新潮流,也即大批自然科学技术专家进入统治集团,由他们来分掌国家的领导权。许多资料显示,资本主义国家的高级政治领导人大多数毕业于名牌大学。比如,英国历史上50多位首相中毕业于牛津、剑桥两校的就达30位以上。从1979年6月的资料来看,英国当年399位保守党议员中就有94人毕业于牛津大学,75位毕业于剑桥大学。在美国,高级政治人才大多毕业于诸如哈佛大学、耶鲁大学、普林斯顿大学等少数名牌大学。在日本,70%的高级文职人员毕业于东京大学。过去我国各级党政领导干部和管理干部主要是通过实践锻炼来培养的,但在新的历史时期,明确提出了干部四化的要求,并十分注意文化程度和专业程度,主要从大中专毕业生中择优选拔。这充分反映了现代教育在培养政治人才中的地位和作用。

(二)通过教育制造政治上的舆论和思潮

政治上的舆论和思潮对维护社会的政治稳定产生巨大的影响,历来为政治家所关注。学校是知识分子和年轻人集中的地方,他们的知识丰富,思想活跃,眼光敏锐,批判意识强,具有超越现实的内在冲动,具有敢为天下先的勇气和冒险精神,具有强烈的爱国主义精神和政治责任感,但往往也多少具有一些浪漫主义和唯美主义的倾向,在高等学校中更是如此。因此,学校是新思想、新思潮的策源地和“集散地”,是制造舆论、宣传思想、影响群众的重要阵地,也是社会政治最为敏感的地方之一,是社会政治安定与否的“晴雨表”。从历史上看,许多政治事件都是从学校发端的,如我国东汉时的太学生风潮,近代的“五四”运动,现代的“文化大革命”等;1960年日本学生团体积极参与反对

"日美安全条约"运动,1968 年法国爆发"五月风暴"等都是教育影响政治的典型案例。

(三)通过教育推进政治民主化进程

民主问题是现代社会教育与政治关系的核心,一方面要把政治民主扩展到教育领域,使受教育成为每个公民的权利义务,另一方面要把专制的、不民主的、不充分民主的教育改造为符合公平和民主原则的教育,教育领域的民主化进程又进一步推动了民主政治的发展。因此民主的政治必然要求民主教育与之相配合。这主要表现在四个方面:

第一,提高人们政治素质是政治民主化的前提。因为社会民主政治发展的程度,同参与政治活动的人所接受教育程度密切相关,没有一定的政治素质,是很难萌发真正的民主意识和民主观念的,只有具备民主意识的公民,才能建立民主的社会和民主的政体。正如列宁所指出的那样,文盲是站在政治之外的。历史已经表明,文化、教育的落后,往往是产生和盛行政治上的偏激、盲从、专制主义的原因之一,而教育的兴旺发达,又是政治上民主、进步的基础性保证。因此,一个国家教育普及的程度和国民文化素质的高低,将直接影响政治民主化的进程。

第二,教育民主化是政治民主化的重要组成部分。教育民主化已成为全球教育系统演变的一种基本趋势,它包括教育平等与参与教育管理的平等两个方面。教育平等是衡量一个社会公正程度的基本标准,指人们不受政治、经济、文化、民族、信仰、性别、地域等的限制,在法律上享有同等的受教育权利,在事实上具有同等的受教育机会。正如《学会生存》一书指出:"给每一个人平等的机会,并不是指名义上的平等,即对每一个人一视同仁,如目前许多人所认为的那样。机会平等是要肯定每一个人都能受到适当的教育,而且这种教育的进度和方法是适合个人特点的。"我国学者根据国内外关于教育平等的各种观点,把教育平等应具有的理念概括如下:主体人格和尊严平等、教育权利平等、入学教育机会平等、受教育过程中机会平等、获得学业成功的机会平等、对弱势群体进行补偿。参与教育管理的平等有利于克服教育内部的民主障碍,保证人们有权参与对教育的民主决策与管理,从而对社会民主政治的发展具有促进作用。

第三,民主的教育是政治民主化的催化剂。教育不仅可以提高国民的政治素质,推动他们参与政治的热情和能力,而且可以通过教育自身的民主化来影响年轻一代的民主意识和民主观念。比如,教育制度的民主化、受教育权利的民主化、教育决策与管理的民主化、教育资源分配的民主化、课程管理的民主化、师生关系的民主化等等,使学生在一种平等、自由、合作的民主氛围中,受到潜移默化的影响。

第四,教育的法制化是政治民主化的保障。民主与法制息息相关,民主政治只有在法制轨道上才能更好实现,因此现代教育通过对公民的法制教育,提高公民的法制意识,增强法制观念,包括人权观念、权利义务观念、遵纪守法以及法律面前人人平等的观念等,从而促进社会民主化的进程。

第三节 教育与现代文化

教育与文化之间有着十分密切的关系。任何形态的文化，如果没有教育就难以延续。20世纪以来，世界各国进行的重要教育改革也证实，任何教育改革的背后，都隐含着社会文化的制约机制。在一定范围、一定时期内取得成功的教育改革，一般都十分注意与社会主流文化保持一致；一项在一个国家中取得显赫成绩的教育改革措施，在另一个具有不同文化的国家中或区域中，并不一定会取得成功。因而，研究教育与文化的相互依存及变化发展的规律，对于我们准确剖析教育问题，正确把握教育变革的方向具有十分重要的意义。

一、教育的文化基础

(一)文化的概念

文化有着许多不同的界说，大致可将其分为以下几种类型。

第一种类型是把“文化”作为动词来理解，在中国古代文化指的是以文教化，与武力征服相对立。这种理解只包含了文化的部分功能。

第二种类型是把“文化”理解为人类在社会历史发展过程中所创造的物质财富的总和或人类生活方式的总和，强调文化的人为性。它反映社会的文明程度。这种解释一方面涉及的范围太广，几乎包括了人类的一切创造和社会行为的一切方面，另一方面又把文化仅限于过去，限于人类已创造的成果，缺乏动态的概括。

第三种类型是把文化理解为社会某一种具体的活动或社会生活的某些方面。如认为文化即教育，文化即艺术活动及其成果，文化即科学知识，文化即民族传统、风俗习惯等。这种理解又把文化的范围划得过窄。

但是，对文化的界定中也存在着一些共同点。几乎所有的文化定义都把文化与人类的活动及其结果联系起来，都承认文化是独立于各种遗传素质和机体的生物特征之外的。从这种共同性中，我们可以把握文化最本质的特征。

文化是与自然和先天相对应的一个概念，它是人类在改造自然、社会和自我过程中所创造的物质财富和精神财富的总和。语言符号体系、知识技术体系、行为习惯体系、价值规范体系、宗教信仰体系是文化的重要构成。

文化本身是社会的一个部分，又是一个相对独立的综合体，主要包括下列几个方面：

1. 人类社会在一定的物质资料生产方式基础上进行的创造精神财富的活动及其成果。

2. 传播这些精神财富的活动及手段。

3. 一定时代与社会中各民族或阶级在长期的社会实践中形成的群体特性、传统、风俗习惯、行为方式等，它具有地域性、民族性和阶段性。

文化主要有四种存在的形态：

1. 物质形态。指精神创造物化在物质产品之中，如文物、古建筑、工艺品等。

2.用物质手段存留的观念形态。这是精神沟通的手段,如人类创造的各种形式的符号、各种科学著作、文化作品。

3.与文化创造和传播有关的活动形态。如学术活动、艺术活动以及与此有关的相应的团体、社会设施,如学术机构、大众娱乐机构、文化出版机构、学校等。

4.人的心理、行为形态。如民族的心理素质、价值观、思维方式、精神风貌、习俗、传统和社会生活方式等。

了解文化的这些存在形态,有助于我们认识教育与文化的关系。

(二)文化对教育的作用

文化对教育的作用有两个层面,一个层面是深入到学校教育活动内容、成为教育活动一部分的"学校亚文化"的影响,另一层面是未作为学校教育课程的文化以文化背景的方式对教育的影响。

1.学校亚文化对教育活动的影响。学校亚文化的构成非常复杂。首先,学校教育内容中最基本的构成——课程中包含大量的文化产品。显然,并非所有的文化都能进入学校教育领域,成为学校教育的主要内容。因为文化的构成是十分繁杂的,学校教育不可能,也没有必要把文化的所有内容转化为课程的内容。它只是根据教育目的,从文化中选择合适的部分,进行教育学的加工,组成课程。可见,课程内容来自于社会文化,但又不是社会文化的简单复制。其次,在学校亚文化中,还包含着社会中人际关系的基本模式、人的社会行为的基本规范,这主要是通过学校中各类成员间,包括师生间的人际关系以及学校对学生在各种活动中有意识的要求来体现的。最后,学校亚文化中还包含校园的环境文化,学生在课外所开展的各种娱乐、科技、学科及社会活动及学校传统的节日活动等。

学校亚文化对教育活动的影响首先表现在社会文化与学校课程的关系上。文化的发展使课程不断丰富和更新,这是文化对学校教育影响的第一,也是最显而易见的方面。表现在课程内容中自然学科逐渐增多并占越来越重要的地位。文化发展对课程的影响更深刻地反映在课程的结构变化上。从历史的过程来看,普通教育课程结构由军体、音乐为主,着重于行为训练的原始结构,转化到以文字教育、伦理道德为主的古典结构,再转化到以科学知识为主干的近现代结构,智育在课程中的比重越来越大。文化的发展除了直接影响教育内容的质量与结构外,也影响教育方法、手段和组织的形成。这与人类认识世界的手段,尤其是传递文化的手段的发展密切相关。这一影响改变了学生的学习方式以及教师在教育中的地位与作用。文化渗透到学校教育内部所产生的最深层的影响是对教育目的的影响。文化的发展并不是只意味着人类知识总量和精神财富的增加,数量的增加只是文化发展的最初效果,进一步发展的必然后果是使人的思维方式、价值观念和由此产生的行为方式,即人类自身的精神世界及其表现发生深刻的变化。这种影响与前述影响相比,显得隐蔽,是一种无形的影响,然而却更深刻、更彻底,影响的时间也更长久。

2.文化背景对学校教育活动的影响。与前一部分文化相比,这些文化更为丰富,影响面更为广泛,对心灵的渗透力也更为强大。从一定的意义上看,社会中一切文化活动对参与者,无论是创造文化的主体,还是接受、欣赏文化的主体来说,都具有教育的价值,即对参与者的身心发展都会产生一定的影响。这就使社会文化势必成为学校教育的重要补充,同时又对学校教育产生多方面的间接影响,主要有两个方面:首先,社会文化的发展提高了人们对教育的需求,促进教育事业的发展和完善。全社会文化水平的提高,必然会提高人们对教育的需求。这种需求并非完全来自职业对人的文化素质的规定,个体精神生活的需求和自身发展的需求也是产生较高的多样化的教育需求的重要因素。文化高度发展的社会,必然是全社会成员终身从不同渠道不断接受各种级别和各种类型教育的社会。文化的发展促使人们接受教育,不只是为了谋生,而且为了更好地生活,教育不仅要培养人从事社会生产和政治活动的能力,也应为人生活得更美好服务。其次,社会文化发展促使学校与社会联系的加强。从历史发展的角度看,随着人类文化的发展,学校与社会的联系日益增强。一方面,学校的形式日益多样,它对社会不同年龄阶段和不同职业、阶级的人开放,密切了学校与全社会成员的联系。另一方面,由于人们在学校以外也可以通过许多不同的渠道接受教育、学习文化,即使是在校的学生也不例外。这在社会知识、伦理道德方面表现得更为突出。除此以外,人们的生活方式、习俗和民族特性等因素,还以潜移默化、耳濡目染的方式影响着人的身心各方面的发展。

社会文化对学校教育有着实实在在的影响,社会文化越发展,学校越不可能用封闭的形式,在校内制造一块“净土”来培养理想的人才,或者仅仅依靠学校的力量来培养人才。相反,只有加强学校与社会的联系,既充分利用社会文化中的有利因素,又努力控制或削弱社会文化中的不利因素,并扩大学校对家庭、对地区文化的影响,培养学生识别、选择文化产品和活动的能力,才能使学校教育取得较好的教育效果,真正成为社会的育人基地。

二、教育的文化功能

文化对于教育来说是必不可少的,教育对于文化来说也是一样。可以从以下三个方面理解与认识教育的文化功能。

(一)教育文化功能的演变

人类的文化与人类教育是一对孪生姐妹。因为人类的生存和发展不可能没有文化,而文化的传递和发展又依赖于教育。

在原始社会中,人类是在生活和生产中传递各种文化特质的。传递文化的教育与人类生产和生活本身是在同一过程中进行的。在这种情况下,各种文化特质,如礼仪、习俗、宗教等,虽然可以传递下来,但很难得到筛选、整理、交流和提高。进入奴隶社会后,人类的文化开始丰富起来,出现了优美的青铜器、宏大的建筑、复杂的宫廷礼节和一些著名的思想家。特别是文字的出现,使人类的文化遗产不再仅仅依赖口头相传,而可以用文字的形式长久地保存下来。这是学校教育产生的重要原因和条件之一。学校出现后,开始传递、整理、选择和提高文化。通过教育来传授民族的精神遗产以及与其有关的文化,以此来保存具有悠久历史的文化传统。在现代,人类的文化更加丰富,各民族间的文化交流日益频繁，教育对文化的影响也愈来愈大。教育不仅加强了传递、选择、整理文化的功能，而且融合、发展文化的功能也日益突出地显示出来。各国的教育机构已名副其实成为传递、交流、融合世界文化的重要场所。

(二)现代社会教育的文化功能

1.选择、整理、传递和保存文化的功能。人类文化是人类生产与社会生活的产物，但同时又是人们新的社会生产与社会生活的基础和必要条件。由于人们的价值观念、社会生活的风俗与规范、审美情趣等文化特质，不可能通过遗传的方式获得，而只能通过传递的方式继续并发展下去，因此，教育从最初就成了保存、传递文化的重要手段。正是从这个意义上说，教育是人类历史的一个永恒的范畴。今天，人类文化的内容、数量已异常丰富，而且不同国家、社会中的人们可以通过各种传媒感受远方的文化。这使得人们更加重视教育在选择、整理、传递和保存文化方面的功能。

教育之所以能够担负起上述任务，主要有三方面原因：首先，教育离不开一定的教育内容，而确定教育内容的过程，实际就是选择文化的过程。其次，教育离不开编写教材，这实际上是整理人类文化精华的过程。把知识用人们最易接受和理解的形式分别组织起来，可以帮助人们学到更多的人类文化。再次，青年时期是一个人长知识、长身体和形成各种观念和行动习惯的重要时期。在这一时期，通过教育向青年一代灌输什么样的文化体系，对今后社会文化的发展至关重要。成功的教育往往可以帮助青年一代掌握社会核心文化的主体，从而使各种亚文化与核心文化保持协调。

2.创造、更新文化的功能。通过选择、整理、传递和保存的方式，教育已经对文化的发展产生了重大的影响。在现代社会中，教育还具有强大的创造和更新文化的功能，主要表现有：

(1)为社会培养大量的、具有创造活力的人才。人类文化是人类社会生活与社会实践的结晶，没有人类就没有人类文化可言；同样，没有具有创造活力的人才，人类文化也就无法更新和发展。当代，人类面临着一系列新的问题和挑战，各个国家都需要一大批具有创造性才干的人。

(2)与文化创造紧密结合，成为促使文化变革发展的一支重要力量。一方面，在现代教育中，教育者对作为教育内容的文化素材，已不是简单地照搬，而是根据教育的原理和各种文化素材的特点进行再加工和再创造。另一方面，以科学研究为主要形式的文化创造活动，已经成为教育，特别是高等教育的一个重要功能。这是因为学校里集中了一批优秀的人才，而且只有教育与科研相结合，才能促进学生对发展异常迅速的科学知识的掌握。

3.吸收、融合世界先进文化的功能。现代教育虽不是融合各民族文化的惟一途径，但却是最积极、最有效的手段。通过教育来吸收其他民族的文化，一般有一个积极的选择过程。通过教育融合、吸收各民族的文化通常采取下列途径：一是吸收各民族的文化精华作为教材；二是互派教师进行考察、讲学和研究；三是互派留学生。

(三)教育文化功能的发展趋势

1.教育将大力促进与现代经济结构、政治结构相适应的文化思想意识形态的形成和发展。世界现代化运行虽然已经有了很长的时间,但仍然不断地受到来自传统文化的阻碍。造成这种状况的原因有两个:一是世界现代化的进程很不平衡,与现代化进程不相适应的保守、落后的文化形态仍然具有广泛的影响;二是传统文化具有巨大的滞后性,当政治结构和经济结构发生变化后,经过数千年形成的传统文化的意识,不可能立即消亡,而是成为抵制新的文化意识的一种精神因素。例如,我国传统文化中的一些因素,即与社会主义现代化建设事业的要求存在着冲突,主要有:建立网络型社会结构的要求,同传统文化中大一统观念的冲突;贯穿于网络型社会结构之中的平等原则同中国传统文化中贵贱等级原则的冲突;法治要求与人治传统的冲突;现代民主制度与家长宗法观念的冲突;个性的全面发展与共性至上的群体原则的冲突;创造需求与保守心理的冲突;开放和封闭的矛盾冲突;竞争与中庸信条的矛盾冲突等等。

毫无疑问,今后的教育将积极地向青年一代灌输与现代化建设相适应的新文化思想意识,用科学打碎一切不相适应的传统观念。它将用新的教育方法帮助青年一代形成新的思维方式和行为习惯,从而在现代化的进程中发挥巨大的作用。

2.教育将大力促进东、西方文化在高层次上的相互借鉴和吸收。总的来说,现代化的过程中,西方社会起步较早。工业社会带来的巨大的进步、现代化的生活方式,使东方各民族看到了西方文化的力量。因此,相当长时期内,世界文化发展的重要特点是东方文化学习西方文化。但是,近年来世界文化的发展产生了一些重大的变化。目前,西方社会文化发展的进程面临深刻的矛盾和危机。传统的西方文化思想和基本观念,正经历根本性的变化,例如,从强调生存竞争、天人相抗,转向注重生态平衡、人与自然和睦相处;从倡导物质生活进而重视内心精神生活的建设,以求得物质生活和精神生活相协调;从绝对尊重个性自由、个人与社会对抗变为个人与群体协调;从直线式的进行观转向螺旋式的发展观;以静态的知性分析方法转向能动的知行结合分析等。这种种变化,都显示出某种程度上背离西方固有的文化思想,向东方文化传统靠拢的趋向。由此看来,人类文化史的进程,将有可能打破近代以来西方文化独盛的局面,走向更高层次上的东西文化的相互借鉴和吸收。

第四节　教育的生态功能

生态问题是现代社会中随着科学技术的加速发展和人口急剧增加而变得尖锐起来的一个全球性问题。它首先由西方未来学家在 20 世纪 70 年代初提出,其核心观点是人类应处理好自己与自己的生存环境的关系。多年以来,人类不重视对人口的控制,不注意自然环境的生态保护,只是一味地利用科学技术去"征服"自然,掠夺性地向自然索取。工业的增长又产生了各种污染,使人类的生存环境日益恶化。能源、原材料的天然储量迅速减少,工业废气、废水、废物的大量排放使人们看不到"蓝天",喝不到"净水",地球已不堪重负,这一切威胁着人类和地球的未来生存。为了把握自己的命运和未来,人类必须从现在起着手改变原有的人与环境的关系模式,利用科学、技术、知识来控制人口和保护环境,合理利用资源,最大限度地减少污染,使人与自己的生存环境处于和谐平衡状态。上述基本观点被称为“外部极限”理论,已引起世界各国的关注,尤其在发达国家,这种理论对其作未来预测和长期规划都产生了重要影响。

20 世纪 70 年代末,西方学者从另一个角度提出了相似的问题,即不是从限制外部资源开发的角度,而是从发掘人的内在潜力的角度,即提高人的学习能力的角度,研究了帮助人类走出上述困境的新途径。人们把这种理论称作“内部界限”理论,认为人类自身孕育着无可比拟的发展潜力。

“外部极限”和“内部界限”理论尽管都不是针对教育问题提出的,但它的主题却与教育问题息息相关。因为,教育的发展同样面临着人口与环境的问题,而且,无论是让人类意识到外部极限还是开发内部潜力都离不开教育。

一、教育与人口

在当代,教育与人的关系越来越密切,人们要接受学前教育、基础教育、高等教育,全民教育与终生教育也成为我们的追求目标。教育与个体的发展息息相关,同样,教育与人口的关系也十分重要。所谓人口是指生活在一定社会、一定地区,具有一定数量、质量与结构的人的总体。

人口增长率的变化会影响教育的规模与结构,也会影响教育的质量。这里着重讨论的是教育对人口的作用:

1.教育是控制人口增长的手段之一。发展教育对于控制人口数量能够起到长远作用。研究表明,全体国民受教育程度的高低与人口出生率的高低成反比。

社会的发展,对劳动力素质的要求也越来越高,人们必须接受更多的教育,这会刺激家庭对教育的需要,使得抚养儿童的费用提高,还能改变人们传统的“多子多福”、“人丁兴旺”的生育观和家庭观。由此可见,教育具有控制人口增长的社会功能。为了更有效地发挥这一功能,不仅要普遍提高社会民族的文化水平,而且应该对成人和青少年进行专门的人口教育。

2.教育是提高人口质量的基本手段。人口质量是指人口身体素质、文化修养和道德水平。其中身体素质包括遗传素质和健康状况两个方面;文化修养包括人们的知识水平、智力发展程度和劳动技术水平;道德水平包括人们的思想觉悟、道德修养和合乎社会规范的社会品质等。人口质量是一个表明人口各方面素质综合发展水平的重要指标。

教育具有控制人口数量的功能,同时也具有提高人口质量的功能。社会生产力较落后时,强调的是人口数量,数量多意味着劳动力多。但当生产力发展水平达到高度科学技术化后,人们就强调人口质量,以高质量来代替多数量。我国当前人口的质量状况,无论是身体素质方面还是文化素质、道德素质方面都急需提高。这必须借助于教育。教育的作用不只是培养出各种人才,而且在于提高全民族的素质。只有全民族素质的提高,才能使人口大国变成人力资源大国。

教育在提高人口质量方面的功能既表现在对青年一代的培养上,也表现在对成年人的教育上。儿童、青年时期是人口质量的奠基时期,因此必须尽最大努力抓好和提高普通教育的质量。教育对提高人口质量的重要性着重表现在其不只提高当代人口质量的水平,而且会连续影响以后各代的人口质量水平。它不仅会产生眼前效应,而且会产生深远影响。对于我国当前来说,抓好基础教育,尤其是抓好农村的基础教育,是提高中华民族素质的根本保证。对成年人教育的目的不仅在于使他们自身获得提高,以适应社会发展的需求,而且在于还使他们提高对优生、优育的认识,获得相关的知识和能力,为自己的后代创造良好的发展条件。

3.教育是使人口结构趋向合理化的手段之一。所谓人口结构的合理化是指人口结构有利于社会生产和各方面的发展。人口结构有自然结构和社会结构。自然结构包括年龄结构、性别结构。社会结构包括阶级构成、文化结构、职业结构和民族结构。

二、教育与环境

专栏 4－3

1.环境问题实际上存在于适当的环境之外;环境问题首先是一种人类理解和价值观的合成物的结果,而这些理解和价值观决定着个人同时作为消费者和生产者的态度和行为。这一陈述经常产生一种最好予以澄清的误释的推论。环境问题的利害关系和挑战不是仅仅维护自然,而更是对继续人类进步给予重要的物质支持。

2.环境教育应该不仅仅成为一门新的学科,而更应是一种用环境知识和价值观来深化和丰富各级各类教育中一系列学科的手段。

3.环境教育应该体现一种具体的文化敏感性,以便增强对环境问题做出普遍且有效的反应,因为每一种文化界定了达到共同目的的最相关的方法和手段。

4.能更好地处理好作为生产者和消费者的他们与环境的关系。环境教育应该这样规划它的未来,即根据新的环境伦理和知识教育儿童和青年,他们的决定和活动对明天的环境质量会产生极为重要的影响。

5.环境教育应该不仅仅是一种智力的概括,而更应融入日常生活,激发首创性、社会参与和寻求现实的解决办法,适当尊重他人和为着一致的利益。历史告诉他们,如果没有这些,任何问题都不可能长久地得到解决。

[资料来源]赵中建:《联合国教科文组织的建议》,75页,北京,教育科学出版社,1999。

环境是一个经常被用到的词。环境问题也越来越引起广泛的关注。环境泛指人类生活于其间,并与人发生相互作用的外部因素。环境有自然环境与社会环境之分。

环境问题是指人类在发展过程中引起的环境的变化,其中的不利因素反过来危及人类的生存与发展的问题。自然环境与社会环境中都面临着相当多的问题。就社会环境而言,我们社会的前途依靠民主、发展和变革。因此,我们的社会必须培养人们去从事民主事业,促进人道主义的发展和变革。可见,这个领域的问题和教育与政治、教育与民主的关系更为密切,在此,我们的讨论仅涉及教育与自然环境。

(一)问题的实质与表现

自然环境问题实质上是由于人类的活动引起的自然环境的恶化,从而危及人类的生存与发展。近代以来,科技的进步、人口的膨胀加剧了环境问题的严重性。

技术的发展已经使人们能够解决许多问题,但也对当代生活的许多方面产生了有害的影响。在全世界,技术发展引起了环境的恶化。19 世纪以来,这种破坏过程大大加快了。按照联合国的估计,5 亿公顷可耕地因遭受侵蚀和盐碱化,已不能再耕种;世界上三分之二的森林为了生产而被砍伐;有 150 种鸟类和兽类因为人的破坏而绝种了;近千种野兽现在已经很稀少或处于灭绝的危险之中。侵蚀、土质恶化、森林毁坏、暴雨成灾、动植物生命受害等等情况现在仍在继续而且有的地方还正在加剧。城市的兴起也加剧了这种毁灭性。在美国,每分钟内约有两公顷的土地被用于建设公路,扩建城市,修建飞机场、停车场和其他“现代设施”。城市化的趋势正日益明显。

人类现在已面临着这种紊乱扩展的后果——污染。土壤、湖泊和海洋受到污染。宁静已经消失,暴力成了经常性的危胁。噪音干扰着人们,引起一种新型的疲劳,并增加了职业病和失常的危险。当城市人口越来越拥挤,而且又互不相识时,人们就变得越来越神经过敏,行为放肆。

工业化仍然在进行之中,发展中国家正在向工业化国家学习着。一些新的来自“技术世界”的因素改变了它们传统的生活方式,以加速它们的发展。因此,这种发展便具有两重性。这使得其居民对文化与生态上的不平衡逐渐麻木。发展中国家的城镇受到污染,特别是生气勃勃的农村无可挽回地遭到破坏的情况,正在破坏着多少世纪以来使它们自己的文化演进的那种自然和谐的环境。

而且,地球上的可利用资源不是无限的。从长远来看,人们能否获得和使用全球工业化的能源?人类能够继续前进 21 个世纪,还是将在未来的某个时候被迫停下步伐,消失在茫茫宇宙当中?

这一切表明,不仅是人的环境受到威胁,而且在不久的将来,甚至可能人的真实命运也会受到威胁。人们现在已经感到受害。技术已经产生了严重的后果。它危害并破坏着人与环境、自然与社会结构、人的生理组织与他的个性结构之间的平衡。无可挽回的分裂状况正在威胁着人类。

(二)人们对环境问题的认识

人对于环境问题的认识经历了一个螺旋上升的过程。在古代,各民族多具有朴素的尊重自然的思想,各古代宗教如印度教、佛教、道教以及儒家的思想多强调“不杀生”、和谐、合一的教义和思想。犹太教——基督教的教义稍有不同,一方面,认为上帝是人类的统治者和主人,而人类则是自然界的统治者和主人;另一方面,认为人的职责是仁慈地和明智地统治自己的领地——地球,滥用和破坏地球,则违背了人类的使命。总之,早期的人类对自然有着朴素的敬畏和尊重。

近代自然科学的兴起和数次工业革命的进程,使得人类得以几乎任意地征服自然和其他弱小的民族。人类第一次从思想上和行动上都以地球的主人自居。物质的进步为人类带来了巨大的便利,人们尽情地享受着物质成果。

然而,问题日益显露出来,引起了人类深深的反思。现在人们普遍认为,今天出现的许多严重的环境问题不仅在很大程度上归因于人们对自然和生态资源的管理失误,而且归因于地方、国家和国际各级组织和人员的决策未能充分考虑到重要的且需解决的环境问题。由于无知及缺乏准确的信息、合理的教育和适当的培训,以致对规章和指示不能充分地予以执行,从而导致了一些负面的结果。环境保护领域内的国际理解与合作,已经被国际社会确认为优先之事。

人们已经认识到,应付这些问题的责任大部分落在教育上面了。教育要承担这个新任务,即提醒人们去认识这种问题。通过环境教育使个体和社会不仅意识到环境的生物、物理和化学组成之间的相互影响,而且意识到社会——文化的环境,从而能采取个体和集体的行动,解决地方的和国际的环境问题以及当前的和未来的环境问题。

(三)教育与环境

教育在其发展过程中具备了两大功能:培训和谐、全面发展的个体的功能;为国家和社会培养具有一定思想、意识,具有一定知识、技能的合格人才的功能。没有人才的再生产,社会是无法发展的。当前,教育即将或者正在具备第三大功能:即对所有的人实施从学前儿童到成人的环境教育,在终身环境教育的过程中不断地更新知识和技能,使他们能应付不断变化的自然的或人工的环境。因为,环境问题如果得不到解决,人类同样面临毁灭的威胁。

1975 年的《贝尔格莱德宪章》对环境教育的目的作了如下表述:培养世界上每个人都能注意到环境及其有关的问题,能够关心环境,也能对环境问题有解决能力,对于未来可能发生的环境问题也能加以防范。为此,对于世界上的每一个个人或团体,需要授予必要的知识、技能、态度、意愿与实践能力,以期环境问题的处理与防范,获得适当的对应策略。

1.通过环境教育形成普遍的环境道德。解决环境问题从根本上说依赖于人类能够形成一种新的道德,形成新的价值观和全球伦理观,以使人自觉地关心和保护地球。通过环境教育,要形成人对人与周围环境关系的正确的、科学的认识。要改变自近代科学发展以来逐渐得到强化的仅把人看做自然的征服者的观念,认识到人是自然元子,人与环境之间存在着共命运和相互依存的一面,树立起在合理利用环境的同时还要保护环境的新观念。通过教育,使得热爱自然、保护自然与环境成为人们的一种习以为常的行为和出自内心的需要。

2.要形成相应的对解决目前存在的生态不平衡状态问题的参与意识与技能技巧,使学生能在恢复生态平衡方面成为一支积极的力量,应在课程当中渗透环境保护意识,在各级各类教育中开设相应的课程,在大学教育和教师培养的教育中应当格外强调这个问题。此外,在对工程师、农学家、各类技工、管理人员的教育中融入环境教育已经成为迫切的需要。

应当认识到,学校在此方面的影响会超出学校的范围,扩及全社会。

三、教育与可持续发展

1987 年,联合国环境与发展委员会在长篇调查报告中,将可持续发展定义为:既满足当代人的需要,又不对后代满足其自身需要的能力构成危害的发展。可持续发展是对以往社会发展道路的反思和传统发展理论的扬弃和深化。它不仅指生态和资源的持续,也不仅限于经济发展或社会发展,而是指以人为中心的经济—社会—自然复合系统的发展。即人类在不突破资源和环境承受能力的条件下,促进经济和社会的全面发展,提高生活质量,保障当代与后代人的不断发展。其目标在于达到人与社会、人与自然的和谐,满足今后整个人类的基本需要和全面发展。

我国已于 1994 年通过了《中国 21 世纪议程》。走可持续发展之路,是中国在新世纪发展的需要和必然选择。

1.教育与可持续发展的关系。

第一,教育与可持续发展技术的开发之间的关系。可持续发展的一个关键要素是科学技术,比如,大气层的保护、荒漠化的防治、防灾减灾、绿色产品的生产、资源的可持续利用和水资源的保护等,都需要有科学技术的支持,而科学技术的进步又是与教育的发展联系在一起的。

第二,教育与人口控制之间的关系。如前所述,教育与人口控制之间有着密切的关系。为了谋求可持续发展,必须努力控制人口数量,提高人口素质和改善人口结构,以减缓由于人口增长给有限的能源和资源带来的压力。教育与人口出生率之间的关系已为人们所公认。在发展中国家中,教育的间接效益之一往往就是人口出生率的下降。

第三,教育对于培养人们可持续发展观念也有重要的作用。在《中国 21 世纪议程》中提到,要加强对受教育者的可持续发展思想的教育,在小学自然课程、中学地理课程中纳入资源、生态、环境和可持续发展的内容,在高等院校普遍开设发展与环境课程,将可持续发展思想贯穿于从初等到高等的整个教育过程中。通过这种措施,可以在一定程度上提高公民的可持续发展意识,增强危机感,崇尚节俭,抵制只顾眼前利益、局部利益和铺张浪费的倾向。从而使个人和团体理解人类活动与生态环境的相互依存的关系,获得相关的知识、态度和面向未来的生态伦理观。

第四,教育与团体及公众参与可持续发展之间的关系。实现可持续发展目标,必须依靠公众及社会团体的支持和参与。公众、团体和组织的参与方式和参与程度,将决定可持续发展目标实现的进程。团体及公众既需要参与有关环境与发展的决策过程,特别是参与那些可能影响到他们生活和工作的社区决策,也需要参与对决策执行的监督。在这些方面,教育的作用,类似于教育在政治发展尤其是政治民主化过程中的作用。而且,教育有助于提高妇女和少数民族的参与能力,从而对可持续发展做出贡献。

2.教育的可持续发展。教育的可持续发展是在社会观念转变的背景下提出来的。教育的可持续发展从教育作为社会整体一部分的观点出发,认为教育可以对社会的可持续发展做出贡献。就教育自身来说,可持续发展包括两方面的含义。一是教育的规模、布局、比例、结构要合理。规模要注重效益,强调经济效益与社会效益的统一,强调数量与质量的统一;经济、人员的投入比例,三级教育的发展比例,师生的比例等,专业结构、学科结构、课程结构等要与社会与人的发展需要相协调。二是教育要强调学生的可持续发展性,用终生教育的理念观照学校教育,注重学生学习动机的激发,学习兴趣的养成,学习方法的掌握,特别是创造性学习品格的培养,包括创新意识、创新能力、创新人格的培养。

思考题

1. 论述教育与现代经济的关系。
2. 怎样认识市场经济条件下学校教育功能？
3. 论述教育与现代政治的关系。
4. 如何促进我国教育民主化？
5. 教育与文化的关系是怎样的？
6. 教育对人口控制有着什么样的作用？
7. 什么是教育的可持续发展？

第五章　教育目的

第一节　教育目的概述

一、教育目的内涵和层次结构

(一)教育目的内涵

1.概念。人类活动的一个基本特征,就是具有意识性和目的性。人类通过自身的意识活动,不仅能够认识自然与社会、认识自己与他人,而且能够凭借所获得的认识,完成活动的任务、设定活动的目的。教育是人类的一项重要社会活动,人类活动的意识性、目的性决定了教育活动的目的性。从其产生来看,是基于人类及其生产和社会生活经验、知识得以延续的需要而进行的一种有目的、有意识的培养人的活动;从其运行过程来看,从教育内容的确定、教育方法的选择到具体培养目标的制定等,无一不是依据教育目的来进行的。可见,教育目的体现了人类活动的特性,教育对人的培养是依据所确定的教育目的来进行的。

教育目的即指教育要达到的预期结果,反映对教育在人的培养规格标准、努力方向和社会倾向性等方面的要求。教育目的既是社会对受教育者的期望,更是国家对学校所培养人才的要求。各级各类学校都应当努力使所有学生都符合国家提出的要求。从内容上看,教育目的既反映特定的意识形态的要求,又反映对所培养人才和一定的经济状态、生产力发展水平对所要培养人才的要求,也反映社会的需要与人的发展需要的统一。

2.教育目的与教育方针。二者既有联系又有所不同。从联系上看,它们在对教育社会性质的规定上具有内在一致性,都会有“为谁(哪个阶段、哪个社会)培养人”的规定性,都是一定社会(国家或地区)各级各类教育在其性质和方向上不得违背的根本指导原则。从区别来看,一方面,教育方针所含的内容比教育目的更多。教育目的一般只包含“为谁培养人”、“培养什么样的人”的问题;而教育方针除此之外,还含有“怎样培养人”的问题和教育事业发展的基本原则。另一方面,教育目的在对人培养的质量规格方面要求较为明确,而教育方针则在“什么样的教育”、“怎样办教育”方面显得更为突出。

在教育实践中,要清楚地认识和把握二者的联系与区别,不能认为二者都是各级各类教育所应遵循的指导原则和依据而将其等同或相互代替,也不能因为二者的区别而在考虑教育性质和方向问题时将其分割开来。

3.意义。教育目的对一切教育工作都具有指导意义。教育制度的制定、教育内容的确定、教育与教学方法的运用,无一不受教育目的的指导与制约。教育目的是教育工作的方向,是一切教育工作的出发点和归宿。教育目的强调培养军人和武士,教育体系就强调基础教育和注重培养民族情感;教育目的强调培育英才,教育体系便会强调高质量教学和鼓励竞争;教育目的强调个性自由发展,教育体系就具有灵活多样和自由活泼的教育形式。教育的价值观决定了教育目的,教育目的决定了教育活动。

(二)教育目的的层次结构

教育目的是各级各类学校必须遵循的总要求,但它不能代替各级各类学校对所培养的人的特殊要求。各级各类学校还有各自的具体培养目标,这就决定了教育目的的层次性。其结构可以图示如下:

学校教育的目的
- 教育目的(国家的或思想家理想中的)
- 培养目标(各级各类学校的)
- 教学目标(课程或教学的)

培养目标由特定的社会领域(如教育工作领域、化学工业生产领域、医疗卫生工作领域等)和特定的社会层次(如普通劳动、熟练技术工作、管理人员、高级行政人员、专家等)的需要所决定;也因受教育对象所处的学校级别(如初等、中等、高等学校)而变化。为了满足各行各业、各个社会层次的人才需求和不同年龄层次受教育者的学习需求,才有各级各类学校的建立。教育目的是对所有受教育者提出的,而培养目标是针对特定的对象提出的。各级各类学校的教育对象有各自不同的特点,制定培养目标时必须研究各自学校学生的特点。

教育目的与培养目标之间是普遍与特殊的关系。我们掌握了制定教育目的的原理,就不难把这些原理用于培养目标的设定上。

与教育目的、培养目标相比,教学目标是更为特殊、具体的指标,教学目标是教育者在教育教学的过程中,在完成某一阶段(如一节课、一个单元或一个学期)工作时,希望受教育者达到的要求或产生的变化。学校培养人的工作是长期、复杂而又细致的工作。学校实现教育目的和培养目标不是一蹴而就的事,对学生的培养要靠日积月累。这就要求学校以及教师将教育目的具体化,明确在某一时段内,教一门学科或组织一项活动时,希望学生在认知、情感、行动和身体诸方面达到的具体目标。

教学目标与教育目的和培养目标之间的关系是具体与抽象的关系。教育目的和培养目标可以理解为教育意志,它们依靠一系列实现教学目标的行动落实。

二、教育目的的功能

教育目的的功能是指教育目的对实际教育活动所具有的作用。教育目的是教育活动的出发点和归宿,其层次的多样性,使它具有多方面的功能。

(一)定向功能

任何社会的教育活动,都是通过教育目的才得以定向的。教育目的及其所具备的层次性,不仅内含对整体教育活动方向的规定和结果的要求,还含有对具体教育活动的规定性。它指示给教育的不仅有“为谁(哪个社会、哪个阶层)培养人”、“培养什么样的人”这样未来的方向,而且包括现实教育中实际问题解决的具体路径。具体体现为:一是对教育的社会性质的定向作用,即对教育"为谁培养人"具有明确的规定。二是对人的培养的定向作用,使教育依循这样的规定,不仅能改变人的自然的盲目的发展性,还能对人不符合教育目的要求的发展给予正确的引导,使其发展与预定方向相一致,符合教育目的的规定,产生社会所需要的新品质。三是对课程选择及其建设的定向作用。教育目的对选择什么样、何种水平的教育内容,对内容如何进行取舍等具有决定作用。四是对教师教学方向的定向作用,除了对培养学生能力和技能方向的教学定向外,还包括对培养思想品德方向的价值定向作用,使教师能够知道所要教的最重要的是什么。正因为教育目的的定向功能,教育活动才有所依循,避免其社会性质和发展方向上的失误。任何社会为满足自身发展需要总是首先确定相应的教育目的,引导教育发展的方向,以便从根本上确保教育的社会性质和人才培养的社会倾向性。

(二)调控功能

一定的教育目的,是一定社会依据自身或人的发展需要对教育活动进行调节、控制的一种重要手段,以便达到使其自身发展的目的。一是通过确定价值的方式来进行调控,主要体现在对教育价值取向的把握上。教育的产生和发展既是社会的需要,同时也会受到社会的制约,社会在利用教育来满足自身或人的发展需要时,无不赋予其特有的价值取向。因此,教育目的带有一定价值观实现的要求,并成为衡量教育价值意义的内在依据,进而调控实际教育活动,使其对"价值不可违背"。二是通过标准的方式进行调控。教育目的总是含有"培养什么样的人"的标准要求,这些标准对实际教育活动的影响是多方面的,是教育活动的"培养什么样的人"的基本依据。它使教育者根据这样的标准调节和控制自身对教育内容或教学方式的选择等。三是通过目标的方式调控。一定的教育目的必然要通过一系列的短期、中期和长期目标去实现。这些目标指出了教育行为的进程,具体调节和控制着各种教育活动。

(三)评价功能

教育目的不仅是教育活动应遵循的根本指导原则,而且也是检查、评价教育活动的重要依据。一种教育目的能否实现也是检查、评价教育活动的重要依据。一种能够实现的教育目的,总是会有多层次的系列目标,这使得它对教育活动不仅具有宏观的衡量标准,而且具有微观的衡量标准。依据这些标准,能够对教育活动的方向和质量等作出判断,评价教育活动的得与失:一是对价值变异情况的判断与评价。教育行为必然具有一定的价值倾向,但社会中个人、群体、社会各层次之间存在的利益、需要、目的等方面的矛盾与冲突,常常导致教育现实与教育价值观之间的冲突。这使得教育活动的进行,总是面临着多种多样的教育价值观和教育目的影响和干扰,这容易导致实践中教育活动的方向模糊不清,甚至被赋予了另外的价值取向。例如,现行倡导的素质教育,有的就已被赋予了片面追求升学率的价值取向。对于这种情况,如果不坚持用所确立的教育价值观的要求进行衡量评价,就不能意识到教育活动价值的变异,也难以使其得到有力的纠正。二是对教育效果的评价。教育目的中的层次目标,不仅指出教育活动的途径,同时也是评价具体教育活动效果达到程度的直接依据。运用这样的标准来评价具体的教育活动过程,可判断出过程的得失、质量的高低、目标达到的程度等。要确保教育目的的实现，就应注意依据教育目的不断分析、评价教育过程发展状况和结果，适时做出恰当判断。只有注意发挥教育目的对教育活动的评价功能，才能更好地从根本上把握教育活动的进行。

教育目的的上述功能，是相互联系、综合体现的。每种功能的作用，都不是单一表现出来的。定向功能是伴随评价功能和调控功能而发挥的，没有评价和调控功能，定向功能难以发挥更大的作用；而调控功能的发挥又需要以定向功能和评价功能为依据；评价功能的发挥也离不开对定向功能的凭借。在现实教育中，应重视和综合发挥教育目的的这些功能。对其合理的把握，在于对教育目的理解的深刻性和全面性。

三、教育目的选择、确立的基本依据

教育作为培养人的人际交往活动，能对社会、对人产生多方面影响，又受到多方面的制约。在中外教育史上，人们曾提出过形形色色的教育目的。有的人认为教育目的来自理念、道德，有的人认为教育目的来自神的启示，有的人认为教育目的源于人的生物本性。他们力图证明，他们提出的教育目的是超越社会现实的，是普遍适用的。然而，不同历史时期、不同社会、不同国家的教育目的都是各不相同的。这表明，教育目的的确立，是要受到某些客观依据的制约的。

教育目的属于意识范畴，它的形式是主观的。但是，人提出教育目的是有其现实的社会根源的，它的内容是客观的。马克思主义经典作家认为，教育目的像人们的头脑中其他的主观意图或目的一样，都有其客观的历史原因。从根本上说，是由生产力和生产关系决定的，是来自客观世界，来自现实社会的。

另外，教育又是发现人的价值、形成人的价值的最重要、最直接的手段，教育的对象就是具体的人。因此，在提出教育的时候还必须考虑的人的因素。马克思主义的理论指导以及社会的进步，使得今天我们对人的认识达到了前所未有的高度。我们应当充分认识到人的完善的发展对于社会发展的意义。

因此，在选择、确立教育目的时，必须清楚地认识和考虑社会依据和人的依据。

（一）社会依据

教育产生于社会需要，与一定社会的现实及其发展有着密切联系，要更好地服务于社会，就必须依据社会现实和发展需要来选择和确立教育目的。

一是要根据社会关系现实及发展的需要。社会关系是建立在物质生产资料生产基础上的各种关系的总和，是社会生产关系、政治关系、经济关系、法律关系、道德关系等各种关系的总称。在社会发展中，社会生产方式的变革，总要带来社会关系结构及其制度的变革，适应社会方式的变革，总要带来社会关系结构及其制度的变革，适应社会发展变革的新的社会关系结构及其制度的建立，无不对教育培养提出相应的要求。这在当今社会显得尤为突出。“人们已经注意到，现代化机构和组织原则、经济制度和管理方法，要真正有效地发挥作用，就决不能容忍为传统人所广泛具有的那些特征。”[①] 如

① 转引自《教育学基础》十二院校编，61～62页，北京，教育科学出版社，2002。

果一个国家的人民缺乏一种能赋予这些制度真实生命力的广泛的现代心理基础，如果执行和运用这些现代制度的人，自己还没有从心理、思想、态度和行为方式上经历一个现代化的转变，失败和畸形发展的悲剧结局是不可避免的。"一言以蔽之，那些先进的制度要获得成功，取得预期的效果，必须依赖运用于它们的人的现代人格、现代品质，无论哪个国家，只有它的人民从心理、态度和行为上，都能与各种形式的经济发展同步前进，相互配合，这个国家的现代化才真正能够得以实现。"可见，培养现代人是现代社会关系结构及其制度发展对教育提出的根本要求，否则，将无益于现代化制度的确立。

二是要根据社会生产和科学技术发展的需要。人不仅是社会的成员（或阶级的成员）——因而要具备一定的世界观、道德等，而且也是社会物质和精神财富的创造者。因而，培养什么样的人，不仅要反映社会关系和政治经济的要求，同时也受到社会生产力和科学技术发展水平及发展需要所制约。特别是在现代社会，生产力的发展及其产业结构的变化中，科学技术的作用日益显著，已经成为制定教育目的不可忽视的重要的直接的因素。当今，新的经济形式和信息化已经成为社会的重要特征，社会生产、管理越来越走向科学化、知识化、信息化和智能化，对劳动者的质量规格提出了前所未有的要求。目前，很多国家都根据这种要求来重新确定教育目的，以培养能够适应21世纪社会发展的人才。

（二）人的依据

教育目的含有对人的素质发展的要求，这种要求不仅要依据社会现实及其发展来确定，也要依据人的身心发展和需要来确定。

第一，从人的身心发展特点来看，它是确定教育目的（以及教育目标和培养目标）不可忽视的重要依据。如果不考虑这一点，就会导致现实的教育活动脱离学生身心发展水平，难以有效地促进学生的发展。人在发展的不同年龄阶段，其身心发展特点和水平有所不同。在把教育目的转化为各级各类教育的培养目标时，必须以此为依据，这样才能使实际教育活动对学生的要求，符合学生身心发展的特点和水平，具有针对性，而不至于过低或过高、过易或过难。心理学的研究表明，人的身心发展具有阶段性和顺序性、稳定性和可变性、不平衡性和差异性等特点。这是确定各级各类教育目的时，应予以很好把握的基本前提。依据这些特点，才能将各级各类教育目的从低到高整合为一个循序渐进的、相互联系、相互衔接的有机序列，为不同教育阶段开展教育活动提供合适的指导。这样的目标才具有实际可行性，也能对学生身心发展起到强有力的推动作用。

第二，从人的发展需要来说，人的发展需要是教育目的选择和确立不可忽视的重要因素。人的发展，具有各方面的需要，包括物质的和精神的、现实的和未来的、生存的和发展的等等。这些需要不只是产生于"自我生长"过程，也与个人在"生长"过程中对社会发展变化要求的意识密切相关。人对社会发展变化要求的认识，会使社会要求转化为自我发展的需要，使其围绕社会要求来设计和建构自我发展的素质。这种需要的满足常常包括对教育的要求，这是选择和确立教育目的时必须予以考虑的。如果不考虑人的发展需要，就不能唤起受教育者在教育活动中的主动性和自觉性，就不能很好地培养造就具有积极主动精神和富有创造性的社会主体。事实上,任何社会的教育目的、对人所应具备的素质的要求、所预期形成的素质结构,不仅体现着社会规定性,而且总是不同程度地体现对人的生理、心理、智慧才能、人格品行及生活能力、技能等方面理想化发展的追求。人是社会的主体,正视人的主体性需求,满足人的主体性需要的教育目的,才更加有利于人的价值的提升和人的本质力量的增强,才能对培养人的实际教育赋予根本的宗旨。

从教育价值的层面和技术的层面来看,应当充分重视人的依据对于确定教育目的的重要意义。这并不否认由生产力和生产关系决定的教育目的的客观性,并不是脱离社会来谈人的发展。人的发展所能达到的水平是由社会历史进程决定的。然而,社会的发展是由人来实现的,如果不能将时代的需要转化为具体的、恰当的面向人的教育要求,培养出真正的"现代人",那么无论是教育的社会功能,还是教育培养人的功能,都将是难以实现的。此外,有学者认为,时代(社会)是确定教育目的的客观影响因素,而教育目的确立者的个人因素则是作为一种主观因素存在。这其中包括教育目的确立者的社会政治观、哲学观、教育价值观等。教育目的既是特定时代的产物,同时也是个人选择的产物,是处于一定社会历史条件下的人们对社会发展、对个人身心发展所提出的要求。而教育家的最终着眼点,必将在社会和个人之间。

第二节　教育目的的价值取向

教育目的的价值取向,即对教育目的的价值性进行选择时所具有的倾向性。人们对教育活动的价值选择,历来有不同的见解和主张。教育目的的价值取向问题是教育理论中最为重要的领域。因为价值是教育目的的核心,不同的价值取向在很大程度上规范着教育活动的目的,引导着其考虑和选择的方向。关于教育目的的价值取向问题历史上有着众多的、纷繁复杂的理论。争论最多也最根本问题,是教育活动究竟是注重于个人个性的发展还是注重于社会的需要。由此,在教育史上形成了所谓的个人本位论和社会本位论或人本位的价值取向和社会本位的价值取向。

一、不同价值取向的基本观点

(一)人本位的价值取向

人本位的价值取向,即把人的价值看成高于社会价值,把人作为教育目的根本所在的思想主张。该主张提出教育目的应当从受教育者的本性出发,而不是从社会出发;教育的目的在于把受教育者培养成人,充分发展其个性,增进其个人价值;个人价值高于社会价值,评价教育的价值应当以其对个人的发展所起的作用来衡量。其特点是:重视人的价值、个性的发展及其需要,把人个性的发展及需要的满足视为教育的价值所在;认为教育的根本目的在于使人的本性、本能得到自然发展,使其需要得到满足;主张应根据人的本性发展和自身完成这种"天然的需要"来确定教育目的,按照人的本性和发展的需要来确定教育目的。

人本位的价值取向主要反映在自然主义和人文主义的教育思想之中，其主要代表人物有法国思想家卢梭、瑞士的裴斯泰洛齐、德国的康德、美国的马斯洛、法国的萨特等。

人本位的价值取向把人作为确定教育目的的根本依据，把人的价值看得高于社会价值，但在历史发展的过程中，也有些不同之处。一是在不同的历史时期，各种人本位的价值取向背景和针对性不同。古希腊智者派的人本位价值取向基于人是万物的尺度和对人的个性的崇拜，主张教育应以弘扬人性、发展人的个性为根本目的。而文艺复兴时期的人本位的价值取向，则以人道主义和人性论为基础，反对宗教神学对人的压抑，把摆脱宗教神学的束缚、求得人的解放和个体自我意识的觉醒，培养独立的个人作为教育的根本目的。18～19世纪，自然主义者（以卢梭为代表）的人本位的价值取向，基于变革压抑人的自然本性的各种制度的要求，倡扬"天赋人权"、"天赋民权"的思想，认为个人自由、幸福是人与生俱来的"自然权利"。把培养具有独立人格的尊严的"自然人"、促进人的自然发展作为确定教育目的的根本依据。人文主义以善良意志、理性、自由及人的一切潜在能力和谐发展为宗旨，认为每个人都具有一些自然所赋予的潜在的力量和才能，这些力量和才能都具有渴求发展的倾向。教育的目的就在于全面和谐地发展人的一切天赋力量和才能，使人的各项能力得到均衡的发展，理想教育所要达到的目的就是使儿童善的本性和理性得到发展，以理性克服情欲，实现自己的自由。20世纪以来，人本主义主要针对西方工业化进程中出现的人的异化问题来阐述人的价值取向，重视维护人的生命价值和尊严，倡扬人的主体精神和各种需要的满足，主张教育要以人为本，把培养人的独立自主性、个性的自由发展、满足人的发展的需要等作为教育的根本。二是在对待人与社会的关系上。人本位的价值取向虽都视人的价值高于社会价值，但在其态度上，有对立与非对立、激进与非激进的区分。激进的人本位价值取向的思想家，从人与社会的对立上来强调人本位的主张。卢梭是其中典型的代表。他在阐述"自然教育"思想的代表作《爱弥尔》中认为，出自造物主之手的东西都是好的，而一到人的手里就变坏了，人是被腐败的社会弄得堕落了。因为现存的一切制度、习俗都违背了自然秩序，压抑了人的自然本性和个性。他反对通过教育把儿童训练成违背儿童自然生长秩序的"公民"（社会人），认为应把培养"自然人"作为教育目的。他认为，人各种自然禀赋决定了人应健全发展。如果按照一定社会需求来规定教育目的，就会使教育成为一种强迫的、外在的过程，进而抹煞它的本性。可见，这种人本位的价值取向具有明显的否定社会的倾向，是与现代文明相对立的。非激进的人本位价值取向的思想家则不是从人与社会的对立的角度来强调人本位的主张，他们不否认人的社会性，不否认人的发展是有其社会需要的。如裴斯泰洛齐一方面主张发展人的天赋力量和能力，使人得到和谐发展，另一方面他也注意到人的各种能力的发展是"人类的普遍需要"，即社会的需要。他认为教育的目的是发展个人天赋的内在力量，使其经过锻炼，能各尽其才，在社会上达到应有的地位。另外，发展人的内在力量，应当利用社会与人生相结合的教育方法，使其得到人的品德、家庭幸福、工作能力，直到实现社会上的需要。可见，这种人本位的价值取向,不是把教育的个体目的与社会目的完全对立,只是认为个人价值高于社会价值,社会价值及社会的完善需通过个人价值及其发展的完善才能实现。

人本位的价值取向把人视为教育目的的根本,它在历史发展中的每一变化,都具有不同程度的变革性,或是面对社会,或是面对教育自身。在人类历史的进程中不乏进步意义,特别是在文艺复兴以后,它宣扬解放人的个性,对于打破宗教神学和封建专制制度对人的思想和人身的禁锢与束缚,促进人的解放,使教育回归人间,起了重大的历史作用。在人的自由和个性解放、提升人的价值和地位等方面具有深远的历史意义,其积极作用绵延至今。但是也应当看到人本位的价值取向的不足之处。在变革社会和教育的探讨过程中,不免带有历史唯心主义色彩和过激的观念意识。激进的对立的人本位思想脱离社会来思考人的发展,在提出教育目的的时候,无视个人发展的社会需要,甚至把个人发展的需要与社会发展的需求对立起来,把教育的个人目的和社会目的看成是不可调和的。这种倾向在现实中极易导致个性、自由和个人主义的绝对化。

专栏 5-1

自由意义上的受过教育的人在说和写方面思路明晰。他对语言具有感受力,重视表达的清晰性和直接性,除了母语外还懂得其他语言。他在有关世界的量、度、数的方面应付自如。他思考问题有理智、有逻辑、有客观性,他还了解了事实和意见之间的区别。一旦需要,他的思想不仅有逻辑,而且富有想像力和创造性。他具有对形式的敏感性与理解力,易于感受美。他的思想是灵活的和善于适应的,是新颖的和独立的。他对于自然界和人的世界有广泛的了解,对于他也是其中一分子的文化有深刻的了解,但是他永远不仅仅是"消息灵通"而已。他能借助于判断力和鉴别力来运用他所掌握的知识。他把自己的事业或专业、自己的家庭生活和副业看做是一个更大的整体的组成部分。无论是做一个事业上的或者私人问题上的决定,他总是表现得成熟、稳重和有洞察力,从根本上说,他对这一问题的决定完全取决于他对其他人、其他问题、其他的时间和地点的了解。他有经得起验证的信念,因为他尊重真诚,不害怕不同的观念。他的个人格调极高,对任何够不上高标准的事物都不会满足。但是,为他的社会和上帝效劳,决不只是为了个人的满足,而且是为了他的崇高的目的。总之,自由意义上受过教育的人决不止一种类型,他永远是一个独特的人,同其他同样受过教育的人比较起来,他们虽然具备我们提到的共性,但是他还具有极鲜明的个性。

[资料来源][美]伍得林著:《自由教育作为基本目的——对于美国教育目的的讨论》,瞿葆奎:《教育学文集·教育目的》,607页,北京,人民教育出版社,1989。

(二)社会本位的价值取向

社会本位的价值取向,与上述人本位的价值取向相反,把满足社会需要视为教育的根本价值。这种观点认为,社会是人赖以生存发展的基础,社会价值高于个人价值;教育是培养人的社会活动,个人只是教育加工的原料,他的发展必须服从社会需要;教育的目的在于把受教育者培养成合格的公民,使受教育者社会化,保证社会生活的稳定与延续。因此主张，教育目的不应以人的本位出发，而应从社会需要出发，根据社会需要来确定；评价教育的价值只能以其对社会的效益来衡量。这种观点有着悠久的历史，但其理论的鼎盛时期是在19世纪到20世纪初，其主要代表人物有德国的纳托普（1854～1924）、凯兴斯泰纳、法国的孔德（1798～1857）和涂尔干（1858～1917）等。

社会本位的价值取向虽是19～20世纪初一些社会学家的共同特点，但如同人本位的价值取向一样，其出发点也有所不同，有的是基于人的社会化、适应社会要求来主张社会本位的价值取向。他们认为，教育要造就社会化的人，就应按照社会需要来培养人。如涂尔干把塑造"社会的我"当作教育目的。有的是基于社会（国家或民族）稳定或延续的重要性来主张社会本位的价值取向。在他们看来，注重人本性发展的教育，难以形成社会意识，容易导致人的社会观念淡化，甚至使人的本性疏离社会，使人的自由行为与社会冲突，从而不利于社会稳定和发展。因此，要使社会（国家或民族）得以稳定、延续以及利益得以实现与维护，教育目的必须以社会为本。德国教育家凯兴斯泰纳批评学校过于培养学生的个人利益和个人主义，使学生的发展不带有社会的性质。他主张，教育的目的、国家教育制度的目标都是造就有用的国家公民。纳托普则认为，在教育目的的决定方面，个人不具有任何价值，个人只是教育的原料，因而不可能成为教育目的。

社会本位的价值取向重视教育的社会价值，强调教育目的从社会出发，满足社会的需要，具有一定的合理性。事实上，人的存在和发展是无法脱离一定社会的，离开社会，人也就无法获得其发展的社会条件。人获得发展的社会条件客观上是需要每个人通过遵守并维护社会的要求来实现的。从这一意义说，社会本位的价值取向具有不可否认的意义。但是它又过分强调人对社会的依赖，把教育的社会目的绝对化，甚至认为"个人不可能成为教育的目的"，或者认为只有"人类"，而没有个人，如纳托普说："在事实上个人是存在的，因为人之所以为人，因为他生活于人群之中，并且参加着社会生活。"这种极端的主张，完全割裂了人与社会的关系，极易导致教育对人的培养只见社会不见个人，单纯把人当做社会工具，而不是把人作为社会主体来培养，造成对人本性发展的严重束缚和压抑。

（三）试图调和二者分歧的观点

美国教育家杜威则试图调和个人本位的价值取向和社会本位的价值取向的分歧，做到个人与社会两者的兼顾，他认为教育过程有两个方面，一方面是心理学的，一方面是社会学的，主张要将个人特性与社会目的和价值协调起来。一方面，杜威倡导儿童中心主义，主张培养个性，他反对脱离儿童的需要、兴趣、经验而强加外在的教育目的，认为这是对教育过程的外部强制。另一方面，杜威又主张所谓的社会中心，强调应把教育的社会方面放在第一位，尤其是强调教育应成为民主观念的仆人。

杜威的主张有不少积极因素，如重视儿童的活动在教育与发展中的作用。强调学校与社会生活的联系等。但是，他的两大主张：教育是一无外在目的的生长过程与教育应当成为实现民主主义的工具本身即是一种矛盾，因而，杜威并未成功地解决这一问题。

人与社会的关系问题是确定教育目的时不可回避的问题。人本位的价值取向与社会本位的价值取向的理论都给我们以一定的启示。这是因为,两种主张都有其合理的一面,有助于我们理解人和社会在教育目的中的重要性和不可忽视性。

但两者各有严重的片面性,所以我们不能以其各自的理论主张来简单代替教育目的的选择。就一个社会(国家或民族)整体教育目的而言,在其价值取向上要把满足人的需要和社会需要结合起来,把重视人的价值和重视社会价值结合起来,把人和社会发展的互依性、互动性、互利性作为社会整体教育目的和根本价值取向,既有利于避免社会的教育对个人的压抑,也有利于避免教育对人的培养脱离社会实际与发展的需要。同时,就价值实现的着眼点而言,最终是落在人的发展上。因为,教育无论是满足社会需要还是满足人的需要,都是要通过人的发展来实现的。人的发展是教育的直接目的,是教育的社会价值和人的价值实现的着眼点。在人的发展中,既要体现社会的发展需要,也要体现人的发展的需要。

二、在确立价值取向中应注意的问题

(一)社会价值取向确立应注意的问题

历史表明,社会价值取向的片面性或狭隘性,不仅直接影响教育多方面功能的发挥,而且会助长社会发展的失衡。从现代社会发展来看,教育目的的社会价值取向都比较注重全面性与综合性。单纯的社会政治价值的取向或单纯的狭隘民族主义的价值取向等,都难以符合当代社会发展的需要。

1.以可持续发展的理念为指导。可持续发展这一理念最早源于人对自然资源和生态环境发展及其保护的认识。可持续发展由于自身对传统发展理论的超越和创新,展示了一种新的发展意义和价值观念。它强调人与自然和社会的和谐,核心是人的发展,而教育作为培养人的社会活动,对此负有重要的使命。因此,选择确立教育目的必须要依据和体现可持续发展的思想和要求,把人——社会——自然的和谐发展作为教育目的选择确立的根本价值取向。

2.功利价值与人文价值的问题。教育的功利性,即它自身活动所产生的社会物质生产、经济发展及物质利益满足方面的功用性和效益,这方面的意义体现教育在社会中的功利性价值。教育的人文性,即它自身活动对社会精神生活、文化发展、价值建构等方面所产生的作用和效果,这方面的意义体现教育在社会中的人文价值。如何看待二者,如何处理二者的关系,这是选择、确立教育目的不可回避的重要问题。因为教育作为培养人的社会活动,必然要反映和满足社会的要求,这种要求不仅是社会物质和经济发展方面的,还有社会精神文化方面的。从社会的这种内在要求来看,教育目的选择确立要坚持功利和人文价值的有机结合。当代教育目的的社会价值取向,在功利性和人文性的问题上不可忽视教育的人文价值。

3.民族性与世界性问题。当代的改革开放,已把中华民族置于世界发展的潮流中。它的发展,不仅是一个适应全球化、走向现代化的过程,同时也是一个能动创造、开拓进取的民族化过程。这一趋势使民族性和世界性成为教育目的价值取向不可回避的一个重要方面。在发展过程中,既要传递、保持、维护本民族的传统、生活方式、价值观念,同时也要与世界各国进行交往与合作。教育目的的价值取向,要立足民族,面向世界,在民族开放中发展、创造民族精神,使民族更好地走向世界并影响世界。

(二)人的价值取向确立应注意的问题

选择确立教育目的,在对待人的价值取向上,应注意解决好以下问题:

1.人的社会化和个性化问题。社会化和个性化是人自身发展的两个不同方面。中外历史上,对人的社会化价值和人的个性化价值存在着不同的认识。社会化因其所具有的个体对社会规范的遵从性,常常导致有人将其看成是对人个性化的束缚和压抑,从而轻视甚至否定社会化的意义。个性化因其所具有个体的独立性、自由性,常常导致有人将其看成是妨碍社会凝聚和一致的根源,甚至把它当做社会一致的对立物。人的发展与完善,在于社会化和个性化二者的和谐与统一。没有人的社会化及其发展,个体将难以适应社会、参与社会、自主创造于社会,从而使各个不同的个体在社会中失去共有的基础和赖以相互交往的基本规范。而没有人的个性化及其发展,个体的观念和行为就会千人一面,其自身的才智及其潜能难以充分自由地发挥。而且,对个性的束缚和压抑,不仅会造成个性自主自立和创造性的萎缩,还会在活动源泉上,影响到社会文化的进步,使社会发展的内在生机和活力匮乏。单纯强调社会化或是个性化都是不可取的。

2.科技素质与人文素质问题。科技素质指与人认识、作用于自然,与人从事物质生产生活密切相关的科学技术方面的素养、品质及能力发展的水平,通常体现为科学文化知识、技能掌握及运用的能力,与此相关的思维品质、探索创新的意识、崇尚科学理性的精神等。人文素质指与人认识、解决人类生存意义和价值问题、与人从事社会价值建构活动密切相关的人类文化、价值方面的素养、品质及能力发展水平,通常体现为在对人类生存意义和价值关切中所形成的价值理性、道德情操、精神境界及其能力等。从历史的发展来看,近代以前的教育基本上以人文素质培养作为主要的价值取向。近代以来,科技素质在教育目的价值取向上日益突出,近代教育目的的科技素质与人文素质价值取向失衡。人文教育中缺少对科技素质的培养,科学技术教育中缺少对人文素养的观照,不仅造成了当代社会人的素质的明显缺失,而且也无益于帮助社会解决“人文精神失落”的问题。在教育目的价值的选择、确立上,应当摆脱科学主义和人文主义的片面性,充分认识和理解科学精神与人文精神的统一性,在教育过程中使科学精神与人文精神和谐与统一。

第三节　我国的教育目的

一、我国的教育目的及其精神实质

(一)表述的变更

建国以来,我国教育进入了新的历史阶段。其间,我国教育的表述经过多次变更。1957 年,在生产资料所有制的社会主义改造基本完成后,开始了以发展生产力、发展经济为重点的大规模建设时期。根据这一时期的政治、经济、文化等方面的新要求，毛泽东在国务会议上指出："我们的教育方针，应该使受教育者的德育、智育、体育几方面都得到发展，成为有社会主义觉悟的有文化的劳动者。"它在当时对我国教育事业的发展和人才培养起了非常有力的指导作用，对以后教育目的的影响也很大。

1978年，我国的教育目的在人大会议上通过的宪法中被表述为："我国的教育方针是教育必须为无产阶级政治服务，教育必须同生产劳动相结合，使受教育者在德育、智育、体育几方面都得到发展，成为有社会主义觉悟的有文化的劳动者。"

1981年《关于建国以来党的若干历史问题的决议》对教育目的有新的表述："坚持德智体全面发展、又红又专、知识分子和工人农民相结合、脑力劳动和体力劳动相结合的教育方针。"

1982年，第五届全国人民代表大会第五次会议通过了《中华人民共和国宪法》，《宪法》中规定："国家培养青年、少年、儿童在品德、智力、体质等方面全面发展。"

1985年，《中共中央关于教育体制改革的决定》提出："教育要为我国的经济和社会发展培养各级各类合格人才，所有这些人才，都应该有理想、有道德、有文化、有纪律，热爱社会主义祖国和社会主义事业，具有为国家富强和人民富裕而艰苦奋斗的奉献精神，都应该不断追求新知，具有实事求是、独立思考、勇于创造的科学精神。"

1986年《中华人民共和国义务教育法》规定："义务教育必须贯彻国家的教育方针，努力提高教育质量，使儿童、少年在品德、智力、体质等方面全面发展，为提高全民族者的素质，培养有理想、有道德、有文化、有纪律的社会主义的建设人才奠定基础。"在这里，首次把提高全民族素质纳入教育目的。

1990年《中共中央关于制定国民经济和社会发展十年规划和"八五"计划的建议》把教育方针和教育目的明确表述为："教育必须为社会主义现代化建设服务，必须与生产劳动相结合，培养德、智、体全面发展的建设者和接班人。"

1993年《中国教育改革和发展纲要》提出"教育改革和发展的根本目的是提高民族素质，多出人才，出好人才，各级各类学校要认真贯彻'教育为社会主义现代化的建设服务，必须与生产劳动相结合，培养德、智、体等全面发展的建设者和接班人'的方针，努力使教育质量在90年代上一个新台阶"。

1995年《中华人民共和国教育法》规定："教育必须为社会主义现代化的建设服务，必须与生产劳动相结合，培养德、智、体等全面发展的社会主义事业的建设者和接班人。"

1999年6月的《中共中央国务院关于深化教育改革全面推进素质教育的决定》把教育目的表述为："以培养学生的创新能力为重点，造就有理想、有道德、有文化、有纪律的德、智、体等方面全面发展的社会主义建设者和接班人。"

2001年6月的《国务院关于基础教育改革与发展的决定》明确提出："要高举邓小平理论伟大旗帜，以邓小平同志'教育要面向现代化，面向世界，面向未来'和江泽民同志'三个代表'的重要思想为指导，坚持教育必须为社会主义现代化建设服务，为人民服务，必须与生产劳动和社会实践相结合，培养德智体美劳全面发展的社会主义事业建设者和接班人。”

(二)教育目的的精神实质

可以看出,历次的有关教育目的的表述,虽然在字面上有所变化,具体内容不完全一样,但其中有些基本精神是一致的。我们要求培养的是社会主义现代化建设事业的建设者和接班人,坚持教育对象的政治思想素质、道德品质素质与文化知识能力的统一,教育目的要求培养在道德、才智、体质等方面的全面发展的人才,要求在脑力与体力两方面的协调发展。80年代之后的表述则突出了对受教育者的独立人格、开拓精神和创造才能的要求,反映了当代中国社会主义现代化事业对新生一代的新期望。

1.社会主义是我国教育性质的根本所在。我国教育目的所反映出来的这一基本精神,明确了我国教育的社会主义方向。教育作为一种培养人的社会活动,既根源于社会需要也受社会制约。教育无不带有各个时代社会的特点和要求,无不体现一定的社会性质。建国以来,我国的教育目的也体现了这一特点。但它不同于历史上任何社会的教育目的,是为社会主义巩固和发展服务的,维护社会主义利益,为社会主义服务,一直是我国教育目的的根本所在。建国以来,无论我国社会怎样发展变化,也无论我国发展的各个时期工作重点有什么不同,我国教育目的所确定的社会主义性质始终都没有变。正是由于我国教育目的所确定的社会主义性质的规定性,才在根本上保证了我国教育发展的社会主义方向,指引着教育为社会主义事业的全面发展培养各方面的人才。

2.使受教育者德、智、体、美等方面全面发展。我国教育目的反映出来的这一基本精神,明确了我国人才培养的素质要求。一是明确了人才应有的基本素质,即德、智、体、美等方面,将其作为人才所应有的基本素质,这几方面相互联系、相互作用,是人的生存和发展,以及在现代化建设中不可缺少的基本素质。二是明确了使受教育者全面发展。即在注重基本素质(德、智、体、美等方面)形成发展的同时,也要促进其他素质的形成和发展,而不应仅仅局限在德、智、体、美四方面。这是促进人的个性丰富发展所必需的,有利于个人在物质生活领域和精神生活领域发挥、展现创造性才能,更好实现自己的理想和价值,使人的生存发展充满内在活力。

3.注重提高全民族素质。我国教育目的不仅包含对人的全面发展的要求,还含有对整个民族素质全面提高的要求。提高全民素质,是我国当今社会发展赋予教育的根本宗旨,也是我国当代教育的重要使命。这是因为:一方面,科学技术发展对综合国力、社会经济结构和人民生活的巨大影响,使得科学技术成为经济发展、社会进步的关键,要加速科技进步并用科技进步来推动经济、社会发展,取决于整个民族素质和能力的提高。只有这样才能使我们整个民族有能力加速科技进步,有能力将科技成果创造性地运用于经济建设和社会文明发展。另一方面,实现社会的现代化不仅仅是经济的巨大发展,同时也包括思想、道德、文化、观念等在内的社会的全面进步。否则这个社会的发展不仅是片面的,而且经济本身也将受到各种因素的严重制约,难以获得持久的健康发展。而要促进包括思想、道德、文化、观念在内的社会的全面进步,更需要整个民族素质的全面提高。因此,提高全民族素质,促进经济建设和社会发展,是我国教育目的精神实质的又一个重要方向。

4.为经济建设和社会全面发展培养各级各类人才。这一教育目的反映了我国教育的基本使命,一个国家经济建设和社会的全面发展进步,需要有各级各类人才与之相适应。培养能够坚持社会主义方向的各级各类人才,是我国自改革开放以来教育目的所体现的基本要求。

二、我国教育目的的理论基础

马克思主义关于人的全面发展的学说是我国教育目的的理论基础。

(一)马克思主义关于人的全面发展学说的基本思想

马克思主义关于人的全面发展学说是马克思、恩格斯在政治经济学的研究中考察社会物质生产与人的全面发展关系时所提出的关于人的发展问题的基本原理,是马克思主义教育思想的重要组成部分。其基本思想是:人的发展是与社会生产发展相一致的。旧式劳动分工造成人的片面发展,大工业机器生产要求人的全面发展,并为人的全面发展提供了物质基础;实现人的全面发展的根本途径是教育同生产劳动相结合。

人的全面发展具有丰富的内涵:

1.指人的物质生产、生活本身的劳动能力的全面发展。“个人生产力的全面的、普遍的发展”,“是各方面都有能力的人,即通晓整个生产系统的人”,“全面发展个人……也就是能够适应极其不同的劳动需求并且在交替变换的职能中……使自己先天的和后天的各种能力得到自由发展的个人”。这种劳动能力的全面发展,既表现为人的体力和智力的全面发展,又表现为人的才能和志趣的全面发展。

2.指人的才能的全面发展。正如马克思、恩格斯说的“每一个人都无可争辩地有权全面发展自己的才能”,“任何人的职责、使命、任务就是全面地发展自己的一切能力”。

3.指人自身的全面发展。它意味着“人以一种全面的方式,也就是说,作为一个完整的人,占有自己的全面的本质”,“均匀地发展全部的特性”。

4.指人的自由发展。包括“全部才能的自由发展”,“各种能力得到自由发展”,“个人独创的和自由的发展”,“个人的比较高度的发展”等等。

(二)马克思主义全面发展学说对我国教育目的确定的意义

马克思主义关于人的全面发展学说确立了科学的人的发展观,指出了人的全面发展的历史必然,对我国的教育目的的确定具有重要的理论指导意义。

第一,为我们科学地认识人的全面发展提出了新的方法论指导。关于人的全面发展问题,在马克思主义产生以前,亚里斯多德、夸美纽斯、卢梭、裴斯泰洛齐等都曾提出过应使人的体力、智力和道德等各方面和谐发展的问题。但是他们的论述都是脱离社会生产和生活的,只是从“神的意志”或“人的本性”出发来说明和解释人的发展。到了19世纪,空想社会主义者欧文等人也提出要培养“全面发展的人”,但没有从根本上说清人的发展与社会物质生产、生活条件的关系。马克思主义为考察和说明人的发展提供了新的科学的方法论。它要求在规定人的发展的时候,不能脱离具体的历史条件。人的发展“既和他们生产什么相一致,又和他们怎样生产相一致”,“个人是什么样的,这取决于他们进行生产的物质条件”。用这种科学的人的发展观作指导,有助于我们深刻理解人的发展的社会必要性和社会制约性，在确立和实现教育目的时把人的发展与社会的发展很好地结合起来。

第二，马克思主义指出的人的全面发展的历史必然性，为社会主义人才培养指明了方向。马克思主义全面发展学说从社会生产的发展，特别是社会大工业生产发展对人的影响中，看到了"承认劳动的变换，从而承认工人尽可能多方面的发展是社会生产的普遍规律"。揭示了人的全面发展的历史必然性，有助于我国社会主义教育在人才培养中坚持全面发展的方向，丰富人的素质，更好地推动我国的现代化建设。

三、我国全面发展教育的基本构成

全面发展教育是对含有各方面素质培养功能的整体教育的一种概括，是为使受教育者多方面得到发展而实施的多种素质培养的教育活动的总称，由体育、智育、德育、美育等几个既相互联系又各具特点的教育所组成。

体育是向学生传授身体运动及其保健知识，发展他们身体素质并培养他们意志力的教育。

体育的基本任务包括：指导学生身体锻炼，促进身体的正常发育和技能发展，增强学生体质，提高其健康水平；使学生掌握身体运动及锻炼的科学知识和基本技能，增强身体运动能力；使学生掌握身心卫生保健知识，养成良好的身心卫生保健习惯；发展学生的良好品德，养成学生的文明习惯，培养学生的顽强意志力。

智育是向学生传授系统的科学知识和技能，培养和发展学生的智力才能和相关的非智力因素的教育。

智育的基本任务包括：向学生系统传授科学文化基础知识，为学生各方面发展奠定良好的知识基础；使学生掌握相应的技能、技巧，并发展其思维能力、想像能力和创造能力；养成学生良好的学习习惯和自学能力；同时要注意培养学生良好的学习兴趣、情感、意志和积极的个性品质等非智力因素，为学生各方面发展奠定良好的知识基础。

德育是培养学生正确的人生观、世界观、价值观，培养学生具有良好的道德品质和正确的政治观念，培养学生形成正确的思想方法的教育。

德育的基本任务包括：培养学生良好的道德品质，使学生成为具有良好的社会公德、文明行为习惯的遵纪守法的好公民；培养学生正确的政治方向，使学生形成正确的政治信念，具有为国家富强和人民富裕而努力奋斗的献身精神；培养学生正确的世界观、人生观，使他们形成科学辩证的思想方法，正确认识世界和人生，在社会生活中追求新知，解放思想，实事求是，勇于创新；培养学生良好、健康的心理品质，使学生能正确认识自己，养成良好的思想品德的认知、信念和行为习惯。

美育是培养学生健康、正确的审美观，发展他们感受美、鉴赏美和创造美的能力，培养他们的高尚情操和文明素质的教育。

美育的基本任务是：培养学生正确的审美观点，使他具有感受美、理解美以及鉴赏美的知识和能力；培养学生艺术活动的技能，发展他们体现美和创造美的能力；培养学生美好心灵和行为，使他们在生活中体现内在美与外在美的统一。美育并不等于艺术教育,也不仅是“美学”的学习,它的内容要比艺术教育与“美学”学习宽得多,是自然美、艺术美、社会美和行为美的教育。

人的全面发展已成为当代世界各国教育普遍重视并努力实现的目标。我们必须从日益知识化、科学化、智能化、审美化的社会生产和生活中看到人的全面发展是何等的重要。缺乏全面发展的观念,忽视全面发展,是不能培养和造就出适应现代和未来社会发展需要的人才的。几育之间既是相互独立又是相互联系的,在教育实践中,应坚持使学生在德、智、体、美诸方面都得到发展,防止和克服重此轻彼、顾此失彼,坚持全面发展的教育质量观。在实际的教育教学过程中几育是融为一体的,一名优秀的教育工作者必然善于将多方面的教育任务和促进学生各方面的发展有机地结合在一起,有所侧重,又有所兼顾。

思考题

1. 历史上关于教育目的的价值取向有哪些观点?
2. 在确立价值取向中应注意的问题有哪些?
3. 如何理解当代我国全面发展的教育目的?

第六章　课程(上)

课程集中、具体地体现了教育的要求。它体现学校培养人才的蓝图,是教师教和学生学的主要依据,是学生全面发展的必由之路,也是评估教学质量的主要依据。因而,课程问题在任何一个教育体系中,总是居于中心地位。从教育过程看,课程论关注的是"教什么、学什么","何时教、何时学"的问题,而教学论关注的是"怎样教、怎样学"的问题,或者说,课程论侧重研究提供哪些教学内容,怎样有效地组织这些内容,教学论侧重的是研究如何有效地教学这些内容。

本书对课程问题的阐述分为上下两篇,上篇是课程的基本理论,下篇是我国基础教育课程改革的概况。课程的基本理论主要包括课程的概念、课程研究的历史演进、课程的主要理论流派,以及课程编制的原理,包括课程设计、课程实施和课程评价等。通过本章的学习,对这些课程的基本理论会有一个概括性的认识,从而有助于我们树立正确的课程观,认识课程发展、变化的规律,提高观察和处理课程问题的能力,成为我国课程建设和课程改革的有用之才。

第一节　课程概论

一、课程的概念

在我国,"课程"一词始见于唐宋年间。唐朝孔颖达在《五经正义》里为《诗经·小雅·巧言》中"奕奕寝庙,君子作之"一句注疏:"维护课程,必君子监之,乃依法制。"这个词的含义与我们现在通常所说的课程的意思相去甚远。宋代朱熹在《宋子全书·论学》中多次使用课程一词,如"宽着期限,紧着课程","小立课程,大作工夫"等。这里的课程意思指的是功课及其进程,与我们现在许多人对课程的理解基本相似。

在英语国家,课程(curriculum)一词最早出现在英国教育家斯宾塞(H. Spencer)《什么知识最有价值?》(What knowledge is of most worth, 1859)一文中。它是从拉丁语"currere"一词派生出来的,意为"跑道"(race - course)。根据这个词源,课程指的是"学习的进程"(course of study),简称学程。这一解释在各种英文字典中很是盛行。据此,最常见的课程定义是"学习的进程"。课程既可以指一门学程,又可以指学校提供的所有学程。

然而在当代,以上对课程概念的界定受到越来越多的质疑,目前的课程概念已经出现了多样化的态势。由于课程本身的复杂性,还由于研究者的出发点和研究的角度不同,各类教育著作对课程的界定也是见仁见智,很难达成共识。若把各种课程概念加以归类,大致可分为以下六种类型:

1.课程即教学科目。这种定义方式历史最悠久、影响也最大。我国古代的“六艺”、欧洲中世纪“七艺”及现代学校课程体系的建立均源自这一观点。目前我国的《辞海》、《中国大百科全书》以及众多教育学教材均采用这一定义。

2.课程即有计划的教学活动。例如,我国有学者认为:“课程是指一定学科有目的的、有计划的教学进程。这个进程有量、质方面的要求,它也泛指各级各类学校某级学生所应学习的学科总和及其进程和安排。”这种观点把所有有计划的教学活动如教学的范围、序列和进程,甚至教学方法和教学设计都涵盖在内,考虑得比较周全。

3.课程即预期的学习结果。例如,在西方课程理论中盛行的课程行为目标认为,课程应事先制定一套有结构、有序列的学习目标,所有教学活动都是为达到这些目标服务的。

4.课程即学习经验。这种观点把课程的重点从教材转向个人。在他们看来,每个学生都是独特的学习者,他们从同一活动中获得的经验各不一样。学生的学习取决于他自己做了些什么,而不是要他们再现某些事实。所以,惟有学习经验,才是学生实际认识到的或学习到的课程。

5.课程即社会文化的再生产。这种观点把课程的重点从教材、学生转向社会,目的在于使学生顺应现存的社会结构。他们认为,任何社会文化中的课程,实际上都是(而且也应该是)这种社会文化的反映。这种定义所依据的基本假设是:个体是社会的产物,教育就是要使个体社会化,课程应该反映各种社会需要,以便使学生能够适应社会。

6.课程即社会改造。一些激进的教育家认为,课程不是要使学生适应社会或顺从社会文化,而是要帮助学生摆脱现存社会制度的束缚。课程的重点应该放在当代社会的问题、社会的主要弊端、学生关心的社会现象等方面,要让学生通过社会参与形成从事社会规划和社会行动的能力。学校的课程应该帮助学生摆脱对外部强加给他们的世界观的盲目依从,使学生具有批判的意识。

以上对课程概念的各种定义,从不同的角度或多或少都涉及到课程的某些本质,都有某些合理性,但同时也都存在明显的缺陷。对教育工作者来说,重要的不是选择这种或那种课程定义,而是要意识到各种课程定义所要解决的问题以及随之而来的新问题,拓展对课程的理解,以便根据课程实践的要求,做出明智的决策。

专栏 6-1

课程定义的角度

定义课程有两种主要角度:手段—目的和存在性—个人性。

1.目的—手段。课程目的通常被定义为预期学习结果。预期学习结果可以用目的、目标等来表述,课程以这种方式定义时,其内容的表现形式可以是行为的,即“能够做某事”;可以是表现的,即“具有丰富而不确定的潜力”;可以是实质的,即“知道这或那”。

反之,课程也可以定义为达到目的的手段,因此,有必要仔细阅读课程研究和课程政策文献,因为有些课程内容是达到某种目的的手段,而不是目的本身。

2.存在性—个人性。在这里,课程定义的不同取决于是强调要学的东西还是学生的学习。当课程按存在性来定义时,它指的是课本和教材以及它们的内容,如概念、理论和事实等。这种定义使得教学方法和教学的问题更为突出,因为学生与教学内容之间的相互影响是重要的教学问题。

反之,课程可以指学生的经验,而不是指学生所处教学环境中的东西。强调这种定义就出现了一种"意义"的问题,课程内容变成了教学情境对学生所具有的意义。

这一角度对政策的制订和研究都有影响。根据存在性课程定义,课程内容要按照知识的种类加以确定和排列,反之,当课程以个人的方式定义时,就需要了解学生的经验水平和具体地研究课程对于学生的意义。

［资料来源］　江山野主编译:《简明国际教育百科全书·课程》,65～66页,北京,教育科学出版社,1991。

二、课程研究的历史演进

1.早期的课程研究。无论中国或外国的学校课程都有一个产生、发展的过程。课程作为一个独立的研究领域,是20世纪初的事情,但在此之前,随着课程实践的展开,对课程的研究已经出现了。

我国古籍中很早就有了根据不同的年龄、学业水平安排不同课程内容的记载。例如,《礼记·学记》记载道:"比年入学,中年考校;一年视离经辨志,三年视敬业乐群,五年视博习亲师,七年视论学取友,谓之小成。九年知类通达,强立而不反,谓之大成。"我国古代一些思想家和教育家,如孔子、墨子、孟子和荀子等,都曾对课程问题进行过某些探讨。《史记·孔子世家》记载:"孔子以诗、书、礼、乐教,弟子盖三千焉,身通六艺者,七十有二人。"说明孔子使用的教材即诗、书、礼、乐等"六艺"。

在西方,古希腊的柏拉图(Plato)提出了一套比较完整的课程体系,包括德育、智育、美育、体育几方面的内容。例如,柏拉图在《理想国》中提出,哲学是最高的学问,其基础学科是算术、几何、天文学、音乐等学科,以及体育、文法、修辞学。亚里斯多德(Aristotle)则最早从心理学的角度来分析教育的阶段和课程的设置。他们的这些课程思想,对后来的西方学校课程产生过相当大的影响。

17世纪,捷克教育家夸美纽斯(J. A. Comeniust)主张"把一切知识教给一切人"。"把一个人在人生旅途中所应当具备的一切知识的种子播植到他的身上。"他提出泛智主义课程理论,设置的课程是无所不包的百科全书式的课程,并根据儿童身心发展的阶段来安排课程。他的课程思想曾对西方国家的课程研究产生深远的影响。英国教育家洛克继承培根的思想提出了感觉主义课程理论。他重视实验和观察作业,认为旅行也是必要的教学科目,目标是培养绅士。

赫尔巴特是主知主义课程理论的倡导者,兴趣论是他课程思想的核心内容。他主张培养人的多方面兴趣,并为此提出六种独立的不同兴趣。认为中学课程的设置应同这六种兴趣相适应:经验的兴趣、同情的兴趣、思辨的兴趣、社会的兴趣、审美的兴趣和宗教的兴趣，主张以发展人的“多方面兴趣”为轴心，设置相应的学科。他还主张，课程的安排要使学生从认识最古时期的历史开始学习，应集中地围绕古代人民的历史和文学教给学生越来越复杂的人文知识。赫尔巴特的学生齐勒(J. Ziller)继之提出了关于编制课程的“中心统一法”和编排教材的“文化史阶段论”。

斯宾塞(H. Spencer)1859年发表《什么知识最有价值?》一文，一定意义上也是最早系统阐释了课程问题。他尖锐地批评了英国古典中学设置的脱离生产和生活的课程，论述了各种知识的相对价值或比较价值，认为衡量知识价值的尺度是是否有利于完满的生活，提出设计以科学知识为中心的多学科的中学课程。当时，英、美实科中学都采纳了斯宾塞的课程体系。斯宾塞的这些见解有利于从科学的角度来探讨课程问题，对近代学校课程的改革和科学教育的发展具有深远的影响。

2.20世纪以后的课程研究。早期对课程的研究，还只能说是一些经验总结和课程思想，把课程研究作为教育科学中一个独立的研究领域，对课程进行系统研究并从理论上加以概括，是20世纪以来的事情。

一般认为，美国学者博比特(F. Bobbitt)1918年出版的《课程》(curriculum)一书提出建立课程的基本原理和采取编制课程的科学方法，标志着课程作为专门研究领域的诞生，这也是教育史上第一本课程理论专著，从而为课程理论奠定了基础。

博比特深受20世纪初在美国工业界盛行的“科学管理的原理”的影响，他主张把20世纪初工业科学管理的原则运用于学校课程。在他的课程理论中，学生被视为“原料”，是学校这架“机器”加工的对象。为了使加工过程具有“效率”，就需要有系统的规定。博比特坚信科学管理的原理有助于教育者在课程设计和实施上更精确有效，《课程》一书实际上是这种原理的系统化和理论化。教育是要使学生为成人生活做好准备，因此，首先应该根据对成人活动的研究来确定课程目标。课程内容是达到目标的手段。为了使课程科学化，必须使目标具体化。博比特认为，课程是通过对人类活动的分析而被逐渐发现的东西，所以，课程发现者首先是对人性和人类事务的分析者，即要发现当代人类社会所需要的特定的能力、态度、习惯、鉴赏力和知识的形式，以此作为课程的基础。这种把人类活动分析成具体的、特定的行为单位的方法，即著名的“活动分析法”。

课程发展史上的另一位重要人物查特斯(W. W. Charters)在《课程编制》(Curriculum Construction)一书中指出，课程工作者的首要任务，“是要发现人们必须做些什么，然后向他们展示如何去做”。他主张通过考察学生在学习过程中易出差错的领域，选择有针对性的课程内容，以便纠正这些差错。这是查特斯对活动分析法的另一种理解——错误分析或困难分析。查特斯还提出应该把理想作为课程的一个重要组成部分，“课程应该由理想和活动这两者构成”。不过，查特斯关于理想的阐述，在崇尚实效的美国课程理论中没有产生什么影响。博比特与查特斯作为20世纪初期课程科学化运动的代表，他们的课程理论也反映了这种所谓的科学取向。他们以教育目标为中心的课程编制模式，为泰勒的课程原理提供了基础。

1929～1933年世界资本主义经济危机的爆发，使全球经济陷入大萧条之中，同时也对传统的学校教育提出了空前的挑战。当时，美国中小学的课程设置主要是为少数学生升大学做准备的,尽管只有1/6的高中毕业生能够进大学深造,课程内容脱离社会实际和学生实际。而与之形成对照的是美国的初等教育日趋普及,中学在校学生成倍增加,可是,大多数高中毕业生却不能升入大学,必须就业,而大萧条造成的失业率剧增使青少年很难找到工作。为了帮助学校走出困境,美国进步教育协会(Progressive Education Association)发起了一项著名的“八年研究”(the Eight－Year Study),主张改革现行中学课程,设置和增加有助于学生适应社会需要的科目和内容。从1933年到1941年,美国的300所大学、学院和30所实验中学参与了这项实验研究。“八年研究”不仅对美国大学入学要求和中学课程产生了深远的影响,而且还孕育了泰勒(R. W. Tyler)的课程原理。

泰勒在1949年出版的《课程与教学的基本原理》,被公认为是现代课程理论的奠基石,他的课程理论是围绕四个基本问题展开的:

(1)学生应该达到哪些教育目标?

(2)提供哪些教育经验去达到这些目标?

(3)如何有效地组织这些教育经验?

(4)如何判断这些目标实现与否?

这四个问题可以看做是课程编制过程的四个步骤或阶段:

(1)确定目标;

(2)选择经验;

(3)组织经验;

(4)评价结果。

其中,确定目标最为关键,因为其他步骤都是围绕目标展开的,所以,泰勒原理又被称为“目标模式”。美国教育界把泰勒提倡的进行课程编制的四大步骤称为“泰勒原理”。

泰勒的目标模式并非是主观臆造的,而是大规模实验的产物,是泰勒及其同事共同协作的研究成果。有人这样评价《课程与教学的基本原理》一书的影响:“泰勒的课程基本原理已经对整个世界的课程专家产生影响……不管人们是否赞同‘泰勒原理’,不管人们持什么样的哲学观点,如果不探讨泰勒提出的四个基本问题,就不可能全面地探讨课程问题。”

三、现代课程理论流派

20世纪中叶以后,在科技进步和社会变革的推动下,世界各国的课程改革运动极为活跃,与之相应的是课程设计模式和课程理论也不断推陈出新,逐渐形成了不同的课程理论流派。归纳起来主要有:强调以学术为中心的学科结构课程理论,强调以社会问题为中心的社会改造课程理论,强调以学生发展为中心的学生中心课程理论及后现代主义课程理论。

1.学科结构课程理论。学科结构课程理论认为,面对知识的激增,惟一的办法是教授“科学的结构”,“任何学科都能够按照某种正确的方式,有效地教给任何年龄阶段的任何儿童”。因为学科结构是深入探究和构建各门学科所必需的法则。他们强调要把人类文化遗产中最具学术性的知识作为课程内容,并且特别重视知识体系本身的逻辑程序和结构,因而通常把学术性作为课程的基本形式。每门学科都具有不同的结构,而学科结构通常由三种结构组成:

(1)组织结构,即指说明一门学科不同于其他学科的基本方式,同时也表明了这门学科探究的界限。

(2)实质结构,即指探究过程中要回答的各种问题,也就是指基本概念、原理和理论。

(3)句法结构,即指各门学科中收集数据、检验命题和对研究结果做出概括的方式。

美国学者布鲁纳(B.S.Bruner)认为,传授学科结构有四点好处:

(1)掌握结构,有助于解释许多特殊现象,使学科更容易理解;

(2)有助于更好地记忆科学知识,因为除非把一件事情放进构造得很好的模式里,否则就会忘记;

(3)有助于促进知识技能的迁移,达到举一反三、触类旁通的目的;

(4)有助于缩小高级知识与初级知识之间的差距。总之,学生所学原理越是基本,对后继知识的适用性便越是宽广。掌握学科结构的目的,就是要学生学会如何学习。课程的经典问题“什么知识最有价值?”已失去了原来的意义。

学科课程理论在20世纪60年代曾风靡一时,学科结构的思想被广泛用于课程设计,并把这种课程作为培养训练有素的未来科学家的主要手段。

2.社会改造课程理论。社会改造课程理论的核心观点是:课程不应该帮助学生去适应现存社会,而是要建立一种新的社会秩序和社会文化。这种理论不关注学科的知识体系,而是认为应该围绕当代重大社会问题来组织课程,帮助学生在社会方面得到发展,即学会如何参与制定社会规划并把它们付诸社会行动。所以,这种理论的重点是当代社会的问题、社会的主要功能、学生关心的社会现象以及社会改造和社会活动计划等方面。

当今这方面最有影响的代表人物是巴西学者弗莱雷(P.Freire)。他批评资本主义学校的课程已成了一种维护社会现状的工具,充当了人民群众与权贵人物之间的调解者的角色,使人民大众甘心处于从属地位,或归咎于自己天性无能。所以,他主张课程应该帮助学生摆脱对社会制度的奴隶般的顺从。他把这种理论付诸实践,并在当今第三世界国家成人扫盲运动中扮演了领袖的角色,对西方课程理论中的一些所谓的新马克思主义者产生了重大的影响。

然而,学校在社会上并不是一个特别有影响的机构,它还没有在政治上强大到能通过课程使社会发生重大变革的地步。而且,统治阶级也不会允许在学校里实施这类课程。所以,这种课程理论在资本主义社会的课程实践中到底会产生什么影响,到目前为止还是一个问号。

3.学生中心课程理论。这种课程思想起源于18世纪的欧洲,在20世纪20、30年代经美国杜威(J.Dewey)的发展而形成。杜威对传统教育不顾学生的特点把外部事物强加给他们的做法极为不满,因而提出课程与教学必须考虑到学生的思维方式、兴趣和需要。“一切学习都来自经验”,“教育是在经验中、由于经验、为着经验的一种发展过程”。“教育即生活”,“教育即生长”。杜威试图表明学校、社会与经验和教育各方面之间的关系,敦促把课程中的知识同与学生有关的人类经验结合在一起,让学生通过各种活动来体验知识。所以,杜威的学生中心课程理论主张应该以学生的兴趣和爱好、动机、需要、能力和态度等为基础来编制课程。这种课程有两个基本特征:

(1)课程的核心既不是学科内容,也不是社会问题,而是学生的发展;

(2)课程内容不是既定不变的,而是随着教学过程中学生的变化而变化的。为了实践他的课程理论,杜威在1896~1903年创办了芝加哥大学实验学校。他的实验学校从儿童的兴趣和需要出发,以儿童的活动为中心组织课程。“儿童变成了太阳,而教育的一切措施则围绕着他转动,儿童是中心,教育的措施便围绕他而组织起来。”

20世纪70年代后出现的人本主义课程理论极为推崇学生中心课程,但它关注的重点不是学生的认知,而是学生的情感。美国学者罗杰斯(C. Rogers)认为,学生的自我实现是一种基本需要。因此,课程的核心是情感(情绪、态度和价值观)、认知(知识和理智技能等)和学生行动的整合。这就必须让学生本身成为课程的一部分,即课程内容要与学生所关心的事情联系起来,并让学生参与课程设计、实施和评价,而不是把学生视为课程传递的对象。

另外,以奈勒(G. Kneler)为代表的存在主义课程理论也认为,确定课程的一个重要前提是承认学生本人为他自己的存在负责,所以,课程最终要由学生的需要来决定。

4. 后现代主义课程理论。后现代主义课程理论的出现源于以美国的多尔(W. E. Doll)为代表的一些学者借助于后现代主义理论来考察课程问题。多尔对比了传统课程的封闭体系和当今课程的开放体系。他认为,18世纪和19世纪是封闭的时代,诞生于这个时代的现代主义关于世界的一些基本认识和观点不可避免地对教育研究产生影响,使教育研究呈现一种线性的、统一的、可以预测的、决定论的倾向,对课程的研究也是如此。泰勒的课程模式即是这一时代传统、封闭课程体系的产物和典型。

多尔在批判泰勒模式的基础上,用后现代主义所提出的新的观点、原则、问题和方法考察一系列课程概念,提出了取代泰勒模式的后现代主义课程理论的基本观点——“4R”,即丰富性(Richness)、回归性(Recursion)、关联性(Relevancy)和严密性(Rigor)。丰富性指的是课程的深度、意义的层次、多种可能性或多重解释。回归性是指课程没有固定的起点和终点,每一个终点就是一个新的起点,每一个起点来自于前一个终点,其中任一单元都需要前后联系与反思。与现代主义在封闭的体系中的简单重复不同,回归旨在通过开放性的框架发展探索、讨论和探究等各种能力。关联性包括教育和文化两个方面。前者指课程中的联系,即构建课程的一整套关系,后者指课程之外的文化或宇宙观联系,这些联系形成了课程赖以生存的更大的模体。严密性实际上指的是概念的重新界定,同时防止改变了的课程落入相对主义和自我主义的窠臼。

第二节 课程设计

课程是学生达到教育目的的手段,从某种意义上说,所有教育目的都要以课程为中介才能实现。而课程设计的任务首先应该确定课程目标,从而明确课程编制工作的方向,然后根据课程目标选择和组织课程内容,并采用适当的课程类型,为课程实施和课程评价奠定良好的基础。

一、课程目标

(一)课程目标与教育目的、培养目标、教学目标的关系

从国家制定的教育目的到实际的课堂教学目标,经历了一系列的转化。如果以目的和目标的概括性程度为准则,可以依次区分为四种不同的目标:教育目的、培养目标、课程目标和教学目标。这四种目标之间既有明显的区别,又有密切的联系。

四者之间的区别主要是它们提出的教育要求的概括性程度不一样,因而具有各自不同的特点。教育目的、培养目标和课程目标是比较笼统的、宽泛的目标,教学目标是具体的、细化的目标。教育目的是指一定社会培养人的质量规格的总体要求,具有高度的概括性,是各级各类学校办学的根本方向;培养目标是对各级各类学校的具体培养要求;课程目标是课程本身要实现的具体目标和意图;而教学目标是教学中师生双方预期达到的学习结果和标准。

四者的联系集中体现在方向的一致性上,它们都是为实现一定国家或社会的教育目的服务的,而且彼此之间相互依存、相互制约。教育目的规定着把受教育者培养成什么样的人的问题,各级各类学校的培养目标、课程目标和教学目标都要体现教育目的的要求。培养目标则是某级或某类学校对培养对象提出的具体要求,培养目标的实现主要是通过学校所设置的课程而达成的,所以培养目标又是设计一定学校课程的总目标,但培养目标通常不涉及具体的学习领域。课程目标是学校课程本身要实现的具体目标,实际上也就是学校培养目标的具体化。教学目标是由学校或教师确定的一定教学阶段所要达到的教学要求,包括学期目标、单元目标和课时目标。教学目标通常由教师依据课程目标确定,是实现教育目的、培养目标和课程目标的根本保证。

如何把教育目的、培养目标转化成课程目标,以此来指导整个课程编制过程,最终使其成为学生的学习经验,这是课程工作者的一项重要任务。

(二)课程目标的依据

一般来说,只有在对学生的特点、社会的需求、学科的发展等各个方面进行深入研究的基础上,才有可能确定行之有效的课程目标,使各门课程不仅注意到学科的逻辑体系,而且适应教师的教与学生的学,并关注课程内容与社会需求的关系。

1.对学生的研究。课程的一个基本职能就是要促进学生身心发展,课程编制者必须了解作为课程对象的特定学生的特定情况。课程首先应该制定一个统一的基本要求,即“课程的最低标准”,这是绝大多数学生都容易达到的,否则难以保证学校教育质

量。学生的个性发展是以这个最低标准为基础而展开的,两者之间并不矛盾。当然,课程的最低标准不易过高,如果课程标准过高,所有学生都不得不为之而竭尽全力,那么这个标准就会成为学生个性发展的“天敌”。

课程编制者还应时刻关注有关学生的各种研究,尤其是有关学生的兴趣与需要、认知发展与情感形成、社会化过程与个性养成等方面的研究,使课程的编制符合学生的特征和需要。例如维果茨基提出的儿童“最近发展区”的论述,既要依据学生发展的起点,又需要反映学生发展的动力状态,使课程目标体现学生原有的发展水平与其新的发展水平的统一。我们只要把学生目前的状况与理想的常模加以比较,确认其中存在的差距,就可以发现教育上的需要,从而揭示出课程目标。

2.对社会的研究。教育是培养人的社会实践活动,课程必须体现社会发展的要求,与现实生活相结合,强调实际应用。学生个体发展总是与社会发展交织在一起的。课程设计的目的就是要把人类认识和改造世界的经验结晶有效地传递给年轻一代。事实上,学校教育的政治功能、经济功能和文化功能等,都是以课程为中介而实现的。研究社会及其需求对课程的影响和制约,合理设计课程,可以有效协调教育与社会的关系,以便最大限度地减少负向功能,增强正向功能。

3.对学科的研究。学校课程毕竟是要传递通过其他社会经验难以获得的知识,而学科是知识的最主要的支柱。由于不同学科的专家谙熟该领域的基本概念、逻辑结构、探究方式、发展趋势,以及该学科的一般功能及其与相关学科的联系,所以学科专家的建议是课程目标最主要的依据之一。事实上,大多数课程的教科书通常就是由学科专家编写的。而由学科专家提出的课程目标往往过于专业化,因为学科专家常常会把学生看做是将来要在这个领域从事高深研究的人,而不是把这门学科视作基础教育的一个组成部分。所以,在利用学科专家的建议来确定课程目标时,要向学科专家提出这样的问题:“这门学科对那些以后不会成为这个领域专家的年轻人有什么功用?”或者:“这门学科对一般公民有什么功用?”这可以避免学科专家提出过于专业化的课程目标,突出该学科一般教育的功能。

专栏6-2

我国历史与社会课程目标

一、总目标

在掌握必要的人文社会科学知识和技能的基础上,体验对历史和现实问题进行综合探究的过程和方法,正确面对人生和社会发展的各种问题,逐步树立集体主义、爱国主义和社会主义思想,逐步形成科学的世界观、人生观和价值观。

二、知识与技能

1.了解人类生活的自然环境差异、不同区域的人文特征、历史变迁及其各种问题。

2.理解人们政治、经济、文化生活的丰富内涵,以及人的发展与自然、社会的相互关系。

3.知道人类物质文明、精神文明与制度文明发展的一般过程和基本趋势。

4.会用多种方法和现代信息技术收集、保存、处理和评价社会信息。

三、过程与方法

1.尝试用历史的、辩证的眼光观察、评价现实问题,提高辨别重大是非的能力。

2.思考优秀的民族传统文化与外国文化的创造过程,培养当代青年应有的创新能力。

3.体会在社会生活中个人与集体的关系,学会恰当地展示自己,关爱他人,与人合作。

4.尝试从不同角度,综合多种知识探究社会问题,提高参与社会实践和自主学习的能力。

四、情感态度与价值观

1.关注中华文明的发展历程,树立为实现中华民族伟大复兴而奋斗的志向,以及建设有中国特色社会主义的共同理想。

2.关心现代社会发展的需要,形成崇尚科学的态度和可持续发展的观念,以及终身学习的愿望。

3.热心社会公益活动,依法行使公民权利和义务,树立民主与法制观念,增强社会责任感。

[资料来源] 中华人民共和国教育部制订:《全日制义务教育历史与社会课程标准(二)(实验稿)》,5~6页,北京师范大学出版社,2001。

二、课程内容

课程内容是指各门学科中特定的事实、观点、原理和问题,以及处理它们的方式。课程内容是按照课程目标的要求予以选择和组织起来的。课程内容的选择和组织,是课程编制过程中的一项基本工作。同对课程的概念的理解存在分歧一样,对课程内容的解释也存在争议,代表性的观点主要有三种:

(1)课程内容即教材;

(2)课程内容即学习活动;

(3)课程内容即学习经验。这三种课程内容的解释都有其合理的一面和明显的缺陷。我们这里采用的"课程内容"一词,兼顾到学科体系、学习活动和学习经验这几方面的因素。

(一)课程内容选择的原则

学校历来被看做是传授知识的场所,但这一观点现在受到了科技革命的挑战。科技的日新月异使知识呈几何级数地激增,有人称之为"知识爆炸"。据估计,今天一个科学家,即使夜以继日地工作,也只能阅览有关他自己这个专业的世界上全部出版物的5%。而另一方面,学生在校学习的时间是很有限的,他们要学习的学科门类及内容也是很有限的,所以课程内容必须经过严格而精心的筛选。

在选择和组织课程内容时,除了要考虑到与目标的相关性之外,还要考虑到内容的科学性和有效性,对学生和社会的实际意义,能否为学生所接受,以及是否与学校教育的基本任务相一致等问题。一般说来,选择课程内容时要注意以下几项基本原则:

1.基础性。中小学教育的基本任务是要使学生有效地掌握人类文化遗产中的精华,并充分发展学生的各方面能力,以适应未来社会发展的需要。因此,所选择的课程内容应该包括使学生成为社会中一名合格公民所必备的基础知识和基本技能,同时也要包括学生以后继续学习所必需的技能和能力。因为当代社会信息量日益激增,要指望学生吸收社会所需要的全部信息已不再可能。我们必须使学生具备丰富自己知识的能力,而掌握一些学科的基础知识和基本技能的过程是培养这些能力的基本途径。所以,在选择课程内容时要注意到学科知识的广度与深度之间的平衡。

强调课程内容的基础性,并不是不让学生接触一些科学技术的新发展。在条件许可的情况下,让学生了解一些新开发的学科前沿的领域是可以的,但学习的重点还是要放在让学生较牢固地掌握各门学科的基础上。因为只有基础扎实、适应力强,才能迎合动态社会对人才的需求。

2.生活性。教育内容脱离社会实际,历来是教育改革家抨击的焦点,世界各国均是如此。诚然,学校课程内容以各门学科的基础知识和基本技能为主,每门学科都有其自身的逻辑结构,确实很难与社会实际问题一一对应起来。事实证明,那种以社会问题为中心或完全以就业为定向的课程,不利于学生掌握系统的科学文化知识。但是,与此同时,我们也应该看到,学生是社会中的一员,尤其是中学生,毕业以后大多数要直接进入社会就业。所以,课程内容应该考虑到让学生了解社会、接触社会,掌握一些解决社会问题的基本技能。即使在选择学术性学科的内容时,也应该尽可能地联系社会需要,以便使学生所掌握的知识技能可以较好地发挥社会效用。

当我们考虑课程内容与社会实践之间的相互关联时,不仅要注意与现实社会的相关,还要注意与未来社会的相关。综观当今世界,用日新月异来概括不会过分。尽管谁也无法断定未来几十年社会会发展到什么地步,但是学校课程应该帮助学生更好地觉察未来的各种选择及其后果,使学生意识到,未来确实可以是由我们自己的抉择造就的。所以,课程内容要有利于促进社会的发展。使学生不仅能适应社会,而且能肩负起改造和建设社会的重担。

3.适应性。课程内容是为特定教育阶段的学生而选择的。我们必须认识到,选择出来的课程内容,最终是为学生学习用的。课程内容若不能被学生同化,成为他们自身的一部分,就永远是一种外在物,对他们将来的行为、态度、个性等不会有什么影响。如果选择课程内容时能够注意到学生的兴趣、需要和能力,并尽可能与之相适应,这不仅有助于学生更好地掌握科学文化知识,还有助于他们对学校学习形成良好的态度。换言之,不仅使他们"好学",而且使他们"乐学",从而达到提高教育质量之目的。实践已经证明,任何偏离学生已有水平的课程内容,不论是偏难还是偏易,都不会取得好效果。

此外,中小学教育是基础阶段,要为学生将来的发展打下良好的基础,所以,一定要考虑到他们德、智、体诸方面的发展,为他们提供一种比较全面、完整的教育。这要求课程工作者在选择内容时要考察这些内容在全面实现教育目的方面的种种潜能。事实上,目标与内容之间并不是一一对应的关系。一种内容可以同时实现多种目标,同理,为实现某一目标可能需要多种内容的组合。这需要我们在选择课程内容时应综合地考虑各方面的关系。

专栏 6-3

把报纸列为正规教材

在哈比教育部长的改革方案中,把街头巷尾发行的各种报纸,积极地引进初中,作为正规教材。

这个措施所依据的观点是,“要把学生培养成为现代世界的好公民,就得训练他们加工和改造庞大的‘信息’的能力”。这种措施很快引起了舆论界的论争。这是因为,法国向来崇尚古典的“坚固”的教学,认为“报纸”这一具有流动性的、耸人听闻的片面性的媒体,是非教育的乃至反教育的素材,是学校教育应当摒弃的。

哈比教育部长却积极地倡导了这种“异端”教材,把它作为“教育现代化”的一环,正式地列为教材。国立教育资料中心根据教育部长的要求,对于使用报纸教材的教学模型展开了研究,并且发表了成果。于是,在闭锁的、旧时代的教学中吹进了现代社会气息的这个新实验,引起了教学第一线的巨大震动。

在这种新型的教学中,学生们可以收集报道特大的社会事件或是周围世界的新闻的各种报纸(尤其是地方报纸),展开自由讨论;或者教师引导学生展开逻辑思维的训练,揭示各种信息之间的矛盾与特色的异同以及虚构成分等,最终抽出一个“真实”(或者尽可能地接近“真实”)来。

[资料来源] 钟启泉编著:《现代课程论》,666~667页,上海教育出版社,1989。

(二)课程内容的组织

为了使学生的各种学习有效地联系在一起,使学习产生累积的效应,还需要对选择出来的课程内容加以有效地组织,使其起到相互强化的作用。下面几对关系是我们在组织课程内容时经常会碰到的。

1.纵向组织与横向组织。课程内容的组织,是历代教育家们所关心的事情。在教育史上,最有影响的是纵向组织的原则。所谓纵向组织,或称序列组织,是按照某些准则以先后顺序排列课程内容。《学记》中“不陵节而施”,“先其易者,后其节目”,就是强调按系列组织课程内容。夸美纽斯也告诫教师要按由简至繁的序列安排内容。一般来说,强调学习内容从已知到未知、从具体到抽象,是历史上教育家们的一贯主张。

20世纪70年代以后,一些教育家开始主张课程内容的横向组织的原则,即要求打破学科的界限和传统的知识体系,以便让学生有机会更好地探索社会和个人最关心的问题。这是与20世纪60年代以后自然科学与社会科学汇流,社会科学内部各学科日益综合的趋势相顺应的。在这些教育家看来,如果要使学生所学的内容对他们生长具有重要意义,就必须摆脱传统学科的形式和结构。所以他们主张用一些所谓的“大观念”、“广义概念”和“探究方法”作为课程内容组织的要素,使课程内容与学生校外经验有效地联系起来。实际上,他们强调的是知识的广度而不是深度,关心的是知识的应用而不是知识的形式。

然而,这种横向组织也出现了一些实际问题:

(1)任课教师要精通或熟悉各门学科的内容,而目前的教师队伍尚不具备这一条件;

(2)学校课程表难以安排,学校现有的物质设施也跟不上;

(3)学生难以应付目前通行的考试方式。因为只要目前考试制度还存在,就会对学生学习起制约作用。

2.逻辑顺序与心理顺序。课程内容是按逻辑顺序组织还是按心理顺序组织,或许是教育史上争论最激烈的课程问题,也是所谓“传统教育”与“新教育”的最大分歧所在。所谓逻辑顺序,就是指根据学科本身的系统和内在的联系来组织课程内容;所谓心理顺序,就是指按照学生心理发展的特点来组织课程内容。

在课程史上,“传统教育”主张根据学科的逻辑顺序来组织课程内容,也就是说,把课程内容的重点放在逻辑的分段的顺序上,强调学科固有的逻辑顺序的排列,至于这种逻辑对学生有什么意义则不属考虑范围。“新教育”则强调要根据学生身心发展的特征,以及他们的兴趣、需要、经验背景等来组织课程内容。学生是课程的中心,是目的。对于学生的生长和发展来说,一切学科的逻辑都处于从属地位。

现在几乎没有人会仍然固执一端,越来越多的人倾向于学科的逻辑顺序与学生的心理顺序的统一。因为,一方面,课程内容应该考虑到学科本身的体系。学科体系是客观事物的发展和内在联系的反映。通过学习科学的体系,学生了解自然界和人类社会的发展过程。况且每门学科各部分内容之间都有其内在的逻辑关系,某一部分内容总是既以另一部分内容为基础,同时又作为其他部分内容之基础。一门学科本身就是一个概念体系。另一方面,课程内容是为学生安排的,如果不符合学生认识的特点,学生就难以接受,那么再科学的内容也是无效的。这里需要指出的是,心理顺序是指学生的心理而不是成人的心理。因为成人的心理已习惯于接受按逻辑顺序组成的事实,以致往往看不到一门学科已对众多事实经过了许多分析和重新组合。这也许是对心理顺序和逻辑顺序理解上出现分歧的最主要的原因之一。

3.直线式与螺旋式。在课程史上,关于课程内容的组织,形成了直线式与螺旋式两种形式。直线式就是把一门课程的内容组织成一条在逻辑上前后联系的直线,前后内容基本上不重复。螺旋式(或称圆周式)则要在不同的阶段上使课程内容重复出现,但逐渐扩大范围和加深程度。

直线式与螺旋式这两种在课程史上形成的课程内容的组织形式,在现代教学与课程理论中仍然还在以不同方式出现。例如,苏联教学论专家赞科夫主张,教师所讲的内容,只要学生懂了就可以往下讲,不要原地踏步。因为过多地重复同一内容,会使学生感到厌倦。不断呈现新内容,学生总觉得在学习新东西,能使学生保持学习的兴趣。所以,他对复习和巩固是持保留态度的。他认为,学生现在巩固了,如果以后几年不用,还是要忘记的。而美国学者布鲁纳则明确主张采用螺旋式课程。他认为,课程内容的核心是学科的基本结构,应该从小就开始教各门学科最基本的原理,以后随着学年的递升而螺旋式地反复,逐渐提高。换句话说,课程内容是要向学生呈现学科的基本概念和基本原理,以后不断在更高层次上重复它们,直到学生全面掌握该学科为止。美国学者凯勒(C. Keller)在20世纪60年代构建了一种所谓"逐步深入的课程"(postholing),即一门学科在中小学12年期间学习两、三遍,但学生每次都进一步深入学习课程的不同部分。

就一般而言,直线式与螺旋式都有其利弊。直线式可以避免不必要的重复;螺旋式则容易照顾到学生认识的特点,加深对学科的理解。而两者的长处也正是对方的短处。其实,直线式课程与螺旋式课程对学生思维方式有不同的要求,前者要求逻辑思维,后者要求直觉思维。逻辑思维是按直线一步一步地思考问题,注重构成整体的部分和细节,它只是接受确切的和清楚的内容;直觉思维是要在理解细节之前先掌握实质,它考虑到整个形式,它是以隐喻方式运演的,它能做出创造性的跳跃。两者都有其特点。但现在的问题是几乎只重视逻辑思维的方式,这就值得我们注意了。

三、课程的类型

课程类型是指课程的组织方式或指设计课程的种类。自课程产生以来,先后出现了名目繁多、不同类型的课程。分歧的原因在于课程工作者的课程观不同,学校的具体情况也各不相同。泰勒根据课程的组织结构,把学校课程分为四大类:

(1)学科课程(如地理、历史和代数等);

(2)广域课程(如社会学科、自然科学和语言艺术等);

(3)核心课程(通常是指"要求所有学生必修的基础课程"与学科课程或广域课程结合起来使用,供普通教育的需要);

(4)完全未分化的结构(即把整个教学计划作为一个单元来处理)。

我们也可以根据课程设置的要求,把所有课程分为必修课和选修课。必修课是指所有学生都必须修习的课程,这是保证学生掌握普通教育的共同基础。选修课是指那些为了适应学生兴趣爱好和劳动就业的需要而开设的,可供学生在一定程度上自由选择修习的课程。选修课可以很好地培养学生的创造力,适应学生的不同爱好、特长和社会需求。

我们还可以根据课程内容的性质,把所有课程分为工具类、知识类和技艺类。工具类学科主要指语文、数学和外语。这三门学科既是学习其他学科知识的基础,其自身也有发展心智的价值,因而历来受到人们的重视。知识类学科主要指社会学科与自然学科两大类。这是从人类社会文化遗产中精选出来的知识体系,无论对社会的延续还是对个人的发展来说,都是至关重要的。这类学科包括历史、地理、政治、公民、物理、化学、生物等。技艺类学科主要指体育、艺术类与技能类两方面的课程。这些课程主要是在中学阶段,对体育保健、艺术修养,以及生活、劳动方面的基本技能的培养。技艺类学科对学生的身心发展具有重要的作用,它更多的是与学生的身体素质、审美素质的培养,兴趣特长的发挥,以及毕业后所需基本劳动技能的养成联系在一起的。这方面的素养是作为一个现代人所必备的基本品质。

这里,我们主要介绍学科课程与活动课程、核心课程与综合课程、显性课程与隐性课程、国家课程与校本课程等几种课程的基本类型。

1.分科课程与活动课程。分科课程,通常又被称为科目课程(subject curriculum),是根据各级各类学校培养目标和科学发展水平,从各门科学中选择出适合一定年龄阶段学生发展水平的知识,组成各种不同的教学科目。这种课程是预先安排的。分科课程在所有课程类型中是历史最为久远的一种。分科课程从学校教育产生始即已存在。我国古代的"六艺"、古希腊罗马的"七艺"等可以被看做是分科课程的雏形。分科课程既是学校的产物,也是科技发展的产物,是以传授知识为己任的学校与知识类别间相互作用的结果。它之所以在学校教育中始终受人青睐,既源于学校特定的人物与要求,也源于人们长久以来形成的知识观,同时也源于它的便利与简单,而这些正是活动课程提出非议之处。

活动课程(activity curriculum)与分科课程相对,它是打破学科逻辑结构的界限,以学生的兴趣、需要和能力为基础,通过学生自主学习和直接体验的方式实施的课程,它也常常被称之为"儿童中心课程"、"经验课程"。一般说,活动课程起源于19世纪末20世纪初欧美的"新教育运动"和"进步教育运动",在20世纪20、30年代前后风行一时。在活动课程的发展历史中,杜威常被认为是代表人物之一。分科课程与活动课程是学校教育中的两种基本的课程类型,我们可以把两者看做是一种相互补充而非相互替代的关系。分科课程将科学知识加以系统组织,使教材依一定的逻辑顺序排列,学生在学习中可以掌握一定的基础知识、基本技能。但是,由于分科过细,只关注学科的逻辑体系,容易脱离学生生活实际,不易调动学生学习的积极性,而活动课程则可以在一定程度上补救这一缺失。活动课程对于调动学生学习的积极性、主动性,培养学生解决实际问题的能力和创造性精神,培养兴趣特长,丰富学生的精神生活,形成学生的思想品德,促进学生个性养成等起着重要的作用,因而越来越受到人们的重视。但与此同时,活动课程自身往往依学生兴趣、需要而定,缺乏严格的计划,不易使学生系统掌握科学知识。所以,两类课程在学校教育中都不可缺少。两者都不是完美无缺的,分科课程的缺陷可以在活动课程中获得一定程度的克服,活动课程的优点正是分科课程必须吸取的,反之亦然。只有将两者有机地结合起来,才能取长补短,相得益彰。

2.核心课程与综合课程。核心课程(core curriculum)反对分科课程,它一反分科课程将各门学科进行切割的做法,在若干科目中选择若干重要的学科合并起来,构成一个范围广阔的科目,规定为每一学生所必修,同时尽量使其他学科与之配合;核心课程在一定程度上也反对儿童中心课程,它在产生之初,尤其反对课程只从学生个人兴趣、需要动机出发的做法。它提醒教育者注意,学生并非生活在真空里,而是在一个特定的时间、地点和社会环境里成长的,课程需要反映儿童所赖以生活的社会的需求,因此,核心课程在产生之初,其显著特征就是注重社会需求以及以社会生活为中心。核心课程产生于20世纪20、30年代的社会动荡时期,在第二次世界大战以后运用范围颇广,美国一些中学曾较大范围地推行过此类课程,小学也曾实施过。在中学,核心课程常围绕生活中的一些重要方面,如结婚与家庭、饮食起居、意外事件的预防及技术、宣传、失业、个人自由等;在小学,常以生命与健康、家庭生活的改善、资源保护、协作、谋生、宗教、审美、娱乐等为核心内容。一般说,核心课程在低年级比高年级更宜实行,因为年级越低,其核心或共同学习的领域越大;年级越高,核心或共同学习的领域越小。核心课程对教师的要求要高于分科课程对教师的要求,教师不仅要对核心学科、外围学科、学生心理、团体之间协作等有较多的研究,而且对社会情况也要有较多的了解。与核心课程相对应的是外围课程(peripheral curriculum),外围课程是为不同的学习对象准备的,它是以学生存在的差异为出发点,随着环境条件的改变、年代的不同及其他差异而做出相应的变化。外围课程与核心课程相辅相成,起着互补的作用。

综合课程(integrated curriculum)又称"广域课程"、"统合课程"或"合成课程",其根本目的是克服分科课程过细的缺点。它采取合并相关学科的办法,减少教学科目,把几门学科的教学内容组织在一门综合学科之中。

综合课程坚持知识统一性的观点,认为科学是一个统一体。尽管不同学科的研究方法和探究过程的细节有所不同,但它们的基本研究方法和探究过程是相同的。而且在当代,不断发展的科技文化带来了越来越严重的环境问题。环境问题既涉及科学领域,又涉及社会、法律、政治、文化、经济等诸多领域,绝不可能依靠某一门学科来解决,而必须运用综合学科。因此,应该打破学科自身的逻辑和结构,把所有的知识视为一个整体,采用综合课程的形式教授。综合课程可以消除学科内容不必要的重复,发挥学习者的迁移能力,贴近社会现实和实际生活,是学生未来就业的需要。世界上许多国家包括我国在内已经开设了各种形式的综合课程,如将初中历史、地理、公民等合成一门社会科学基础;将物理、化学、生物等合成一门自然科学基础,这样有利于知识的相互贯通。打破学科界限,以跨学科或多学科的方式改进课程,是近年来世界各国课程改革的趋势。

3. 显性课程与隐性课程。隐性课程,也称潜在课程、隐蔽课程、无形课程、自发课程等,其概念产生于20世纪60、70年代,但是关于隐性课程的认识远未达成一致。隐性课程一般指学习过程中自发的或自然而然产生的态度、情感、价值等。隐性课程不仅从宏观上注意到学习者身心特征之外影响学习成效的因素,如学校组织特征、学校文化、师生关系等,而且从微观上注意到学生学习的动机、态度和技能,以及学习目标对学习效果的影响。如学校的不同组织特征,潜移默化地使学生接受社会的价值,并使其成为学生固有的品质和个性的一部分。如校风和班风的重要性在于不同的气氛可能会造就不同的学生。显性课程与学术性要求联系在一起,而隐性课程则与非学术性要求联系在一起,两者构成了学校课程的整体。没有哪一所学校的师生不受隐性课程的影响。隐性课程可以作为促进学生道德成长的手段,在很大程度上决定所有参与者的价值感和自尊感,这是正式课程所不及的。

鉴于以上认识,我们把隐性课程界说为学校情境中以间接的、内隐的方式呈现的课程;把显性课程界定为学校情境中以直接的、明显的方式呈现的课程。学生在学校情境中获得的经验包括两部分,一部分经验是教育者直接地表现出来的,如课程表中的学科;另一部分经验则是间接的,如学生团体交往、校园文化等,这些活动并不直接传授经验,经验只是隐于其中。

4.国家课程与校本课程。国家课程(national curriculum)亦称“国家统一课程”,它是自上而下由中央政府负责编制、实施和评价的课程。国家课程一般具有以下一些特征:首先是权威性。课程编制中心的权威性来自政府赋予他们的合法性。其次是多样性。课程编制中心可以为整个教育系统编制课程,也可以为某些地区编制课程;可以为某个教育阶段或几个教育阶段编制课程,也可以为某类学校或几类学校编制课程,还可以为某类学科或几类学科编制课程。最后是强制性。在绝大多数国家,课程编制中心负责编制的课程是强制执行的,包括课程标准、教材、教师用书、习题集等。

校本课程(school - focused curriculum)是菲吕马克(Furumark)等人于1973年提出的,意指由学生所在学校的教师编制、实施和评价的课程。具体来说,它就是某一类学校或某一级学校的个别教师、部分教师或全体教师,根据国家制定的教育目的,在分析本校和本校内部环境的基础上,针对本校、本年级或本班级特定的学生群体设计、实施和评价的课程。校本课程是在克服国家课程诸多弊端的基础上产生的一种课程形式。在国家课程推广的过程中,暴露出诸多脱节现象。首先,国家课程与地方教育需求之间脱节,国家课程是面向全国各个地区的,很难顾及不同地区的教育需求。其次,国家课程与学校办学条件之间脱节。由于办学条件的巨大差异,有些基层学校难以全面达到国家课程的既定要求。再次,国家课程与学校教师之间的脱节。各地区各学校的师资力量参差不齐,对国家课程的理解难免出现偏差现象。第四,国家课程与学科发展之间的脱节。由于编制和修订周期偏长,国家课程不能反映学科发展的最新动态,教材老化现象严重。

而由教师直接参加的校本课程则具有诸多优势:如校本课程更具地方特色,体现学校办学特点;教师可以根据情况的变化,及时修订校本课程;教师更易获得工作的成就感,提高工作兴趣和积极性;校本课程吸收教师、学生、家长和社会人士参与,提高了各方面的满意度。当然,校本课程也存在几方面的负面效应。首先,扩大了学校之间的课程差异和教育质量的不平衡;其次,一部分教师可能缺乏校本课程开发的理论和技能;再次,需要耗费更多的教育资源;最后,教师在学校之间的流动会给校本课程的编制带来不利影响。

一般来说,中央集权的国家比较强调课程的统一性,较多地推广国家课程,而地方分权的国家比较强调课程的多样性,较多地推广校本课程。现在,越来越多的国家认识到,国家课程和校本课程两者是相辅相成、互为补充的关系。在推广国家课程的同时,应该允许开发一定比例的校本课程;而推广校本课程的学校,也不应该贬低或排斥国家课程。

以上从学科课程、活动课程、核心课程、综合课程、显性课程、隐性课程、国家课程和校本课程的角度探讨了课程的多种呈现形式。实际上,纯粹的学科课程或活动课程、显性课程或隐性课程等是根本不存在的。而且,实施单一课程类型的学校几乎是不存在的。大多数学校是采取某种折中的方式，只不过在侧重点或倾斜度上有些不同罢了。对于学校和教师来说，应该关注课程类型如何根据实际情况予以相互组织和配合、协调一致，以便共同来完成学校课程的任务，共同促进学生的全面发展。

专栏 6-4

香港中学的"国事"课程

在1997年香港回归祖国大陆之前，香港一些中学开始开设"国事"课程，帮助学生认识祖国、了解国情，争取将来成为一个有所作为的特区公民，成为未来治理香港的精英。

"国事"课程涉及政治、经济、文化、地理、历史、外交、人口、资源等多个领域。它以讲座为主。一方面，邀请嘉宾讲解祖国大陆的外交政策、司法制度和21世纪的中国发展；另一方面，由校内教师负责教授中国的大陆分布、资源分布、经济政策、教育规模、科技发展等。这门课程没有课本，无需考试。课程结束时，要求学生写报告谈体会，谈谈对祖国的期望，分析前景等。

［资料来源］ 王斌华著：《校本课程论》，156页，上海教育出版社，2000。

第三节 课程实施

课程实施(curriculum implementation)是指把课程计划付诸实践的过程，它是达到预期的课程目标的途径，也是整个课程编制过程中一个实质性的阶段。课程设计的再好，如果在实践中得不到实施，也是毫无意义的。一般说来，课程设计得越好，实施起来就越容易，效果也就越好。20世纪70年代以后，课程实施逐渐成为大家关注的焦点。主要原因是美国20世纪50、60年代斥巨资设计大量新课程，以图解决教育中的一些问题，尽管当时这些课程在教育界被普遍看好，但实际上大多被束之高阁，没有得到真正的实施。

一、影响课程实施的因素

影响课程实施的因素有很多，归纳起来主要有以下几个方面：

1.课程计划本身的特征。课程计划本身的特征就是影响课程实施的一个重要因素，这些特征可以影响课程实践中能否出现真正的课程变革。课程的特性包括：

(1)可传播性，即向各地学校推行的难易程度；

(2)可操作性，即使用它们时方便的程度；

(3)和谐性，即与流行的价值取向和行为方式之间一致性程度；

(4)相对优越性，即相对于原有课程而言，新课程计划的长处。倘若课程计划是与现实需求和公众认识相吻合的，课程目标与手段之间的关系是明确的，对课程实施者的要求是他们力所能及的，课程质量是高且易于使用的，那么课程实施就会比较有效。

2.交流与合作。交流可以是课程编制者与实施者之间的交流,也可以是实施者之间的交流。经常交流有关课程计划方面的情况,对成功的课程实施来说是极为重要的。有的人甚至认为,交流是成功实施的关键。通过交流,课程编制者可以向实施者表达隐含在课程中的一些基本假设、价值取向,可以提供一些有利于实施的建议,还可以传递其他地区和学校课程实施的一些情况。通过交流,课程实施者之间也可以了解各自实施课程的情况、存在的问题,以及一些值得借鉴的做法等,达到取长补短之目的。这些交流有助于课程实施者加深对课程计划的认识和对课程内容的理解,从而促进课程的成功实施。

3.课程实施的组织和领导。各级教育行政部门和学校领导对课程计划的实施负有领导、组织、安排、检查等职责。各种规章制度固然不可少,是课程实施成功的保证,但是,这里最重要的还是做人的思想工作。因为尽管我们可以开辟各种渠道让教师有交流的机会,但是如果教师对新的课程计划抱有成见,这些渠道就会失去意义。就一般而言,采用新的课程,对教师来说,意味着要放弃原来熟悉的一套方法和程序,而且有些曾是很成功的做法。所以,西方有的学者甚至认为:“课程实施的最大障碍就是教师的惰性。”这里的“惰性”,我们可以把它理解为“习惯做法”。所以,学校领导要在学校里形成一种气氛,让所有的教师都感觉到他们的意见和建议是受欢迎的,并会尊重他们的各种尝试。

4.教师的培训。教师是课程实施过程中最直接的参与者。新的课程计划成功与否,教师的素质、态度、适应力是一个关键因素。事实证明,一些课程计划没有取得预期效果,并不是课程计划本身的问题,而是由于教师不积极参与或不能适应的缘故。虽说通过各种交流可以提高教师的理解和认识,但课程实施的一些技能、方法、策略,需要通过一定的培训。至少要让年级组长或教研室主任或骨干教师受到比较正规的培训,使他们回去能发挥表率的作用。

5.各种外部因素的支持。新的课程计划的实施,需要得到社会各界的支持。新闻媒介、社会团体、学生家长的理解和支持,可以成为推动课程改革的无形的动力。例如国家和地方政府政策的倾斜、财政和物质支援、技术支援等,也会对课程实施产生很大的影响。例如,上海市进行中小学课程和教材改革时,给实验学校以适当的经费补贴,就起了很好的推动作用。此外,有些课程,尤其是现在日益受到重视的中学职业技术教育方面的课程,需要一定的政策保障和一定的财力和物力的基础。社会各界的各种协助,也会有助于课程实施。

二、课程实施的过程

无论是西方国家还是我国,许多人几乎把课程实施视为理所当然的事情,事实并非如此。也许,在一些人看来,课程实施是整个课程运作过程中一个相对容易的阶段。诚然,我国的情况与西方资本主义国家有着制度上的差别,课程实施所遇到的矛盾相对来说要少些。但如果以为课程实施在我国不成什么问题的话,那就大错特错了。目前,不少学校还在扎扎实实地搞应试教育,没有严格执行课程计划,也没有严肃认真地执行国家教育部发布的各项减轻学生负担和加强教育教学管理的规章、制度。有的学校任意增减课时，对所教授的内容不恰当地拓宽、加深、拔高，或利用节假日给学生补课，使学生在题海战术的轰炸下疲于应付。由此可见，课程实施在我国也是一个相当现实的问题。

研究课程实施问题的重要性，表现在以下几个方面。首先，除非直接分析和了解课程实施过程，否则就不知道实际发生的情况。其次，研究课程实施过程有助于了解为什么有的课程计划会成功而有的会失败。通过直接了解实施过程，可以识别引起变化的主要问题在哪里，例如，为什么在实施时会有那么多的困难。有些课程计划失败的原因，可能既不在计划本身，也不在于教学的过程，而在于组织安排和制度措施上有问题。再次，不考察实施过程，就难以解释学生学习的结果。

一般而言，课程实施是指把新的课程计划付诸实践，使现实发生预期的变化。而新的课程计划通常蕴涵着对原有课程的一种变革，课程实施就是力图在实践中实现这种变革，或者说，是将变革引入实践。这就要求课程实施者做出一系列的调整，包括对个人习惯、思维方式、课程安排、教学方法、教学组织形式等进行一系列的重新组织。这些变化来自实施者的新的认识。因为，惟有实施者既了解变革的必要性，又认识到变革的有效性，才会对变革有真正的需求，并见诸于自己的行动。这一过程涉及许多实际问题，需要时间和精力，不是通过几次会议传达就能解决的。所以，有人认为，课程实施过程实质上就是要缩小现有的实际做法与课程设计者(主要指教师和校长)提出的实际做法之间的差距。如果让课程实施者清楚了解新的课程计划的意图和课程目标，参与课程设计的部分工作，共同讨论达到课程目标的各种手段，课程实施起来遇到的阻力就会小些。

在课程实施过程中，教师扮演着一个很重要的角色。从某种意义上说，课程计划最终都是通过教师的教案而得到实施的。所以，有人认为，课程实施的前提是教师把所要采用的课程作为研究教学策略的出发点。几乎所有研究都表明，教师在一定程度上参与课程规划和设计工作，不仅会影响到课程设计的结果，而且也会影响课程实施的进程。近年来，我国各省市在进行课程改革时，不但比较注意听取广大教师的意见，而且尽可能为教师参与课程设计提供机会，这是一种很好的尝试。

教学是课程实施的主要途径。任何课程设计，最终都是通过具体的教学工作才得以完成的。如果把课程比做一幢建筑的设计图纸，教学则是具体的施工。没有教学，课程设计便成了一件没有实际意义的事情。从某种意义上说，只有在教师把课程计划作为自己选择教学策略的依据时，课程才开始得到实施。教师的绝大多数教学策略都涉及到如何提炼、加工或转化课程内容的问题，即如何更有效地使课程内容转化成为学生认知结构、个性品质、社会行为等方面。

第四节 课程评价

评价在教育中的作用早已为人所知，我国古代的科举制度就是一种比较正规的评价活动,但要准确无误地界定“课程评价”却是困难的,因为对课程评价的界定一直存在争议,迄今为止尚无一个让大家都能接受的定论。有人把课程评价直接等同于对学生的学业评价,也有人把对课程本身的评价与对学生的评价融合在一起,还有人则把课程评价与学业评价区分为两种不同类型的评价方式。这里,我们采用的是把课程评价和学业评价区别开来的观点。

课程评价是指研究课程价值的过程,它是由判断课程在改进学生学习方面的价值的那些活动构成的,是课程编制过程中不可或缺的重要组成部分。课程评价的作用有很多,包括:诊断课程,发现存在的主要问题;修正课程,使课程保持最佳状态;比较各种课程的相对价值;预测教育的需求;确定课程目标达到的程度等等。

一、科学主义课程评价观与人文主义课程评价观

课程评价理论和模式大致上可以划分为两大相对立的派别,即科学主义(Scientistic Approach)课程评价观和人文主义(Humanistic Approach)课程评价观。

科学主义课程评价观又称“传统评价观”。持科学主义态度的人相信真正的实验,认为课程评价应采用实验处理的方式,目的是要了解经过实验处理后所产生的结果或影响。因此课程评价者的任务就是描述可以测量的行为目标。为了使评价结果具有信度和效度,必须控制课程以外的各种变量,而且,评价者必须严格采取中立的态度,防止带有个人的价值观。惟有这样,评价的结果才是精确的。持这种课程评价观的人往往把他们的注意力集中在学生身上,并常常把测验分数作为主要数据,以便用来与不同情境中的学生成绩相比较。他们倾向于采用参照标准测量学生的学业,收集定量材料,并进行科学地分析、比较,从而确定目标实现的程度,在此基础上作出有关课程评价的决定。

人文主义或自然主义(Naturalistic Approach)课程评价观又称“新潮课程评价观”。它的出现旨在克服科学主义课程评价观的诸多弊端,如重结果轻过程,重普遍性轻典型性,重定量分析轻定性分析,忽视现实环境等。持人文主义态度的人认为社会现象是纷繁复杂和相互关联的,不可能把它切割开来分别加以研究,所以实验是无法接受的。在他们看来,自然主义的个案研究是一种“万灵药”。因为人类的行为表现都是与特定情境联系在一起的,若要了解他们,必须把他们置于其原来的情境之中。而且,评价者作为一个人,要完全排除个人主观倾向是不可能的。所以他们主张评价者与实际情境的交互作用。换言之,课程评价者要从课程设计者和实施者的角度来看待课程计划。例如,他们对课程计划是否改善了学生的自我概念更感兴趣,因而不会把许多精力放在通过具体的、客观的测验所证实的学生的某些成绩上。他们更多的是采取对实际情形的文字描述,收集定性的材料用于分析,注重课程实施的整个过程。这种评价观的弊端也是显而易见的:以主观印象为主,客观性不够;几乎不考虑定量方法;个案的评价结果难以推广运用等。

20 世纪 80 年代以后,课程评价的这两大派别依然存在,但现在只有极少数人单独采用这两种极端的课程评价观,课程评价者通常都是处在这两端之间的某一点上。

二、形成性评价与总结性评价

看待课程评价的另一种方式是要区分形成性评价(formative evaluation)与总结性评价(summative evaluation)。形成性评价与总结性评价是两个最重要的课程评价形式。

形成性评价是在计划或产品还在发展或完善过程中实施的评价。在课程评价领域,形成性评价是指为改进现行课程计划所从事的评价活动。它是一种过程评价,目的是要提供证据以便确定如何修订课程计划,而不是评定课程计划的优良程度。也就是说,它要求在课程设计的各个阶段不时地收集信息,以便在实施前加以修正。形成性评价可以是在课程设计阶段和早期实验阶段,提供具体而又详细的反馈信息,以便让课程编制者随时了解问题之所在;也可以在课程实施阶段,检查学生是否能够有效地掌握某一特定的课程内容,或者提出为了达到目标还需进一步学习哪些内容。形成性评价贯穿于课程实施的各个阶段或整个过程,旨在寻找原因,及时发现问题,使课程更加趋于合理。形成性评价为教师参与课程评价提供了方便,有助于减少课程实施时的阻力。因此,在课程实施的过程中,可以了解课程本身的缺陷、学生的学习困难以及教学中出现的各种问题。作为完善课程的依据,形成性评价既可以用来评价某一课程单元的计划,也可以用来评价一项新的课程计划。

总结性评价是在计划或产品完成以后实施的评价。在课程评价领域,总结性评价或称终结性评价,是在课程计划实施之后关于其效果的评价。他们关注的是“课程达到目标的实际情况如何”的问题,即把重点放在考察课程实施的结果上。它是一种事后评价,目的是要获得对所编制出来的课程质量一个“整体”的看法。它通常是在课程计划完成后,并在一定范围内实施后进行的。它的焦点放在整个课程计划的有效性上,以便就这项课程计划是否有效作出结论。这种评价一般是通过对前测与后测之间、实验组与控制组之间,或其他标准参数之间的差异来作出判断的。许多教育者都倾向于采用结果评价,在他们看来,结果评价实际上是惟一可信赖的评价。

总体上看,形成性评价具有动态性和即时性的特点,它注重课程实施的过程,强调评价活动的连续性,可以立即获得大量的、系统的反馈信息,对课程实施情况作出及时的判断和调控。总结性评价具有静态性和终结性的特点,它所获得的反馈信息比较稳定,所获得的价值事实带有全局性,富有代表性。两者具有不同的特点,所以不能互相取代。现在越来越多的教育者倾向于将两者结合起来,既重过程评价、又重结果评价,以便对课程实施情况有一个客观、全面、真实的看法。

三、课程评价的基本程序

由于课程评价有助于改进课程计划,从而提高学校教育的质量,因而引起许多教育工作者的注意,并在实践中开发出各种课程评价的模式。尽管对课程评价的基本准则和步骤远未达到一致看法,但大多数评价模式对评价过程中要解决的一些基本问题和基本步骤的还是有着相似或相近的看法。就一般而言,在课程评价中,评价者通常要经历以下一些基本的阶段或步骤：

第一步，确定所要研究的特定的课程对象。在这个阶段上，评价者要确定他们将要评价些什么，以及他们将使用何种设计。评价者要决定评价的焦点是整个课程计划，还是某一门课程，抑或是某一年级的某门课程。这时，评价者要详细说明他们评价活动的目的，并要识别实施评价所必须做出的决策程度，以及为评价的各个方面做出时间安排。最后，还要确定选择各种备用行动方针的准则，以及评定课程各组成部分的结果的准则。

第二步，收集信息。在这一步，评价者要识别探讨问题所必需的信息的来源，以及他们能用来收集这些信息的手段。评价者还要根据评价的时间表来安排收集信息的步骤。评价者要想对评价对象形成正确的价值认识，必须全面占有客观事实。否则就会凭个人经验办事，或凭一孔之见办事，或凭私人感情办事。因而在收集信息时，客观的观察、调查和测试必不可少。

第三步，组织材料。这里，评价者要整理、组织这些信息，以便做出解释，并使那些对此有兴趣的人感到有用。评价者要注意到信息编码、组织、贮存和提取的手段。

第四步，分析材料。在这个阶段，评价者要选择和使用适当的分析手段。选择何种特定的技术，取决于该项评价的焦点在何处。

第五步，报告结果。这里，评价者要决定评价报告的性质，并注意到该报告的读者是谁。评价者的报告可以是非正式的，也可以是正式的；可以是描述性的，也可以是数据分析的。在向有关部门通报评价结果时，评价者所要做的，不仅仅是提出报告、表明结果，还应该展示他们是如何对资料做出解释的，是如何从分析中得出概括的，以及他们对行动有些什么建议。

思考题

1. 关于“课程”的各种界定，你有哪些想法要说？为什么？
2. 概述20世纪课程理论研究的主要成就。
3. 述评学科结构课程理论。
4. 述评社会改造课程理论。
5. 述评学生中心课程理论。
6. 什么是课程设计？结合某一学科，认识、熟悉课程设计。
7. 各种课程存在形式的价值何在？

第七章　课程(下)

为了深化教育改革,全面推进素质教育,更好地实施科教兴国战略,我国在进行充分国际比较、调查研究的基础上,针对目前基础教育课程的诸多弊端,以及社会发展对课程提出的新要求,开始了新一轮的基础教育课程改革。它将实现我国基础教育课程从学科本位、知识本位向生本位和发展本位的历史性转变。本章重点分析和读解基础教育课程改革的背景和目标、基础教育课程结构的调整、基础教育课程标准以及基础教育课程的管理及其资源开发等问题。

第一节　基础教育课程改革的背景和目标

一、基础教育课程改革的时代背景

(一)基础教育课程改革的国际背景

1.基础教育课程改革是时代发展的必然需求。人类业已走过农业(劳力)经济时代和工业(资源)经济时代,即将步入知识经济时代。在知识经济社会,"数字化生存"和"虚拟生存"将逐步成为人们新的生存方式,社会作用对象表现为符号、数据、信息、知识等。劳动者的职责将相应地转变为运用、创造和发明新的信息技术,在不断的知识积累和个性创造中实现自身的价值和组织的系统性发展。人们学习的时间由传统的"教育阶段"延伸到"工作阶段",乃至人的一生;学习的空间由狭隘的学校扩展到广泛的社会生活生产实践中。至此,社会即学校,生活即教育,工作即学习成为一种教育模式,学会学习将等同于学会生存。

知识经济社会必然是全球化的社会。全球化既是一种"浪潮",也是一种"思潮"。"浪潮"是经济和科技发展的自然过程,"思潮"则体现在经济和科技发展方面处于优势地位的国家的文化企图和价值故意。面对"浪潮"和"思潮"的纠结,面对自然过程和文化企图的双重本质,应对全球化的基本智慧,是在事实和价值的双重纬度上寻求全球化与多元性的辩证互动。全球化教育、理解教育和多元文化教育将成为教育的重要内容。

在现今社会,除了人与自然和谐关系被破坏之外,由于工具理性对价值理性的长期压制,人类生存和发展的困境还表现为人的精神力量、道德力量的削弱或丧失,而这恰恰是任何现代科学技术或物质力量都无能为力的事情。学校教育成为科学教育的王国,人文教育相对缺失,结果导致人格发展的苍白与道德教化功能的隐退,由此引发了人的价值信仰危机和道德没落。新世纪的教育也应该在尊重儿童现实存在的前提下,剥去工具理性奴役人性的硬壳,还儿童以人性的课程和教学。显然,这种人性的课程应该是以儿童发展为本位的课程,关注儿童主体和活生生的经验与体验,把知识技能的传授跟儿童的日常生活经验联系起来,统整儿童经验与知识体系,实施整体性、真实性的课程与教学。

2.基础教育课程改革是适应世界基础教育课程改革发展趋势的必然结果。世纪之交,在世界范围内开始了以基础教育课程改革为核心的教育改革。近些年来,为了适应社会发展的需要,世界许多国家都在课程理念、课程目标、课程设置等方面进行了重大改革。如英国 1988 年颁布《教育改革法》,首次提出推行国家课程,制定课程标准。1999 年新一轮国家课程标准强调四项发展目标(精神方面的发展、道德方面的发展、社会方面的发展、文化方面的发展)、六项基本技能(交往、数的处理、信息技术、共同操作、改进学习、解决问题)。日本每 10 年更新一次基础教育课程,2002 年实施的新课程,力求精选教学内容,留给学生更多自由发展的空间,在指导思想上鼓励学生参与社会和提高国际意识,提高学生独立思考和学习的能力,为学生掌握基本的教学内容和个性发展创造宜人的教育环境,鼓励每所学校办出特色。这些国家的基础教育改革措施不仅反映了社会发展的要求,体现了学生学习成长的规律,而且是对学校课程本质的反思和探索,因而代表了世界课程改革发展的趋势。

(二)基础教育课程改革的国内背景

1.基础教育课程改革是积极推进素质教育的需要。《中国教育改革和发展纲要》指出:"中小学要由'应试教育'转向全面提高国民素质的轨道,面向全体学生,全面提高学生的思想道德、文化科学、劳动技能和身体心理素质,促进学生生动活泼地发展,办出各自的特色。"2001 年 6 月召开的"全国教育工作会议"进一步明确提出全面推进素质教育。

第一,在我国,课程即"教学的科目"或"课程是教学内容和进展的总和"等是人们普遍践行的观念。这种课程观最大的弊端是:教师向学生展示的知识世界是分门别类的,具有严格的确定性和简约性,这与以不确定性和复杂性为特征的学生真实的生活世界毫不匹配,教育、课程远离学生的实际生活。在实践中,与知识、技能的传授无直接关系的校内外活动,却被看做是额外的负担而遭到拒斥。这种知识本位的课程显然是不符合时代和素质教育需求的。知识属于人的认识范畴,是人在社会实践中形成并得到检验的。从这个意义上讲,"知识更像动词"(即知识乃是一种"探究的活动"),而非名词(即知识是绝对的、不变的"结论")。学生掌握知识的过程,实质上是一种探究的过程、选择的过程、创造的过程,也是学生科学精神、创新精神,乃至正确世界观逐步形成的过程。为此,必须拆除阻隔学校与社会、课程与生活之间融会贯通的藩篱,必须树立课程即经验的观念,即课程不仅是现成的教科书,而且是教师为学生提供学习的机会,是师生在互动过程中产生的经验,课程知识是在充满生机的社会性交往过程中建构生成的。在这种课程观中,自然、社会和人得以整合,自然即课程,生活即课程,自我即课程。学校课程由此重返生活世界,超越了课堂和教科书的牵制,真正找回失落的主体意识。惟有此,学生才会充分利用校内外各种教育资源,拓展学习空间;学生才会感到,学习是生活的需要而不是额外的负担;并且,原先在被迫接受的"学习"活动中处于边缘位置,有时甚至作为教育的消极因素而遭到排斥的情感、体验才能获得与理智同等的地位。

第二,传统的应试教育势力强大,尚缺乏构建和实施义务教育课程的经验积累,素质教育不能真正得到落实。教育部基础教育司从1996年7月开始,组织了6所高等师范院校的有关专家研讨并制订了九年义务教育课程实施状况的调查方案,并于1997年5月在9个省、市对城、乡16000多名学生、2000多名校长和教师、部分社会知名人士进行了调查,通过调查凸显出现行课程方案所存在的种种问题:教育观念滞后,人才培养目标同时代发展的需求不能完全适应;思想品德教育的针对性、实效性不强;课程内容存在着"繁、难、偏、旧"的状况;课程结构单一,学科体系相对封闭,难以反映现代科技、社会发展的新内容,脱离学生经验和社会实际;学生死记硬背、题海训练的状况普遍存在;课程评价过于强调学业成绩和甄别、选拔的功能;课程管理强调统一,致使课程难以适应当地经济、社会发展的需求和学生多样化发展的需求。这些问题的存在,以及它们对实施素质教育的制约及产生的不良影响,都足以说明推进课程改革的必要性和针对性。

2.课程改革的成就为新一轮课程改革提供了基础。新中国成立50年来,基础教育课程经历了7次改革。每次课程改革都取得了一定的成绩,并不断推动我国基础教育课程的发展。最近一次比较全面的改革是在《中华人民共和国义务教育法》颁布后,20世纪80年代至90年代的课程改革。尽管这次改革存在诸多问题,如课程门类过多、课时总量过满、各学科比例不够合理、统一性与灵活性结合还不够等。但是经过不懈努力和实验,基础教育课程改革取得了突出的进展,表现在:首先,初步改变了国家课程管理过于集中的状况,引入了地方课程,形成地方和国家二级管理的方式,这为以后的三级课程管理奠定了基础;其次,初步改变了必修课程一统天下的局面,增加了选修课程、活动课程,课程结构有极大的改变,这为我们后来的课程结构调整提供了宝贵的经验;再次,初步实现统一要求前提下教材多样化的方针,推动教材多样化的发展;第四,在教学改革实践中,涌现出一批好的教学改革典型,这些典型为我们进行新的课程改革提供了一些借鉴。

二、我国基础教育课程改革的目标

(一)基础教育课程改革的指导思想及其总目标

2001年6月召开的全国基础教育工作会议和国务院的《关于基础教育改革与发展的决定》进一步明确了新一轮课程改革的指导思想,把以培养创新精神和实践能力为重点的素质教育放到重要的位置。以先进、科学的理论为指导是此次课程改革的显著特点,也是此次课程改革实现重大突破、取得诸多创新成果的主要缘由。

依据基础教育课程改革的指导思想,课程改革的培养目标是:新课程的培养目标应体现时代要求,要使学生具有爱国主义、集体主义精神,热爱社会主义,继承和发扬中华民族的优秀传统和革命传统;具有社会主义民主法制意识,遵守国家法律和社会公德;逐步形成正确的世界观、人生观和价值观;具有社会责任感,努力为人民服务;具有初步的创新精神、实践能力、科学和人文素养以及环境意识;具有适应终身学习的基础知识、基本技能和方法;具有健壮的体魄和良好的心理素质,养成健康的审美情趣和生活方式,成为有理想、有道德、有文化、有纪律的一代新人。

(二)基础教育课程改革的具体目标

为了实现新课程的培养目标,同时针对现行的基础教育课程教材中存在的弊端,《基础教育课程改革纲要(试行)》(以下简称《纲要》)提出了本次课程改革的六项具体目标。这些目标构成了新一轮基础教育课程改革的总体框架,体现了课程改革是一项复杂而细致的系统工程。

1.实现课程功能的转变。当前,世界各国的课程改革都将课程功能的转变作为首要目标,力争使新一代的国民具备适应21世纪社会发展所必备的素质。本次课程改革在《纲要》中首先确立了课程改革的核心目标即课程功能的转变:改变课程过于注重知识传授的倾向,强调形成积极主动的学习态度,使获得基础知识与基本技能的过程同时成为学会学习和形成正确价值观的过程。即从单纯注重传授知识转变为引导学生学会学习,学会合作,学会生存,学会做人,打破传统的基于精英主义思想和升学取向的过于狭窄的课程定位,而关注学生"全人"的发展。

2.体现课程结构的均衡性、综合性和选择性。新一轮基础教育课程改革,对现行课程结构进行了重大调整,减少了课程门类,对各门具体课程之间的比重进行了调整,在保留传统学科课程的同时,加强了旨在养成学生科学素养和实用技能方面的课程,使科学、综合实践等课程的比重呈上升趋势。从小学至高中还设置了综合实践活动课程。改变课程结构过于强调学科本位、科目过多和缺乏整合的现状,整体设置九年一贯课程门类和课时比例,并设置综合课程,以适应不同地区和学生发展的需求。

3.密切课程内容与生活和时代的联系。改变课程内容"繁、难、偏、旧"和过于注重书本知识的现状,加强课程内容与学生生活以及现代社会和科技发展的联系,关注学生的学习兴趣和经验,精选终身学习必备的基础知识和技能。课程内容的这一转变,力争反映现代科技发展的新成果,使课程具有时代精神。此外,不再单纯以学科为中心组织教学内容,不再刻意追求学科体系的严密性、完整性、逻辑性,注重与学生的经验结合在一起,使新知识、新概念的形成建立在学生现实生活的基础上。课程内容切实反映学生生活经验,努力体现时代特点,将会有效地改变学生学习生活和现实世界相脱节的状况,极大地调动学生学习的主动性和积极性。

4.改善学生的学习方式。为了使学生的学习方式发生根本性的转变,保证学生自主性、探索性的学习落到实处,此次课程改革首先通过课程结构的调整,使儿童的活动时间和空间在课程中获得有效的保障,并在新课程标准中倡导通过改变学习内容的呈现方式,确立学生的主体地位,促进学生积极主动地学习。同时倡导学习过程转变成学生不断提出问题、解决问题的探索过程,并且能够针对不同的学习内容,选择接受、探索、模仿、体验等丰富多彩的适合个人特点的学习方式。学习方式的这种转变,还意味着必须关注学生的学习过程和方法,关注学生是用什么样的手段和方法、通过什么样的途径获得知识的。当然学习方式的改善是以教师教学行为的变化为前提的,因而我们把教师教学行为的变化和学生学习方式的改善视为本次课程改革成功与否的重要标志,从某种意义上讲,也是素质教育能否深入推进的关键因素。

5.建立与素质教育理念相一致的评价与考试制度。即要建立一种发展性的评价体系,改变课程评价过分强调甄别与选拔的功能,发挥评价促进学生发展、教师提高和改进教学实践的功能。一是要建立促进学生全面发展的评价体系,使评价不仅要关注学生在语言和数理逻辑方面的发展,而且要发现和发展学生多方面的潜能,了解学生发展中的需求,帮助学生认识自我,建立自信,促进学生在已有水平上的发展,发挥评价的教育功能。二是要建立促进教师不断提高的评价体系,以强调教师对自己教学行为的分析与反思,建立以教师自评为主,校长、教师、学生、家长共同参与的评价制度,使教师从多渠道获得信息,不断提高教学水平。三是要将评价看做一个系统,从形成多元的评价目标、制定多样的评价工具,到广泛的收集各种资料,形成建设性的改进意见和建议,每一个环节都是通过评价促进发展的不可或缺的部分。评价目标多元、评价方法多样、重视学生发展和教师成长记录,是今后一段时间内评价与考试改革的主要方向。

6.实行三级课程管理制度。本次课程改革从我国的国情出发,妥善处理课程的统一性与多样性的关系,建立国家、地方、学校三级课程管理体制,实现了集权与放权的结合。三级课程管理制度的确立,有助于教材的多样化,有利于满足地方经济、文化发展的需要和学生发展的需要。为了实现上述目标,本次课程改革重新划分了国家、地方、学校在基础教育课程管理中的职责分工,调整了国家课程在整个课程计划中所占的比重,在课程内容和课时安排上增加了一定的弹性,让地方和学校拥有相应的选择余地。

第二节 基础教育课程结构的重建

一、九年一贯制课程结构的建立

我国现行的课程结构,存在着较严重的不足。首先,在学校课程中学科课程、分科课程和必修课程占据绝对主导地位,而经验课程、综合课程和选修课程则微乎其微;国家课程备受关注,地方课程和校本课程得不到实质性的开发。课程类型的单一使得在注重发挥一种或几种课程类型价值的同时,忽视或放弃了其他课程类型在学生发展方面所具有的价值,学生在这种单一课程的“滋养”下,其片面发展在所难免。其次,学校课程中各具体科目之间的比重失衡,语文、数学等科目所占的比重过高,挤占了其他学科的时间,从而直接影响了学生的身心健康和全面发展。再次,我国现行中小学课程由于门类过多,强调学科本位,课程内容缺乏整合,从而导致课程内容繁、难、多、旧,加重了学生的课业负担。

在新一轮基础教育课程改革中,课程结构的改革取得了突破性进展,改变了原课程结构过于强调学科本位、科目过多和缺乏整合的现状,按照九年一贯整体设计课程门类和课时比例,设置综合课程,以适应不同地区和学生发展的需求。所谓“整体”是指通过课程的横向组织,消除以往学科本位所造成的学科之间彼此孤立甚至壁垒森严的对立局面,使各门课程、各个学科整合起来,产生合力,使学习者的学习产生整体效应,从而促进学生人格整体发展。所谓“一贯”是指将各类课程按纵向的发展序列组织起来。就一门课程而言,要强调“连续性”,使课程内容在循环中加深、拓展,并不断得到强化、巩固;就各门课程关系而言,要强调“顺序性”,使不同课程有序地开设,前后相互连贯,同时使课程门类由低年级到高年级逐渐增加,从而使学习者的学习产生累积效应,促进学生可持续发展。

专栏 7-1

我觉得现在这个应试教育对孩子影响很大。他们没有童年,没有梦想,也没有个人的爱好和兴趣,这一切都给剥夺了。

我还听说现在的孩子写作文,老师都要求什么思想健康、中心突出等等,这比八股还糟糕。八股里面还有一定的空间,个人的见解还可以阐发出来,而现在的这一套思维也八股化了。

还有现在分析课文的这种“肢解法”,古希腊哲学家亚里斯多德说:“如果把一只胳臂从躯体上砍下来,那就不是胳臂了。”一篇文章是一个活的、有机的整体,你这样把它肢解了就变成另一种东西,而不是这篇文章本身,这是解剖尸体,不是讲作品,连技术化都谈不到。

——王元化:《要下决心抓好教育改革》

像现在这样一个语文教育,整个破坏了学生对祖国、对中国文化的兴趣,这是一个比任何事都要痛心的事。

就像我儿子,我看他的语文作业,比如这是什么词性,什么修辞,什么语法结构……我们知道,学任何一种语言,绝对不是从规则学起,而是从语感学起。让一个孩子从小学那么多无用的东西,真是太可悲了。

——许纪霖:《我们的教育制度在理论上存在着误区》

用一句话来说,把这么一个富有诗性的、情感的、想像的学科变得工具化、机械化,这对孩子们的灵魂的塑造带来的负面影响不言而喻。

——夏中义:《我想做一个尝试》

中学语文教学的种种问题,一言以蔽之,是人文价值、人文底蕴的流失。将充满人性之美、最具有趣味的一幅幅作品变成枯燥乏味的技艺之学、知识之学,乃至变为一种应试训练。

——杨东平:《语文课:我们失去了什么》

[资料来源] 转引自王丽:《语文忧思录》,56页,语文教育,教育科学出版社,1998。

(一)新课程结构的主要内容

1.整体设置九年一贯的义务教育课程。小学阶段以综合课程为主。小学低年级开设品德与生活、语文、数学、体育、艺术(或音乐、美术)等课程;小学中高年级开设品德与社会、语文、数学、科学、外语、综合实践活动、体育、艺术(或音乐、美术)等课程。

初中阶段设置分科与综合相结合的课程,主要包括思想品德、语文、数学、外语、科学(或物理、化学、生物)、历史与社会(或历史、地理)、体育与健康、艺术(或音乐、美术)以及综合实践活动。积极倡导各地选择综合课程。学校应努力创造条件开设选修课程。在义务教育阶段的语文、艺术、美术课中要加强写字教学。

2.高中以分科课程为主。为使学生在普遍达到基本要求的前提下实现有个性的发展,课程标准应有不同水平的要求,在开设必修课程的同时,设置丰富多彩的选修课程,开设技术类课程。积极试行学分制管理。

3.从小学至高中设置综合实践活动并作为必修课程。强调学生通过实践,增强探究和创新意识,学习科学研究的方法,发展综合运用知识的能力。增进学校与社会的密切联系,培养学生的社会责任感。在课程的实施过程中,加强信息技术教育,培养学生利用信息技术的意识和能力。了解必要的通用技术和职业分工,具有初步技术能力。

4.农村中学课程要为当地社会经济发展服务,在达到国家课程基本要求的同时,可根据现代农业发展和农村产业结构的调整因地制宜地设置符合当地需要的课程,深化“农科教相结合”和“三教统筹”等项改革,试行通过“绿色证书”教育及其他技术培训获得“双证”的做法。城市普通中学也要逐步开设职业技术课程。

(二)新课程结构的均衡性、综合性、选择性

长期以来,我国基础教育课程中的语文、数学等传统科目占据了较大比重,而且没有综合课程的科目。新课程计划分别将语文所占的比重由原来的24%降为20%～22%,将数学所占比重由原来的16%降为13%～15%,并对其他传统科目所占的比重进行了适当的下调,从而使综合实践活动有了6%～8%的课时,地方和学校课程有了10%～12%的课时。显然,这种课程科目比重关系的调整,折射出基础教育课程改革把培养和发展学生的创新精神和实践能力、收集和处理信息的能力、分析与解决问题的能力、交流与合作的能力以及对自然环境和人类社会的责任感、使命感放在了重要位置,这样的课程结构,对于提高学生的整体素质,促进学生和谐全面发展将带来深远影响。

新课程结构的综合性表现在改革现行分科课程的基础上,设置了以分科为主,包含综合课程和综合实践活动的课程。

课程的选择性是针对地方、学校与学生的差异提出的,课程要适应地区间经济文化的差异,就必须要具有一定的弹性。为此,新一轮课程实行“国家、地方、学校”三级管理,给地方和学校开发课程留有余地。同时,明确规定了必修课和选修课的比例,使课程从整齐划一走向了多样化,保证学生有机会自主选择和决定学习内容,给学生充分发展留有时间和空间,有利于调动地方和学校的积极性,使学校办学更有特色,学生发展更有特长。

二、综合实践活动

综合实践活动课程的提出,与90年代初我国基础教育课程改革试验有关。1992年8月6日原国家教委颁发的《九年义务教育全日制小学、初级中学课程计划(试行)》,对我国义务教育阶段的课程进行了新的设计,构建了由学科课程和活动课程组成的新体系。1996年1月3日原国家教委基础教育司又下发了《关于组织开展九年义务教育活动课程实验的通知》,并同时颁布《九年义务教育活动课程指导纲要(实验区试行)》。活动课程经过多年的实验,有成效,也有不足。主要成效是打破了长期以来基础教育学科课程的单一性,把活动课程列入了法定课程:初步冲击了长期以来基础教育教学的

"三中心"——以教材、教师、课堂为中心,开辟了面向社会、面向实践、面向学生生活等新的课堂;初步打破了灌输陈旧知识,学生被动接受,死记硬背的传统教育思想、教学方法,通过以活动促发展的原则方法,使学生得到综合能力、实践能力、创新意识的培养和锻炼。主要不足是:简单活动内容多,综合实践活动内容少,活动所包含的内容不尽科学、不够全面;在课堂开展活动多,在课堂外开展真正的实践活动少;有的仍是教师讲的多,或以学科活动之名,延伸和加深学科课的传授,学生真正动手动脑的少;有的教育观念、教学方法还是老一套,没有对研究性学习认真探讨,没有进行心理上的换位,学生的被动活动多,主动活动少。为此本次课改明确提出以"综合实践活动课程"代替原来实验的"活动课程"。它进一步强调综合所学知识,强调实践,这是认识不断升华,活动内容、原则不断集中的必然结果。

《基础教育课程改革纲要(试行)》在规定新课程的结构时,作出了如下阐述:从小学至高中设置综合实践活动并作为必修课程,其内容主要包括:信息技术教育、研究性学习、社区服务与社会实践以及劳动与技术教育。强调学生通过实践,增强探究和创新意识,学习科学研究的方法,发展综合运用知识的能力。增进学校与社会的密切联系,培养学生的社会责任感。课程的实施过程中,加强信息技术教育,培养学生利用信息技术的意识和能力。了解必要的通用技术和职业分工,形成初步技术能力。由此看来,在我国基础教育新课程体系中,"综合实践活动"课程是一种与各学科课程有着本质区别的新的课程,是我国基础教育课程体系的结构性突破。对应于分科课程,它是一门综合课程;对应于学科课程,它是一门经验课程。概括起来说,综合实践活动是基于学生的直接经验,密切联系学生自身生活和社会生活,体现对知识的综合运用的课程形态。这是一种以学生的经验与生活为核心的实践性课程。综合实践活动是新的基础教育课程体系中设置的必修课程,自小学 3 年级开始设置,每周平均 3 课时。

(一)综合实践活动的特性

综合实践活动不是其他课程的辅助或附庸,而是具有自己独特功能和价值的相对独立的课程,它与其他课程具有互补性。与其他课程相比,综合实践活动具有如下特性:

1. 整体性。综合实践活动主题的选择范围包括学生本人、社会生活和自然世界。对任何主题的探究都必须体现个人、社会、自然的内在整合,体现科学、艺术、道德的内在整合。综合实践活动必须立足于人的个性的整体性,立足于每一个学生的健全发展。

2. 实践性。综合实践活动课程特别强调学生的实践活动和直接体验。它鼓励学生通过生活实践、社会实践、科学实践等直接的实践活动进行自主性学习,要求学生从实践活动中选择主题及相应的内容,通过专题讨论、课题研究、方案设计、模拟体验、实验操作、社会调查等形式,去发现和解决现实生活中的问题,培养创新精神及实践能力,它实现了课程内容与学生的实际生活以及学生的学习活动与实践体验之间的联系,而非在学科知识的逻辑序列中构建课程。

3. 开放性。综合实践活动面向每一个学生的个性发展,尊重每一个学生发展的特殊需要,其课程目标具有开放性。综合实践活动面向学生的整个生活世界,它随着学生生活的变化而变化,其课程内容具有开放性。综合实践活动关注学生在活动过程中所产生的丰富多彩的学习体验和个性化的创造性表现,其评价标准具有多元性,因而其活动过程与结果均具有开放性。

4.生成性。实际上每一个综合时间活动都是一个有机整体,而非根据预定目标的机械装配过程。随着活动的不断展开,新的目标不断生成,新的主题不断生成,学生在这个过程中兴趣盎然,认识和体验不断加深,创造性的火花不断迸发。对综合实践活动的整体规划和周密设计并非为了限制其生成性,而是为了使其发挥得更具方向感和更富有成效。

5.自主性。综合实践活动课程强调学生主体的问题解决活动,强调学生自主探析、自主解决问题。从活动主题的的确立,资料的收集,到最终结果的呈现,学生均是过程的践行主体。在此过程中,教师作为一个指导者、帮助者、合作者,不能硬性地将任务分派给学生,或者自己去研究,将答案给学生,教师要帮助学生创设有利于学生学习和研究的气氛并进行物质准备,教师以团体成员的身份走进学生中间,和学生一起探索、讨论和交流,帮助学生建构知识。

(二)综合实践活动的内容范围

1.研究性学习。研究性学习是指学生基于自身兴趣,在教师指导下,从自然、社会和学生自身生活中选择和确定研究专题,主动地获取知识、应用知识、解决问题的学习活动。研究性学习强调学生通过实践,增强探究和创新意识,学习科学研究的方法,发展综合运用知识的能力。学生通过研究性学习活动,形成一种积极的、主动的、自主合作探究的学习方式。

2.社区服务与社会实践。社区服务与社会实践是学生在教师指导下,走出教室,参与社区和社会实践活动,以获取直接经验、发展实践能力、增强社会责任感为主旨的学习领域。通过该学习领域,可以增进学校与社会的密切联系,不断提升学生的精神境界、道德意识等。

3.劳动与技术教育。劳动与技术教育是以学生获得积极劳动体验、形成良好技术素养为主的多方面发展为目标,且以操作性学习为特征的学习领域。它强调学生通过人与物的作用、人与人的互动来从事操作性学习,强调学生动手与动脑相结合。通过该领域使学生了解必要的通用技术和职业分工,形成初步的技术意识和技术实践能力。

4.信息技术教育。信息技术不仅是综合实践活动有效实施的重要手段,而且是综合实践活动探究的重要内容。信息技术教育的目的在于帮助学生发展适应信息时代需要的信息素养。这既包括发展学生利用信息技术的意识和能力,还包括发展学生对浩如烟海的信息的反思和辨别能力,形成健康向上的信息伦理。

以上几个方面是综合实践活动的指定领域,除上述指定领域以外,综合实践活动还包括大量非指定领域,如:班团队活动、校传统活动(科技节、体育节、艺术节)、学生的心理健康活动等等,这些活动在开展过程中可与综合实践活动的指定领域相结合,也可以单独开设,但课程目标的指向是一致的。指定领域与非指定领域互为补充,共同构成内容丰富、形式多样的综合实践活动。

当然综合实践活动的具体内容应由地方和学校根据实际确定。确定综合实践活动的内容需遵循以下原则:尊重每一个学生的兴趣、爱好与特长;体现每一所学校的特色;

反映每一所学校所在社区的特色;善于引导学生从日常生活中选取探究课题或问题。

(三)综合实践活动课程的实施

1.实施形式。综合实践活动课程的实施可采取许多形式,主要包括师生合作探究式和学生自主探究式。首先,师生合作探究式。这种形式较多在小学和初中低年级使用,这时学生对教师有很大的依赖性,学生自主提出问题比较少。学生在教师指导下的活动中进行自主设计、自行组织实施、主动思考问题,通过探究与实践,在知识、能力和情意等方面都得到发展。其次,学生自主探究式。这种活动形式可以在初中中高年级和高中使用。学生通过以前的学习,有了很强的问题意识,掌握了探究的过程和方法,其综合素质和综合能力有了很大发展。依据研究内容的不同,它又可以分为课题研究类或活动设计类。

2.教师在实施中的指导作用。无论采取何种实施形式,教师的指导作用都是不能忽视的,在实施过程的不同阶段教师应发挥不同的指导作用。在进入问题情境阶段,教师要鼓励学生自己提出问题,锻炼学生发现问题的能力。教师还必须帮助学生确定研究课题。在主题探究阶段,教师要对学生进行科学研究基本方法的指导,向学生介绍研究的基本程序:如选题、提出假设、设计方案及实施、进行总结并写出报告;向学生介绍基本的研究方法:如观察、实验、调查等等。在表达和交流阶段,教师对学生研究成果的表达和交流进行指导,除了指导学生撰写调查报告、实验报告外,还可以采取办墙报、搞展览、办刊物的形式,也可以采用辩论会、研讨会的形式或让学生以口头报告的形式向全班发表自己的研究成果。

专栏 7-2

《寂静的春天》是美国杰出的女科学家卡尔森写于60年代,对世界发展产生重大影响的一本书。本单元以此书为主线,在教师讲解的基础上,通过有关资料的收集和阅读,使学生了解环境污染问题产生的过程、特点及其危害,增进学生对环境问题的认识,启发学生对自己和他人行为的环境影响的审视,培养良好的环境意识和环境保护习惯。课程由教师讲解、资料收集、主题班会、上街宣传等组成。

学习目标

一、认知目标

(一)基础知识

1.环境和污染:

(1)环境:自然条件和自然资源。

(2)污染物:来源和种类。

(3)危害:由人类自己产生,最终害及自身。

2.食物链与生态平衡:

(1)生态系统的营养结构。

(2)物质沿食物链的流动。

(3)物质循环:生态平衡的维持。

3.污染的特点:

(1)污染物的迁移:施在农田里的农药使春天里的鸟儿不再欢叫。
(2)污染物的聚集:食物链的富集;环境中的积累和不扩散。
(3)污染物的毒性:急性中毒、慢性中毒和临界浓度。
(4)污染物的难以降解性。
(5)污染过程的不可逆性。
4.污染的代价:
(1)污染引起的资源损失的代价。
(2)污染损害人类健康的代价。
(3)污染干扰生态过程(生态平衡)的代价。
(4)治理污染所增加的额外代价。
(二)概念发展
1.污染:
(1)人类破坏环境的方式之一;
(2)环境自净能力,包括物理的、化学的、生物的;
(3)数量——超过环境的自净能力,种类以降解。
2.环境保护的意识和行为:
(1)我们周围或报上、电视上有哪些行为是污染环境的?
(2)你自己有哪些行为是污染环境的?

二、学习经验

(一)作业活动
1.查阅并收集资料——有关因人为污染引起环境问题的资料。
2.思考——经济效益的即时性、显著性和环境问题的滞后性、不可逆性。
(二)演讲报告
主题班会上各小组代表发表各自关于环境保护的认识。
(三)上街宣传
1.准备书报形式的宣传材料。
2.向公众演说。

三、行为目标

(一)查找、收集、选择、整理资料的能力;阅读理解的能力。
(二)科技文章的写作方法和能力。
(三)编辑、办报的能力。
(四)环境保护的意识和环境保护的行为。

课程设计(本单元4～5课)

第一课 知识点讲解
教师讲解基本的知识点;布置本单元活动内容和要求。
第二课 查阅、收集资料
教师明确课程目标,布置任务,学生分头查阅、收集有关资料:校或区图书馆。本课可以在课外继续完成。
第三课 主题班会
本课由学生自己主持,学生以小组为单位,派代表演讲。演讲主题为:

(1)我们周围或报上、电视上有哪些行为不是保护环境的?

(2)你自己有哪些行为不是保护环境的?

第四课 上街宣传

各小组针对有关问题制作宣传板报,分小组在社区里、马路边、公园中、校园内等场所展示有关环境污染的专业板报,条件允许的发表主题演说。

[资料来源]王洁著:《综合课程开发与案例》,231~234页,上海,文汇出版社,2002。

(四)综合实践活动课程的评价

关于社区服务与社会实践评价的基本建议:

1.评价要有所侧重。本课程在全面评价学生的基础上,尤为注重对学生综合应用知识于实践的能力,社会参与意识和能力,社会责任感,服务社会的态度、精神与能力进行评价,不强调记住了多少系统知识与具体技能。

2.评价要贯穿活动的全过程。本课程不排除终结性评价,但更强调把评价贯穿在整个活动中,活动最后的成果可以作为评价时的参考依据,但主要依据应来自活动过程中学生的策划、参与、组织、体验、表现、感悟的情况。

3.强调多方参与评价。新课程十分重视让学生自评和他评相结合,具体方式有:自我阐述与评定;其他同学推举与评说等;教师评价与家长、社区有关人员的评价相结合,具体方式有:档案袋、评语、活动记录、其他人(包括家长和社区有关人士)推举与评说等,从而帮助学生逐步学会客观地评价自己和别人,使评价过程本身也成为学生学习、体验、发展的过程。

4.重视评价的激励功能。本课程评价主要不是为了给学生下结论、分等级,而是为了激发学生参与活动的兴趣,改善学生的学习方式,丰富学生的生存体验,鼓励学生在活动中充分施展个性和才能。教师应营造鼓励学生积极进取的评价氛围,使学生乐于投入到活动中学习,只要学生积极参与活动,即使结果不理想,也不应得到否定性的、伤害其自尊心的评价。

第三节 基础教育课程标准

课程标准是国家课程的基本纲领性文件,是国家对基础教育课程的基本规范和质量要求。本次课程改革将我国沿用已久的教学大纲改为课程标准,反映了课程改革所倡导的基本理念。基础教育各门课程标准的研制是基础教育课程改革的核心工作。经过近300名专家的共同努力,18种课程标准实验稿正式颁布,标志着我国基础教育课程改革进入新的阶段。

一、课程标准与教学大纲

"课程标准"最早在我国使用是清朝末年。课程标准的雏形出现在清政府举办新型学堂的文件中,如《功课教法》、《学科程度及编制》等。1921年南京国民政府颁布《普通教育暂行课程标准》,从此课程标准成为学校教育的指导性文件,一直沿用到解放初。

1952 年开始,我国全面照搬苏联的教育体系、制度和模式,用苏式的"教学计划"和"教学大纲"代替"课程标准",成为学校教育的指导性文件,规范着学校教育教学行为,一直沿用到现在。课程标准与教学大纲的不同,具体表现在:

1.教学大纲只着眼于"学科",是为"学科"而设计的,而不是把学科看做"课程"并作为课程来设计的;学科只是课程门类中的一类,同时"学科"也必须作为课程来设计和处理。课程标准着眼于课程,是课程的标准,是以课程门类的方式来设计的,既包括学科类的课程,也包括非学科类的课程,如综合课程、活动性的课程等。具体表现在:在课程目标的设计上,确定了知识与技能,过程与方法,情感、态度、价值观三维统一的课程目标,重新界定基础知识与基本技能的概念,对影响学生终身发展的,必备的基础知识和基本技能,即使超出了学科界线,也作为本课程的课程目标,如当代公民必备的信息素质、信息意识与信息能力等。在课程内容的设计上,努力向学科以外的学生生活、现实生活领域,向社会、经济、科技、文化领域拓展和延伸,完全突破学科界线。如《语文课程标准》加大语文阅读量和口语交际环节,重视培养语感,降低对语法、修辞、逻辑的要求。在课程实施的设计上,提倡教师成为学生学习的指导者、支持者、合作者,提倡学生自主、探究、合作学习,转变学习方式。

2.教学大纲主要是以"教"为主线对教学操作流程和操作要点的一种描述,体现的是一种"教的过程"与"教的结果"的统一。可以从教学大纲的结构方式和表述方式,如"教学目标"、"教学内容与要求"、"课时安排"、"教学原则"、"教学所应注意的问题"、"考试与评价"、"教学设备"等,认定教学大纲是一种"以教为本"的设计思想和思路。课程标准要充分体现"一切为了学生的发展"的课程理念,就必须从教学大纲"以教为本"的基点,转变为"以学为本"的新基点。在课程目标的设计上,新增加了过程与方法,情感、态度与价值观;在内容标准的设计上,不从"教学内容与要求"的教的角度,而是从"学习领域"、"学习主题"、"目标要素"的学的角度,来设计和组织课程内容,以学生的学习为主线,用衡量学习行为和学习结果的"行为动词"来描述内容标准,并区分了结果性目标和体验性目标;在课程实施建议方面,从"教"更好地为"学"服务,更好地服务于"学生发展",更好地服务于学生学习方式的转变,这样一个角度来提出建议。

3.教学大纲为教科书的编制和教学操作提供了基本的依据,提供了统一性的要求、规定和规格,具体、明确、可操作,但刚性过强,弹性不够。课程标准在课程目标的设计上,充分体现义务教育的基本性质,着眼于绝大多数学生经过努力都能够达到的国民素质的基本要求;在课程内容标准的设计上,不着眼于知识体系和知识序列的完整,不直接规定具体的教学内容、教学顺序和教学进度,而是以学习领域、学习主题、目标要素的方式,明确学段目标和内容标准;在教学实施和操作上,以提供建议和提供典型案例的方式,使教师准确理解标准,增强课程意识和能力,降低对教材的过分依赖,减少实施过程中的误差与落差;在课程与教学评价上,更关注学生的成长和发展过程,更注重将学生的发展、教师的发展与课程的发展融为一体。

二、课程标准的功能

课程标准规定的是国家对国民在某方面或某领域的基本素质要求，因此，它毫无疑问地对教材、教学和评价具有重要指导意义，是教材、教学和评价的出发点和归宿。因为无论教材还是教学，都是为这些方面或领域的基本素质的培养服务的，而评价则是重点评价学生在这些方面或领域的表现如何，是否达到了国家的基本要求。因此，无论教材、教学还是评价，出发点都是为了课程标准中所规定的那些素质的培养，最终的落脚点也都是这些基本的素质要求。

课程标准的指导作用主要体现在它规定了各科教材、教学所要实现的课程目标和各科教材教学中所要学习的课程内容，规定了评价哪些基本素质以及评价的基本标准。但是，课程标准对教材编制、教学设计和评价过程中的具体问题(如教材编写体系、教学顺序安排及课时分配、评价的具体方法等)，则不作硬性的规定。

三、课程标准的结构与陈述形式

课程标准，尽管各有特色，但结构基本上是一致的，大致包括前言、课程目标、内容标准、实施建议、附录等部分。在目标的陈述上，都包括了知识与技能，过程与方法，情感、态度和价值观三个方面。这与过去的教学大纲有着显著的区别：

表 7－1　课程标准与教学大纲的框架结构表

<table>
<tr><th colspan="2">课程标准</th><th>教学大纲</th></tr>
<tr><td rowspan="3">前　言</td><td>课程性质</td><td rowspan="3"></td></tr>
<tr><td>课程基本理念</td></tr>
<tr><td>课程设计思路</td></tr>
<tr><td rowspan="3">课程目标</td><td>知识与技能</td><td rowspan="3">教学目的</td></tr>
<tr><td>过程与方法</td></tr>
<tr><td>情感态度与价值观</td></tr>
<tr><td>内容标准</td><td>学习领域、目标与行为目标</td><td>教学内容与要求</td></tr>
<tr><td rowspan="4">实施建议</td><td>教学建议</td><td rowspan="4">教学建议：
课时安排
教学中应注意的问题
考核与评价</td></tr>
<tr><td>评价建议</td></tr>
<tr><td>教材编写建议</td></tr>
<tr><td>课程资源开发与利用建议</td></tr>
</table>

下面我们就标准的框架各部分作一简要分析：

1. 前言部分对课程的性质、价值与功能作了定性的描述，阐述了本课程领域改革的基本理论，并对课程标准设计的思路作了详细的说明。

2. 确立了知识与技能、过程与方法、情感态度与价值观三位一体的课程标准。把过程与方法作为课程目标之一是其突出特点。

3. 内容标准部分按照学习领域或主题组织学习内容，例如生物课程标准中包含如下内容：科学探究、生物体的结构层次、生物与环境、生物圈中的绿色植物、生物圈中的人、动物的运动和行为、生物的生殖发育与遗传、生物的多样性、生物技术、健康地生活。用尽可能清晰的行为动词从知识与技能、过程与方法、情感态度与价值观三方面对学生的学习结果进行描述。

4.内容部分和实施建议均提供了典型案例,便于使用者(教师、教材编写人员、教育管理者等)准确理解标准,减少标准在实施过程中的偏差。

5.附录部分对标准中出现的一些主要术语进行解释和说明,便于使用者更好地理解与把握。

这种课程标准框架,是经过学习和借鉴各国的课程标准,并结合我国的教育传统及教师的理解和接受水平,反复研究所形成的,将课程目标、内容及要求、课程实施放在同等重要的地位。

四、新颁布的课程标准的主要特点

1.努力将素质教育的理念切实体现在课程标准的各个部分。新颁布的课程标准力图在“课程目标”、“内容标准”和“实施建议”等方面全面体现“知识与技能、过程与方法以及情感态度与价值观”三位一体的课程功能,从而促进学校教育重心的转移,使素质教育的理念切实体现到日常的教育教学过程中。例如:

收集过去的一些购物票证,如布票、粮票、油票、副食本等,感受市场经济给人们生活带来的巨大变化。(《历史课程标准》)

认识世界气候的地区差异,初步学会分析影响气候的主要因素,认识气候与人类生产、生活的相互关系,形成保护大气环境的意识,养成收听、收看天气预报的习惯。(《地理课程标准》)

2.突破学科中心。新颁布的课程标准密切教科书与学生生活、现代社会以及科技发展的联系,打破单纯地强调学科自身的系统性、逻辑性的局限,尽可能体现义务教育阶段各学科课程应首先服务于学生发展的功能。例如:

加大语文阅读量和口语交际环节,重视培养语感,降低对语法、修辞、逻辑的要求。(《语文课程标准》)

通过自主确定主题的方式,让学生具体地感受历史,把握历史发展脉络,而不要求学生死记硬背繁杂的历史知识。(《历史课程标准》)

3.改善学习方式。各学科课程标准结合本学科的特点,加强过程性、体验性目标,引导学生主动参与、亲身实践、独立思考、合作探究,从而实现学生学习方式的变革,发展学生搜集和处理信息的能力、获取新知识的能力、分析和解决问题的能力,以及交流与合作的能力。例如:

组织学生观看《林则徐》、《鸦片战争》、《甲午风云》等影片,感受中国人民反抗侵略的斗争精神,并运用所学历史知识说明影片的历史背景,讲述历史故事。(《历史课程标准》)

组织学生通过各种途径调查、收集生物圈的相关资料,模拟召开“国际生物圈”研讨会,结合本地实际讨论如何保护生物圈。(《生物课程标准》)

4.体现评价促进学生发展的教育功能,评价建议有更强的操作性。各学科课程标准力图结合本学科的特点提出有效的策略和具体的评价手段,引导学校的日常评价活动更多地指向学生的学习过程,从而促进学生的和谐发展。课程标准中建议采取多种方法进行评价,例如:成长记录与分析,测验与考试,答辩,作业(长周期作业、短周期作业),集体评议等。

5.为课程的实施提供了广阔的空间。课程标准重视对某一学段学生所应达到的基本标准的刻画,同时对实施过程提出了建设性的意见,而对实现目标的手段与过程,特别是知识的前后顺序,不做硬性规定。这是课程标准和教学大纲的一个重要区别,从而为教材的多样性和教师教学的创造性提供了广阔的空间,为体现并满足学生发展的差异性创造了比较好的环境。例如:

《语文课程标准》:1～2年级认识常用汉字1600～1800个;课外阅读总量不少于5万字。7～9年级认识常用汉字3500个;课外阅读总量不少于260万字。

《体育课程标准》:5～6年级(水平三)达到该水平目标时,学生将能够:初步掌握多项球类运动中的多种动作技能;初步掌握一两套徒手体操或轻器械体操;初步掌握一套舞蹈或韵律活动动作等。

第四节　基础教育课程管理和课程资源开发

一、三级课程管理制度

改革开放以来,我国一直强调扩大地方的教育权力,但课程决策权的下放一直是滞后的领域,高度集中的课程管理体制一直未能打破。进入20世纪90年代,为了突出各地各校的办学特色,国家教委在1992年颁布《九年义务教育全日制小学、初级中学课程计划(试行)》中,第一次规定了设置地方课程,打破了国家课程一统天下的局面。到1996年,在国家教委基础教育司制定的《全日制普通高级中学课程计划(试验)》中的课程管理部分指出"普通高中课程由中央、地方、学校三级管理",规定由学校安排15%～20%的课程,这样"学校课程的概念第一次纳入国家正式制定的课程文件当中,它标志着我国三级课程管理体制被教育行政部门所采用"。1999年在全国教育工作会议颁布的《党中央国务院关于深化教育改革全面推进素质教育的决定》中正式提出了"建立新的基础教育课程体系,试行国家课程、地方课程、学校课程",至此三级课程管理体制开始正式在我国推行。

我国三级课程管理的基本模式是:国家制定课程发展总体规划,确定国家课程门类和课时,制定国家课程标准,宏观指导课程实施。省级教育行政部门根据国家对课程的总体设置,规划符合不同地区需要的课程实施方案,包括地方课程的开发与选用。学校在执行国家课程和地方课程的同时,开发或选用适合本校特点的课程。它体现了一定程度的弹性,让地方和学校真正拥有选择的余地。

二、地方课程的开发和管理

地方课程开发的主要任务是贯彻国家课程改革精神,开发地方课程资源,更好地完成国家课程改革的任务。其核心是国家课程的标准与地方课程资源的结合与融合。为此,应当多开展有关地方历史、地理、经济、文化传统等研究,而不应把大多数地区开设的共同课程、必修课程作为地方课程。

1.完善市场机制,实施间接管理。在课程资源的挖掘、配套教材的开发和选用以及课程实施水准的监控和评估上,政府干预和市场调节两种机制都是必要的。长期以来,由于严重忽视了市场调节机制,被动地机械地执行国家课程决策,课程开发主体(学校和教师)的积极性和创造性没有得到充分的发挥,多种多样课程资源难以得到优化配置,部分地区某些学科教科书质量不高。在教材使用问题上,容易形成某些教育行政部门的腐败,行风不正。地方教育行政部门必须通过规划具体的课程、教材的开发与实施的研究项目,采取项目招标、严格评审制度、引入竞争机制的办法来进行间接管理。

2.重视"课程创生取向",促进课程实施与师资培养一体化。课程创生取向是相对于"课程忠实取向"和"课程相互适应取向"而言的,认为,真正的课程是教师和学生联合创造的教育经验,课程实施本质上是具体教育情境创生新的教育经验的过程,现有的课程变革计划只是供这种经验创生过程选择的工具而已。显然,这种课程实施中的创生取向具有浓厚的理想色彩,它要求教师不仅要善于对专家开发的课程作出正确的判断、选择和解释,更要善于根据具体情境的特殊需要创造自己的课程,对课程的实施提出更高的要求。在目前,它的推行范围是有限的。

3.建立必要的联系审查制度,促进三级管理之间的沟通。在我国,基础教育目前实行地方负责、分级管理的体制,农村教育全面推行县、乡、村三级办学,县、乡两级管理,县级政府统筹,乡级政府负责落实教育的具体工作,包括乡财政对教育的投入,对教师队伍的管理等。而在课程管理方面,不仅乡级政府,连县级政府也没有起码的自主权,这样形成了教育经费管理、师资队伍管理与课程管理之间的脱节,这是地方课程管理必须处置好的一个棘手问题。要解决这一矛盾,一方面要求课程改革的权力应适当下放,进一步压缩国家统一课程所占的比重,充分调动省、地、县各级教育主管部门在课程管理中的积极性,形成省级为主、市县配合的格局;另一方面基础教育的财政、人事权要适当集中,将兴办基础教育的责任基本上推给县乡两级财政。为此,必须建立必要的关于课程改革的情况通报备案制度、信息发布制度、项目申报评审制度、课程方案执行情况的审查制度等。

三、学校课程的开发和管理

学校课程是理想的国家课程在学校一级的体现,学校是理想到现实课程的转变点。一般来说,学校课程可分为国家课程在学校中的实施、地方课程在学校中的实施以及学校自行开发的校本课程三大部分。

1.选准学校课程决策的出发点。学校课程决策是学校课程开发与管理的首要环节，是学校课程从理论到实际的过程，是影响学生学习内容的自觉的政策选择，旨在控制教学目的、教材、教学方法和教学程序等。要使学校课程真正成为培养学生、促进学生发展的一种有效手段，必须建立必修、选修、活动三类课程紧密联系、互补互促的新型课程结构，从整体上考察学校各类课程对学生素质发展的整体效应，找出各门课程之间的结合点，用一个体系加以贯通，以解决现代科学知识的整体化趋势与学校课程过度分化之间的矛盾。要将学校课程决策的着眼点放在学生知识结构与能力结构的优化上。

2.遵循学校课程开发与管理的基本原则。在实施素质教育过程中，要想不断提高学校课程开发与管理的效果，确保课程改革方案的实施，必须遵循三个原则：

(1)民主原则。学校领导者要善于发动全体成员参与学校课程开发与管理；

(2)规范原则。"勿以规矩，不能成方圆。"一方面，对学校课程开发与管理事宜采用法规、制度、文件等形式加以规范，一旦已经确定了课程方案，必须严格执行。另一方面，学校可以成立以校长为核心成员的"课程管理与开发委员会"，负责根据国家统一的规定、地方的规定和本校的情况，确定学校有关的课程制度，如学校课程开发制度、学校教材审定制度、学校课程选修制度等；

(3)弹性原则。学校课程的开发与管理富有弹性，趋于灵活，既符合有效实施素质教育的需要，又符合基础教育课程改革的特点和趋势。主要表现在针对不同层次的学校的学生和不同年龄段的学生的课程要求上。特别是应区别不同办学模式的学校，赋予不同比例的课时计划。

3.强化学校课程开发与管理队伍的建设。中小学学校课程开发与管理队伍的主体力量是教师。为了使教师适应新课程方案的需要，提倡实行教师"校本"培训模式，即在职培训以学校为基础，根据教师开发与管理课程的需要开展培训，并注重实践。让教师在实施课程方案过程中既成为参与者，又成为学习者，促进教师的专业成长，提高教师参与学校课程开发与管理的效能，而不能依靠教条去约束教师。同时，根据"学校课程管理的核心是教学管理"的理念，学校管理者应坚持在科研指导下，要求广大教师在实施素质教育课程过程中注重培养学生的开拓精神和创造力，培养学生向新的观念和新的机遇开放的心态，培养学生独立探索、应付变革和解决新问题的能力，进而在探索中提升自己的素质。

4.创造学校课程开发与管理的有效条件。学校课程的开发与管理要想实现预期目标，必须积极创造一系列有效条件。首先，加大学校课程开发与管理经费的投入，切实解决开发和管理学校课程的各种财力支持问题。其次，优化学校课程开发与管理的组织形式。面对分层次的学校课程的实施，可以考虑引入学年制，由教同一年级不同学科的教师组成小组或教研室，这样有助于跨学科校本课程计划的制定和实施，同时，能够加强教师之间的交流，共同寻求更加有效的教育方案。跨学科教研组可以和学科教研组并存，互为补充。学校校长应该成为协调跨学科小组活动积极的组织者和有效的促进者。学校还可以建立开放的学校课程开发与管理组织形式，如聘请有关专家学者对校本课程的实施提供研究信息和咨询服务，对课程改革教师进行培训，请家长委员会的成员参与学校课程的开发与管理等。再次，构建有效的学校课程开发与管理的评价机制，摒弃片面的学校课程评价观念，尽可能全面真实地反映学校课程的全貌，建立广大教师参与学校课程评价的机制，缩小升学考试与课程改革方案的距离，在选拔性评价中能够体现学校课程开发的绩效。

四、课程资源的开发和运用

课程资源指的是形成课程的因素来源与必要而直接的实施条件。凡是有利于实现课程目标的各种因素都可称之为课程资源。它包括条件性资源和素材性资源(其特点是作用于课程，并且能够成为课程的素材或来源。比如，知识、技能、经验、活动方式与方法、情感态度和价值观以及培养目标等方面的因素)两种。

(一)新课程资源观

1.教科书不是惟一的课程资源。教科书是核心层的课程资源，是我们开展教育教学活动的重要依据。但是，教科书不是惟一的课程资源。首先，课程是师生利用文本、经验等资源，在交往互动中的重新建构。师生都成了新课程的开发者，教师不能把教科书当做法典和圣经，学生不再把教科书看做自己的全部世界。在这一建构活动中，教科书所承载的知识、方法、方案以及各种案例只是一种素材、一个方向、一些范例，真正让它们“活起来”，还需要环境与情景，需要师生之间的水乳交融。其次，无论多好的教科书，都不可避免地会带有远离学生的生活世界，很难反映不同地区、不同学校和学生的差异性与多样性，落后于社会生活和科技发展实际等弊病。再次，教学设备、设施等条件性资源承载的素材新资源也十分重要，特别是网络。此外，教师、教育管理者、课程专家、家长、有关社会人士等课程资源的重要生命载体，不但是课程资源的开发主体，而且是课程资源得以再生的重要力量。

教师是最重要的课程资源，教师的地位与作用远非在知识传授、技能训练的层面。更重要的是，教师的指导对课程资源开发的主题、方向、方法具有决定性的作用；教师在开发利用学生资源方面具有重要作用；教师在开发利用校外课程资源方面具有桥梁作用；教师在整合各种资源的过程中所起的作用也是不可替代的。尤其重要的是，教师的示范作用对学生的学习和发展产生重大的影响。而且事实证明，许多教师甚至在自身以外的课程资源极其紧缺的情况下，通过对自身价值的超水平发挥达到理想了的教学效果。学生也是宝贵的课程资源，一方面，学生的现实生活和可能生活是课程的依据；另一方面，学生在课程实施中具有主观能动性，学生能生成新的课程。因此，不应把课程及其教材视为学生毫无保留地完全接受的对象，而应发挥学生对课程的批判和建构的作用。环境也是丰富多彩的课程资源，建构主义认为，知识不是通过教师传授得到的，而是学习者在一定的情境，即社会文化背景下，借助教师和伙伴等其他人的帮助，利用必要的学习资料，通过能动建构意义的方式来获得的。环境是多维度的、全时空的，包括心智、情境、氛围、交往等方面。正确合理地开发好这些环境资源，有利于激活学生封存的记忆，有利于拓展学生的思维，有利于挖掘学生潜能，有利于学生在丰富多彩的背景下主动探究和自主发展。家长更是不可替代的课程资源，具有丰富的人生阅历和个人特长，具有工作领域这一方天地及一定的社会关系，具有开阔的视野和大量的信息以及无数的教训和经验。家长有从家庭和社会两个角度观察和反馈孩子成长的契机。家长更有利于有的放矢地进行个别教育,有进行教育的情感基础。为此,家长可以在提供安全环境的条件下把孩子带到大自然和社会大课堂中为孩子提供自主探究的机会和条件,家长可以帮助孩子及时进行总结和反思,可以发现孩子的天赋并发现孩子的差异,这些正是家长独有的优势,家长不应主要把精力放在孩子的物质生活和狭隘的课本知识上。

专栏 7-3

阅读《难忘的泼水节》,为使学生真切感悟周总理为傣族人民祝贺节日的形象内容,深切感受周总理与傣族人民心连心的情感内涵,一教师这样引导:

师:(出示句子:周总理一手端着盛满清水的银碗,一手拿了柏树枝蘸了水,向人们泼水,为人们祝福。)请大家细细读读,想一想,读了这段,在你眼前出现了怎样的画面。

(学生细读、体会后指名交流)

生1:我好像看到了满面笑容的周总理正往围在他四周的傣族人身上泼水。

生2:我好像看到了戴着头巾、穿着对襟白褂的周总理,边向人们泼水,嘴里边说着什么。

师:(在"人们"、"祝福"下面加点)请大家联系加点的词,再读读这段话。想一想,周总理会向哪些人泼水?会怎样祝福?能表演出来吗?

(学生细读、想像,根据口述确定表演角色)

生(周总理):(一边"泼水"一边说)老大娘,祝您越活越精神,越活越年轻。

生(老大娘):祝总理身体健康,工作顺心!

生(周总理):老大爷,祝您寿比南山不老松,福如东海长流水。

生(老大爷):祝总理吉祥如意,岁岁、天天平安。

生(周总理):姑娘,祝你越长越漂亮。

生(姑娘):周总理,您是人民的好领袖,祝您永葆青春。

生(周总理):小伙子,祝你越长越壮实。

生(小伙子):周总理,您终日为国家操劳,为人民奔波,您也要注意休息,保养身体啊!

生(周总理):小朋友们,祝你们好好学习,天天向上,将来为家乡的繁荣多作贡献。

生(小朋友):周爷爷,我们一定不辜负您的期望,一定会牢记您的祝愿,在您的亲切关怀下茁壮成长……

案例解读:"开掘课程资源"是《语文课程标准》积极倡导的一个重要思想。在"课程资源的开发与利用"部分指出:"语文课程资源包括课堂教学资源和课外学习资源,例如:教科书、教学挂图……";"语文教师应高度重视课程资源的开发与利用,创造性地开展各类活动,增强学生在各种场合学语文、用语文的意识,多方面提高学生的语文能力。"教材是学生学习的最主要、最重要的根本性资源。然而,只学课文是跟不上时代发展的,是满足不了学生对知识需求的。课堂教学中,教师要善于引导学生依于教材、超越教材,做语文教材的深度开掘,凸现教材中所潜存着的情感因素、理性因素、思辨因素和审美因素,激发学生对教材内容的通灵感悟,让课文中的语言所隐蕴着的美好的情愫、丰厚的语文素养等彰显出来,从而实现教材与人的双向互动联系,真正体现教材的价值和地位。那么,实际教学中,怎样开掘教材潜在内涵呢?上述案例给了我们有益的启示。由于教者的匠心独具,一个问题、一个词语、一个句子,在学生面前,已不是抽象的语言符号,也不是枯燥机械的文字组合,而是融汇进自己的独特体验,流淌着生机活力的汩汩清流;而是多彩的立体的生活画面——以学生的生活感受、生活积累为基础的,语文与精神同构的形象画面。我们佩服学生精到的感悟教材的技能,更佩服教师精妙的二度开掘教材的引导方法。

[资料来源] 张爱民:《小学教学设计》。

2.要确立立体多维互动的课程资源观。立体多维互动的课程资源观是指要开发和利用多个维度的课程资源并要充分与其展开对话和活动的课程资源观念。教学的本质是对话,是交流和沟通,是师生以教学资源为中介的交互影响过程,是一种特殊的人际交往活动过程。要实现相互影响和相互对话、沟通,必然需要师生、生生乃至其他资源间的有机互动。因此,确立立体多维互动的课程资源观有助于我们整合和盘活各种课程资源。

3.要确立动态长效的课程资源观。要确立动态的课程资源观——善于及时利用超越于常规的天时地利人和之外突然闪现而又不可多得的课程资源。事物是发展变化的,面对凸现于预定教学计划之外的有效课程资源,我们不应该任其流失,要及时抓取。当然,对于课堂中动态生发的教育资源,必须是有重要价值的,是不可或难以再现的,是能变不利因素为有利因素的。其次还要确立长效的课程资源观——在某些特殊教育资源突然降临的情况下,教师不计较一时一地的得失而是巧妙利用其促进学生的长远发展。作为教师要充分调动和发挥自己的教育才智,因势利导,把随机事件开发成有用的教育资源丰富和促进我们的教学过程。

(二)开发和利用教育资源的途径

一般课程资源的开发主要有五个方面的基本途径。①开展当代社会调查,不断地跟踪和预测社会需要的发展动向,以便确定或揭示有效参与社会生活和把握社会所给与的机遇而应具备的知识、技能和素质;②审查学生在日常活动中以及为实现自己目标的过程中能够从中获益的各种课程资源,包括知识与技能、生活经验与教学经验、教与学的方式和方法、情感态度和价值观等方面的各种课程素材,以及开发和利用相应的实施条件等;③研究一般青少年以及特定受教学生的情况,以了解他们已经具备或尚需具备哪些知识、技能和素质,以确定制定课程教学计划的基础;④鉴别和利用校外课程资源,包括自然与人文环境,各种机构、各种生产和服务行业的专门人才等资源,不但可以而且应该加以利用,使之成为学生学习和发展的财富;⑤建立课程资源管理数据库,拓宽校内外课程资源及其研究成果的分享渠道,提高使用效率。

除此之外,课程资源的开发还要根据各地和各学校的实际情况,广开思路,发掘校内外的更加具有针对性和适应性的素材性课程资源和条件性课程资源,从而更好地发挥它们的作用。在课程资源的开发和利用方面,学校教师具有极大的智慧潜能,是一个亟待开发的巨大资源宝库,应该加以高度的重视和充分的利用。教学是课程实施的主要途径,所以教学活动的资源是课程资源的重要组成部分,而且是更为细节的部分。所以教学活动的资源是微观层次的课程资源。与一般课程资源的开发相比,它更强调特定群体和情境的差异性与独特性。开发和利用这类课程资源的主要途径有:①调查研究学生的兴趣类型、活动方式和手段。这样可以归纳出能够唤起学生强烈求知欲的多样化的教学方式、手段、工具、设施、方案、问题,以及如何布置作业、安排课堂内外学习等诸多要素,帮助学生高效优质地完成课程目标。②确定学生的现有发展基础和差异,以利因材施教,同时收集适应技能高低和知识多寡不同的各种活动形式和材料,也是各门功课选材的必要依据。③为学生提供的反馈资料,特别是向学生指出学习中的差错并分析原因的反馈资料,可以很好地帮助学生找出课程学习中的难点。④安排学生从事课外实践活动,从而使学生在课外有机会将自己学到的知识、技能和素质恰如其分地运用于实践,进而避免因为学习远离生活而导致课程教学活动变得越来越抽象,越来越困难。⑤总结和反思教学活动,从而不断地改进自己的教育教学。

思考题

1. 完整理解基础教育课程改革具体目标意义何在?
2. 基础教育课程改革在课程结构重建方面有哪些举措?
3. 何谓综合实践活动?影响综合实践活动全面实施的因素有哪些?
4. 课程标准与教学大纲相比,有哪些方面不同?
5. 新课程资源观对课程改革实施的最直接影响有哪些?

第八章　教学(上)

“教学”概念是教学理论研究的最基本概念,也是构建教学理论体系的起始概念。对教学这一概念的理解,直接影响着对教学本质、教学过程的特点和教学规律等一系列教学基本问题的理解。

第一节　教学概述

一、教学的概念

瑞典学者胡森(Torstein Husen)在其主编的《国际教育百科全书》中,介绍了当前西方关于“教学”的界定。主要观点有:①教学就是传授知识和技能,即通过语言、符号、实物等向学生说明所教的内容,以激发学生的学习;②教学是一种成功,即学生学习教师所教的东西应有一定的成效,如果学生没有学会教师所教的内容,则教师的教学就没有任何意义;③教学是一种有意向的活动,是一种以目标为指向的有意识的活动,与学习的结果并无逻辑上的必然联系;④教学是一项教师依照学生的心智、理性和判断,遵循某些道德准则,友善对待学生的问题,并对学生的理解作出探索的活动,即教学是一种规范性的活动。

我国学者对“教学”概念界定的主要观点有:①强调教师的教和学生的学,揭示了教与学的相互依存和相互制约的辩证关系,学生在教学活动中应该在知识、技能、身心和思想品德等各个方面都得到全面发展;②教学活动不仅仅只是由教师和学生两个方面组成,除了教师和学生的共同参与外,还应包括使教师的教和学生的学融为一体的中介因素,如教学手段、教学内容和教学方法等等;③教学在不同的适用范围中有着不同的涵义。如有的学者就认为广义的教学是泛指那种经验传授和经验获得的活动,并不拘泥于形式、场合和内容;而狭义的教学仅仅指在各级各类学校教育中所进行的教学活动,是一种根据教育目的以传授知识为基础的有计划有指导的学习过程。

我们认为,教学就是指学生在教师的组织引导下,有计划、有目的地获得知识,并在此基础上发展能力及其他个性品质的过程。

二、教学的任务

教学是学校的工作中心,是学校工作的基本途径和主要形式。领导和组织学校工作,首先要领导和组织好教学工作,这是办好学校的一条重要规律。违背了这条规律,就会导致教育质量的下降。教学是以传授知识为主要工作的。一方面,通过教学,能使学生快速高效地获得大量科学文化知识,为身心等各方面的全面发展奠定良好的科学基础;但另一方面,教学是一种凭借教材,以理论传授为主的教育形式,很容易脱离生活实践,对于学生全面发展所需的广阔天地来说,它又体现出有限和狭隘的一面。因此,单靠教学不能实现学生全面发展的教育目的,必须与其他教育形式相联系。学校工作并不仅限于教学工作,学校除开展正常的教学外,还要组织其他的教育形式,如课外活动、日常的生活安排等等,这些工作都是相当重要和必要的,它们与教学是相辅相成,互相促进的。

教学任务的确定是教学的首要问题,而教学任务是受制于教育目的的。有怎样的教学目的,就会有相应的教学任务。目前我国的教育目的就是以培养学生的创新精神和实践能力为重点,培养德、智、体、美等全面发展的社会主义事业的建设者和接班人,依据这个教育目的确定的中小学教学基本任务,主要有以下几个方面:

1.传授和学习文化知识和技能。通过教学,向学生传授文化知识和技能,是教学所要完成的最基本的任务。这一任务是由教学的本质特点和学生的职责所决定的。对于我国的各级各类学校来说,向学生传授的文化知识应该包括自然科学、社会科学、思维科学等等基础知识,而这些知识集中体现在学校开设的一系列课程中。这些课程依据社会发展需要和学生身心发展特点编制而成,能够满足中小学理论教学的基本需要。

当然,学生学习理论知识的真正目的在于运用理论指导实践,这就要求教师在系统传授基础理论知识的同时,要注重对学生进行技能训练,培养学生理论联系实际,独立分析问题和解决问题的能力。如在中小学,要注重对学生进行阅读、交流、计算、实验、探究、合作等方面的技能训练。可以说,掌握基础知识和形成基本技能是相辅相成,互相促进的。掌握知识是形成技能的前提,而形成技能又能够加深学生对所学知识的理解,为学习新知识创造条件。

2.发展智能与体力。在传授知识的基础上发展学生的智能和体力,是教学要完成的重要任务。智能即以人的智力为基础,并在一般智力基础上发展起来的人们从事知、情、意、行活动不可缺少的综合心理品质。它既包括人的一般智力(人们有效地进行认识活动的稳定的心理特征的综合,如观察力、记忆力、思维力、注意力和想像力等因素),还包括一般智力之外的其他智力以及各种智力在各种活动中的能量外显(能力),如语言—言语智能、逻辑—数理智能、视觉—空间关系智能、音乐—节奏智能、身体—运动智能、人际交往智能、自我反省智能、存在智能和自然观察者智能等。在教学过程中注重发展学生的智能,就是要求教师在传授知识的过程中,要自觉地培养学生的观察力,锻炼学生的记忆力,发展学生的思维力,丰富学生的想像力和集中学生的注意力,发展学生多元智能水平,从而最终提高学生的素质。

在教学过程中发展学生体力,也是教学的重要任务。体力即健康人体内存在的能力,包括脑、体的活动能力。学生在学习知识的过程中,仅具有一定的智能条件是不够的,还必须有健康的身体条件。在教学中,要指导学生加强身体锻炼,培养学生顽强、坚毅的精神。

3.培养学生形成积极的情感态度、科学的价值观与世界观、高尚的道德品质。教学是教育的基本途径和主要形式,它永远都具有教育性,教学既要促人成才,又要帮人做人。任何社会兴办学校，组织教学，都必然以特定的价值理念、意识形态和道德规范要求受教育者，以适应社会政治和经济发展的需要。

第二节 教学过程

教学过程是一个多层次、多因素的复杂系统，教学过程的顺利进行总少不了教师、学生和教学中介要素（主要包括除人的要素之外的素材性教学要素和条件性教学要素[①]）。

一、教学过程的基本阶段

教学过程的基本阶段就是在具体的教学活动中，完成一项教学任务所要经过的基本步骤，亦称教学环节或教学流程结构。教学过程中包括教师、学生、教学中介要素等基本因素，而这些基本因素的矛盾运动的复杂性，使教学过程必然呈现出相互联系又相互独立的阶段性。在教学论研究史上，教学过程的基本阶段的划分是国内外教育学者研究的热点，但由于各家的理论观点不同而存在不同的教学过程阶段论。

（一）不同的教学过程阶段论

早在我国的春秋时期，大教育家孔子就对教学过程的基本阶段作了较多论述，如"君子博学于文"，"学而不思则罔，思而不学则殆"，"学而时习之，不亦说（悦）乎"，"君子欲讷于言而敏于行"，等等。根据这些论述，后人就将教学过程的阶段总结为学——思——习——行这四个方面。荀子则认为教学是"闻——见——知——行"的过程，即"不闻不若闻之，闻之不若见之，见之不若知之，知之不若行之，学至于行而止矣"。《中庸》提出的"博学之，审问之，慎思之，明辨之，笃行之"是最具有代表性的反映我国古代教学过程思想的理论。

在西方，柏拉图最早认为教学是一种回忆理念的过程，但他并没有划分出具体的阶段。昆体良最早将教学过程划分为模仿、接受理论的指导和练习三个阶段。对教学过程阶段进行系统研究始于夸美纽斯，他从遵循自然的原则出发，强调直观教学，认为教师应尽量以感官去施教，反对学生在学习中的死记硬背，注重引导学生在理解的基础上牢固地掌握知识，他将教学过程划分为"感觉——记忆——理解——判断"四个阶段。裴斯泰洛齐则从心理学的角度研究教学过程，认为教学过程是从观察外界事物开始的，观察是教学的基础，再通过摄取材料，整理加工，进而形成明确观念，最后再经过描述、定名和分类。

19世纪，赫尔巴特的教学过程阶段论在西方广为流传。他在总结裴斯泰洛齐的"教学的心理化"以及夸美纽斯直观教学理论的基础上，提出用统觉理论来阐明教学过程，认为教学过程实际上就是新旧观念联系和系统化的过程，教学过程即"明了——联

---

① 素材性教学要素主要指与教学软要素直接相关的要素，如教学内容、教学制度、教学中存在的各种关系等；条件性教学要素主要指与教学硬要素直接相关的要素，如教学设备、教学资金等。——编者

想——系统——方法”,后来经过他的学生的补充和修改,发展成为“赫尔巴特五阶段”,即“预备——提示——比较——总结——应用”。这个教学基本模式曾经统治近代各国课堂教学进程近半个世纪。

现代教育学派的代表人物杜威从实用主义哲学观出发,把教学过程看成儿童在自我活动中的尝试——错误——成功的过程,并提出“思维五步法”:暗示——问题——假设——推理——论证。学生要有一个真实的经验的情境,要有一个对活动本身感兴趣的连续的活动;在这个情境内部产生一个真实的问题,作为思维的刺激,以引起学生的思考;学生要具有一定的知识和进行必要的观察,用来处理问题;学生要能通过演绎和推理,一步步地展开他所提出的各种解决问题的方法;学生要有机会通过应用来检验他的想法,使这些想法意义明确,并使自己能够确定它们是否有效。可以说,杜威的五阶段理论的核心在于“问题”,问题的产生和解决贯穿于教学的整个过程。由于杜威的阶段论过于强调在教学过程中的儿童中心,因此不利于系统文化知识的传授和学习。

加涅提出教学过程九阶段论:引起注意——告诉目标——刺激回忆——呈现刺激——提供学习指导——引发业绩——提供反馈——评估业绩——增强保持和迁移。

凯洛夫从教学过程的本质是学生的认识过程的基点出发,提出了教学过程的四阶段理论:

感知——理解——巩固——运用。

巴班斯基也提出了教学过程最优化理论,认为教学过程实际上是社会成分、心理成分和控制成分这三方面的有机统一,教学过程应包括六个具体环节:

(1)研究学生、学生集体、教学条件、教师本身的可能性等,掌握教学的社会目的和任务,使目的任务具体化;

(2)考虑全班学生的特点,使教学的内容具体化;

(3)教师策划教学手段,考虑已查明的系统特点,选择最优的教学形式和方法;

(4)在教师的教学影响和学生本身的学习知识活动的统一过程中,师生在教学上相互影响;

(5)检查和自我检查知识、技能和技巧的掌握情况,机动地调整教学的进程;

(6)师生分析教学过程的一定阶段的成果,查明尚未解决的任务,供下一轮过程参考。

每一种教学阶段理论可能都有其特定的适应的教学情境,每一种教学阶段理论都有其合理和局限的一面,我们在认识和具体运用过程中要做到具体情况具体分析。

(二)教学过程的基本阶段

教学过程是由教师的教和学生的学有机组成的复杂活动,教学过程包括教师教的过程和学生学的过程,而每个过程又可具体划分为相互联系、相互制约的若干个基本阶段。就知识教学而言,教师教的过程可划分为“备课——讲课——课外辅导——作业批改/成绩考评”四个基本阶段;学生学的过程又可划分为“预习——听课——复习巩固——运用知识”四个基本阶段。它们虽然分属不同的过程,但往往有着相同的任务和要求,由此形成密切的联系。如教师教的过程中的备课阶段和学生学的过程中的预习阶段，都有着感知、理解教材，形成表象的教学任务和要求；讲课阶段和听课阶段都有着感知、理解教材，形成概念的任务和要求。

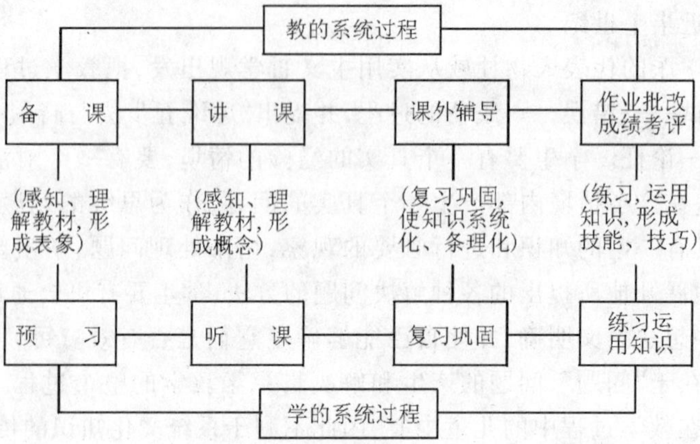

图 8-1 教的系统和学的系统关系图

从上图可以看出，教师的教和学生的学各自的四个基本阶段是相互适应，相互联系，同步适应的，其中第一阶段(备课、预习)是上课的前提；第二阶段(讲课、听课)是中心；而第三和第四阶段是上课的延续和发展。值得注意的是，教学过程的这几个阶段并不是按时间顺序绝对固定的，而是相对有序的，各个阶段可以根据不同的课程类型和具体情况灵活地调整阶段顺序，甚至是可以略去某一或几个阶段，这就需要教师在教学实践中具体问题具体分析了。

二、教学过程的特点

(一) 教学过程的本质

关于教学过程本质的认识集中体现为以下三种观点：

1. 教学过程是学生的一种特殊的认识过程。这种认识过程的特殊性主要体现在学生的认识对象、认识条件和认识任务的特殊性三个方面。在教学过程中，学生认识的对象主要是体现在教学内容中的，更确切地说，是体现在各科教材中的，学生以学习间接经验为主，可以在较短的学校教育时间内学习掌握人类长期积累的知识经验。此外，在教学过程中，学生是在教师的指导下，有目的有计划地开展学习活动的。教师是在充分尊重学生身心特点的基础上，运用一切有利的教学条件和有效的教学方法、手段等，使学生获得德、智、体、美、个性等各方面的全面发展，这就体现了认识条件和认识任务的特殊性。

2. 教学过程是一种师生间特殊的交往过程。教学过程是教师的教和学生的学的双边活动。在教和学的双边活动中，教师处于主导地位，学生是教学活动的主体，教和学是教学活动中的两个方面，二者相辅相成，互为前提，而师生之间的交往活动贯穿于教学过程的始终。一方面，教师引导学生在知识、技能、道德等各方面取得合目的性的发展，另一方面，教师也会在与学生的交往过程中逐渐地了解学生，受学生的影响改变或丰富个人的人格,不断根据学生的反馈信息,改善或提高教学水平,师生在教学活动中共享教学经验,充分体现教学相长的原则。

3.教学过程是一种发展性的过程。教学过程不仅是一种特殊的认识过程,也是一种发展性的过程,即教学活动为学生的全面发展提供了各方面的有利条件,这种发展包括智力、情感、意志、道德品质、身体和个性特长等多个方面。在教学过程中,学生通过主动学习掌握科学知识技能,不断地提高其认识水平,发展智能,同时也为自身的意志、道德、个性等的良好发展奠定了认识的基础。

综上所述,我们可以将教学过程界定为:根据一定的教育目标和任务,以师生相互作用的形式所进行的特殊的认识、交往和发展过程。

(二) 教学过程的特点

1.教学过程的认识性。教学过程是教师与学生特殊的认识过程和交往过程,是教师的教和学生的学的双边活动,因此,教学过程既包括教师的认识过程,又包括学生的认识过程。教师的认识过程是从备课开始的,经过上课,把知识传授给学生,并组织学生复习巩固、练习运用,进行检查考评,实现了从感性到理性又从理性到实践的过程。而学生的认识过程是从预习课文开始,通过上课听讲,在教师的指导下,感知、理解教材内容,复习巩固知识,并通过练习形成技能技巧,也是经历了由感性到理性再到实践的过程。

在教学过程中,学生在教师的指导下,实现了从不知到知,从少知到多知的认识过程,不断提高认识水平和能力。而教师也在教学过程中,为解决教师与学生、教师与教学内容的矛盾,不断地丰富自身知识体系,积累教学经验,从而实现知识技能的良性循环。

2.教学与发展的相互制约与促进。教学的基本任务就是要实现学生的全面发展。这里的发展具体来说包括三个方面:一是指身体方面的发展,包括身体的健康成长和肌体各部分功能的完善;二是指智能方面的发展,包括知识、智力、能力和技能技巧等的增长与发展;三是指非认知心理因素的发展,包括情感、兴趣、态度、意志、性格等的发展与提高。这三个方面的发展都与教学有着紧密的联系,既相互制约又相互促进。

一方面,教学受制于学生的发展水平。人的身心发展是呈现阶段性特征的,在不同的发展阶段,人的身心发展既有共性也有个别差异性。而以知识传授为基础,发展能力和其他个性品质的教学活动,必须了解并适应学生的身心发展特征,必须采取适当的教学方法和教学模式,否则就不能有效地实现教学任务和目标。另一方面,教学与发展是可以相互促进的。教学并不是消极地适应学生的身心发展,而是在尊重学生身心发展规律的基础上,通过教师有计划有目的的指导,以教材为中介,促进人的全面发展。

3.教与学相互依存和相互作用。在教学活动中,教师的教与学生的学是贯穿于其中的两个最基本的方面,教与学各以对方的存在为自身存在的前提,二者相互依存、相互作用、相互促进。

一方面,教师和教师教的活动在教学过程中起主导作用。这种主导性主要体现在:由于受过专门的教育和训练,教师在教学过程中处于领导者、组织者和教育者的地位,他遵循学校的培养目标和学生身心发展的规律和特点，对学生施加影响，促进其全面发展。另一方面，教师的教以学生的主动学习为基础。学生是认识的主体，学生对于教师的教绝不只是消极被动地接受，而是一种主动积极的学习过程。如果没有学生学的主动性，任何教学活动都无法正常运行，更不要提教学质量与效率了。同时，学生的学是教师教的出发点和归宿。教师的教是为了引起并实现学生的学，教师的教有赖于学生学习积极主动性的发挥，而教学效果也需要学生的学习效果来检验。

第三节 教学原则

一、教学原则的概念

教学原则即以一定的教育教学价值理论为指导，在总结教学实践经验基础上形成的，教学工作应当遵循的权威性的理性规范。它是指导学校教学工作的思想方法论。教学原则是人们对教学经验的概括和总结，是人们主观制定的，是对人的理性而非行为提出规范。它可能部分或完全符合教学规律，也可能不符合教学规律。教学原则是软性规范，对教师而言，有一定的操作余地。

二、古代原则性教学思想的价值

在我国古代有着丰富的教育遗产，教学原则是其重要的组成部分，它是历代教育经验的总结，其中有很多流传至今，对当代的教育实践也产生重要的影响，主要有以下几条原则：

1.因材施教原则。孔子是因材施教的首倡者，他通过“视其所以”(观察学生的日常言行)、“观其所由”(观察学生所走的道路)、“察其所安”(考察学生的意向)、“退而省其私”(考察学生私下的言行)等方法，细致地了解和研究每一个学生，主张根据个人的具体情况而施以不同的教育。如“柴也愚，参也鲁，师也辟，由也㖞”(《论语·先进》)；“中人以上，可以语上也；中人以下，不可以语上也”(《论语·雍也》)。

孟子继承并发展了孔子因材施教的原则。他主张，在教学过程中应按照学生不同的条件，运用不同的方法，使其得到不同的发展。孟子认为学生有五种，教师要采取五种不同的教学方法来教育他们。第一种是修养最好的学生，只要稍加指点，便能领会，好像时雨滋润花木一样，很快就会发育成长起来；第二种是长于德行方面的学生，再加熏陶以后，便能成为德行很好的人；第三种是长于才能方面的学生，再经指导之后，便能成为通达多能的人；第四种是一般的学生，则可用问答法进行解惑和释疑；第五种是因地点和时间的关系不能当面施教的学生，可以采用“闻道以善其身”(闻知老师的道德学问借以自修)的方法进行教育。

《学记》对古代因材施教的教育思想作了一个较全面的总结。强调“不陵节而施”、“学不躐等”的重要性，提出“学者有四失，教者必知之。人之学也，或失则多，或失则寡，或失则易，或失则止。此四者，心之莫同也。知其心，然后能救其失也。教也者，长善而救其失者也”。

2.循序渐进原则。孟子主张教学要顺乎人的本性发展,自求自得,循序渐进。他在《孟子·离娄篇》中指出:“原泉混混,盈科而后进,放乎四海。”他还以“揠苗助长”的例子来说明学习上循序渐进的必要性。

荀子认为,当教师的一个必备条件之一就是在教学上要能循序渐进,诵说不凌不乱。在“入乎耳”、“著乎心”的基础上,要注重把知识列成系统,找出规律,使学生能“以近知远、以一知万、以微知明”,能“以人度人、以情度情、以类度类、以说度功、以道观尽”。这样,通过由浅入深的教学,就可使学生用所知之道,去身体力行,完成教学任务和目的。

朱熹把循序渐进视为一条重要的教学原则。他指出,“循序而渐进,熟读而精思”。“君子教人有序,先传以小者近者,后传以远者大者。”“未得其首,则不敢求其后,未通乎此,则不敢忘乎彼,如是循序而渐进焉,则意定理明,而无疏易凌躐之患矣。”

3.教学相长原则。我国古代就极为重视教师与学生之间的相互影响、相互促进的作用。《学记》指出:“学然后知不足,教然后知困。知不足,然后能自反也;知困,然后能自强也。故曰;教学相长也。”原意是指教师通过教与学的两个方面,使教和学相互促进。但后人又将其引申为教师和学生之间的相互学习,共同提高。

4.启发引导原则。孔子在教学实践中初步总结了“启发引导”的教学法,他主张“不愤不启,不悱不发”,这也成为我国古代启发引导教学原则的核心所在。《学记》中明确地提出:“君子之教,喻也,道而弗牵,强而弗抑,开而弗达。”

古人还认识到“激思”与“激疑”之间的相依关系。朱熹在《读书法》中指出:“读书无疑者须教有疑,有疑者却要无疑,到这里方是长进。”同时要掌握启发引导的时机,“禁于未发”,“发然后禁,则扞格而不胜”,“时过然后学,则勤苦而难成”。

总之,我国古代的教育经验是极其丰富的,除了因材施教原则、循序渐进原则、教学相长原则和启发引导原则外,还有学以致用原则、复习巩固原则、学思结合原则等,这些教育教学原则仍然值得现代教育借鉴。

三、现阶段常见的教学原则

(一)以往《教育学》教材中经常提到的教学原则

以往提到的诸多教学原则是以马克思主义教育原理、社会主义中国的教育特点及教育实践经验为出发点,同时也借鉴了人类教育史上的优秀遗产而制定的,具有一定的科学性和适应性。这些教学原则主要有:科学性和思想性相统一的原则;理论与实际相结合的原则;因材施教原则;启发性原则;循序渐进原则;直观性原则和巩固性原则等。在教学实践中,这些原则不是孤立起作用的,而是紧密联系,相辅相成的。

(二)张楚廷著《教学论纲》中提出的教学原则

张楚廷在对上面提到的部分教学原则进行分析说明之后,建构了一套教学原则体系。我们认为这套原则体系基本抓住了教学活动中各种关系的实质,对新世纪中小学各学科教学以及各种活动的开展具有更强的规范指导作用。具体包括:智力培养与心力培育相协调的原则;知识传授与能力培养相协调的原则;思维训练与操作训练相协调的原则;收敛思维发展与发散思维发展相协调的原则;深入与浅出相协调的原则;教师主导作用与学生主体作用相协调的原则。它们之间的关系可用下图表示:

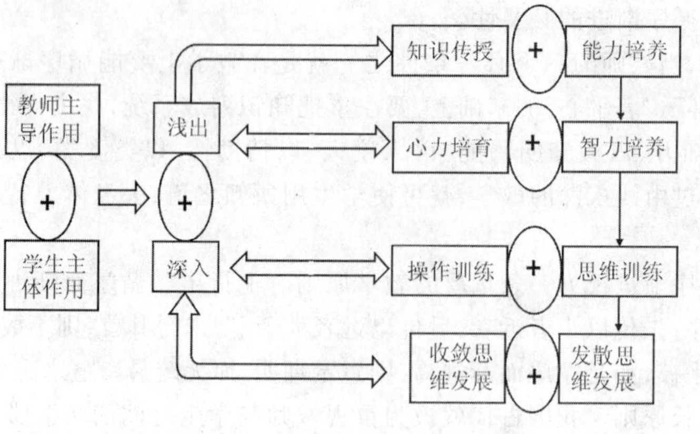

图8-2 教学原则关系示意图

第四节 教学模式

一、教学模式的概念

(一)教学模式的定义

教学模式一词最早是由美国学者乔伊斯(B. Joyce)和韦尔(M. weil)在1972年《教学模式》一书中提出的,他们认为教学模式应是构成课程和课业、选择教材、提示教师活动的一种范型或计划。我们将教学模式定义为:依据教学思想和教学规律而形成的在教学过程中必须遵循的比较稳固的教学程序及其方法的策略体系,包括教学过程诸要素的组合方式、教学程序及其相应的策略。

(二)教学模式的基本要素

一个完整的教学模式应该包括以下五个要素:

1.教学思想或教学理论。任何教学模式都有一定的教学理论或教学思想依据,它是教学模式赖以形成的基础,它为教学模式提供理论渊源,使人们能够了解模式的来龙去脉。如非指导性教学模式的理论依据是人本主义教育心理学;信息加工教学模式的理论依据是信息加工理论。

2.教学目标。教学模式是为达到特定的教学目标而设计的理论。因此,教学目标是教学模式中的核心因素,它决定了教学模式的操作程序,师生活动的比例和评价的标准等。如国内的自主学习教学模式的目标就在于改变脑力劳动的片面性,培养学生的自学能力。

3.操作程序。它是教学活动展开的时间序列或逻辑步骤。可以说,每一种教学模式都有一套独特的操作程序,具体确定教学中各步骤应完成的任务,师生先做什么,后做什么等等。操作程序的实质是针对教学内容安排好师生活动的时间序列。如杜威实用主义教学模式的操作程序为:情境——问题——推理——验证。

4.师生角色。教学是教师教和学生学的统一活动。在这种活动中,教师和学生分别占据着一定的地位,扮演着不同的角色,发生相互作用,从而使教师的主导和学生的主体统一起来。如以培养学生自学能力为主的教学模式中,教师的角色是指导者,对学生的学习进行全面的指导;而学生的任务则是在教师的指导下自学。

5.教学手段和策略。它是教学模式执行时可靠性的重要保证,也就是教学模式发挥效力时的各种条件的最佳组合和最好的方案,包括教师、学生、教学内容、手段、时间和空间等多方面的结合。因此,教学手段和策略应是确切的和可操作的。如自然课教学的"探究——研讨法",就是要让学生不带任何框框去研讨发现。

6.评价。评价是教学模式的一个重要因素,它包括评价的方法和标准。由于不同的教学模式在目标、程序和策略上的不同,评价时就有不同的方法和标准。每种教学模式都有适合自身特点的评价方法和标准。如罗杰斯的非指导性教学模式规定主要实行学生的自我评价;布鲁姆的掌握教学模式采用诊断性测验、形成性测验和终结性测验。

(三)教学模式的特点

尽管教学模式是多种多样的,但都具有一些共同的特点:

1.简约性。教学模式具有所有模式都具有的特点——简约性。在表现形式上,它可以用浓缩的语言或象征性的符号揭示出其构成要素之间的复杂关系和过程,从而形成一个大致轮廓;教学模式不是特定教学过程中的具体经验,它略去了许多细节,只反映了教学过程的核心和本质,这就摆脱了具体经验的局限性,便于掌握和交流。

2.优效性。教学模式以广泛的实践为背景,是众人教学有效经验的总结,并反复得到实践验证,因此,它是一种优化的模式,能对教学实践起到良好的指导作用。优效性是教学模式的生命之所在,如果一种教学模式不是优效的,就会逐渐被淘汰。

3.指向性。教学模式是为了达到一定的目标而提出的,具有明显的目标指向性。如发现学习模式适用于自然学科的教学,但并不适宜于动作技能的训练。

4.可操作性。任何教学模式都不是开放的思辨推论,而是具有一套确定的操作程序,以便于理解、把握和运用。

5.发展性。教学模式并不是固定不变的,而是变化发展的。随着人们对教学实践认识的加强,教学观念和教学思想的不断更新,教学模式也会不断地得到修正、完善和发展。

总之,教学模式是在一定的教学思想和教学理论的指导下建立起来的,是在教学过程中必须遵循的、比较稳固的教学程序及其方法的策略体系。它来源于教学实践,同时又是某种教学思想或教学理论的简化表达形式。因此,既能使教学理论具体化,又能使教学实践概括化和集约化,从而保证了教学理论对教学实践的指导作用。

二、现代代表性教学模式评介

(一)实用主义教学模式

实用主义教学模式是美国实用主义教育家杜威创立的。他认为儿童天性是好动的,教学应旨在表现和发展儿童的个性,因此应在自由活动和经验学习中,使儿童获得能够达到直接需要和目的的各种技能技巧,反对书本的硬性灌输和以训练获得孤立的技能技巧。这样就形成了以"儿童中心论"和"从做中学"为基础的实用主义教学模式。

1.教学目标。杜威认为以前的传统教学脱离了儿童的生活实际,单纯地接受知识,教学呆板,不能够很好地发展儿童的智力和实际动手能力。而要改变这种状况,就需要理论联系实际,重视儿童在实践活动中学,学校所要做的就是训练学生的思维能力,知识仅是训练思维的一部分。

2.教学程序。杜威把思维看做从疑难的情境趋向于确定的情境的过程,并提出了"思维五步法",即思维的过程应包括暗示、问题、假设、推理、验证这五个步骤。杜威将"思维五步法"类推到教学过程中,认为学习就是学习思维,因此,教学也必须经过思维的这五个步骤:

(1)疑难的情境。即要有一个真实的情境。当儿童正在从事某种活动,处于困惑、怀疑的状态时就形成了情境,如果该情境与儿童过去已获得的经验不一致而发生冲突,就形成了疑难情境,它是思维的起点。

(2)确定问题。由以上的疑难情境而产生了疑惑,这样就在疑难情境的内部产生了一个急需解决的问题。这个问题是思维的刺激物,使儿童产生强烈的解决问题的欲望。

(3)提出假设。即运用一个又一个的设想,作为解决问题的假设。由于提出解决问题的各种设想必须以占有大量的材料为前提,这就要求儿童必须善于观察、收集相关资料,再在丰富感性材料和相关材料的基础上,进行各种假设、分析和探索。

(4)推理。即根据假设进一步进行分析、推断,比较哪种假设更可能达到解决问题的目的,整理和列出解决问题的方案。

(5)验证。这是思维活动的最后一个阶段,就是要对解决问题的可能方法进行理论或实践检验,如果可行,则证明以上假设推理是正确的,否则就要推翻原先假设,重新提出新的解决问题的方式或方法。

3.评价。

(1)杜威的实用主义教学模式实际上是一种思维教学模式。在教学目标上,他反对那种脱离儿童实际、妨碍儿童思维发展的"死知识"的学习,主张传授知识应从儿童的实际出发,以儿童为中心,在充分调动学生学习兴趣的基础上,让儿童在自由活动中发展个性和思维能力。这种重视教学过程中的思维因素,特别是注意以疑难问题激发学生思维的教学方法,无论是对当时还是现代的学校教育都有重大的启示作用。

(2)杜威所主张的教学模式实质上是他的"思维五步法"类推到教学中的教学模式,而现代心理学研究证明,思维过程的逻辑顺序确实是经历了提出问题、探明问题、提出假设、检验假设几个阶段,这样就与杜威的"思维五步法"不谋而合了,是一种科学的思维模式。

(3)当然,杜威的教学模式也存在不足,争论较大的就是杜威把思维过程与教学过程同等对待,并且强调把教学过程建立于学生自我反省思维的基础上。这种教学过程容易造成学生发展的片面性、主观性、教学无序以及对学生的放任自流与教育的浪费。因此,他的以思维过程为基础的教学过程还需进一步地完善与发展。

(二)发现学习模式

发现学习模式是由美国著名的教育家布鲁纳提出的。他认为,教学过程就是要在教师的指导下学生的发现过程,学生要利用教师和教材所提供的材料,主动地进行学习。强调学生自我思考、探究和发现事物,而不是消极地接受知识,要亲自去发现问题的结论和规律,成为一个"发现者"。

1.教学目标。布鲁纳认为,教学的基本目标在于使学生掌握学科的基本知识,发展学生的智力。这一目标不仅指向成绩优良的学生,还指向每个学生;不仅指向学科的基本概念、基本原理和基本结构,还指向直觉思维能力和内在动机等。布鲁纳十分重视学生智力的发展,认为学校教育是发展智力技能的一种十分重要的工具,有益于人们运用智慧去探求广泛而未知的世界。

为了更好地实现发展学生智力的目的,布鲁纳还规定了发展智力的具体任务。首先,调动学生良好的学习动机,发展学生运用思维解答问题的信心。布鲁纳认为,知识的获得应是一个积极的过程,只有充分地调动学生的学习动机和信心,才能使获得的新知纳入到巩固的认知结构中去,并不断地创造新知。其次,培养学生观察与想像客观事物和完成象征式操作的各种技能,鼓励学生发现他们自己的假设的价值和改进的可能性,帮助他们认识实验和各种假设的意义。再次,要使学生养成"自我推进"的能力,充分发挥学生的主动作用,允许学生自己运用问题研究的方式,直接处理以往通过教授来掌握的教学内容,促进学生认识的发展。最后,"发展理智上的忠诚"。这种忠诚是指学生们热切希望运用某门学科的仪器和材料,去检查和纠正他们解决问题的办法、思路和见解。总之,教学就是要帮助学生提高对知识的掌握、转移和迁移的能力,使学生获得最好的智力发展。

2.教学程序。

(1)带着问题有意识地观察具体事实。这里的问题可以是从学科本身引出的,也可以是从学生出发引出的,还可以是从社会生活引出的。要符合教材本身的特点和学生的认识水平,要具有典型意义,包括诸多的概念系统。问题提出时,教师可以运用讲解、演示、实验等多种教学方法,以激发学生的学习兴趣和学习动机。

(2)提出假设。在教师的指导下,学生对问题进行讨论,把所观察到的各种现象进行改组,从各个不同角度去研究,再联系已有的知识经验,提出假设。在课堂教学中,教师一方面要允许学生形形色色的猜测、想像,另一方面,也要指导学生明确因果联系,强调逻辑推理,避免胡思乱想。

(3)上升到概念。教学的最终目标是要使学生在课堂教学中所获得的知识成为认知结构的内在成分。在提出假设阶段,提出的假设常常不止一个,这就需要对提出的几个假设进行去粗取精、去伪存真的加工,用科学的语言来表达它,从而成为精确的概念或定义。

(4)转化为活的能力。这是教学的最后阶段,就是要把已经抽象化的概念应用到新的情境中去,用概念体系去解释新的现象。这个过程既是概念的复现,有助于加深对概念的理解、记忆,又可将凝固了的认知结构转化为活的能力,培养学生应用概念、解决问题的能力。

3.评价。

(1)重视学生内部动机的激发和智力的发展,这对现代教育仍有积极意义。布鲁纳的发现学习模式强调在教学过程中,要重视学生对学科基本结构的掌握,发展学生的智力。主张教师要根据学生的认识水平和学科特点提出问题,激发学生的学习动机,让学生能够主动地产生学习行为,从而掌握独立获取知识的能力和方法。

(2)当然,发现学习模式也存在一些不足,主要表现在:首先,发现教学模式很费时,难以全面推广。在这种教学模式中,教师不能作结论,只能提问、诱导,在学生不能理解问题时还要将问题进一步分解;如果教师提问不当,就可能更费时了。因此,从总体上,布鲁纳的发现学习模式效率较低。其次,在教学过程中,过分地强调学生亲自探索知识的活动,夸大了儿童学习的主观能动性,这实质上是否定了人类认识活动在客观上存在的特点。再次,这种教学模式过分地强调把知识结构作为教学的主要内容,从而过分地重视理论知识的学习,削弱了实用知识和技能。

(三)程序教学模式

程序教学模式是由美国著名的行为主义心理学家斯金纳提出的。他通过动物学习实验建立了操作性条件反射的学习理论,进而建立了程序教学模式。

1.教学目标。斯金纳认为,教学目标是使学生形成教师所期待的行为反应,这种反应就是知识的获得,而不是能力的培养。在程序教学模式中,斯金纳制定了程序化的教学机器,由于学生被置于教学机器前,一旦学生形成教师所期待的反应,立即得到强化,因此,学生从程序教学中获得的知识是一种现成的知识。

2.程序教学的原则。

(1)积极反应原则。一个程序教学过程,必须使学生始终处于一种积极学习的状态。这就是在教学过程中,使学生产生一个反应,然后给予强化或奖励,从而能够巩固学生的这个反应并促使其做出进一步的反应。

(2)小步子原则。在程序教学中,所呈示的教材应是被分解成一步一步的。两个步子之间的难度相差很小,前一步的学习为后一步的学习做铺垫,后一步的学习在前一步的学习后进行。由于两步学习之间难度相差很小,就会使学生在学习时容易成功,并建立自信。

(3)即时反馈原则。程序教学特别强调即时反馈,使学生立即知道自己的答案正确,这是建立自信、激发学习动机的有效途径。当学生的每一个反应很快得到教师的评价时,尤其是肯定性评价时,就会在心理上产生强化作用,有助于自信的建立和保持。

(4)自定步调原则。程序教学允许学习者按个人自己的情况来确定掌握材料的速度。它强调学习者在教学中的中心地位,鼓励每个学生以他自己最适宜的速度学习,从而使每个学生有自己的思考时机,学习也就容易成功。

3.教学程序。斯金纳认为,程序教学是指一种类型的学习经验,这种学习经验对学生来说,"程序"代替了教师,"程序"通过一套事先设计好的、有一定顺序的特定行为,使学生按照教师期望的方式去行动。一般来说,主要包括以下四个步骤:

(1)解释。即向学生讲清楚如何用教学机器来学习。

(2)显示问题。即根据学生对学习过程的理解将教材内容分成许多小题目(问题),通过教学机器显示出来。

(3)解答。即学生对问题作出反应(回答)。

(4)确认。即将反应的正误情况及时告诉学生,在学生了解回答是正确的之后,再进入下一步学习;如果回答是错误的,则重新回到显示问题,再让学生作出反应。程序教学的具体流程如下图所示:

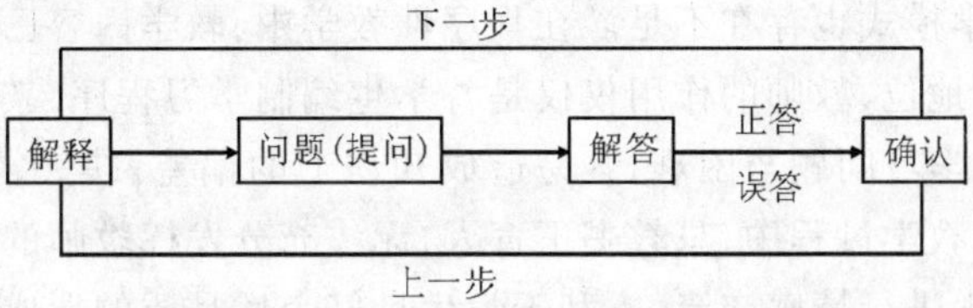

此外,斯金纳认为,程序教学的关键是教材的编序,他提出了直线式程序,后人又提出了衍支式程序和莫菲尔德程序,这三种程序现已发展为程序教学的基本形式。

(1)直线式程序。这是斯金纳的经典程序,它把学习内容分成一个个具有连续性的小步子。在教学中,每呈现一步都要求学生采用填空或书写答案的方式做出回答,如果答错了,机器马上就会呈现正确的答案,然后再进入下一步。用图表示就是:

(2)衍支式程序。又称克劳德程序,是美国心理学家克劳德根据他训练军事人员理解和使用复杂电子设备的经验而编制的。它采用多重选择反应,把学习材料分成内容较多、步子较大的逻辑单元,编成主干程序;再把学生学习时常犯的典型错误编成分支程序。学生学完某单元后,即举行选答式的测验,答对了进入下一单元,答错了引入分支程序,经补充知识,纠正错误后,回复到原单元重学、重答,直到答对了才进入下一单元。用图表示就是:

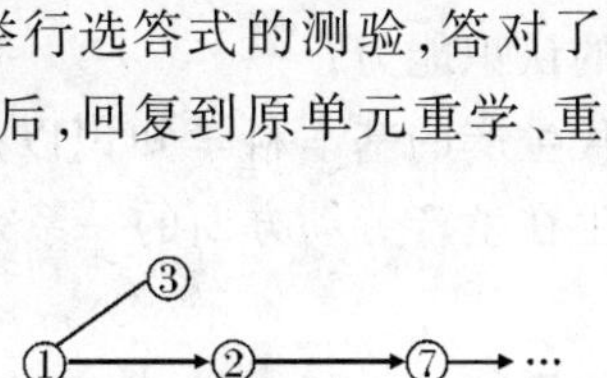

(3)莫菲尔德程序。这个程序实质上是直线式程序和衍支式程序的结合,它对各科知识、概念有不同水平的解释,学生学习主程序中的知识 N 时,答对了,即进而学习 N+1(不必再回到 N),用图表示就是:

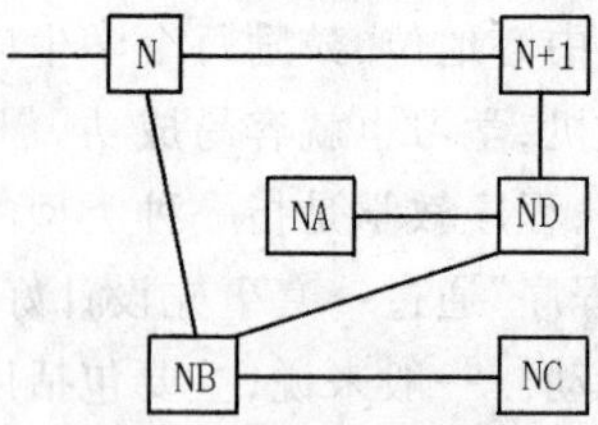

4.评价。

(1)程序教学模式按照学科逻辑系统以小步子编排程序,并考虑到学生的认识特点依次前进,掌握一步,就前进一步。符合由浅入深、由难到易的循序渐进原则,有利于因材施教,使不同程度的学生在学习过程中能充分地发挥其潜力。

(2)及时强化,有利于知识的巩固,调动学生的学习主动性。

(3)程序教学是一种自学的方式。要求学生在学习过程中既动脑又动手,能有效地培养学生自学、独立钻研的能力和习惯。

当然,程序教学模式也存在不足。在程序性教学中,教学内容已经完全取代了课堂教学中教师的主导地位,教师的作用仅仅是替学生编制学习程序,教师无法了解学生在程序学习中出现的学习问题与困难,容易造成知识上的偏差、缺失,不利于学生掌握系统的知识。教师在教学过程中,只教书不育人,无法充分发挥教师的教与学生学的互动作用,也无法与学生进行情感交流,不利于学生良好个性品质的形成。

(四)凯洛夫教学模式

凯洛夫是苏联现代著名的教育家,他首次运用马克思列宁主义的辩证法、认识论来研究教学过程,提出了一套具有社会主义性质的教学过程理论,并对我国教学实践产生了深远的影响。

1.教学目标。凯洛夫在其主编的《教育学》中指出,教学应以知识、技能和熟练的技巧来武装学生,帮助学生建立共产主义世界观,有计划地发展学生的智力和道德品格。它是在教师有目的、有计划的领导下,组织学生积极的活动。凯洛夫认为,教学目标应包括以下六个方面:

(1)保证学生的身体的正常发展,培养健康的和生气勃勃的一代人;

(2)使学生掌握关于自然、社会和人类思维的基本科学知识,培养他们科学的辩证唯物主义的世界观,发展他们的认识能力;

(3)授予青年一代关于现代生产的基本科学知识以及把科学规律应用于社会主义建设实践的知识,同时培养学生在生产劳动方面的一系列的技能和技巧,即给他们以综合技术教育;

(4)保证培养学生的高尚的道德品质和信念,培养他们对祖国的热爱和劳动者国际主义团结的情感。形成他们对劳动和公共财物的共产主义态度,培养他们的自觉纪律;

(5)给予多方面的劳动教育,培养热爱劳动的情感和从事劳动的技能;

(6)对学生进行美育,教会他们正确地理解和评价艺术作品,形成他们的审美的兴趣,发展他们在艺术方面的创造力,传授给他们艺术教育的原理。

2.教学程序。凯洛夫以一节课为单位,按照时间的顺序,提出了教学过程的六环节论,即第一环节(1~2 分钟),学生有组织地坐入自己的座位,迅速准备好这一节课所必须的东西,教师则记下缺席的学生;第二环节(3~8 分钟),查阅学生的家庭作业;第三环节(5~10 分钟),讲解新课的题目与宗旨以及确定与已学功课的联系;第四环节(10~20 分钟),讲述与说明新教材;第五环节(10 分钟),巩固新教材;第六环节(5~8 分钟),详细布置新的家庭作业。凯洛夫认为这六个课堂基本环节之间相互紧密联系,各环节之间并无明显的界限。

后来,有人又将凯洛夫的"六环节"教学模式发展为"五环节"教学模式,具体如下:

第一环节:组织教学,即使学生对上课作好心理上和物质上的准备,集中注意力,排除干扰,自觉投入到学习中去。

第二环节:复习旧课,即检查、复习已学过的内容,加强新旧知识之间的联系,为接受新知识作好准备。

第三环节:讲授新课,即让学生掌握新的知识内容。

第四环节:巩固新课,即检查学生对新教材的掌握情况,及时解决存在的问题,做到当堂巩固、当堂消化。

第五环节:布置作业,即教师布置练习,让学生将所学的知识运用于新的情境中。

可以说,新中国成立以后,我国的中小学基本上都是按照凯洛夫的"五环节"教学模式进行教学,以系统地传授和学习书本知识为教育目标的。

3. 评价。

(1)在凯洛夫的教学模式中,学生是在教师指导下以掌握间接知识为主,并有计划地发展自身的智力、体力和接受道德教育等的。这种以马列主义的认识论来研究教学过程的做法,是凯洛夫的一大创举,具有划时代的意义,为以后研究教学论奠定了辩证唯物主义的方法论基础。

(2)这种模式能够有效地发挥教师在课堂教学中的主导作用,易于达到预期的教学目标。学生能够在有限的教学单位里,较迅速地获得更多的知识信息。

(3)凯洛夫的教学模式适用于学科课程的书本知识的教学,加强基础知识和基本技能的训练和班级上课制的课堂教学。

(4)凯洛夫的教学模式也存在一些不足。主要表现为教学僵化,教学内容贫乏,过分地强调教师的权威作用,使学生处于接受教师提供信息的被动地位,教师讲的多学生活动少,容易陷入注入式教学和学生死记硬背的局面。

思考题

1. 什么是教学?教学的基本任务有那些?

2. 教学的本质和特点是什么?

3. 什么是教学原则?怎样理解教学原则与教学规律之间的关系?

4. 什么是因材施教原则?联系实际说明贯彻因材施教原则的意义和要求。

5. 什么是教学模式?教学模式的基本要素和特点是什么?

6. 试评述凯洛夫的"五环节"教学模式。

第九章　教学(下)

本章对课堂教学工作的流程——备课、上课、作业的布置与指导、教学评价作概括性的说明,同时对直接影响课堂教学实践的质量和效率的两个方面——教学方法和教学设计作实用性的阐述。

第一节　教学工作的主要环节

课堂教学工作是一个完整的进程,主要由备课、上课、作业布置与辅导、教学评价与考试等若干相互联系、前后衔接的环节构成。提高教学效率必须明确各个环节功能及质量要求。

一、备课

备好课是上好课的先决条件。上课前,教师必须备好课。如何备好课呢?这是许多青年教师,尤其是走上教师岗位不久的同志甚为关心的问题。

(一)制定三种计划

1.学期教学进度计划。这是对一学期的教学工作所做的总的准备和制定的总计划。其内容包括:学生情况的简要分析,课程教学的总目标和总要求、根据课程标准、教材大体安排的学期教学的进程。

2.课题(单元)计划。一个课题教学开始之前,教师必须对这个课题的教学工作作整体的考虑,制定出课题计划。其内容主要包括:课题名称、课题教学主要目的、每一课时主要的教学任务与内容、课的类型与主要方法。

3.课时计划,即教案。上课前,教师一定要写好并熟悉教案。教案是在课题备课基础上,对每一节课进行的深入细致的准备。教案的内容主要包括以下项目:班级、学科名称、授课时间、教学课题、教学目的、课的类型、主要教学方法、教具、教学进程及其设计等。其中教学进程是教案的基本部分,内含教学纲要、教学活动安排、教学方法的具体应用和各部分的组织等。

专栏9-1

上海交通大学附属中学特级教师沈蘅仲,教了几十年的中学语文,许多课文翻来覆去不知教了多少遍。但有一次介绍他自己教学经验时却说:"我至今还是不备课不敢进教室的。"的确,像沈蘅仲这样的老教师,他们的教学之所以能驾轻就熟、得心应手,倒不完全是因为他们有丰富的经验,在很大程度上也是由于他们在备课时下了一丝不苟的功夫。因此"不备课不敢进教室"这句话的真正意思,应该是"不备好课不敢进教室”。

[资料来源] 于漪著:《教师的修养》,95~96页,上海教育出版社,1985。

(二)做好三项工作

1.钻研教材。教师要认真钻研教材,包括钻研课程标准、教学用书和教学指导用书等。教师掌握教材有一个深化的过程,一般要经过懂、透、化三个阶段:懂,就是借助各种课程资源,弄清楚、弄懂教材的基本思想、基本概念、每句话、每个字;透,即透彻了解教材的结构、重点与难点,掌握知识的逻辑,设计与学生交流、讨论的问题与方法,知道应准备哪些资料,怎样才能引导学生学好、用好;化,就是教师的思想感情和教材的思想内容熔化在了一起,达到互通和交融的境界。

2.了解学生。包括了解学生原有的知识技能的质量,学生已有的经验水平,学生的兴趣、需要与思想状况,学生的学习方法和习惯等。在此基础上,教师还应对学生在学习新知识过程中会有哪些困难、可能产生哪些问题、需要采取哪些预防措施等有所预见。

3.研究教法。依据教学内容及学生的实际,对教材进行教学方法的加工,包括组织教材、确定课业类型、安排一节课的活动、运用教学方法及布置作业等。

二、上课

提高教学质量的关键是上好课。怎样才能上好每一堂课呢?评价一堂好课有哪些基本要求呢?

(一)教学目的明确

教学目的是上课的出发点。教师必须在钻研课程标准、掌握教材和了解学生的基础上,正确地制订每一节课的教学目的,做到目的具体明确,切实可行。教学目的的主要包括知识、技能(能力),过程、方法,情感、态度和价值观等方面。一节课的目的,不仅要在教案中明确提出,而且应在课堂教学中成为师生为之奋斗的目标。这就是说,师生的活动都要围绕教学目的进行,全力以赴地实现目的而不偏离目的。

(二)教学内容正确

教师在课堂里所授的内容,必须具有科学性和/或思想性。在教材处理上,既要注意突出教材的重点、难点和关键,顾及教材的系统性、连贯性,又要体现课程的灵活性、生成性;既要注意充实课程的科学内涵,又要深入发掘教材蕴涵的思想内涵。

(三)教学方法选择恰当,运用自如

教学方法对完成教学任务起桥梁作用。教师应根据教学任务、教学内容、学生状况和学校的设备条件等选择多种多样的行之有效的教学方法。

(四)教学进程设计巧妙,安排周密

严密的计划与组织,主要指巧妙合理地安排师生活动,充分体现学生主体地位,发挥教师引导、促进学生学习的作用。

(五)教学基本功扎实全面

教学是一门艺术。过硬的教学基本功有助于对教学进行艺术化处理。教学基本功主要包括讲、写、作、画、演五个方面。

(六)教学效果好

一堂课的成功与失败的基本标志,最终要看教学效果。检查教学效果的两个标准是定时低耗,高效优质。主要看教学是否助长了学生分析问题和解决问题的能力,是否积极地影响了学生的思想和品德。

上述一些基本要求,提供了上好一堂课的客观标准。教师应参照这些要求,力求上好每一节课。任何一堂好课,都是教师与学生共同的辛勤劳动的结晶,同时还是教学科学与教学艺术的完美结合。

三、课外作业的布置与课外辅导

(一)课外作业的布置

课外作业是根据教师的要求,学生在课外时间独立进行的学习活动。在教学活动总量中占有一定比例。布置及检查课外作业是教学组织形式之一。课外作业是课堂教学的延伸,有助于巩固和完善学生在课内学到的知识、技能,培养学生独立学习能力和独立学习习惯,提高学生分析问题和解决问题的能力。课外作业是多种多样的,按时间分为:预习作业、课后作业;按内容分为:书面作业、口头作业、实践活动作业、阅读作业等。

对教师布置和批改课外作业的要求是:

1.作业的内容要符合课程标准和教材的要求,所选的作业要有启发性、典型性,有助于学生加深和巩固所学的知识,有助于逐步发展学生能力。

2.作业分量要适当,难易要适度。

3.作业要有明确的要求,对作业的质量和完成时间要有明确的规定。

4.作业要有适当的指导。

5.教师要及时检查和批改作业,及时了解学生掌握知识技能的情况,为改进教学提供依据。

(二)课外辅导

课外辅导是课堂教学的一种补充形式。指在课外帮助和指导学生的学习活动,包括答疑、指导课外作业、给缺课或学习基础差的学生补课、为学习优秀生进一步学习作指导,以及帮助学生明确学习目的、指出学习上的优缺点、教给正确的学习方法等。课外辅导是使教学适应学生个别差异,贯彻因材施教的重要措施。课外辅导的形式一般有个别辅导、小组辅导和集体辅导。

四、教学评价与考试

(一)教学评价概述

教学评价是以教学目标为依据,运用可操作的科学手段,通过系统地收集有关教学的信息,对于教学活动的过程和结果作出价值上的判断,为被评价者的自我完善和有关部门的科学决策提供依据的过程。教学评价是教学的重要环节,了解教学评价的类型以及各种类型教学评价的作用,对于我们开展教学活动非常有益。

(二)教学评价的类型

教学工作是学校教育工作最重要的工作,是一项综合、复杂、多层次的工作,涉及到学校工作的方方面面。因此,教学评价也必须深入到教学系统的各个层次中去,根据不同的评价目标、任务和结果,选择不同类型的评价。

1.根据评价在教学过程中作用的不同,可以分为诊断性评价、形成性评价、总结性评价。

(1)诊断性评价。是在学期或一个单元教学开始时对学生现有知识水平、能力发展水平的评价。它运用摸底考试等手段,弄清学生已有的知识和能力发展情况,学习上的特点、优点与不足之处。其目的是更好地组织教育内容,选择教学方法,以便对症下药、因材施教。

(2)形成性评价。是在教学过程中对学生知识、能力和情感状况进行的评价。教师通常采用在一节课或一个课题教学中对学生进行口头提问和书面测验的形式,掌握学生的学习信息,通过调整、改进教学措施,不断提高教学质量。

(3)总结性评价。是在一个大的学习阶段、一个学期或一门学科终结时对学生学习成绩的总评,也称终结性评价。其目的是给学生评定成绩。

2.根据评价所运用不同的方法和标准,可分为相对评价和绝对评价。

(1)相对评价。是用常模参照性测验对学生成绩进行评定,它依据学生个人的成绩在该班学生成绩序列中或常模中所处的位置来评价和决定他的成绩优劣,而不考虑他是否达到了教学目标的要求,故相对评价又称常模参照性评价。相对评价的优点是在一个集体中可以充分显示出每个人的优劣高下,宜于选拔人才,激起被评价对象的比、学、赶、超的信心,但它将评价标准定在一个狭小范围之内,容易引起自我满足的感觉。

(2)绝对评价。是用目标参照性测验对学生成绩进行评价,它依据教学目标和教材编制试题来测验学生的学业成绩,判断学生是否达到了教学目标的要求,而不以评定学生之间的差别为目的,故绝对评价也称目标参照性评价。它适用于升级考试、毕业考试、合格考试。绝对评价的优点是评价标准比较客观公正,能使评价对象明确自己与客观标准的差距,激励起积极上进的信心。但如果将客观标准选的过高,很容易使被评价者产生高不可攀、望而生畏的感觉。

3.根据评价主体的不同,可分为他人评价和自我评价。

(1)他人评价。是指评价者对被评价者的评价。在教学评价中,他人评价一般指教师对学生、学生对学生、学生对教师、领导对教师、教师对教师、教师对领导等的评价。

(2)自我评价。是指被评价者本身既是评价者,又是被评价者。

4.按照对评价的对象的不同度量方式,可分为定量评价和定性评价。

(1)定量评价。是指采用定量计算方法即收集数据资料,用一定的数学模型或数学方法得出量化的结论的评价。如运用教育测量与统计的方法、模糊教学的方法对评价对象进行数学描述等。

(2)定性评价。是指对不便量化的评价对象采用定性的方式作出价值判断。如用调查法、观察法、哲学分析法、系统分析法和逻辑分析法等收集和处理教育评价信息，作出判断，进行定性描述。

5. 按照评价目的的不同，又可分为选拔性评价和发展性评价。

(1)选拔性评价。是指依据一定的标准，对评价对象排顺序、分高低，以区别优劣，有利于人才的选拔。

(2)发展性评价。最先由英国开放大学教育学院的学者在20世纪80年代提出并倡导的，他们认为评价制度的建构应以促进被评价者的发展为目的，强调评价者与被评价者之间的合作与交流。评价的目标应是有层次的和动态性的，评价内容应该是多角度的，应尊重被评价个体的差异性和多样性特征，评价的过程应是开放式的，要充分重视多元评价结果的价值。这种"发展性"评价理念已经广泛地渗透于当代课程—教学评价制度改革之中。

(三)教学评价方法与手段

1. 教师教学工作的评价，亦称"评教"。是对教师教学质量的分析和评价。它对教学工作具有重要意义。通过评教，可以使教师更清楚地了解自己教学的长处和不足，可以增进教师之间的相互了解，有助于提高学校的教学水平和改进教学。

(1)评价的途径。一般来说评教的途径有四种：即领导评价、同行评价、学生评价、自我评价。

领导评价是指领导班子而不是某一位领导或几个领导的个人评价，这是领导集体对被评教师所进行的评价。这种评价影响较大，有一定的权威性。主要由学校领导通过听课、检查学生作业和教师的教案，召开师生座谈会等形式了解教师的教学质量，作出评价。

同行评价即由教研室(组)或学校的其他教师对该教师的教学进行评定。由于教师相互之间比较了解，对本学科的教学目标、意图、内容、方法以及对师生的背景情况(如教师专业水平、教学热情、工作习惯等)较为熟悉。因此，同行评定的结果比较恰当。

学生评定。学生是教师教学经常、直接的感受者。对于教师的教学，学生应该是最有发言权的。一般来说，教师在学生心目中的威信、受欢迎程度、师生人际关系、教学方法、教学效果等方面的情况，可以通过学生评价反映出来。但由于学生主要是从个人的学习角度来评定教学，他们缺乏对教学目标或意图、内容和方法上的总体了解，他们的学习方法、学习成绩甚至师生关系都可能使他们的评教产生较大的误差。因此，学生评价应与其他评价相对照。

自我评价。是教师对自身教学活动进行评价。一般采用自我分析、自我反思、自我评定等方法进行。

(2)评教的方法和手段。

分析法。即根据一定教学目的、原则或标准来分析教师教学质量的方法。例如，分析评价一节课，尽管实际上存在着许多标准，但如果根据一定标准对课业进行定性分析，就要采用分析法，例如我们要评价几位老师的课堂教学情况，就可以列出这样一张表格，组成评价小组去听课、评课，然后收集起来，加以统计，得出结果。

表 9-1 课堂听课评价统计表

评价结果 \ 教师 / 评语	A	B	C	D	E
目的明确	•	•	•	•	•
内容正确	•	•	•	•	•
方法恰当		•	•	•	•
结构紧凑		•		•	•
气氛活跃		•			•
技能全面					•
	戊	乙	丁	丙	甲

权数分配法。就是将各项评价指标用权数分配的形式,区分出它们的主次轻重。例如对领导、同行、学生、自我评价课堂教学质量赋予不同的权值,即 r_1、r_2、r_3、r_4。然后,把这四个部分评定分数分别填入教师教学质量评定登记表内。(如下表),再算出加权后的累计值(应得总分):$M = r_1A + r_2B + r_3C + r_4D$。

表 9-2 教师课程教学质量评价登记表

评定内容 \ 应得分	领导评价 ($r_1 = 0.25$)	同行评价 ($r_2 = 0.20$)	学生评价 ($r_3 = 0.45$)	自我评价 ($r_4 = 0.1$)	总分

2.学生学习成绩的评价。一般来说,对学生学业评价主要通过以下手段:

(1)观察法。观察是直接认知被评价者行为的最好方法。它适合于在教学中评价那些不易量化的行为表现(如兴趣、爱好、态度、习惯或性格)和技能技巧类测试成绩(如唱歌、绘画、体育技巧和手工制成品)。但被观察者知道被别人观察时,他的行为便不同于平常,因此结果并不完全可靠,观察精确化的问题也需要解决。为了提高观察的可靠性与精确度,一方面要做到观察经常化,记一些学生的行为日志或轶事报告,使评价资料更全面;另一方面可采用观察等级量表等工具,力求使观察准确、细致。

(2)考试。我国中小学的考试制度主要由考查和考试两个部分组成。考查,一般是指对学生的学习情况或学习成绩进行小规模个别检查与评定,如口头提问、家庭书面作业、书面检测等。考试,一般是指对学生学习成绩进行阶段性或总结性的检查与评定。考试通常有:期中考试、学期考试、学年考试、毕业考试、升学考试等。考试结果以及评分类型具体情况见图 9-1:

- 学生成绩评定结果处理方式
  - 评分制
    - 绝对评分
      - 百分制
      - 五级评分制
    - 相对评分
      - 标准分数
        - 百分等级
        - Z 分数
      - 等级分数
  - 评语制

图 9-1　考试结果以及评分类型构成图

(3)档案袋评价。是 20 世纪 80 年代在美国教育实践中涌现出来的评定方法,它与传统的评价最大不同在于学生是评价的直接参与者,是档案袋内容的决策者或者主要决策者。从而,档案袋评价为学生提供了一个学习机会,并使他们能够学会判断自己的进步,拥有了判断自己学习质量和进步的机会。特别是在使用某些档案袋类型如精选性档案袋或过程性档案袋时,学生成了提高作品质量和价值的最终仲裁者,而考虑档案袋体系开发时,其中有允许学生自我反省和自我评定的可能性是最为重要的。档案袋的类型是多种多样的,美国教育心理学教授格莱德勒(M. E. Gredler)根据档案袋的不同功能标准把档案袋评定分为理想、展开、文件、评价、课堂这几种类型。值得注意的是,档案袋的使用要伴随着一系列课程的教学观念、评价观念以至学生观念的变革,否则仅仅是把学生的一些作业收集起来放在一起,其结果也未必符合档案袋评定的精神实质。

专栏 9-2

学生学习成绩评定制度改革:烟台模式

在烟台市由应试教育向素质教育转变的教改中,考试制度的改革当作了牵一发而动全身的核心工作。1994 年,烟台市在小学考试中取消了百分制,实行"等级 + 特长 + 评语"的评定方式。理由是百分制可以较好地测量学生掌握知识的情况,有精确的量化、排队功能,适用于"选拔性"考试,但小学没有"选拔"任务,为什么要用百分制去挤压学生呢?

"等级 + 特长 + 评语"的评定模型中。"等级评定"是核心。烟台把成绩分为四个等级:优秀、良好、及格、不及格。小学低、中、高年级分别要答对 90%、85%、80% 以上就算优秀了。于是大部分学生都体验到了当优秀生的快乐。过去因 1 分、2 分之差而引起的过度竞争扭转了。就是这样一个"模糊成绩"也不张榜、不公布,只通知本人。但是试卷上的错误必须及时更正。更鲜明的是,你如果对自己的成绩不满意,可以申请重考。这样一来,等级考试失去了"排队"功能,它的作用是促使你把知识吃透、学会,让你获得成功的信心。

"等级 + 特长 + 评语"的第二项是"特长评定"。这是借助评定手段来使应试教育向素质教育转轨的重要举措。要评定"特长",必须首先培养特长。更重要的是"分项考核,特长评定"的实施,使师生从分数"牢笼"中解脱出来,有时间有精力发展特长,爱其所爱,爱其所好。学校有统一印发的"小学生素质综合发展评定手册",在学校各种活动中学生的表现都记有名次或等级,期末从中选一个最佳成绩,用写实的方式记入“评定手册”。

最后一项“评语”,烟台市借鉴了上海等地的成功经验,“评语”发生了引人注目的变化;过去的“评语”中冷冰冰的“该生”不见了,代之以第二人称“你”;训斥性的话语不见了,代之的是真诚的期望、亲切的鼓励,崭新的评语,给学生以全新的感觉。取消百分制,改变了“一张试卷定乾坤”的格局。“等级+特长+评语”使学生品尝到成功的喜悦,心理负责轻了,学习变成了乐趣,学习的内驱力充分发挥出来。

[资源来源] 鞠庆友等:《直挂云帆济沧海——烟台教改实验区素质教育记实》,《人民教育》1997(7、8)。

(四)教学评价与考试的改革

教学评价在我国虽起步较晚,但发展很快。教学评价的理论和方法在我国中小学得到了广泛选用。随着教育改革的不断深入,课堂教学改革逐步由行政命令转向科学调节,教学评价作为一种有效的调节手段在教学活动中的作用越来越重要。但在教学评价的实践活动中,教学评价的认识局限,也产生了一系列问题。在实践活动中,我们过多注重评价的鉴定功能而忽视了评价的诊断作用,认为评定无非就是为排序提出依据;评价意识与手段还停留在考试与测试上,很少考虑到评价手段的多样性、评价功能的全面性;由于评价手段的单一,我们只能或更多依赖于事实判断,而忽视了价值判断;同时管理者把教学评价看成自己的“专利”,不利于被评价者的积极参与。为进一步贯彻落实《中共中央国务院关于深化教育改革全面推进素质教育的决定》(中发[1999]9号)和《国务院关于基础教育改革与发展的决定》(国发[2001]21号)精神,教育部发布了《关于积极推进中小学评价与考试制度改革的通知》(教基[2002]26号),现就要点摘录如下:

1.中小学评价与考试制度改革,要全面贯彻党的教育方针,从德、智、体、美等方面综合评价学生的发展,培养学生热爱党、热爱社会主义、热爱祖国、诚实守信、助人为乐的高尚道德品质、终身学习的愿望和能力、健壮的体魄、良好的心理素质以及健康的审美情趣。

2.中小学评价和考试制度改革的根本目的是更好地提高学生的综合素质和教师的教学水平,为学校实施素质教育提供保障。充分发挥评价的促进发展的功能,使评价的过程成为促进教学发展和提高的过程。

3.对学生、教师与学校的评价内容要多元,既要重视学生的学习成绩,也要重视学生的思想品德以及多方面潜能的发展,注重学生的创新能力和实践能力;既要重视教师业务水平的提高,也要重视教师的职业道德修养;既要重视学校整体教学质量,也要重视在学校的课程管理、教学实施等管理环节中落实素质教育思想,形成生动、活泼、开放的教育气氛。评价标准应注意对学生、教师和学校的统一要求,也要关注个体差异以及对发展的不同需求,为学生、教师和学校有个性、有特色的发展提供一定的空间。

4.评价方法要多样,除考试和测验外还要研究制定便于评价者普遍使用的科学、简便易行的评价方法，探索有利于引导学生、教师和学校进行积极的自评和他评的评价方法。

5.对学生、教师和学校的评价不仅要注重结果，更要注重发展和变化过程。要把形成性评价和终结性评价结合起来，使发展变化的过程成为评价的组成部分。

6.重视学生、教师和学校在评价过程中的作用，使评价成为教育行政部门、学校、教师、学生和家长共同参与的交互活动。

7.以促进学生发展为目标的评价体系应包括评价的内容、标准、评价方法和改进计划。评价标准应该用清楚、简明的目标术语表述，主要包括基础性发展目标和学科学习目标两个方面。

教师要在教育教学的全过程中采用多样的、开放式的评价方法(如行为观察、情景测验、学生成长记录等等)了解每个学生的优点、潜能、不足以及发展的需要。

考试是评价的主要方式之一，考试应与其他评价方式相结合；要根据考试的目的、性质、内容和对象，选择相应的考试方法；要充分利用考试促进每个学生的进步。

8.建立有利于促进教师职业道德和专业水平提高的评价体系。中小学教师评价制度的改革要有利于加强教师职业道德建设，促进教师业务水平的提高，建立有利于实施素质教育、发挥教师创造性的多元的、新型的中小学教师评价体系。建立以学校自评为主，学校领导、同事、家长、学生共同参与的教师评价制度。不得以学生考试成绩作为评价教师的惟一标准。

9.建立有利于提高学校教育质量的评价体系。中小学校评价制度的改革应有利于促进学生、教师和学校的共同发展。要改变长期以来以升学率作为惟一标准评价学校教育质量的做法，建立符合实施素质教育要求的中小学校评价体系。

建立以学校自评为主，教育行政部门、学生、家长和社区共同参与的评价制度。学校应对评价所涉及的各方面进行自我评估，准确了解学校的发展状况，针对存在的问题采取及时有效的改进措施。评价学校应注重实证性的考察(如现场观察、访谈、问卷、听课、座谈、分析学校的原始记录和档案等)。各级教育行政部门不得以升学率作为评价学校的标准。

10.中小学升学考试和招生制度的改革。在已普及九年义务教育的地区，公办学校实行义务教育阶段就近免试入学，民办和各类进行办学体制改革的小学、初中也不得以考试的形式选拔新生。

高中录取标准除考试成绩外，可试行参考学生成长记录、社会实践和社会公益活动记录、体育与文艺活动记录、综合实践活动记录等其他资料，综合评价进行录取。积极探索建立招生名额分配、优秀学生公开推荐等制度。

11.普通高中会考制度的改革。各省、自治区、直辖市对普通高中会考具有统筹决策权。

由省级教育行政部门提出是否组织普通高中毕业会考方案，报省级人民政府批准，并报教育部备案。不再进行普通高中会考的地方要建立和完善普通高中毕业考试制度。

逐步形成容许高中阶段其他学校的学生和社会人员参加会考的机制。要为学生提供多次考试机会和补考机会。

12.继续深化高考改革,积极探索综合评价、择优录取的高等学校招生办法。高等学校选拔方式的改革要进一步探索建立在文化考试基础上综合评价、择优录取的办法。高中应探索建立综合性的评价体系,增加反映学生在校期间参加研究性学习、社会公益活动及日常表现等真实、典型的内容,为高等学校招生工作提供更多的学生成长信息,逐步使中学对学生的评价记录成为高等学校择优录取的重要参考之一。

第二节　教学方式方法

教学方式方法是构成课堂教学过程的一个重要的因素。课堂教学的展开总离不开一定的方法、方式。教学方式方法就是研究教学"怎样做"的问题,它对于提高教学质量有着重要的意义。

一、教学方式方法概述

教学方式方法是随着社会的发展、教学实践和理论的发展而发展的。

(一)教学方式方法的基本含义

教学方法是为了完成教学任务而采用的办法。它包括教师教的方法和学生学的方法,是教师引导学生掌握知识技能、获得身心发展而共同活动的方法。过去把教学方法只看做是教师为完成教学任务、传授知识技能、指导学生学习的方法,难免失之偏颇。在一个相当长的时期里,我们的教学实践只重教而不重学,只重教法的研究而忽略学法的探讨,只重教师的主导作用而忽略学生主体作用,在一定程度上都与这种认识有关。事实上,教学方法始终包括教师与学生共同进行的教与学的双方活动,这是教学方法的重要特点。例如,教师讲授要求学生聆听、思考,教师演示要求学生观察、分析,教师示范要求学生模仿、练习。而学生的研究、作业则需要教师辅导、检查、批改。可能在特定的情况下,只以一个方面为主,但另一方面则是必不可少的。所以,从强调教学方法是教师的教法发展到是在教师引导下师生配合进行教学的方法,这是教学方法在理论和实践上的重大进展。

教学方式是构成教学方法的细节,是教师和学生进行的个别智力活动或操作活动。例如运用讲授法,教师可以用提问的方式讲,可以用诠释的方式讲,也可以用归纳的概括的方式讲。而学生既可以聚精会神地听,也可以边听边记笔记。这些方式表现在不同学科和不同教师身上又各有特点。可见,教学方法是一连贯有目的的活动,它能独立完成某项教学任务。而教学方式只能运用于方法,并为完成教学任务服务。它本身不能独立完成一项教学任务。但不能因此而否定教学方式的独立意义,因为同样的教学方式,可以被运用于不同教学方法中。不过,教育学主要研究教学方法,只是在研究如何运用方法时才具体考虑采用什么样的方式为好。

此外,为了增加教学方法的作用,在运用教学方法时常结合教学手段。教学手段是指为提高教学方法效果而采用的一切器具和设施。它包括;教学用书(教科书、参考书、工具书)、直观教具(各种实物、图片、标本、模型、仪器)、现代化视听工具(幻灯片、无线电、录音机、电视、电影等)以及专用教室。现代教学在研究教学方法时,必须考虑教学手段,特别是现代化的教学手段以增加教学效果。

(二)教学方法的选择

要有效的完成教学任务,必须正确选择和运用教学方法。常有这种情况,有的教师满腹经纶,却似“茶壶里的饺子”——有货倒不出;有的教师讲课时滔滔不绝,而学生却昏昏欲睡。究其教学效果不好的原因之一,在于这些教师存在着重教学内容、轻教学方法的倾向。所以我们应该注意教学方法的选择与运用。

现代教学对教学方法的要求日益提高,提倡以系统的观点为指导选择教学方法和手段,以便使教学过程最优化,发挥它的整体功能。一般说来教学方法和手段的选择主要依据以下几个方面:

1.依据教学任务。每堂课的教学任务不同,教学方法也应该有所不同。如以传授新知识为主要任务,可多选用讲授法、问答法;以复习巩固旧知识为主要任务,多选用问答法、讨论法、练习法。教学目的是培养学生的动手操作技能和独立工作能力,就应该多运用实验法、练习法、实习法。

2.依据教学内容。教学任务必须通过一定的教学内容来完成。因此选用教学方法必须以教学内容为依据。不同性质的学科所要求采用的教学方法也应有所区别。化学教材不能像语文那样教,同样语文中的诗歌与小说又怎能用同一种方法教呢?

3.依据学生特点。教师的教是为了学生更好的学,教师的教只有适应学生的特点才能收到预期的效果。因此,学生的学习特点是正确运用教学方法的基础。这就要求教师要深入到学生中去,了解他们的知识、能力、兴趣、学习习惯等。如果只是上课匆匆而来,下课匆匆而去,连学生面孔与姓名也久久对不上号,那么,即使把教材倒背如流,在教室里充其量也只是能起到录音机的作用。

上述的三方面是教师运用教学方法的基本依据。常言道:“教学有法,教无定法。”万能的方法是没有的,只依赖于一二种方法进行教学无疑是有缺陷的。每个教师都应恰当选择和创造性地运用教学方法,表现自己的教学艺术和形成自己的教学风格。

二、现代教学方法的改革

为了提高人才培养的质量,自20世纪中叶以来,世界范围内教育改革运动中,各种各样新的教学方法不断出现,其中有一些带来了教学实践的显著变化,并产生了广泛的影响。就我国来说,主要有上海市育才中学提出并实施的“八字”教学法、湖北大学心理学教授黎世法提出的六课型单元教学法、辽宁省特级教师魏书生提出的六环节教学法以及卢仲衡所提出的数学自学辅导法等等。就国外来说,苏联有赞科夫的发展教学法、巴班斯基的最优化教学法;美国有布鲁纳的发现法、布鲁姆的掌握学习法;保加利亚有洛扎洛夫的暗示教学法;德国有瓦根舍因的范例教学法等等。

三、常用的教学方式方法评价

我国中小学常用的教学方法主要有:讲授法、谈话法、读书指导法、讨论法、演示法、参观法、练习法、实验法、实习作业法等。

(一)讲授法

讲授法是教师通过口头语言系统连贯的向学生传授知识的方法。这是历史上最为悠久的教学方法之一。它的优点在于能够充分发挥教师的主导作用,保证系统而连贯地向学生传授知识,可以广泛的运用于各学科教学之中。但如果使用不当,往往难以照顾学生的个别差异,使学生处于消极被动等待的地位,不利于其主体作用的发挥。

讲授法具体又可分为讲述、讲解、讲演这几种方式。讲述是教师对某个事件或事物作系统的叙述或描述的方式。讲解是教师对某个概念或原理进行解释分析和论证的方式。讲演是教师不仅向学生系统地描述事实,而且深入分析和论证事实,在一定深度和广度的基础上作出科学的结论。它常常以学术报告的形式出现。

运用讲授法的基本要求如下:

1.讲授的内容要有科学性和思想性。运用概念要精确,论证原理、结论要严密。证明定理、定义、法则要充分,引用材料要确凿可靠。

2.讲授要有系统性、连贯性和逻辑性,层次清楚,重点突出,难点分散。

3.讲究语言艺术。语言要确切明白、简洁通俗、优美形象、生动幽默。

4.配合讲授,教师要注意板书的设计、体态语言的运用,以增强讲授效果。

(二)谈话法

谈话法又称回答法或提问法,是指教师根据学生已有的知识经验,向学生提出适当的问题,引导学生在独立思考的基础上,通过师生之间的对话,获得新知识和巩固旧知识的一种教学方法。它包括提问和回答两个部分。谈话法的优点是通过具有启发性的师生间的对话,能激发学生的智力活动,使学生的思维处于积极的状态;便于教师及时了解学生的知识状态和调整教学;易于保持学生的注意和引起学生的兴趣;有利于发展学生的语言表达能力;便于在面向学生的同时,照顾个别学生的特点。

谈话法的具体教学形式可分为复习谈话和启发谈话两种。复习谈话是根据学生已学教材向学生提出一系列问题,通过师生间的问答帮助学生复习、深化、系统化已学的知识。启发谈话则是通过向学生提出未思考过的问题,一步一步引导他们去深入思考和探取新知识。

谈话法的基本要求如下:

1.教师要做好充分的准备,精心设计问题,使问题具有系统性和逻辑性。

2.提问要适合学生程度,有启发性。问题的表述要具体明确,有趣味,有启发性,能引起学生思考。

3.提问要面向全班,要使全班同学都积极准备,回答所提问题,然后再点名要求某个同学具体回答,以利于全班同学都积极思维。教师要耐心、热情地对待学生的回答,绝不要粗暴地中途终止他们的发言。

4.要做好归纳、小结。当问题基本解决时，教师要及时归纳或小结。使学生的知识系统化、科学化，并注意及时纠正学生的一些不正确的知识，帮助他们准确的掌握知识。

(三)读书指导法

读书指导法是教师指导学生通过阅读教科书或课外读物使学生获得知识、巩固知识、培养自学能力和习惯的一种教学方法。读书指导法在教学中具有重要的作用，它能充分调动学生的积极性，激发求知欲望，使学生学会通过读书广泛获取知识，巩固、扩大和加深知识领域；还可以丰富词汇，发展语言能力，形成阅读的技能、技巧，提高自学能力，养成良好的读书习惯。

读书指导法包括指导学生预习、复习、阅读参考书、自学教材等。指导预习，需要向学生提出要求，使学生通过阅读能初步了解课文，为学新课作好准备。指导复习，要提出明确任务、布置作业，以便加深对课本知识的理解和巩固。指导阅读参考书，要指定适合的读物或限定内容，因人而异地给予知识上和方法上的指导。指导学生自学教材，是在教师启发和辅导下学生以自学的形式来学习新课。

运用读书指导法的基本要求如下：

1.提出明确的目的要求，让学生带着任务和问题读书。

2.指导学生读书的方法。教师应当指导学生掌握朗读、默读、浏览、精读等方法；指点学生提问题、作记号、眉批、摘要、写心得等；教会学生使用阅读工具书和查阅文献资料的方法。

3.加强阅读指导。学生在阅读过程中必然会碰上这样或那样的困难，产生疑惑，对此教师应及时给予指点，帮助解决。

4.要帮助学生选择适度而有益的书籍来阅读。

(四)演示法

演示法是指教师通过展示直观教具、实物或示范性实验，使学生获得感性知识，用以说明或印证所传授的知识的方法。随着教学手段的现代化，演示的内容大大的扩充，它的作用日益重要。教师通过演示，可以使学生获得感性材料，把书本上的理论知识与实物联系起来，能引起学生的学习兴趣，激发学生的积极思维，有利于发展学生的观察力。

演示法大体可分为四种类型。即图片、图画、挂图、地图的演示；实物标本和模型的演示；幻灯、录音、录像、教学电演的演示；实验演示。

运用演示方法的基本要求如下：

1.作为演示前的准备，要根据教材内容制作演示教具，放大需要认真观察的部分，最好用色彩把容易忽略的地方突出。演示实验，要经课前试作，以保证上课演示的成功。

2.演示时，教师注意尽量使全班学生都观察到演示活动，并尽可能使学生动员多种感官(如眼、鼻、手等)去感知，以加深印象。

3.教具的演示要适时、适当。应当在使用时，才展示直观教具，过早地把教具拿出来，会分散学生的注意，削弱新颖感。教具用过后，应当及时收起。

4.实验演示要引导学生明确演示的目的和观察的重点,以防止学生被一些次要的现象所吸引。

(五)参观法

参观法是教师根据教学需要,组织学生到校外一定的场所(如生产、工作现场、教育场所、气象站等)通过接触实际事物获得知识、巩固知识或验证知识,提高思想认识的一种方法。参观能加深教学与社会实践的联系,扩大学生的眼界,培养学生的观察和调查研究的能力,使学生受到生动的思想教育。

参观的种类有准备性参观、并行性参观、总结性参观三种。准备性参观是在学习某一新课题之前进行的,目的是为学生学习新课题积累一定的感性材料,奠定基础。并行性参观是在学习新课过程中进行的,目的是使理论与实践联系更加紧密。总结性参观是在学习新课之后进行的,目的是帮助学生验证,加深理解,巩固课堂学过的知识。

参观法的基本要求如下:

1.要做好参观前的准备工作,拟订参观计划。

2.参观过程中,教师要对学生进行具体指导。

3.参观结束后,要及时进行总结和评议。

(六)练习法

练习法是在教师指导下,学生巩固知识、形成技能技巧的教学方法。练习法有助于发展学生的认识能力和创造才能,对于培养学生的意志品质也有重要的作用。

练习的种类很多,按培养学生不同方向的能力分有:口头练习、书面练习、实际操作练习;按学生掌握技能、技巧的进程分有:模仿性练习、独立性练习、创造性练习。

练习法的基本要求如下:

1.提高练习的自觉性。首先要使学生明确练习的目的、要求,掌握练习的原理、方法,这样才能保证练习的质量,防止练习中可能产生的盲目性。

2.循序渐进,逐步提高。练习作业要有计划、有步骤地进行,在练习的数量、质量、难度、速度等方面,做到由简到繁、由易到难、由浅到深、由慢到快,使学生逐步提高。

3.严格要求。要引导学生严肃认真地对待各种练习,做到一丝不苟、精益求精,同时要注意培养学生自我检查、自我分析、自我改正的能力,养成良好的学习习惯。

(七)实验法

实验法是学生在教师指导下运用一定的仪器设备进行独立操作,通过观察一定条件下事物发生变化的过程,获得知识、验证理论和培养实际操作能力的方法。实验既可以使学生获得一定的感性认识,又可以验证理论知识,同时也可以发展观察力和思考力,培养学生爱科学、学科学、用科学的追求真理的精神。这种方法在自然科学的教学中得到越来越普遍的运用。

实验法的基本要求如下:

1.实验要制定实验计划,并做好各种仪器和药品等的准备工作。

2.实验过程中,教师要做具体指导,使学生明确实验的目的、要求和做法。

3.实验结束时,教师应根据学生的实验做简明的小结,并要求学生写出实验报告。

(八)实习作业法

实习作业法是学生在教师指导下,参加一定的实践活动,将书本知识运用于实践的一种方法。它对于贯彻理论联系实际的原则、培养学生的实际操作能力具有重要意义。由于各门学科的性质不同,实习作业也有所不同。如数学课有测量实习,物理、化学课有生产技术实习,生物课有植物栽培和动物饲养实习,地理课有地形和地貌测绘实习等。

实习作业法的基本要求如下:

1.做好实习前的准备工作。教师要制定实习计划,确定实习的地点,准备好仪器,编好实验小组。

2.做好实验过程中的指导。要认真巡视,掌握全面情况,发现问题及时进行指导。

3.做好实验总结。实验结束后,学生应写出个人小结,然后由教师指出优缺点,分析其产生的原因,并提出改进的意见,以巩固实习的收获。

(九)讨论法

讨论法是学生在教师指导下,为解决某个疑难问题而进行探讨,辨明是非真伪而获取真知灼见的方法。教学实践表明,讨论法对于培养学生的语言表达能力、思维敏捷能力等具有其重要意义。

讨论法的种类很多,既可以是整节的课堂讨论,又可以是几分钟的讨论;既可以是全班性的,也可以是小组讨论。

讨论法的基本要求如下:

1.讨论前,教师需要根据教学目的来确定讨论题目。它必须是重要的而且有讨论价值的。同时教师要提出具体要求,指导学生收集有关的资料,认真准备讨论的意见,拟订发言提纲。

2.讨论进行时要充分启发每个学生独立思考,鼓励学生大胆质疑问难。

3.讨论结束时,教师要及时归纳总结,对疑难问题、有争议的问题,要阐明自己的看法,并指出进一步思考和研究的问题。

四、教学方式方法转变中的主要问题

(一)如何把教师的主导作用与学生学习的积极性结合起来

中外教育史上已有过的许许多多的教学方式方法,有的强调教师的主导作用,有的则带有浓厚的儿童中心主义的色彩。现代教学方法既重视学生学习的积极性,又肯定教师的主导作用,教师的主导作用不再体现为知识的“讲述者”,而要求成为学生学习的“引路人”。

(二)如何把知识的传授与智能的发展结合起来

传统的教学方式方法以保证“双基”的传授为主,而现代的教学方式方法则以发展智能为出发点。发展智能已经成为当代教学的最显著特点。布鲁纳的发现法之所以风靡全球,就是因为它适应了发展学生创造精神与能力的时代要求。

(三)如何把教法和学法有机地结合起来

教学方式方法按其本义,理应包括教的方法和学的方法两个方面。但在一个相当长的时期里,人们只重视教法的研讨而忽视学法的研究。现代教学非常重视研究学生的学习方法,例如黎世法提出的"六课型单元教学法"就是一个典型。《基础教育课程改革纲要(试行)》中指出的:"引导学生质疑,调查,研究,在实践中学习,促进学生在教师指导下主动地,富有个性地学习,"同样强调学法和教法相结合具有重要意义。

(四)如何加强师生之间的密切合作

良好的师生关系是教学成败的一个重要因素。教学过程作为教学活动的重要组成部分,它成功与否很大程度上取决于教师与学生相互作用的密度与效度。教师在向学生传授知识、发展能力的同时,重视与学生间的情感交流,师生间形成相互尊重、爱护与信任以及密切合作关系,可以成为学生的内在学习动力,诱发学生的认知积极性,因此,世界各国在教学方法的改革方面,特别重视师生间的精诚合作。

(五)如何对传统教学方式方法适当保留并加以改造

近年来,新的教学方式方法可谓层出不穷,传统的教学方式方法受到激烈抨击。但是传统的教学方式方法并没有被完全抛弃,因为新的教学方式方法并不是十全十美的、万能的,传统的教学方式方法也不是一无是处的。正如一位美国学者说:讲授法"尽管它受到当代教育学家们的许多批评,但仍幸存了这么多年,这足以证明讲授法有它独特的长处"。奥苏伯尔指出,有意义的接受学习不一定必然是被动的,必然是死记硬背的,特别是它能在较短的时间内传授大量的书本知识,这是一个具有根本意义的特点。

(六)网络环境引发的教学方式方法的改革

随着网络技术的发展,学生在课堂上利用网络学习程度越来越高。当网络取代书本成为学生最重要的知识来源时,学生的学习也就发生了根本性变化,问题解决式的学习、研究性学习、探究学习将成为整合课程学习中的最常用的方法。学生围着教师学习的时间将大大缩短,可以根据自己的兴趣、需要,有更多的时间畅游网络。然而在网络背景下也带来一些问题。首先,学生需要对网络的虚假错误信息进行甄别;其次,网络有无尽的诱惑,为此学生学习的动机和自律性就更加重要。作为教师来说,如何充分利用网络为教学服务,如通过网络搜索信息,补充教学内容;建立个人网页,以便学生访问,师生互动等。这一系列问题必须要认真加以研究。

第三节　教学设计

"设计"一词广泛应用于众多领域,如建筑、工程、军事等,被引入到教学领域之后,引起了人们的极大的兴趣和普遍关注。教学是实施教育目的的基本途径,为了保证教学的质量,教师必须依据一定的教学理念,结合自己对教学过程的理解,以各种方式方法对师生双边活动进行周密的思考和精心设计。

一、教学设计概述

(一)教学设计的含义

何谓教学设计,布里格斯认为"教学设计是分析学习需要和目标以形成满足学习需要的传送系统的全过程"[①]。瑞奇提出了他的观点,认为教学设计是"为了便于学习各种大小不同的学科单元,而对学习情景的发展、评价和保持进行详细规划的科学"[②]。我国有的学者认为:"教学设计是以获得优化的教学效果为目的,以学习理论、教学理论和传播理论为理论基础,运用系统方法分析问题、确定教学目标、建立解决教学问题的策略方案、试行解决方案、评价试行结果和修改方案的过程。"[③] 也有的学者认为"所谓教学设计 ,就是为了达到一定的教学目标,对教什么(课程、内容等)和怎么教(组织、方法、传媒的使用等)进行设计"[④]。

尽管对概念的界定不同,但实际上教学设计就是为教学活动制定蓝图的过程。简言之,教学设计是对教什么和如何教的一种操作方案。通过教学设计,有助于突出学习者的主体地位,增强学习者的学习兴趣,增强教学工作的科学性,提高教学效率。

(二)教学设计的特征

1.系统性。教学是由多种教学要素组成的一个复杂系统,教学设计则是对诸多要素的系统安排和组合。

2.预演性。教师进行教学设计的过程实质上就是实际教学活动的各个环节、各个步骤在教师头脑中的预演过程。它能使教师如临其境,对教学过程的每一个细节周密思考,仔细策划,为教学活动的顺利进行提供了可靠保证。

3.创造性。教学设计的过程,实际上也就是教师根据不同的教学目标和不同学生的特点,创造性地思考、设计实施方案的过程。同时教学设计又与教师个人的教学经验、智慧、风格紧密结合在一起,每个教师设计的教学方案都会不同程度地带有个人风格与色彩。由此看来,教学设计是一项艰苦的脑力劳动,需要付出大量的心血和精力,才能较好地完成此项工作。

4.合作性。教学设计实践经验说明,完成一个设计方案,需要教师、学科内容专家、评价专家、教学设计专家的通力合作。

(三)教学设计的理论依据

1.系统理论。运用系统方法分析课堂教学系统中各因素的地位和作用,使各因素得到最紧密、最佳的组合,从而优化课堂教学效果。这既是教学设计的一个基本特征,也是教学设计成功与否的关键所在。

2.传播理论。教学过程就是一个信息的传播过程。传播理论揭示了教学过程系统中

---

① 孙可平著:《现代教学设计纲要》,1页,西安,陕西教育出版社,1998。

② 王辉等主编:《学校教育技术操作全书》,577页,北京,经济日报出版社,1999。

③ 李伯黍等主编:《教育心理学》,297页,上海,华东师范大学教育出版社,1993。

④ 徐英俊著:《教学设计》,171页、182页,北京,教育科学出版社,2001。

各要素之间的动态联系及相互关系，描绘了教学过程系统中的信息的传播过程，为教学设计提供了理论依据。

3.教学理论。教学设计的产生是教学理论不断发展的结果，教学理论是教学设计由经验层次上升为科学层次的一个基本前提。

4.学习者的需要和特点。教学设计的基本特征之一是它既关心"教"，又关心"学"，教是为了学，学是教的依据和出发点。教学设计正是为了促进学习者有效地进行学习而创造的一门科学。

(四)教学设计的基本程序

教学设计作为对教学活动系统规划、决策的过程，其程序包括：

1.规定教学的预期目标，分析教学任务，尽可能把可观察和可测量的行为变化作为教学结果的指标。

2.确定学生的起点状态，包括他们原有的知识水平、技能和学习动机、状态等。

3.为达到预期目标，考虑如何选择教学内容。

4.考虑用什么方式和方法给学生显示教材，提供学习指导，引起学生的反应并提供反馈。

5.考虑如何对教学的结果进行科学的测量和评价。

二、教学目标设计

(一)教学目标设计的含义

教学目标设计是对教学活动预期所要达到的结果的规划，它是教学设计的重要环节。在教学设计时，我们必须明确，通过有目的的教学活动，我们期望达到的教学目标是什么，即期望学习者通过学习，在起点能力基础上，获得什么样的终点能力。合理的教学目标是保证教学活动顺利进行的必要条件，因为教学目标规定着教学活动的方向、进程和预期结果，有利于教师的教学，也有利于学习者的学习，同时教学目标是评价教学效果的基本依据。

(二)教学目标的分类

我们一般把教学目标分成认知、动作技能和情感三个领域。教学目标作为规定教学方向的重要指标体系，已受到人们的高度重视，并进行深入的研究，形成较为成熟和完善的理论体系。在以学习知识和开发智力为主要任务的认知领域，布鲁姆等人把认知目标分成六级，由低向高发展，它们分别是：

1.知道。这是认知领域中最低水平的目标，主要是对已学过的知识的回忆。例如，能正确数100以内的数，能讲出昆虫变态的过程等。

2.领会。是最简单的理解，是把握知识意义的能力。

3.应用。是把所学知识应用于新情境的能力。

4.分析。是指把复杂的知识整体材料分解成部分并理解各部分之间联系的能力，如划分段落大意及找出中心思想。

5.综合。是指将所学知识的各部分重新组合形成一个知识整体的能力。例如，运用有关史实,具体分析第一次鸦片战争的历史必然性。

6.评价。是指对用来达到特定目标的学习内容、材料和方法给予价值判断的能力。例如,阅读一篇文艺作品后,能从取材、构思、表现、创作态度等方面指出该作品的优缺点。

专栏 9-3

小学数学中两位数加法运算(27+19=?)的数学目标设计

1.研究课程标准,分析课程内容,得到以下信息:这一单元的学习是小学数学运算(整数运算、四则运算、分数运算、小数运算)的基础,学生必须能进行熟练运算;两位数的加法是整数运算中多位数加法的一种;此单元的教学必须在一位数加法的基础上进行,此单元的基本内容有四种形式;①个位数相加和小于10,十位数相加和小于10(如12+23=?)。②个位数相加和小于10,十位数相加和大于10(如65+71=?)。③个位数相加和大于10,十位数相加和小于10(如34+29=?)。④个位数相加和大于10,十位数相加和大于10(如74+49=?)四种形式,①最简单④最难。

2.分析学生已有的状态:①认知方面,已经学过一位数的加法,懂得数的概念,并能正确地指出数位;②情感意志方面,对数学课有良好的态度,但注意力集中的时间短;③个别差异,部分学生在学习一位加数法时已经形成较强的迁移能力,学习速度较快,部分学生在学习过程中会出现障碍,大部分学生能顺利完成学习任务。

3.确定教学目标的分类:该单元主要是认知领域的学习,情感领域的目标在于继续保持学生的学习兴趣,技能领域的目标是能够熟练计算两位数的加法。

4.列出教学目标:①掌握两位数加法的运算步骤,能独立地进行两位数加法的运算,正确率100%。②初步了解数位原理,给出三位数相加的例子如(123+456=?)时,学生可以指出在同一数位上的数,能相加的数有几组(1和5能否相加)。③能进行简单的只需进一次位的三位数相加计算。④掌握进位原理,给出任何一个多位数都能指出正确的算法。①②是全体学生要达到的目标,能力强、有兴趣的学生可以达到③、④。

[资料来源]全国十二所重点师范大学联合编写:《教育学基础》,192页,北京,教育科学出版社,2002。

(三)教学目标的编写方法

课堂教学目标的编写一般包含四个要素:行为主体(audience)、行为动词(behavior)、行为条件(condition)和表现程度(degree),简称ABCD型式。

1.行为主体。行为主体指的是学习者,因为行为目标描述的是学生的行为,而不是教师的行为。

2.行为动词。行为动词用以描述学生所形成的可观察、可测量的具体行为。如写出、列出、认出、辨别、对比、指明、绘制、解决、背诵等。

3.行为条件。行为条件指影响学生产生学习结果的特定的限制或范围,主要说明学生在何种情境下完成指定的操作,对条件的表述有四种类型:一是允许或不允许使用手册或辅助手段,如可不可以带计算器。二是提供信息和提示,如给出一张中国行政区划图,能标出……三是时间的限制,如在10分钟内,能做完……四是完成行为的情景,如在课堂讨论时,能叙述……要点。

4.表现程度。指学生对目标所达到的最低表现水准,用以评定学习表现或学习结果所达到的程度。如:至少写出三种解题方案、90%都对、"完全无误"等。

三、教学策略设计

(一)教学策略设计概述

1.教学策略设计的含义。教学策略,英文名称 Teaching Strategy,是当代教学研究的热点问题。自20世纪70年代末这一术语提出以来,对其界定可谓众说纷纭。我们认为教学策略是为了实现特定的教学目标而采用的方式。教学策略的设计,是教学设计的重要环节,是有效地解决"如何教"、"如何学"的问题。只有采用了相应的教学策略,才能完成预期的教学目标。教学策略的设计主要研究教学活动的安排、教学组织形式的选用和教学方法的选择等一些教学具体问题。

2.教学策略的特征。

(1)指向性。教学策略指向具体的教学目标,是为了完成特定目标而采取的有针对性的措施。

(2)灵活性。教学策略不是"万金油"式的"教学处方",不存在一个能包揽一切的大而全的教。同一策略可以解决不同问题,不同的策略也可以解决相同的问题。

(3)操作性。任何教学策略都是针对教学目标的每一具体的要求而制定的,具有与之相适应的方法、技术和实施程序。它要转化为教师与学生的具体行动。这就要求教学策略必须是可操作的。

3.制定教学策略的依据。

(1)依据教学的具体目标和任务;

(2)依据教学内容的特点;

(3)依据学生的实际情况;

(4)依据教师本身的素养;

(5)依据教学的客观条件(如时间、设备条件等)。

(二)教学顺序的确定

教学顺序是指学习内容各组成部分的排列次序,是对"先教什么"、"后教什么"作出科学的安排。这里仅就理智技能教学顺序加以简介。关于理智技能的教学顺序,主要有三种教学理论作指导。一是加涅的从简单到复杂的教学顺序安排。二是布鲁纳的发现法。三是奥苏伯尔的"先行组织者"的理论。

加涅把理智技能按照从简单到复杂的顺序分为辨别、概念、规则、问题解决。他认为理智技能的教学顺序是从最简单的技能开始,进而过渡到学习复杂的技能,如:"学习三角形内角之和等于180度"这条定理,应先学习"三角形"、"内角"、"180度"等简单知识,然后再学习这条定理。

布鲁纳发现学习的教学顺序是:创设问题情境,使学习者在情境中产生矛盾,提出要解决的问题,学习者利用所提供的材料,对问题提出解答的假设,从理论和实践上检验假设,不同观点可争论,对争论作出总结,得出结论。他举了一个例子,一位社会学科的教师在四年级讲文化往往发源于河谷这个事实,然后在课堂讨论中鼓励学生思考:为什么这是事实?为什么文化多半不在多山之国?这就是运用发现法,先给儿童以必要的事实,然后引导他们思考与探索知识,接着对其来源、出处进行检核与估计。

奥苏伯尔按照他的"先行组织者"的思想,教学顺序的起点是呈现一般的、有较大包容性的、最清晰和最稳定的引导性材料,这种引导性材料就是组织者。由于这些组织者一般是在呈现教学内容本身之前介绍的,目的在于帮助确立意义学习的方向,因此又称做先行组织者。

(三)教学活动的安排

在我国的教育学著作中,一般都有对"课的结构"安排的论述。所谓课的结构是指课的组成部分及各组成的顺序、时限和相互关系。一般有:组织教学,检查与复习,提出教学目的并讲授新课,巩固新课,布置作业等。实际上这就是教学活动的设计。在这里我们着重介绍加涅关于教学活动的安排,可作为对教学活动安排的一般指导。

1.引起注意。这是用以唤起和控制学习者注意的活动,保证学习者接受刺激和学习的发生。常用的方式有:突然改变刺激,激活学习兴趣,用手势、表情等体态语言引起注意,用与上课内容有关的媒体。

2.告诉学习者目标。教学开始时,应明确告诉学习者目标,并使其了解当目标达到后,将学会什么,从而激发学习者对学习的期望。这不仅能提高学习动机,而且能起到"先行组织者"的作用。

3.刺激对先前学习的记忆。在学习新的内容前,指出所先需解决的知识和技能,以此刺激回忆起学过的有关知识和技能。还应使学习者充分利用原有的认知结构中合适的观念来同化新知识。

4.呈现刺激材料。呈现刺激材料应具备鲜明的特征,以促进选择性知觉的内部过程。教材呈现要注意的一是顺序的安排,二是每次呈现教材的分量。决定分量要考虑学习的类型、知识准备和年龄。

5.提供学习指导。旨在促进语义编码的内部过程,语义编码是为信息的长期储存作准备的加工过程,应从外部或通过教师、教材为学习者提供指导,学习指导的程度随学习目标的性质而定。

6.诱导行为。目的是促进学习者作出反应的活动。即在教学过程中,使学习者对呈现的信息的各种方式作出积极的反应。通过情感、思维、行为的参与,更好地理解信息。

7.提供反馈。在学习者作出反应、表现行为之后,应及时让学习者知道学习的结果。通过反馈信息,学习者能获知自己的理解与行为的正确与否,以便及时改正。

8.评价行为。评定行为的目的是促进回忆和巩固学习成果,即促进检验与强化的过程。测试是评定行为的重要方式。

9.增加记忆与促进迁移。目的是培养学生应用所学知识与技能解决新问题的能力,为此要提供有意义的结构和安排各种练习机会。

上述九个教学活动具有普遍的指导意义。在应用时应注意根据教学目标、学习者的特点灵活掌握,切不可生搬硬套,公式化,简单化。

(四)教学组织形式的选用

教学组织形式是指为完成特定的教学任务,教师和学生按一定要求组合起来进行活动的结构。它所要解决的主要问题是教师以什么样的形式将学生组织起来,通过什么样的形式与学生发生联系,教学时间应如何分配和安排等。

在教学史上先后出现的影响较大的组织形式有个别教学制、班级授课制、分组教学制等。每种教学组织形式各有其优越性和局限性,都只能在一定条件下和范围内发挥作用。虽然,每一种形式的作用与范围有大小之别,但没有一种教学组织形式是万能的。我们应当全面掌握各种教学组织形式的性质与功能,综合加以利用,使之有主有辅结合起来,以便更好地提高教学效果。

(五)两种主要的课堂教学策略及其运用

1.讲述策略。讲述行为是指教师以口头语言向学生呈现、说明知识,并使学生理解知识的行为。讲述的表现形式有多种划分。从讲述所用的时间和简繁程度不同,主要有正式讲述和非正式讲述两种。正式讲述要占一节课的大部分或全部时间,这适用于中学高年级或大学;非正式讲述一般持续5~10分钟,适用于小学和中学低年级。从讲述内容的性质差异看,主要有三种表现形式:诠释性讲述,介绍概念或术语的含义;描述性讲述,说明一个过程、一种结构或一系列步骤;说明原因性讲述,说明为什么做某件事或某件事发生的原因。

(1)讲述的一般程序步骤。一般来说讲述大体分为三个阶段进行:第一阶段:介绍讲述纲要。在讲述一章一节或一课时,用很短的时间介绍这一单元的主要内容或基本概念,并略加说明。目的在于使学生对所要讲述的内容有一个整体的了解,能够在学习过程中知道各部分内容间的联系,也能抓住学习的重点。第二阶段:详述内容。讲述的内容要尽可能地与学生原有的知识基础发生联系,符合学生的接受能力。同时,讲述要注意带有启发性,在讲述过程中,可以不断地提供科学认识、解决问题的范例。第三阶段:综述要点。教师将本单元的主要内容或结论再次展示给学生,使学生能够加深对这些问题的认识,形成对本单元的完整印象。

(2)讲述策略误用的表现。主要有:过短的时间内呈现了过多的新知识;讲述时间过长,超出学生有意注意的时限;讲述内容缺乏组织性、逻辑性;讲述不顾及学生原有的知识基础,或对学生知识准备做想当然假设;讲述时没有激起学生有意义的理解知识的心理倾向。

2.对话的策略。对话是指课堂教学中师生、生生之间的互动交流,目的在于通过这种交流和沟通达到知识和技能的掌握、各种能力的培养和提高。作为师生共同的活动形式,对话有两种基本形式:问答和讨论,分别指师生之间的互动交流和生生之间的互动交流。

(1)问答策略及其运用。问答策略也叫提问策略。根据师生在问答活动中参与程度、支配权力的不同,有两种主要的表现形式:问答和"对话式"回答。前者是教师几乎完全控制着问答的过程和方向,教师可以提问而学生则不能。后者是教师提出问题请学生表达自己的观点,并在学生的观点的基础上再提出新的问题。学生也可向教师提出质疑,就某一问题共同探讨,学生对问答进程和方向有较多的支配机会。可以认为,"对话式"问答是讨论式的一种。所以在问答策略中,只讨论"提问式"策略。

提问行为由发问、候答、叫答和理答四个环节组成,现对教师的课堂问答策略提出如下建议:

发问策略。问题要清晰,措辞要精练、具体明了,一次只提一个问题,是保证问题清晰的最基本要求;保证高认知水平问题的适当比例,针对目前课堂低认知水平问题比例较高的实际,应提高高认知水平问题的比例;与学业有关问题的发问频率应维持在较高的水平,把学生的注意组织在与学业内容有关的问题上;依据具体目的,合理安排低认知水平和高认知水平问题的次序。

候答策略。教师发问后,根据问题的认知水平和具体情境,等候3~5秒钟,给学生以思考问题、组织答案的时间。如果在教师叫答后,学生没有说话,教师也应该等待,直至学生给出实质性回答。当然,有时在班级教学的情况下,等候时间会对课的连续性造成影响,这时可适当缩短等候学生回答的时间,及时采取理答行为。

叫答策略。保证每个学生有尽量多且均等的回答机会,是叫答的基本原则。具体来说,教师可以按固定形式叫答,或把班级分成小组,小组里学生共同商议答案,教师随机请各小组的某一位学生回答。

理答策略。学生回答不同,教师的理答策略也要有所不同。对于学生迅速而坚定的正确回答,要表示肯定,必要时给予表扬,或对正确回答作进一步解释,或追问一个问题;对于不正确的回答或不回答的情况,先要弄清楚造成这种情况的原因,采取适当的措施,如探问、转向等。

(2)讨论策略及其运用。讨论是班级成员之间的一种互动交流方式,目的在于通过交流各自观点形成对某一问题较为一致的理解、评价或判断。其优点有:培养学生批判性思维能力;帮助学生自己解决问题;培养人际交流技巧等。但讨论又有不易控制、耗费时间和讨论结果难以预料等缺点。要组织好学生的讨论有一定的难度,需要教师注意以下问题。

开始时,教师要说明所讨论的问题,引导学生进行讨论。讨论过程中,如有学生的发言离题太远,教师便须唤起他的注意,重复解释所讨论的主题;在讨论中,如发现两个或更多的学生意见不同而发生争执,教师则必须为他们调解,使大家和平友好地交换意见;如有学生垄断讨论,说话时间太长,或说话次数过多,以至剥夺别人发言的机会,教师则须婉言劝阻,使大家发言的机会均等;如有学生畏缩不前,不愿在讨论中发言,教师亦须劝告,鼓励其发言;如有学生发言词不达意,教师也要帮助他表达清楚;如有学生提出疑问,教师可做简要回答,但最好是指示线索,促使学生深入思考。当讨论完毕时,教师应作总结,归纳大家发言中的重点,以使学生所讨论的知识具有系统性。

在教学中,一般较为常见的是小组讨论,可以有不同的分组形式,如同桌的 2 人小组,前后桌的 4 人小组。有研究表明,讨论一般以 58 人最为理想,超过这个数目,平均每个人的发言次数和内容就会相对减少,进而降低组员的参与感和满足感。这里介绍一个 6 人小组的讨论方法。因为在这种方法中,每组以 6 人为限,每人发言 1 分钟,6 人共计 6 分钟的讨论时间,也被称为六六法。这是由美国学者菲利普斯提出的。其进行程序如下:

分组:以教师指定或学生自愿的方式,6 人一组,每组选出一位主持人和记录员。

提出讨论问题:教师提出事先准备好的题目,清楚说明题意后,要求各小组讨论出一个较一致的答案,并说明主持人和记录员的职责。如果拟定的讨论题目是学生不熟悉的课题,可提供有关资料来源,要求学生事先准备。

进行讨论:限制 6 分钟的讨论时间,其间教师应巡视各组,观察讨论情形,并提供必要协助。

综合报告:每组指派一名组员(亦可由记录员担任),介绍本组观点。

四、教学过程设计

(一)教学过程设计的概念

所谓教学过程的设计就是用流程图的形式简洁地反映分析和设计阶段的结果,表达教学过程,直观地描述教学过程中教师、学习者、学习内容、教学媒体等基本要素之间的关系,给教师提供一个有重要参考价值的教学设计方案。

(二)教学过程流程图的编制

传统的课堂教学是采用教案的形式来体现教学过程各要素之间的关系的。教学设计则是采用类似于计算机流程图的形式,把复杂的教学过程分解为相对简单的几个环节,明显地显示了教学过程各要素之间的关系。这样有利于教学过程有序地展开,同时教学过程流程图浓缩了教学过程,层次清楚,简明扼要,使人一目了然。而且教师可以根据学习者的不同的反映情况作出相应的教学处理,灵活性大,目的性强。

1.教学过程流程图表示法。对于有些学习内容,常用流程图来表示其操作过程。规定的符号如专栏 9-4 所示。

符号	表示的意义
▭	教师的活动
⬭	媒体的应用
▱	学生的活动
◇	教师进行逻辑判断
→	过程进行的方向

专栏 9－4

《美丽的小兴安岭》教学过程图

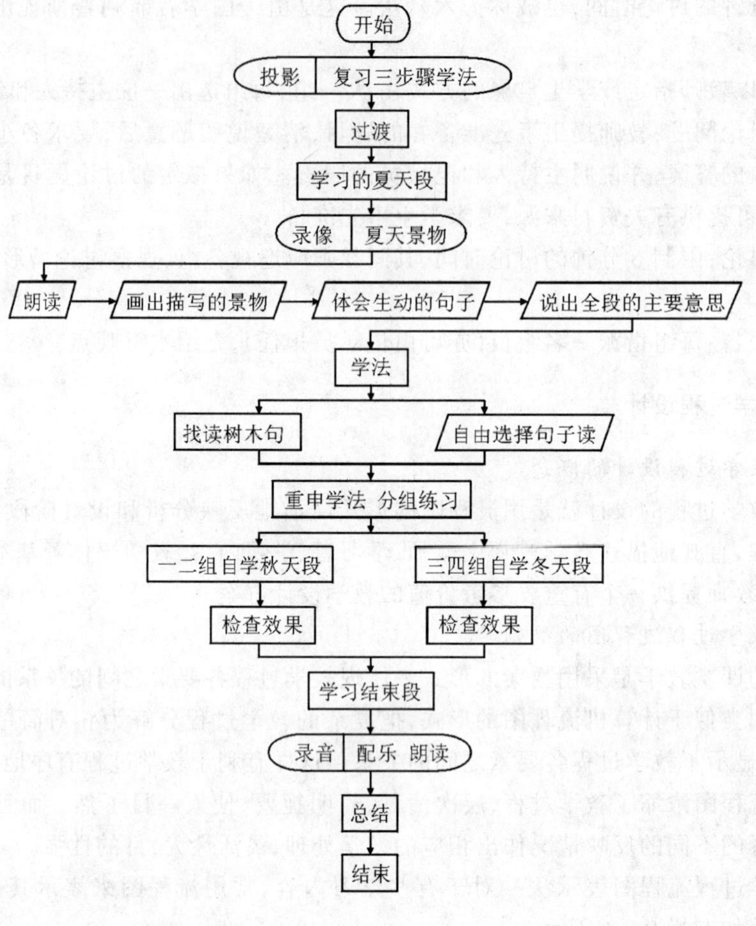

［资料来源］钱建昌主编:《现代教育技术教程》,223 页,长沙,湖南师范大学出版社,1999。

使用流程图应该注意:

(1)在框内,简明说明此步的内容;

(2)在框图上可注明需了解的信息;

(3)反馈回路应该是闭路循环,不能断开。

2.课堂教学过程流程图类型。课堂教学过程流程图多种多样。常见的有示范型、逻辑归纳型、逻辑演绎型、探究发现型、练习型、控制型等六种类型。不同的学习类型应采用不同的形式。

(1)示范型。它适用于语言示范模仿教学(如外语语音、语文朗读、音乐唱法等)、动作示范模仿教学(如体育动作、表演动作等)、书写示范模仿教学(如书法、符号公式、报告格式、汉字结构等)、操作示范模仿教学(如实验操作、程序操作等)。

(2)逻辑归纳型。这种类型主要用于显示特征、建立概念的教学。

(3)逻辑演绎型。这种类型的教学主要适用于教师借助典型的事实,进行分析、推理、演绎,使学生知识迁移。

(4)探究发现型。它主要适用于组织学生观察、思考、探究原因、寻找规律等教学。如表现某一现象或事件,探究其结构或发生的根源等。

(5)练习型。在练习型的课堂教学中,运用媒体为学生提供诸如物体的形态、物体的变化及发展过程等观察对象,学生通过观察,运用语言、文字符号以及形态动作来描述被观察的对象。

(6)控制型。控制型课堂教学(亦称为微格教学)用于培养或训练学生操作实验及艺术、体育等方面的技能。通过摄像控制,真实再现学生的实践过程,通过评析,使学生正确认识自己,不断提高技能水平。

实际的教学过程结构非常复杂,一节课往往采用几种形式。因此,教师要根据教学设计的要求和教学的实际情况的需要,创造性的设计教学过程流程图。

思考题

1.名词解释:教学方法、教学评价、教学设计、教学目标、教学策略。

2.为什么说"教学有法,教无定法"?请结合某一门专业课程谈谈对这一问题的认识。

3.备课就是指钻研教材写教案吗?

4.如何分析或评议一堂课?

5.为什么要进行教学评价?它有哪些基本方法?

6.请结合实际谈谈考试的利与弊。

7.互联网给教学带来了哪些新问题?如何应对?

8.试述教学目标的编写方法。

9.课堂教学中如何运用好讲述策略?

第十章　学校德育(上)

学校是培养人的教育机构,培养学生良好的品德、帮助学生树立正确的态度和价值观是教育的重要任务之一。因此,德育是学校教育的重要内容。但德育问题又是一个千古难题。本章试图从理论角度来诠释德育的基本问题。第十一章则试图从实践角度探讨学校德育的实施问题。

第一节　德育概述

一、德育的概念

研究德育首先必须澄清德育的概念,而德育的概念在德育界长期以来一直存在争论。

什么是德育? 简言之,即培养学生品德的教育。但是,什么样的德育才算是“培养学生品德的教育?”品德的内涵又是什么? 不同的德育定义是不同德育观的反映,对德育实践也会产生不同的影响。对德育概念理解的不同主要集中在两个方面:一是德育的内容;二是如何理解德育过程。

(一)德育的内容包括哪些

1.当代中国的“大德育”。德育在西方的教育理论中专指道德教育,但在我国这一指称被认为是狭义的德育,是小德育。广义的理解,德育除道德教育之外,还包括思想教育、政治教育,甚至还包括国防教育、法制教育、环境教育、人口教育、劳动教育、青春期教育、性教育、预防艾滋病教育等等。德育外延几乎涵盖了整个社会意识形态的所有内容。所以有人说,与其称之为“德育”,不如称之为“社会意识教育”。1995 年以后,德育外延又有新的变化,《中学德育大纲》(1995)指出“德育即对学生进行思想、政治、道德和心理品质教育”。《中小学德育规程》(1998)规定“德育即对学生进行政治、思想、道德和心理品质教育”。心理健康教育作为一项独立的内容正式列入学校德育大纲,德育外延更超越了“社会意识教育”的范围。

其实,我国的“德育”起初也仅指“道德教育”。“德育”一词是 20 世纪初从西方传入我国的。1904 年,王国维以“德育”与“知育”、“美育”之词,向国人介绍叔本华的教育思想。1912 年,蔡元培撰文阐述新的教育思想,主张“军国民教育”、“实利主义教育”、“公民道德教育”、“世界观教育”、“美育教育”五育并举。在其影响下,国民政府还颁布了“注重道德教育,以实利主义教育、军国民教育辅之,更以美感教育完成道德”的教育宗旨。可见德育在我国最初的外延也很小,但由于受到本土社会意识发展的影响,德育概念在我国迅速泛化,以致有人说:“中国德育是个筐,什么东西都往里装。”

专栏 10－1

“德育”一词的由来

人们常常提到古代德育。其实，古人并无德育概念，更未使用“德育”这个名词，“德育”乃是近代以来出现的新概念和新名词。但究竟由谁最早正式提出的，至今是个谜。早在18世纪70、80年代，德国哲学家康德(I. Kant)就把遵从道德法则培养自由人的教育称“moralische Erziehung(道德教育，简称德育)”或“practische Erziehung(实践教育)”。与康德同时代的裴斯泰洛齐(J. Pestalozzi)似乎也使用过“德育(道德教育)”一词，表明西方社会于18世纪后半叶已经形成“德育”这一概念。而使之风靡全球者，当是英国学者斯宾塞(H. Spencer)。他在《教育论》(1860年)一书中，把教育明确划分为“智育(intellectual education)”、“德育(moral education)”、“体育(physical education)”。从此，“德育”逐渐成为教育世界中的一个基本概念和常用术语。

[资料来源] 黄向阳著:《德育原理》,2页,上海,华东师范大学出版社,2000。

2.“大德育”的难题及合理性。具有中国特色的大德育观在实践中遭遇到很多的难题。首先，过于宽泛的德育概念在理论上往往使人无法在一个共同的语境下讨论德育问题，世界上大多数国家德育均指的是道德教育，我们若一味坚持自己的“特色”，则很难与人对话，也不利与人交流。其次，将德育视为无所不包的范畴，在实践中很难掌握，更难当此重任。最后，我国在德育研究上试图借鉴国外的德育理论研究成果，这往往造成了理论体系上的混乱。西方德育理论主要是道德教育方面的研究成果，而我国却试图用道德教育方面的研究成果来解决包括思想、政治、法纪、心理等方面的所有问题，既不现实也不可能。因为品德的发展、世界观、人生观的形成、政治觉悟的提高，各属于不同层面的问题，且过程与机制相差很大，不可能用同样的手段、方法，通过同样的途径，遵循同样的原则来实施所有方面的教育。

这种“大德育”的概念外延虽大，但在我国教育界却得到了权威们的认可，并且成为主流的德育观，说明这其中具有一定的合理性。而且，我国一向有实施“大德育”的习惯和传统。长期的实践形成了一套自然而然把道德教育、政治教育、思想教育等方面融为一体的全面实施社会意识教育的经验，这种经验应当珍惜。目前对我国德育外延的理解较一致的认识是“五要素说”，即德育从内容上包括心理教育、道德教育、法纪教育、政治教育、思想教育五大方面。心理教育是维护学生的心理健康和培养良好心理品质的教育。道德教育是形成人们的一定道德意识和道德行为的教育。法纪教育是培养学生法制观念和纪律观念的教育 。思想教育是形成一定世界观和人生观的教育。政治教育是有目的地形成人们一定的政治观点、信念和政治信仰的教育。

在德育外延的理解上，我们坚持“大德育”的概念有它一定意义上的合理性，但在具体的教育实践中，我们应对它进行分门别类的研究，以便分类施教，形成各负其责、各司其职的有序局面，这是提高德育实效的一条必由之路。

(二)如何理解德育的过程

在德育过程的理解上,中国德育理论较长时间认可一种"转化"理论,认为德育是一种由外而内向学生施加影响的过程,认为思想道德纯粹是从外部"转化"进学生的头脑的。如《中国大百科全书·教育卷》(1985)认为:"德育是教育者按照一定社会或阶级的要求,有目的、有计划、有组织地对受教育者施加系统的影响,把一定的社会思想和道德转化为个人的思想、意识和道德品质的教育。"胡守棻主编的《德育原理》(1989)认为"德育即是将一定社会或阶级的思想观点、政治准则、道德规范转化为个体思想品德的教育活动"。这些定义值得肯定的地方是承认了德育的社会性,认为德育是按照一定社会或阶级的要求实施的转化活动,但对道德学习主体考虑不够。按建构主义观点,学习是主体的一种自主建构。德育过程实质上是道德学习主体在道德教育主体的影响下的一种品德方面的自我建构过程,是两个主体的双向互动,是价值引导和自主建构的统一。

把教育理解为由外而内的转化、改造,在教育领域里屡见不鲜。如在一些教育典籍中,常将诉诸于人之品德的教育比喻为"雕琢"、"雕刻"或"塑造"。如《学记》有云:"玉不琢,不成器;人不学,不知道。"《论语》记载"宰予昼寝,子曰:朽木不可雕也"。董仲舒在《对策二》中言道:"常玉不琢,不成文章;君子不学,不成其德。"而今,"塑造"一词更成了教育的同义语,如"教师是塑造学生灵魂的工程师"。这些比喻多见于中国的典籍中,不管是"雕刻"还是"塑造",实际上都隐含着认同人性是被动的,是受外部力量左右的,学生某种程度上就是任由教师摆布、塑造的"泥块",学生在教育过程中的地位近乎不见。而在西方的一些教育典籍中把教育比喻成生长,如杜威的"教育即生长"的论断,看似简单的比喻,其实暗含着不同的教育理念。首先,在对人性的基本假设上,是坚持人性主动论和性善论,认为人本身就具有一种趋善的倾向,教育就是把人性中这些内在的东西通过人自身的努力引发出来。其次,在对人发展的认识上,是持"内因决定论"。人内在天性的展开,固然离不开外在的引导,但其前提是儿童自身的主观能动性要得到充分的发挥,否则,引导就失去意义。苏格拉底有句名言叫"认识你自己",隐藏在这个口号背后的就是要使人能够自觉分析自己的内心世界,靠自身的主动性去探求外部世界。而中国当代德育的主要问题之一就是德育对象的主体性发挥不充分,把德育对象看做是被动的,需要从外部塑造的客体。这种德育既与现代教育的主体精神不符,更违背了德育自身的规律,因而很难产生真正的德育功效。

综合上述两个方面的讨论,我们认为德育是指教育者按照一定社会的要求,有目的、有计划、有组织地对受教育者进行系统的影响,通过教育者与受教育者在实践活动中的互动,把一定社会的政治准则、思想观点、道德规范、法纪规范和心理要求,内化为受教育者个体的政治素质、思想素质、道德素质、法纪素质和心理素质的教育。

二、道德 、品德和德育

(一)道德和德育

道德是调整人与人、人与社会、人与国家之间关系的一种特殊的意识形态和行为规范。调整人与人之间关系的规范,除道德规范外,还有政治规范、法律规范、礼仪规范等。

道德规范与其他行为规范的区别在于它包含善恶评价标准。道德事件可以而且必须根据善恶标准进行评价,法律规范诉诸国家机器,而道德规范一方面诉诸社会舆论和传统习惯,另一方面诉诸个人内心信念(良心)。

德育作为育人德性的活动,有必要根据道德的特点进行。首先,根据道德调节的不同生活领域把道德分为私德、公德和职业道德三种类型。私德是私人生活领域的道德规范,通常以家庭美德为核心。公德是国家及社会公共生活中的道德规范,包括国民公德和社会公德。职业道德是职业生活领域中的道德规范。学校德育应根据学生的年龄特征在德育内容的安排上有所侧重。如小学重私德和公德教育,普通中学重公德教育,职业中学和大学重职业道德教育。其次,根据德育内容的概括程度,又可以把它们划分为道德理想、道德原则和道德规则三个不同的层次。道德理想是学校提倡的希望学生去追求的最高道德境界,道德规则是学校强制执行的,学生必须遵守的道德要求,道德原则是在一般情况下应当遵守的道德理性规范。不同层次的教育内容采用不同的教育形式,对学生具有不同的教育功能。教育形式若与教育内容错位,会导致教育功能的丧失。最后,有必要界定一下学校生活中的"道德领域"和"非道德领域"。在学校生活中,能够从道德上进行善恶评价的领域属于"道德领域",不能从道德上进行善恶评价的领域属于"非道德领域"。学生因能力不足做错作业或因心理障碍造成的行为问题等不属于"道德领域",教师就不应当作道德问题来处理。当然,"道德领域"和"非道德领域"的区分不是绝对的,有时甚至可以相互转化。但现代社会允许个人在遵循最起码的社会规范的前提下享有充分的行动和发展自由,学校应为学生的自由成长留有充分的余地。假如学校生活的每个角落都弥漫着严格的规范和限制,想让学生充分自由地成长是不可能的。

表 10-1　德育的层次、教育形式与功能①

道德层次	教育形式	功能
道德理想教育	道德倡议	激励功能、指导功能
道德原则教育	道德倡议、道德指令	指导功能
道德规则教育	道德指令、道德禁令	指导功能、约束功能

(二)品德与德育

品德是指一定的道德规范在个人思想和行为中表现出来的较为稳定的特点和倾向。品德属于个人意识范畴,是一种个体现象,是一定的社会规范在个人身上的表现。

一般认为,品德是道德认知、道德信念、道德情感、道德意志、道德行为等构成的综合体,即所谓的"知""情""信""意""行"五因素说。但也有人认为,根据简约原则,可把道德信念还原为认知和情感问题,可把意志还原为情感与行为问题。这样的话,品德就是由道德认知、道德情感、道德行为三因素构成。其中,道德认知是基础,没有认知,就无从产生情感,更谈不上道德行为。道德情感是中介,一个人无论道德知识多渊博,若无切身体验或情感的介入,就不会有道德行动。道德行为是关键,一个人即使有道德知识和道德情

① 黄向阳著:《德育原理》,103 页,上海,华东师范大学出版社,2000。

感,若不付诸行动,依然构不成美德。因此品德是知、情、行的和谐统一。

与品德的构成相应,学校德育既要发展学生的道德认知,又要陶冶学生的道德情感,还要培养学生的道德行为习惯。而且这三方面的工作还不能割裂开来分别进行。历史上的“主知说(intellectualism)”、“主情说(emotionalism)”、“主行说(behaviorism)”都有失偏颇。

我国学校德育注重系统的道德知识的传授以及良好行为习惯的养成,尤其重视培养学生具有某些具体的美德。但是社会文化中道德因素包含着大量的观念、情操和习惯,教师在有限的学校教育阶段,把所有的具体美德逐一传授给学生是不可能的。而且,在应试教育思想的指导下,德育变成了道德知识的学习与考核,学生由于缺乏相应的道德体验而很难把道德知识内化为道德行为,言行不一、知行脱节现象严重,导致了学生思想品德的失真。因此,学校德育应加强道德情感的培养。此外,在社会转型时期,社会的道德价值观日趋多元化,每个人都不得不面对各种各样的利益冲突和道德冲突。因此学校德育的重点应从传授道德上的金科玉律,转向培养学生的道德思维能力、道德敏感性以及道德行动力量上。

三、德育地位的重要性及其演变

德育在青少年的发展中有着特殊的重要性。从其功能上看,它能使受教育者形成一定的思想、政治、法纪、道德和心理素质。这些优良品德无论对青少年其他方面素质的健康发展,还是对他们走上社会从事政治、经济、文化活动和个人生活来说,都能起着定向、驱动和监督的作用。因为人的思想、政治、法纪、道德等方面素质,在人的行为过程中总是以人的价值观念、目的、动机、情感、信念、意志等品德要素表现出来。其在人的各种活动中总是先行的环节。我国广大教育实践工作者在长期教育实践中也切实体会到:“智育不好出次品,体育不好出废品,而德育不好却出危险品。”由此可见德育地位的重要性。

而在教育的历史演变中,德育的地位却不断地发生着变化。古代教育以伦理为主,以道德为惟一目标,德育是教育的唯一目的。近代以后,智育迅速崛起,并占据越来越重要的地位,同时,体育也逐渐成为学校教育的组成部分,学校教育三分天下,德育不再是教育的唯一目的,但被认为是学校教育的最高目的。随着智育和体育地位的不断上升,德育在教育目的中的地位逐渐下降,演变成与智育、体育并列的地位。至于孰轻孰重,谁先谁后,在我国出现过多种说法,有“德育首位说”、“智育第一说”以及“诸育并举说”。在教育实践中许多人打着“德育首位”旗号大行“智育第一”,“德育说起来重要,做起来次要,忙起来不要”也具有相当的代表性。

近十年来,我国流行把德育视为一种工作,与学校的“教学工作”、“管理工作”、“体育卫生工作”相提并论,德育不再是学校一切工作的目的和归宿,而变成学校众多工作中的一项工作。德育“工作化”也把实践引入了误区,它错把德育设置成学校的一项专职工作,并配备与之相应的德育工作者队伍。这种分工本意是为了加强学校德育,实际上却妨碍学校全体教育工作者积极参与学校德育。认为德育是德育工作者的事,某种程度上是削弱了学校德育。因此,我们应淡化德育的“工作意识”,强化德育的“目的意识”。在“德育即教育的道德目的”的概念框架下,建立和完善全体教师共同参与学校德育的机制。

四、我国中小学德育面临的问题及其对策

目前我国中小学德育面临一系列问题,如德育缺乏实效、对学生缺乏吸引力、师生关系失调等等。其深层问题是德育定位不准、德育观念陈旧、德育价值取向偏移以及德育目标与评价错位等。这些问题归根到底是源于德育观念的陈旧。

(一)德育定位问题

如果德育定位不准或偏移,会影响到德育的实施等一系列问题。长期以来,受形而上学和认知主义思维的影响,我国德育理论与实践一直存有误区,认为德育是一种单独的教育,可以脱离其他各育、脱离学生的生活。在这种认识下,出现了两个抽离:一是把德育从完整的教育中割裂抽离出来,使之成为学校里一个单独的实体,试图靠单独的德育课程、单独的德育教师、单独的德育机构来实施德育。二是把德育从完整的生活中抽离出来,成为独立于生活世界之外的孤立实体。学校德育与现实生活存在较大的差距,使学校德育脱离活生生的社会实际,表现出空疏的特征,对学生在社会生活中遇到具体道德情境时的道德判断与选择帮助不大,学生很难形成实际的道德体验,因而很难对现行德育产生兴趣。

认识上的不到位,导致实际工作中的德育定位不准。一方面单独依靠德育课程、团队活动,在专门的时间里由专人搞德育,学校德育脱离社会生活的整体大系统,与家庭、社区联系不紧密,单纯依靠德育教师在“思想无菌室”里传输理想化的道德信息,并提出脱离学生生活实际的要求。其实,德育是整个学校教育工作的核心和灵魂。德育必须依托智育、体育、美育等各育,以各育为载体,在各育中渗透德育。不仅德育课程和团队活动搞德育,其他各门课程都要渗透德育。同时,把德育融于学生的整个生活中,道德是来源于生活中的各种关系并体现在生活世界之中的,如果离开生活就会丧失生命力。因此,学校德育应回归生活,构建生活的德育。

(二)德育的价值取向问题

我国中小学德育在价值取向上一度忽视两方面问题:一是学生基础德性的培养,二是学生独立判断能力的培养。为此,我们必须做两方面调整:

一是德育的目标取向。以往德育过多强调既定道德规范知识的传递,而忽视学生基础德性和品格的培养。当道德规范与学生的思想实际发生矛盾冲突时,往往要求学生盲目地服从既定的道德规范要求,而不是鼓励学生从生活实际出发去感受和体验生活,这不仅降低了德育的现实性、针对性和德育目标应有的激励、引导作用,而且限制了学生对生活中各种道德关系的敏感性,形成了只知道背诵道德条文,却不能用来指导自己的行为的言行不一的双重人格。

二是德育的功能取向。传统的德育更多地发挥了它的规范、约束功能,而不是引导学生的发展功能。这样的德育在实践中带有明显的强制性、灌输性,其动力系统是外在的,学生不会产生内在需求。这一定程度上影响了我国青少年儿童道德自觉性的发展和道德自主判断与选择能力的培养。因此,21 世纪的学校德育必须实现由外部约束走向引导学生多样性发展的道路。通过激励学生的内在需求,发展其道德主体性;通过培养学生的道

德判断力、道德情感,教会学生自主、自律,学会选择,学会判断,真正实现由约束性德育向发展性德育的转变。

(三)德育实践操作过程中的问题

由于教育者缺乏对德育过程本质特点的认识,误认为德育过程与教学过程一样,就是通过道德课讲授既定的德育内容,学生学会了道德知识便形成了品德。其实在德育过程中,学生没有相应的道德体验,道德知识是难以内化的。而且课堂上传授的多是通过过滤、筛选的纯而又纯的道德信息,与学生见到的社会现象不相一致,这在某种程度上也影响了学生主动参与德育的积极性,师生之间缺乏互动,德育变成了单向的道德灌输。

让学生获得道德体验的最直接途径是创造丰富多彩的、能真正调动学生主体性的活动,引导学生在活动中获得切身体验,并对课堂上所传授的道德规范有所理解、有所感悟,真正将外在的德育要求内化为自己的品德言行。

目前我国中小学德育诸多问题的存在,归根到底是源于德育观念的陈旧。因此,中小学德育改革与创新的前提必须是德育观念的创新。适应21世纪知识经济的挑战,以及全球信息化、生活化、生态化、价值多元化等方面的特点,我们应树立以下几方面的德育新理念。

1.生活的德育。生活的德育观是把世界看成是一个动态的、活生生的人文世界,而不再是一个抽象的、以知识逻辑为基础的、纯粹科学的客观世界。生活世界是基础的、本源的,同时也是真实的,具有无限的丰富性与复杂性。生活世界是德育魅力产生的源头,任何试图脱离生活世界的德育,都将在抽掉人性之丰富性的同时,也抽掉了德育自身的生命力。因此,学校德育要从纯粹的理性世界和理想世界中走出来,回归丰富多彩的日常生活世界,构建生活的德育。

生活化的德育首先应在德育内容上突出生活性。学校德育应由关注道德上的金科玉律转为关注学生的学习和交往生活,关注学生的心理健康,引导学生建立健康的生活方式和生活习惯,关注并适当参与社会生活,为未来的社会生活做准备。其次应在德育方法上突出实践性,德育应该更多地走出课堂,在生活实践中进行,让学校德育从抽象化的说教王国里走出来,让学生体验生活和生命的乐趣。实施生活的德育,已成为时代的主题。

2.生态的德育。20世纪科学主义的盛行,使人类面临生存的威胁,这就要求树立生态德育理念。所谓生态的德育观是主张不仅要构建生态道德规范,更要转变以往的世界观、宇宙观和人生观,教育者应从人与自然相互依存、和睦相处的生态道德观点出发,启发引导学生从小树立一种崭新的人生观、自然观,养成保护自然环境和生态系统的思想意识以及相应的道德行为习惯,正确理解人与自然的关系,有意识地控制人对自然的盲目破坏行为。

生态德育观要求中小学德育在设计和运行过程中,处处体现生态理念,通过一系列的实实在在的体验活动,激励和引导学生体悟生态道德的内涵和真谛,养成生态意识、生态智慧和生态道德能力。

3.关怀的德育。关怀德育模式是美国伦理学家、教育家内尔·诺丁斯(Nel Noddings)于20世纪90年代提出的。她把关怀伦理学运用到学校教育中,作为对科尔伯格认知德育模式的反动,她反对道德教育中过于理性的方法,主张道德教育要渗透情感关怀。大量实证研究资料表明,德育实效性的前提之一是教师对学生的关怀。教师应把关怀作为德育的内在要求,去关爱学生的生命,关注他们的情感世界。每个学生都需要教师的关怀,而且教师的"榜样"力量是巨大的,学生会在模仿中学会关怀。诺丁斯强调,在道德教育中,人们是通过同被关怀方建立关系来表明如何关怀的,关怀的能力来源于被关怀的体验。在校园人际关系淡薄的今天,培养学生的关怀能力应成为德育的核心内容。

4.智慧的德育。完整的德育应该是智德统一的。智德分离的德育是一种被动的、盲从的德育。这种德育培养的人缺乏自主意识和创新精神,不敢创造,不能承担责任,甚至不能很好地保护自己,一味地强调单向遵从、付出、牺牲。这种没有道德智慧支配下的道德行为是软弱的。在我国目前道德体系尚不完善,缺乏报偿性、支持性道德机制的情况下,这种德育会使人们远离道德,不愿亲近道德。

智慧的德育是追求智德统一的德育,是尊重和张扬个性人格的德育,它注重培养学生的认知能力、清醒的理性能力、对公正和正义的判断能力。这样的道德主体既能自觉地遵守人类的基本美德,又能影响和改造周围环境,限制约束一些不道德行为。美国发展心理学家加德纳将这种道德智慧视为人的第十种智能。因此,德育应由约束性、控制性转向支持性和发展性。实施智慧的德育,着重培养人的自主意识、道德智慧。这样的德育才会产生魅力,对青少年才具吸引力,从而使人自觉地遵守道德,亲近德育。

第二节　现代德育思想

一、现代德育的本质与功能

(一)现代德育的本质

德育的本质究竟是什么,这既涉及对德育地位、作用的认识,更关系到现实中的德育实践问题。对德育本质问题的认识,首先要考虑的是对道德本质的认识。从社会角度看,道德是某一时代社会所承认的行为准则的总和;而从个人因素看,道德又是个体对某一问题情境加以把握的内部规范。那么,道德在本质上,究竟是社会性的还是个体性的?应该讲,从形式上看,道德是社会性的,是用以规范与约束人的行为的;但从实质与终极目的来看,道德归根结底是为着主体人自身的,其目的是为了使人更好地生活而设立生活规范的。其次,要考虑德育观问题。德育观与德育理念不同,自然有不同的道德本质的理解。如从社会与个人关系视角探讨德育本质问题,势必要回答德育究竟是社会本位还是个人本位的问题;若从"存在先于本质"的存在主义视角讨论德育本质问题,势必将导致类似于建构主义的观点,视德育本质为不断形成之中的、需要有所构想的。第三,还要考虑本原与本质的方法论的区别问题。本原问题是从最根本意义上回答世界的物质与精神、一元与多元问题,像德育的社会性与个体性问题,就是一个德育本原问题;本质问题是在本原问题基础上反映事物的特殊矛盾的范畴。这两者虽联系非常紧密,但不能混为一谈。这里讨论德育的本质问题并非主要从本原意义上讲的。

对德育概念的理解较好地揭示了德育过程中的双重转化的本质。首先,是把社会需求与受教育者的个体需求转化为德育者的品德与德育要求,其次是德育工作者通过言传身教与受教育者的主体努力把德育要求转化为受教育者的个体品德。在这两个转化过程中,德育者与受教育者之间实现了内化与外化,互为主客体的统一。

(二)现代德育的功能

所谓德育功能指的是"德育本来能够干些什么"。德育功能观不同,德育理想、德育目标、德育评价与德育实践自然迥异。对此檀传宝教授研究了中国德育史上不同德育功能观的影响(见下表)。

表 10-2　中国德育功能观概览

时间	德育功能观	德育实践	评价
"昨天"	单一(政治)功能观	简单的政治宣传	政治功利主义;非德育
"今天"	多元(虚妄)功能观	无所适从和遵从惯例	功能观的无度、无序;泛德育
"明天"	现实(未来)功能观	扎实的德育实践	功能观的适度、分层与中介;落实的德育

1.现代德育的社会性功能。现代德育的社会性功能是指学校德育能够在何种程度上对社会发挥何种性质的作用。一般说来,主要包括德育的政治功能、经济功能、文化功能、生态功能等。

(1)现代德育的政治功能。主要表现有三:一是再生产一定的政治与阶级关系,巩固一定的政治制度与政治秩序。二是传播与生产社会政治意识,如政府、政党等对德育课程内容意识形态方面所施加的有形或无形的影响。三是引导一定的政治行为,如对政治目标抉择与政治参与方式的导引等。

(2)现代德育的经济功能。从宏观上讲,它主要通过意识形态这一中介来影响经济,即一方面通过形成一定的经济文化、经济思想、经济伦理来影响社会经济的价值取向,另一方面通过意识形态对政治上层建筑的影响来作用于社会的经济决策与经济政策。从微观上讲,它通过发展与完善人的思想道德境界来直接影响经济本身,如通过劳动者主体意识、创新精神、竞争意识、效益观念、科教兴国与人文兴邦意识等的培养,来直接制约与规范人的经济生活与经济行为。

(3)现代德育的文化功能。一是德育具有文化维持的功能,它通过对既有文化的传承与既定文化的控制来实现。中国古代所谓"半部《论语》治天下"便典型地反映了两千年来儒家文化经典的教化功能,儒家文化的根深蒂固是与古代德育中儒家思想占据主导地位密不可分的。二是文化变迁与创新的功能,建国以来通过马克思主义思想教育与社会主义道德规范的培养,我们在改造旧文化、建设有中国特色社会主义新文化方面的作用是有目共睹的。

(4)现代德育的生态功能。应该说这是当代社会赋予现代德育的新功能。由科技革命与工具理性所带来的人类生存危机,使得学校德育面临像"自然道德"、"生态伦理"、"完善伦理"等新伦理道德观念的挑战。这种功能具体表现有三:一是树立与形成新的人与自然观。传统的人与自然观多为“人类中心论”,强调“人定胜天”,人与自然之间不存在任何合不合道德的问题,对人有利,即是道德的。在当代我们应告别这种千百年来形成的固有观念,树立起人与自然和谐共处的新观念。像中国古代的“天人合一”的思想与道家的和谐思想在当代就很有生态教育价值。二是认识人与自然关系中的善与恶,帮助人们自觉地将道德责任与生态责任统一起来。三是规范人与自然的交往行为,树立新风。从而在全社会形成热爱大自然,保护环境,具有社会环境公德的共识。

2.现代德育的个体性功能。现代德育的个体性功能是指德育对德育对象个体发展所产生的实际影响。主要表现为德育对个体生存、发展与享用三方面的作用,其中个体享用性功能堪称德育个体性功能的本质体现与最高境界。

(1)现代德育的个体生存性功能。传统德育的一大隐患是其过于拔高,远离生活,人们看不到其对人类个体生存有何意义。现代德育的一大趋势是“回归生活”、“德育生活化”。实际上就蕴涵着现代德育的个体生存性功能。道德教育对于受教育者个体生存的贡献究竟何在,现代德育必须正视这一问题的客观存在。每个人既是自然存在的个体,更是社会存在意义上的社会个体,从文化的角度看,伦理道德规范貌似约束单个个体的异己的力量,实乃人类文明的历史遗产与公共资源,集中体现着一代代人在人际互动中关系调整的智慧积淀,它与人类的“类”个体与单个个体的生存都息息相关。

(2)现代德育的个体发展性功能。也就是指德育对个体品德与智能发展方面所起到的作用。由于德育的核心工作是塑造社会所需要的完美人格与品德,故德育的个体发展性功能突出地表现为对德育对象品德发展方面的影响。对个体健康人格的促进一直是现当代德育的追求。提供认知动力与学习热情本身也足以说明德育对个体智能发展的促进作用。

(3)现代德育的个体享用性功能。按照我国教育学家鲁洁教授的理解:“德育对每一个个体来说,除具发展的功能外,还具有一种享用功能。所谓德育的享用功能,即是说,可使每一个个体实现其某种需要、愿望(主要是精神方面的),从中体验到满足、快乐、幸福,获得一种精神上的享受。”实乃个体在道德学习与道德践行过程中的一种精神上的超越、满足与审美愉悦,它经由“致善”、“志善”最终走向“至善”境界,属道德的化境。

二、现代西方道德教育思想的发展

(一)现当代西方道德教育思想的发展状况

纵观西方国家自19世纪末以来100余年的发展,其德育思想大致经历了四个基本阶段:19世纪末至20世纪30年代为新道德教育理论的建立期;20世纪40、50年代为国家主义教育的兴盛期;20世纪60、70年代为激进的个人主义教育时期;20世纪80年代以后为品格教育的复兴期。

1.道德教育理论的建立期。19世纪末20世纪初,欧洲出现了“新教育”运动,美国掀起了“进步教育”运动,以杜威的实用主义德育思想为代表宣告了“新道德教育”思想的诞生,瑞士心理学家皮亚杰对儿童道德判断的研究也揭开了20世纪以后的心理实证研究的传统,这个阶段所蕴涵的新的德育思想观念与实践探索为后继德育思想的发展奠定了基调。这个阶段的主要特征是在对人类几千年道德传统进行反思与清算的同时,描绘了一幅新世纪的道德教育发展蓝图,如强调进步与发展,强调道德教育的个人目的,强调对个人需求的满足与尊重等。可以说以杜威、皮亚杰为代表实现了西方乃至人类历史的德育转型,对个体理性、自主性、个性自由的崇尚左右着西方20世纪的道德教育主流走向。

2.国家主义教育的兴盛期。以杜威教育思想为主导的德育理论与实践具有两个特点:一是重视儿童的品格培养,二是以突出个人需要与个人发展为基本出发点。但第二次世界大战的爆发大大改变了学校教育的方向,国家主义教育抬头,衡量教育价值的标准不再是个人的素养,而是国家的需要与国家的实力,为政治服务、为科技发展服务成为教育的两大重任。道德教育日益让位于科学教育与艺术训练,一时间道德教育思想与实践出现了一度的沉寂与荒芜,社会上形成了一种"不需要道德教育"的氛围。

3.激进的个人主义教育时期。20世纪60年代对于西方社会而言堪称"多事之秋",反越战运动、黑人民权运动、反种族歧视、要求公民权利以及席卷欧美的学生运动等,产生了较为严重的社会道德混乱,社会问题突出。40、50年代的国家主义教育指导下以智力开发与技术训练为核心的教育模式显然已不适应社会的变化需要,一场道德教育的改革势在必行。这场道德教育改革运动拒斥任何形式的权威主义与道德说教,特别强调个人自由、个性的独立发展,突出学生的道德理智能力的发展——如道德推理能力、道德判断能力、批判性反思能力、自主选择能力等。"60年代,一种世界范围的个人主义兴起,这种个人主义强调人的价值、自律和主动性,强调个人权利和自由而不是责任。"

4.品格教育的复兴期。在新自由主义指导下的20世纪60、70年代的道德教育,其极端个人主义与利己主义取向舍弃了传统的美德,导致了社会价值观的混乱,人们逐渐意识到社会责任感远比技术上的高明重要。"对品格教育重新感兴趣源于20世纪60年代的骚动,城市和大学校园的混乱、日益增多的犯罪以及许多成年人对某些新的青年文化——包括广泛的毒品实验和性自由——更多暴力特征的反对都是促使道德教育复兴的原因。"于是在20世纪80年代以后,西方道德教育出现了向传统品格教育复归的趋势,新保守主义思想盛行。这种思想在注重原有的关注个人与个性的同时,更为突出社会与国家责任,更为强调发挥传统文化价值,要求重新评价教师、家长、榜样、纪律等在德育中的价值。

(二)现当代西方道德教育思想的基本特点与总体走向

20世纪西方道德教育思想与实践可谓流派纷呈,如经验主义的道德教育理论、认知发展道德教育理论、人本主义道德教育理论、社会学习道德教育理论、价值澄清理论、体谅关心道德教育理论、理性功利主义道德教育理论、价值分析理论、社会行动理论等。综观100多年的发展历程,从总体上看,现当代西方道德教育的基本特点与总体走向大致如下:

1.多元化的德育价值取向。综观现当代各派德育理论,在价值取向上可谓多元并存如适应主义的德育取向、自主主义的德育取向和理想主义的德育取向。

(1)适应主义的德育价值取向。这种取向可谓传统德育思想在新时期的继承与发扬,其理论基础为功利主义与文化相对主义。认为道德在本质上属于社会现象,一般强调个体对本国本民族文化价值的认同与适应,德育过程即促进个体社会化的过程。

(2)自主主义的德育价值取向。本取向在充分把握当代社会变化不定的特征基础上,从人本主义立场出发,认为德育的根本目的是发展个体的道德判断力,强调在多元多变社会中个体应提高对各种社会问题的自主选择、自主判断与自我应变能力,以采取自主的道德行为。

(3)理想主义的德育价值取向。它试图弥合上两类取向的缺陷,一方面承认人类社会有着普遍共通的道德观念、道德原则与道德价值,它代表着人类的基本社会规范与理想美德,同时在另一方面,也认为道德具有社会性,遵从社会道德规范与社会伦理是每个公民的必备品质。故德育既要培养社会规范的遵守者,也要造就道德的自主者。

总之,这三种价值取向基本上反映了道德思想家们对德育本质的不同理解。适应主义的德育价值取向基本上是从社会学意义上来理解德育的,认为道德是特定时代某一社会集团所承认的行为准则的总体,德育的本质是社会性的,是为维持社会正常运作而培养所需要的人才或公民的过程。自主主义的德育价值取向基本上在哲学意义上理解德育,认为德育是一种影响个人意识和意志的内部规范,是个人在道德问题情境中主动做出展望和妥协的行为选择,是体现于该行为中的一种"德性"。崇尚道德的主体性,强调并突出德育本质的个体性。理想主义的德育价值取向则认为德育本质上是社会与个人的有机结合,既要培养遵守社会规范的合格公民,也要造就遵从人类普遍价值的理想公民。

2.反对传统的道德灌输,突出主体性。多元政治、多重经济、多种文化的并存是当代社会的共同社会基础,它崇尚民主、自由,强调对人本身的尊重。故以杜威为开端,批判传统的道德说教与声讨灌输基本上成为各家道德教育思想的共同特点与基本突破口。柯尔伯格曾一针见血地指出:"灌输既不是一种教授道德的方法,也不是一种道德的教学方法。说它不是一种教授道德的方法,是因为真正的道德包括那些可能处于冲突中的价值作出审慎的决定;说它不是一种道德的教学方法,是因为合乎道德的教学意味着尊重儿童正发展着的推理能力和对他们所学内容的评价能力。"反对灌输实质上是要求尊重儿童的主体与自由,把儿童从"容器"状态还原为有灵性的生命体。

建立一种"非灌输的道德教育"是当代道德教育家们的共同心愿。其基本标准为:首先,开放性的教育。与传统封闭性德育目标相反,现代德育的目的是打开学生的心灵世界,促进学生的道德思维能力的发展,特别是独立思维能力与批判性思维能力的发展。其次,发展性的教育。所谓发展性的教育是指承认学生的道德发展是一个连续的有自身特定规律的过程,教育的内容与方法必须是学生能够理解且愿意接受的。也就是说道德教育应服从学生的道德发展规律,服务于学生的批判性思维。再次,主动性的教育。传统的德育灌输方法因不允许学生怀疑、提问,不允许学生思考、比较,往往置学生的主动性与自主性于不顾,故被批评为"不道德"的道德教育,因此,"非灌输的道德教育”应能鼓励学生通过自己的理智思考与实践积淀来获得道德上的成熟，尤其是在主体的自觉自愿的参与情况下。需要特别加以指出的是，当代“非灌输的道德教育”并非一味地拒斥说教、榜样、示范等传统德育方法，而是强调一种具体方法是否属于“灌输”，关键在于它是否与学生的道德理解力、意愿与水平相匹配。

当代道德教育思想对道德灌输的批评，以及建立一种无灌输的道德教育的努力，体现了对道德主体性、对道德主体自由意志的尊重。可以说它是主体教育思想在德育领域的具体体现。当然，物极必反，一味地单纯强调反对灌输，也许会走到其极端的反面——放任自流。

3. 主知主义占主流，“主行”、“主情”的并行不悖。20 世纪的道德教育思想史堪称主知主义占主流的世纪。主知主义之所以能占主流，一是受理性主义思潮的影响，二是道德认知心理学的实证研究的贡献。主知主义在道德教育上主要表现为重视道德认知能力的发展。道德认知能力包括道德理解能力、道德推理能力、道德判断能力与道德选择能力。可以说，对道德认知能力培养的重视，是现当代许多德育思想家的共识。像美国当代影响最突出的两大道德教育理论——价值澄清学派理论与柯尔伯格的认知发展道德教育理论，都是以重视儿童道德认知能力的培养为主要特征的。如价值澄清学派理论把价值的获得分成“选择”、“珍视”、“行动”三个子过程，其中“选择”是最基本的，是儿童对各种可供选择的情境进行审慎地思考以后做出的，这实际上就突出了认知理智在评价过程中的地位。

重视道德认知能力是伴随着对灌输的反对而诞生的，同时也是人们对多元社会、多元价值的一种需求反映。它从根本上改变了传统的道德教育观念与现代道德教育实践。但从人的思想品德的结构来看，道德认识（知）、道德情感（情）、道德意志（意）、道德行为（行）、道德信念（信）是一个内在统一的整体，尤其知、情、行三者是构成道德品质的内核。

从总体上看，现当代道德教育领域在主知主义占主流的形势下，“主行”与“主情”流派也不甘示弱，竞相放彩。“主行”派可谓历史悠久，现代更是受到行为主义心理学的支持，如班杜拉的社会学习理论便是其代表。“主情”派注重人际关系与情感因素在道德教育中的影响，在 20 世纪 60、70 年代可谓异军突起，尤其在一些人本主义者与女权主义者中间影响颇大，像以麦克菲尔、诺丁斯等为代表的关怀、体谅道德模式便是其典型。

应该说，在德育理论与德育实践中，如何解决道德认知、道德情感、道德行为的有机整合问题，仍将是新时期道德教育需要探索的重大命题。

4. 道德相对主义是各流派的共同认识论基础。整个 20 世纪可以说是一个相对主义盛行的时代，在道德领域，甚至于有人把 20 世纪称之为道德“相对主义的时代”。一般认为道德相对主义主要包括文化相对主义与个人相对主义两种。文化相对主义主张，不同时代与不同民族、国家、集团都有自己的道德价值观念，其道德价值观念因符合自身的现实需要，都是合理的与值得尊重的，对特定文化背景下的道德评价必须放到特定的文化领域去展开，不存在“放之四海而皆准，贯通古今而不变”的道德标准。个人相对主义认为，道德价值是每个人对自身经验的体验与总结，因而每个人的价值都是相对的,且这种价值对每一个体而言都是合理而值得尊重的,不存在评判个人行为正当与否的客观标准。在社会与个人的关系上,这两种主张内部虽存在很大的分歧,但它们的共同特征是,承认与强调道德的易变性、相对性,漠视与否认道德的稳定性与绝对性,否认普遍的永恒的道德标准与道德原则,否认各种道德之间的等级差别以及在其中进行比较与评判的可能性。一句话,道德具有“不可通约性”。

现当代道德教育思想的大多数流派,往往不是以文化相对主义就是以个人相对主义作为其认识论基础的。如价值澄清学派理论、存在主义道德教育理论、人本主义道德教育理论等以个人相对主义为指导;而社会学习理论则奉行的是文化相对主义的。柯尔伯格也许是少数的不属于相对主义的西方道德理论家。

这种道德相对主义的积极价值在于,在方法论上,对世界多元性与易变性的承认,解除了以前的永恒的绝对的道德律令的束缚。但同时我们必须指出的是,其最为致命的缺陷是对价值普遍性、等级性乃至阶级性的抹杀与否认。很显然,封建的、资本主义的道德是不能与社会主义道德同日而语的,法西斯主义道德与人道主义道德也是不能相提并论的。

5.注重德育形式、德育模式研究及微观上的操作研究。西方多元文化、多重信仰、多种价值观并存的现实,使得许多德育流派对于道德内容与道德原则问题大多持规避态度,而转而研究超越具体原则与内容的德育形式问题、德育模式问题。总体上,他们重视对道德教育基本范畴、结构、功能、语言的分析,回避对现实道德问题的描述与分析;坚持对道德形式上的特质的培养,反对具体规则的导引与教授;关心道德教育过程,蔑视道德教育的具体内容。故国内外的德育研究者称这种现象为“形式主义道德教育理论”的盛行。其积极价值在于,“强调合理道德判断的形式化条件,巧妙地避免了灌输问题”。但过分追求道德的形式化特征,过分崇尚对道德概念、道德推理的逻辑的、语言的分析,也带来了道德实践中的远离真实道德生活与德育教育本身的形式化倾向。为此,作为道德教育中介的德育模式研究(本章第三节专题论述)及更为具体化的微观上的操作研究也日益普遍。而且,这种对微观的具体操作化的研究,因为研究深入细致,实证实用倾向明显,对同类相关情境的直接借鉴价值较大,对20世纪80、90年代西方品德教育的复兴起到了推波助澜的作用。

6.德育理论研究趋向多学科整合。从多个学科乃至多学科整合的视角进行德育研究,是现当代德育思想研究的一个突出的特点。现当代道德教育思想研究所涉及的学科领域主要有哲学、心理学、社会学、文化学、人类学、历史、宗教等。其中尤以哲学与心理学的研究成果最多,贡献力度最大,可以说从哲学与心理学的结合上为德育思想研究提供理论假设与方法论借鉴的倾向最为普遍。事实上,自赫尔巴特首倡从伦理学与心理学的结合上来建构教育学的理论大厦以来,这两个学科就一直被视为揭示教育的两大支柱。在道德教育方面,杜威的道德教育思想是在其经验论哲学与机能心理学的基础上建立的,柯尔伯格之所以以其道德认知发展理论而著名,是因为他认为道德哲学与道德心理学乃是探讨道德教育的两个基本领域,这从他20世纪80年代的道德理论三卷本的名称上也得到了实证,即《道德发展的哲学》、《道德发展的心理学》、《道德发展与教育》。

而且在20世纪60年代以后,在对道德教育进行分学科、多学科研究的同时,人们更多地从多学科、跨学科整合方面进行深入的分析与揭示,这既是德育研究的深化,也是德育研究走向科学化、综合化的表现。可以说,多学科整合研究代表着德育思想研究的未来走向。

第三节 德育模式

所谓德育模式是指包括一定观点和理论,一系列原则、策略方法和途径的德育实施体系。在不同历史时期、不同国家或地区因各自的制度与文化差异,社会伦理道德观念与对人类个体思想品德的形成与发展观念的差异,在历史上就形成了迥然不同的德育模式。

由于德育模式上承抽象的德育理论与德育理念,下接具体的德育经验与德育实践,它既是对德育理论与理念的"范型"化,又是对具体德育经验与实践的抽象与概括,因此堪称联接德育理论、理念与德育经验、实践的中介、桥梁与纽带。那么,人类历史上究竟形成了哪些德育模式,并可供我们参考与借鉴呢?从总体上看,大致可以分成宏观意义上的普遍模式与较为微观意义上的具体模式,以及德育实际工作中的工作模式。

一、宏观意义上的普遍模式

总体上看,人类历史上的学校德育主要形成了三大类宏观上的普遍模式,它们分别是:德目主义模式、全面主义模式和混合主义模式。

(一)*德目主义德育模式*

在世界上的各种德育模式中,德目主义模式是产生最早、影响也最为久远的一种流派与模式,它也是20世纪之前中西方最为通用的德育模式。"德育"是一些国家和地区教育理论中较为广泛使用的一个概念,一般意指"正直、亲切、勇气之类应用所表达的带有道德价值的名词",即将正直、真诚、勇敢、善良等道德教育所期望达到的培养目标或预期形成的道德品质作为德育的内容,并以条目的形式排列出来,依次对学生进行教育,最终使德育内化为学生的道德品质。

所谓德目主义模式是指学校独立设置德育课程,把本土民族文化生活中所积淀的一些道德品质与道德规范,以德目的形式固定下来,编成教材,通过教师的系统传授,让学生理解、熟记与掌握。被称为"传统教育学"之父的19世纪德国教育家赫尔巴特就十分推崇这种德目主义的德育模式,像日本的学校德育、中国传统应试教育体制下的学校德育也大多属这种模式。

那么,德目主义模式在其形成发展过程中究竟有哪些特点,我们又应该如何看待德育主义模式呢?

1.德目主义模式的主要特点。

(1)德育体系的相对独立性。在德目主义模式中,道德教育是学校教育里的一个自成系统且相对独立的教育体系。这种系统性主要表现为:有系统的道德教育系列内容(即德育序列)、有系统的德育课程、有专门的德育教材、有较为系统的德育教学等。可以说在德目主义德育体系中,德育课程、德育教材、德育教学是三位一体的。而且其体系内部也是较为系统的。如德育内容体系一般包括三大类:一是对作为个体的人的人格陶冶与行为规范的要求,即个人道德要求,如为人诚实;二是职业道德方面的要求,如敬业爱岗、勤劳工作、严守信用等;三是社会公德方面的要求,如爱国主义、集体主义、遵纪守法、关心他人、爱护公物等。这三者既互为分工又互相配合,形成了一个较为完整的德育系统。

(2)德育教师的主导性。德目主义德育体系中德育课程、德育教材、德育教学的三位一体,决定了其最终的德育实施者主要是德育教师。故在德目主义模式中,在德育过程的师生关系上,主要是以教师为中心的,尤其在传统上一般而言,教师始终处于主导、支配地位,而学生基本上处于被动、从属地位。教师的基本身份是道德的载体与传授者,而学生则基本上属于被动的道德接受者、受教育者。德育教师的主导性与中心地位,自然也就对教师的素质、品格、学识要求甚为苛刻,这就是长期以来一直要求教师要言传身教、率先垂范的内在根源之一。

(3)德育方法的单一性。从总体上看,在德育主义模式中,德育方法是相对较为单一化的。从德目途径来看,主要采取的是单一的课堂教学途径,从德育手段来看,主要采取的是灌输、训练、榜样、惩罚等手段,尤重灌输式、注入式教学方法。这种方法因注重自上而下、由外而内,有助于让年轻一代接受得到社会认可的经历史积淀下来的优秀道德传统,有助于保证社会道德文化的继承性与连续性。但是单一化方法本身往往于无形中又影响了德育的实效。

2.如何看待德目主义模式。德目主义模式可谓源远流长、影响深远,但随着时间的推移其影响却又在逐渐递减。我们应该较为客观的分析德目主义模式的长处、优点与问题、局限之所在。

(1)德目主义模式的长处与优点之所在。一是德育的正式性与正规性有所保障,以德育的方式独立开设德育课程,并与其他教育科目同列课程计划,有自己的专职教师、教材与课堂,德育教育的地位有保证、有落实,至少保证了德育工作在学校教育工作中的实体地位;二是德育的历史继承性有所保障,德目主义模式把人类尤其本土历史上出现的优秀德育资源、道德文化积淀以德育的形式予以提炼与升华,通过德育教师传授给学生,并力求把社会所公认的道德规范转化为学生的内在道德品质与道德情操,这有助于社会道德的延续与继承;三是德育的系统性有所保障,因为它以德育的形式纳入正式教育计划,有序展开,连续施教,德育之间的连续性与连贯性好,既保证了横向的德育间的链接,也保证了大中小学不同教育阶段的纵向衔接。

试以日本的德育主义模式为例,它采取的是“三种基本途径分阶段”的学校德育模式。“分阶段”是指各级各类学校的德育侧重点的分工,小学以培养基本的生活习惯为重心,初中以“建立人际关系的优良品质和能力”为重点,高中以伦理道德教育与生活指导为重点,大学则以公民意识与国民素质的教育为重点。“三种基本途径”为通过德育课程的形式进行德育教育,通过学科教学中的教育因素进行整体教育,通过学校特别活动或校风班风等隐性课程形式开展德育。由于日本的德育教育突出在教师指导下学生主动积极性的发挥,故有人也称此种模式为“指导发现模式”。

(2)德目主义模式的问题与局限之所在。一是教育方法的单向化倾向。一般多注重德育教师对学生的教育,多注重进行德育概念的灌输与传授,而缺乏师生之间的双向互动、交流与教学相长,学生的主体性、主动性易受到冷落,易忽略学生自己的自我教育与自我反思,学生的依赖性、被动性较强。二是教育方式上的教条化倾向。德育作为对社会道德规范与道德品质的概括、抽象与提炼,条目的系统化本身在一定程度上虽有助于教师的教学与学生的理解、识记与掌握,但条目化的处理方式本身客观上也肢解了丰富多彩的德育生活实际,又加上教师在讲授过程中常常发生德育理想、理论与德育实际、实践相脱节的状况,往往易把德育教育过程演变成学生机械化背诵抽象道德条目的过程,故其形式化、教条化的倾向客观上也影响到德育的实效。三是教育时空上的超稳定性倾向。由于德育实乃抽象的道德概念的反映,像公平、正义、良心、良知、勇敢、忠诚等德育本身,往往是脱离具体社会历史条件的抽象概述,似乎可以穿越历史时空而恒定不变,可适用于任何社会与时代,给人以超历史、超时空、超社会的超稳定感,在真实的德育实践中这种抽象的德育本身有可能滞后于社会与时代的发展进程。

(二)全面主义德育模式(能力模式)

这种模式也被称为非德目主义模式或能力模式。它是指学校德育不是通过单独设置的专门德育课程(如宗教课、道德课、公民课等)向学生传授既定的德育,而是通过以人文社科为中心的全学科与全部教育活动方式来进行道德教育的模式。这种德育模式的哲学基础是“个体本位论”与“相对主义”价值观,它反对独立设置专门的道德学科课程来传授既定的德育,主张德育活动应以全面提高儿童的品德能力为宗旨,认为学生的道德能力是经由实践活动而形成的,故应通过人文学科、社会学科乃至自然科学等全部学科,以及学生的全部课外生活、道德实践、职业训练与生活指导等全部教育活动去促进学生道德能力的综合发展。值得关注的是,这种模式尤重在活动中道德问题情境的创设,强调儿童通过模拟的角色体验来获得道德能力。20 世纪初美国教育家杜威的实用主义学校德育模式与 20 世纪 60 年代的价值澄清学说影响下的德育模式便属于此种模式的典型。

以杜威的实用主义学校德育模式为例,他精心设计了一套较为完整的道德教育方案。其实践操作集中体现于 1896 年他亲自创设的芝加哥实验学校的教育实践,其理论设计集中体现于他 1909 年的著作《教育中的道德原理》一书。杜威站在资本主义改良主义的立场,从其“教育即生活”、“学校即社会”、“在做中学”的教育观念出发,认为美国学校道德教育的目标是培养美国民主与进步社会的公民,因之德育应主要养成儿童多方面的习惯,应培养儿童能适应社会进步并能参与社会与改造社会的多方面能力。尤其是他对“道德观念”与“关于道德的观念”、“直接的道德教育”与“间接的道德教育”的区分,很有现实的启发意义。“关于道德的观念”是指有关道德的知识与见解,它未必对观念所有者的行为有所规范或制约,故常会带来道德知行上的脱节,如学生尽管认识了,但未必付诸道德实践;而"道德观念"即"凡是能够影响行为,使行为有所改进和改善的观念",它指的是道德上的"品格"与"动机",它是能驾驭行为者的一种价值信念体系,它在行动中见效果。传统上的"直接的道德教育"方式,虽专门开设了道德课程,但主要进行的是"关于道德的观念"的教学,学生获得的仅是有关道德的观念与知识,而并未内化到人格结构中去身体力行,故缺乏教育意义与德育实效。因此,杜威主张与其进行"直接的道德教育"即"教道德",不如开展"间接的道德教育",即通过学校与学生生活的一切媒介、手段与环节,对学生的性格、个性产生教育影响,以真正使学生形成"道德观念"。由此,杜威主张学校生活、教材、教法三位一体的学校德育模式,他称之为"学校道德的三位一体"。

那么,全面主义德育模式究竟有哪些特点,我们又应该如何看待德育主义模式呢?

1.全面主义德育模式的主要特征。

(1)相对性的德育内容。与德目主义承认社会道德规范、道德价值体系的相对超稳定性不同的是,全面主义德育模式从"个体本位论"与道德相对主义价值观立场出发,强调社会的变动与道德价值体系的个人相对性。既然德育的目标是培养学生生存、主动适应社会的能力,因此德育的内容就不是既定德育的传授,而是发展学生的道德判断能力与道德抉择能力,以帮助学生有能力去面对社会,学会生存,学会生活。

(2)间接性的德育途径、方式。与德育主义注重通过专门的德育课程进行直接的道德教育不同的是,全面主义德育模式不太主张开设专门的道德课程,反对直接灌输既定的德育本身,突出德育途径与方式的间接性。它强调通过教育全学科与学校全部生活本身进行道德教育与道德训练,应让学生自主选择适合自身的个体价值观。

(3)自主性的德育对象。与传统德目主义模式的专任德育教师为中心、重道德知识观念灌输、重学生识记与背诵不同的是,全面主义德育模式中学生处于主动选择与主动参与的地位。它强调以学生为中心,教师的指导体现于对学生自主选择能力、自由表达能力、自我负责精神的引导。

(4)实践性的德育实施方式。与传统德目主义模式重系统的道德理论知识的传授灌输不同的是,全面主义德育模式注重道德实施方式的实践性。突出知行统一,尤重道德践行,强调要通过全部学校生活与全部教育活动来培养学生的道德实践能力与道德品性。

2.如何看待全面主义德育模式。无论从理论形态还是从实践形态来看,全面主义德育模式的表现形态都是丰富多彩的。相对于德目主义德育而言,其积极价值在于:一是注重发挥全学科与教育全活动的德育价值;二是注重发挥受教育者的主体作用与主观能动性;三是突出德育内容的"与时俱进",强调德育的现实针对性。但与此同时,我们也必须看到其理论上与实践上的双重局限性。就理论局限性而言,主要是其背后的主观唯心主义哲学观与个人相对主义价值观,如杜威的"学校道德的三位一体"模式就是以其实用主义哲学观与伦理道德观为指导的。就实践局限性而言,除了德育正式课程保障上不力与忽略甚至否认教师的主导作用外,其更为突出的隐患是对学校的德育实践要求极高。若组织不力,全学科与教育全活动的德育实践极有可能落空,造成学校德育工作的放任自流，导致学校道德危机，并给社会造成隐患。

（三）混合主义德育模式（生活模式）

德目主义德育模式与全面主义德育模式各有利弊，互为补充，混合主义德育模式便是对上述两种模式的改革、修订与综合，由于该模式明确提出德育为生活服务的新理念，故又被称为"生活模式"。所谓混合主义德育模式，是指学校德育既开设相对独立的德育课程，向学生传授既定的德育系列知识，又充分利用全学科与全部教育活动的途径和方式进行思想道德教育。这一模式把品德知识（即德育）的传播与品德能力的养成相结合，将理性与非理性、"德育"与"德能"、认知与信仰、品德规范与德育创新相统一，它通过课内外、校内外的结合，在学校教育、家庭教育与社会教育间形成"教育合力"。它既承袭与发挥了德目主义模式中的积极因素，又兼得了全面主义模式中卓有成效的德育操作方案。当然我们也要看到由于各国各地区乃至各学校的教育传统与德育文化的差异，在混合主义德育模式的具体表现形态上，有的以非德育的操作性方案为主导而以德育模式为补充，有的以德育模式为主导而以非德育的操作性方案为补充，但总体上都表现为混合主义德育模式特征。

那么，混合主义德育模式有哪些主要特征呢？

1. 多元化的德育体制结构。德目主义德育模式下的德育体制结构明显的具有刚性化结构，所有一切基本上为国家统制，并通过教育立法或教育行政政策手段，以德育大纲的形式来具体规范德育内容，学校德育的实施及学生的德育实践也受到国家各级教育行政部门的监控。如日本一度甚至以天皇的《教育敕语》形式予以规定。全面主义模式则物极必反地取消统一的德育大纲与学生修习的德育。而混合主义德育模式则采取多元化与多样化的德育策略，表现出较为灵活的柔性德育体制结构。有的中央政府并不通过具体行政手段去干预德育工作，而是采取法律的、社会中介参与的间接调控手段。

2. 多样而统一的德育目标与内容。在德育目标与内容上，德目主义德育模式的基本表现是统一与一致；全面主义德育模式的基本表现是对社会的相对适应性；而混合主义德育模式的基本表现是在总体上丰富多彩的同时，在最为基本的德育内容与目标上表现为多样性与一致性的结合，尤其在公民教育与价值观教育这两个德育基本内容与目标方面高度关注。

3. 综合化的德育实施途径与方法。在德育实施途径与方法上，德目主义德育模式主要靠道德课、宗教课向学生传授预定的德育；全面主义德育模式则主要以社会学科为中心的全学科与全部教育活动来进行道德教育；而混合主义德育模式则兼具上述两模式的综合优势。将直接的德育途径方法、间接的德育途径方法与潜在的德育途径方法有机结合起来，既开设专门的道德课程，又注重发挥校园生活、社会与社区服务活动、社会教育活动、环境熏陶乃至宗教活动的作用，且把教师的正面指导与学生的充分参与、传授道德知识与培养道德践行结合起来。

4. 可操作化的德育实施方案。操作简单刻板与强制灌输是德目主义方案所面对的批评，操作零碎而不系统、组织不容易、放任自流是人们对全面主义德育模式的批评。

而混合德育模式的操作方案则以其内容系列化、教学体系化与教学手段较为先进的特征,既具有较为符合社会、学校与学生的需求的针对性,又具有较强的操作实践性。

(四)我国目前的宏观德育模式

目前在素质教育指导下的我国德育模式基本上属于混合主义模式下的综合性德育模式,它以马克思主义为根本指导,以培养德、智、体、美、劳全面发展且心理健康的"有理想、有道德、有文化、有纪律"的"四有"新人为德育目标,其基本特点为理论教育与实践教育相结合,家庭教育、学校教育、社会教育相结合,外部教育与内部自我教育相结合。可以说,这些初步构成了有中国特色的综合性德育模式。

二、较为微观意义上西方主要的德育模式

美国的哈西(R·H·Hersh)、米勒(J·Miller)与菲尔丁(G·D·Fielding)把关怀、判断与行动作为道德的三大要素,并把德育模式界定为在教育情境中思考关怀、判断、行动之历程的方式。他们认为一个模式便包含着一个对于人类道德如何发展的理论或观点,以及一套促进道德发展的策略或原则。由此他们总结出理由建构模式、关怀模式、价值澄清模式、价值分析模式、认知发展模式、社会行动模式六个德育模式。

(一)理由建构(rationale building)模式

该模式由詹姆斯·夏弗(James Shaver)提出。他基本上是从民主与多元社会的角度来看待道德教育,目的是帮助教师建立一套教学价值问题的理由,以理解一般价值与道德价值是如何影响到教学与教学管理的决策的。为此他提出如下几个基本问题:什么是价值? 什么是道德价值? 民主社会的价值是如何与教师在班级上的决策发生关联的? 教师能帮助学生发展更有意义的方式以处理道德问题吗?

他设计了一套特殊的道德教育课程,认为在道德教育中应充分考虑到下述四个方面:

1.价值的辨认与澄清。社会的政治的、经济的、道德的、审美的与工具的价值之间可能存在相互对峙的局面,我们需要考察与反思自己的价值是什么、感受有多强、它们整体上是如何运作的等等,他把这种能把自己的价值找出来并使之清晰浮现的程序称为"价值辨认"。教师应帮助学生认清并超越那些较为肤浅的价值辨认。

2.标签(或名称)的一般化。他主张道德教育应该教学生在民主道德规范的脉络中去认识自身的价值。所谓的标签(或名称)的一般化是指"将价值放在一般的'法律—道德'架构中的适当位置",为此应该教学生把他们未经深思的价值观念与社会的政治法律上的民主价值结合起来,并把许多人际间的价值问题在此架构下予以分析与揭示。

3.价值冲突分析,当学生在价值冲突中进行权衡时,不应作全或无的绝对价值判断,而应把它置于一个连续体上进行多元主义的考虑,应按照最基本的民主规范来看待价值问题,并用于分析复杂的情境。

4.合理的决策。在两个相互冲突的价值情境中,为什么一种价值会优于另一种价值呢?

(二)关怀(Consideration)模式

关怀模式也译为体谅模式或关心模式。它是由英国的彼德·麦克菲尔(Peter McPhail)及其在教育局英国道德教育课程计划的同事所共创的,其核心思想主要体现于名为《生命线》的道德教育系列教材及其与教材配套的名为《学会关心》的教师手册中。该模式最大的特点是强调道德教育中情感的作用,尤其是关怀、体谅的重要性,创造一个关心人的课堂、校园、社会教育三位一体的育人环境对德育工作极其重要。麦克菲尔认为德育工作在于建立关怀的基本核心,这是人人先天就具有的,而且"以具体经验证明人际的差异是表面的,相同才是深刻的"。人的道德行为是自我增强的,"体贴关怀他人,一般来说,是愉快的、奖赏的"。与柯尔伯格的道德认知冲突不同,它更为强调要学会理解别人的需要,若有机会将每个人的敏感表达出来,于道德的发展最为重要。在德育方法上,关怀模式非常强调角色扮演、社会剧与文艺创作,并以这些方法促进人际的知觉。

以角色扮演为例,其一般的学习情境大致如下:先将某种情境(如①有一个和你要好的同学似乎为了某一个你不知道的原因而发脾气,你会怎么办?②你知道你最好的朋友正在做一件使他自己痛苦的事,你怎么办?③你想告诉妈妈一件重要的事,但是妈妈很累,无心听你说,你怎么办?④当你和别人说话时,有个你认识的人常常插嘴,而且想改变话题,你怎么办?)说出来或写在黑板上,要求全班同学将自己的答案写在纸上,然后在同学的答案中随机抽取一份进行讨论,并请有相同答案的同学来扮演情境中的角色,让全班同学进行讨论。假如同学有兴趣,这种扮演角色的表现可以多次展开。最后由师生进行总结,着重于比较,并最终由学生做出判断。

《生命线》是在1967到1971年对英国800多名中学生的需要调查研究基础上形成的。该调查表明,学生们所认为的待人好即对学生的需要、情感、兴趣的关心,反之则是不好的。《生命线》共分成三个部分,代表三个逐渐复杂的社会情境的层次,每个部分都分为若干个单元或小册子。第一部分为设身处地,包括单元一:敏感,单元二:后果,单元三:观点。该部分情境都环绕着在家庭、学校或邻里所经历的一般人际问题。第二部分为验证规则,包括单元一:规则与个体,单元二:你期望什么,单元三:你认为我是谁,单元四:依谁的兴趣,单元五:为什么我应该做。这些单元包括了从人际关系的压力与冲突较小的例子,到复杂的团体冲突与权威问题。第三部分为你应该怎么做,学生将面临依历史事件编写而成的道德困境,包括《生日》、《单独拘禁》、《逮捕》、《街头一景》、《悲剧》、《医院的风》六册,其目的是扩展学生的道德视野,以发展更深刻更广大的判断架构。

(三)价值澄清(value clarification)模式

这是20世纪60、70年代在美国较为流行的一种德育模式。所谓价值澄清(value clarification)模式是指让受教育者通过价值评价和选择的学习,获得最适合和清晰的个人价值观的一种道德教育模式。该模式主要以价值澄清学说为指导,主要由拉思斯(Louis Raths)、哈明(Merill Harmin)、西蒙等在他们的1962年《澄清儿童的价值》、1966年《价值与教学》等著作中提出。该学派认为,价值来自于个人经验,不同的经验产生不同的价值,一切价值都是相对的、个人的。德育工作的目的就在于建立最为适合于个人的价值观。由此学说所直接指导的德育模式,以让儿童根据其经验自由决定其价值观为理论核心,否定通过灌输使学生接受既定价值观的教育过程,把道德教育视为促进人们对自己和整个社会的价值观作出充分自由与深思熟虑反应的“澄清”过程。

具体包括三阶段七个步骤:

第一阶段为选择,包括:①具有价值选择的自由,排除任何控制和压力;②发现所有选择的可能性;③对各种选择的可能结果做出审慎的思考。

第二阶段为赞赏,包括:①对所做出的选择具有自豪、愉快的内心体验;②敢于在他人面前陈述和辩护这种选择。

第三阶段为行为,包括:①按照选择采取行动;②长期坚持这种行动,使之成为个人的行为方式。

实现上述过程的方法有书面评价法、班组讨论法等,其中最重要的是课堂中师生间以对话形式进行的澄清应答法。为了便于操作,他们编写了大量的教学指导手册,设计了上百种的价值教学活动,像填写价值单、价值观投票、价值观地理、角色游戏、群体谈话、自传片段分析等。

由于该模式把价值观的形成立足于个人的自由选择,以道德主观主义与道德相对主义为其理论基础,因此也遭到一定的批判。

(四)价值分析(Value Analysis)模式

代表人物为弗兰格尔(Jack R·Fraenkel)等人。该模式认为实现道德要求最主要是能做出清晰的思考。其方法要点是:向学生传授普遍的道德思维技能,以及科学、精确的解决问题方法,使之掌握道德推理过程,学会做出价值体系的分析。具体实施步骤为,使学生:

1.认识矛盾之所在;

2.了解解决矛盾的各种可能性;

3.预计每种可能性的后果;

4.预计短期及长期后果;

5.收集每种可能结果的事实;

6.按照基于维护人类尊严为准绳而确立的一系列准则,对各种结果做出评价;

7.做出某种行为的决定。

(五)道德认知发展(Cognitive Moral Development)模式

代表人物为美国的道德心理学家柯尔伯格(Lawrence Kohlberg)。他从儿童道德发展的实证研究出发,提出“人类存在文化上具有普遍性的基本道德价值,这些基本价值表现为一个有相同阶段的连续发展的过程,即著名的道德发展‘三水平六阶段’论”。这也就是说人的道德发展的核心是道德思维能力的发展,它是一个具有阶段特点和顺序的连续过程。他认为德育的目的是促进发展,即促使受教育者从事积极的道德思维活动,反对“谆谆教诲式”传统德育说教方法。具体实施要求为:

1.鼓励学生充分考虑他人观点;

2. 让学生通过辩论和在多种选择中开展逻辑思维活动，并勇于做出道德决定；

3. 促进学生的道德思维冲突，并提供一种解决这种冲突的新的道德结构，并促使向高一级水平发展；

4. 为学生安排一个公正的活动环境。

柯尔伯格所提出的"道德讨论法"和"团体公正法"别具特色。"道德讨论法"引导学生就道德两难问题进行讨论，诱发认知冲突，引起积极的道德思维从而促进道德判断能力的发展。"团体公正法"即创设充满民主的道德气氛，培养学生集体协作、共同负责的精神，建立有益于团体发展和学生生活的集体行为规范，给学生更多的民主参与机会，利用学校环境和伙伴影响促进儿童的道德发展。

（六）社会行动(Social Action)模式

由美国学者弗雷德·纽曼(Fred Newmann)提出，该模式关注的重点是教会学生参与公共事务。纽曼认为，每个公民都有权对公共事务施加影响，而不仅仅是对公共事务有兴趣或进行思考。原有的道德教育只是关注了学术性学科以及各种社会问题，但忽略了对行动本身的关注。道德教育的基本目的在于培养"环境能力"(environmental competence)。所谓环境能力就是"采取行动以对环境造成明确的后果"，即用行动本身来影响环境中的具体结果。这种环境能力包括三大类：第一是物理的，即影响物体的能力，属实质性能力，包括美学的（如画一张图画）、功能的（如盖一间房子）；第二是人际的，即影响他人的能力，包括养护关系（如照顾婴儿或朋友）、经济关系（如买一辆车）；第三是公民的，即影响公共事务的能力，包括公职选举过程（如帮一位选举人赢得选战）、在利益团体之内（如改变一消费者保护团体的政策优先顺序）。

社会行动模式的步骤：第一步是在道德慎思与社会政策研究基础上制订政策目标；第二步是集结支持目标的资源，它包括具有政策法律方面的知识、掌握鼓动的技术、团体活动的知识与技能、组织行政管理技能；第三步是解决心理与哲学方面的困境问题，如献身与虚心、个人动机与社会公正、个人正直与人类责任、权力运作、考虑他人与考虑活动目标等；最后，取得实际政策的结果。

按此模式，纽曼还精心设计了社区问题课程(the community issues program)。

三、德育工作模式

除上述宏观与微观意义上的德育模式之外，还存在着具体的德育工作模式，即通常所讲的德育工作流程。就某一具体的德育工作实践而言，这一流程一般包括下述四个基本环节：首先，制订预期的德育工作计划。它始于具体德育目标的确立，终于德育方案的形成。其次，德育方案的组织实施。这是预期德育目标与计划真正实现的关键。此中，只有活动的组织者、实施者与参与者齐心协力，方能形成向心力与凝聚力。再次，德育测评。德育工作的实效到底如何，是否达到了预期的规划，真实的结果到底怎样，都有赖于对德育工作结果进行评价。最后，德育工作的总结与反馈。一是为了总结与推广新的经验，二是推进德育工作的改进与创新，三是公开信息，体现对包括社会在内的所有参与者的知情权的尊重，对学生负责，对学校负责，对社会负责。

思考题

1.如何理解德育的内涵?

2.试分析我国学校德育发展面临的主要问题及其对策。

3.对于德育的个体性功能,你是如何理解的。

4.请结合国情,谈谈西方现当代道德教育思想基本特点与总体发展走向的某些方面,对我国当代未成年人道德教育的可能借鉴之处。

5.试比较德目主义与全面主义德育模式。

第十一章　学校德育(下)

第一节　德育目标

一、德育目标概述

(一)德育目标的含义

德育目标是指一定社会对教育所要造就的社会个体在品德方面的质量和规格的总的设想或规定。我国的德育目标是党和国家对青少年儿童在政治素质、思想素质、道德素质、法纪素质、心理素质等方面所应达到的规格要求。德育目标是教育目标的重要组成部分,是教育目标的具体化,是教育目标在德育方面的具体要求。

德育是一种有目的的活动,德育目标为德育活动指明了方向,提供了蓝图和依据,是德育活动的最终归宿。德育的全过程都要服务于德育目标的实现。所以德育目标在德育活动中有着重要的意义,它指导、调节、控制着德育过程,并决定着德育内容、方法、途径的选择与确定,以及德育效果的检测与评定。

德育目标作为对德育活动结果的期望与预设,具有以下几个特性:

第一,具有国家性、民族性、阶级性。德育活动具有强烈的价值或意识形态色彩,德育目标的制定必然受到国家和民族的文化、习俗和传统的影响,同时反映占统治地位的阶级的利益。

第二,具有历史性和继承性。德育目标是人类历史发展的产物,并随着社会历史的发展变化而发展变化。

第三,具有现实性。德育目标从表面上看是一种属于意识范畴的主观性的东西,但是,它的提出是从客观实际出发的,是从社会对年轻一代的品德要求和青少年自身全面发展的需要提出来的,因此,德育目标来自客观世界,是对客观现实的反映。

此外,德育目标还具有预见性、超前性和可能性,但其中最重要的还是它的国家性和现实性。

(二)德育目标的确定

德育作为培养人品德的一种社会活动,既能对社会、对个人产生多方面的影响,又受多方面条件和因素制约。为使德育更好地为社会和人的发展服务,在选择确立德育目标时既要考虑社会发展的现实和要求,同时也必须依据受教育者身心发展的规律和需要。

首先,德育目标的制定要依据社会发展的现实需要。德育是影响受教育者接受现实社会的意识形态和政治道德规范,以适应一定社会的价值观和社会生活的教育。任何一个社会都要求他的公民认可这个社会现存的政治、经济制度,遵守社会所规定的法律和道德,为社会的巩固、繁荣和发展尽自己的义务。古今中外概莫能外。从中国古代"明人伦"的教育,到封建社会培养"官吏"、"士";从西欧古代培养的"僧侣"、"骑士",到近代培养所谓的"独立自尊的自由人",无不是为了满足当时社会的需要。现在在确定德育目标时,也都无一例外地遵循这一点。但是,随着科学的发展和现代生活方式、交往方式的变化,人们对品德这一古老的概念已经作了扩展性的理解。一个人的品德,不仅体现在其政治生活和阶级关系中,还体现在其生活的所有领域,通过处理各种各样关系表现出来,如经济生活领域,怎样对待环境和自然生态,如何处理各种交往活动等等,都无一例外地需要一定的准则和规范来指导和约束。因此,在确定德育目标时,仅强调阶级的、政治的需要显然片面了。除此之外,还要考虑社会道德规范、国家政治经济制度的需要,以及社会生产力和科学技术发展的需要。当代社会科学技术得到空前的发展,人们提出了新的伦理道德要求如科技伦理,就是说科技如果应用不当也有可能变成危害人类社会的武器,给人类带来灾难。此外,一个国家的传统文化、哲学、宗教等也都会对德育目标的确定产生一定影响。

其次,德育目标的制定要依据受教育者身心发展的水平和自身发展的需要。德育目标既然是对教育对象的品德质量和规格的设计,就不能不依据受教育者身心发展的规律和水平,尤其是品德心理发展的水平。建构理论也要求我们在确定德育目标时必须从德育对象的实际出发。前苏联心理学家 C·Л·鲁宾斯坦说:"教育的主要方面恰恰在于使人同生活发生千丝万缕的联系,从各个方面向他提出对他有重大意义的、富有吸引力的任务,因而被他看做自己的、必须亲自解决的任务。"同时,人自身发展的需要是德育目标确定不可忽视的重要因素之一。人的发展具有各方面的需要,有物质的和精神的,现实的和未来的,生存的和发展的,这些需要是个体进取的动力系统,是个性道德发展的力量源泉,是接受教育、参与德育活动的基础。如果不考虑人的发展需要,就不能唤起受教育者在德育活动中的主动性和自觉性,就不能很好地培养和造就具有积极主动精神的社会主体。人是社会的主体,正视人的主体性需求、满足人的主体性需要的德育目标,才更有利于人的价值的提升和品德的建构。

再次,选择和确定德育目标,不能不涉及教育的价值取向问题。从某种意义上说,人是一种"求价"动物,人类的任何活动都打上了价值的烙印。德育目标的确定就其实质而言是一种教育活动中人的价值选择,人们在考虑德育目标时往往会非常直接地受到形而上的理念、人性假设和理想人格等观念和价值取向的影响。在德育目标的理解上,一个重要的分歧表现在社会需要和个性发展的关系上。社会本位的教育家强调教育的使命在于为社会培养合格的成员,德育目标的核心是使教育对象社会化,形成一定的社会人格。因此,德育目标的确定应从社会需要出发。个人本位的教育家往往强调个人价值,认为德育目标应依据人的本性发展和自身完善这种"天然的需要"来确定,德育目标在于求得个性的自由发展和个人价值的充分实现。很显然,社会本位的德育目标确认了德育的重要使命之一是促使个体社会化,但其缺憾是无视个体自身的发展,导致德育实践中的"驯服教育"、"目中无人的教育"。个人本位的德育目标虽具有反对德育中的强行灌输的积极意义,但极端强调个体的价值追求和自我实现,则会削弱德育的影响力和作用力。实际上,社会发展和个人发展之间是一种历史的辩证关系,个人发展既是社会发展的前提和基础,又是社会发展的目的和归宿,社会发展是个人发展的保障和手段,两者紧密相联,且互为条件,互为因果。所以,在确定德育目标时要把满足人的需要和社会需要结合起来,把重视人的价值和重视社会价值结合起来,把人与社会发展的互依性、互动性、互利性作为德育目标的根本价值取向,从而实现社会本位与个人本位的统一。

二、德育目标的分类

(一)德育目标分类的含义

一个国家的德育目标,一般是由国家或国家的教育部门,根据社会发展的历史任务和受教育者健康成长的需要提出来的。它反映一定社会对其公民在政治、思想和道德等方面的基本要求,以及受教育者自身成长的需要和心理发展水平。这样的目标要求对年轻一代具有明显的统一性,对全国各级各类学校的德育都具有指导和制约作用。为了指导具体的德育过程,需要对这个总目标进行分解、分类。德育目标的分类,是指遵照一定德育理论的指导,根据目标分类的原则和德育过程的要求,对德育目标的分解和划分。它包括把总目标分解成类目标,如把总目标分解成思想教育目标、政治教育目标、道德教育目标、法纪教育目标、心理教育目标等;把类目标再分解成它的亚层次目标。实际上是一个目标序列化、层次化的过程。

德育目标分类对优化德育过程、实现德育目的具有重要的现实意义。如果没有分类的具体德育目标,就很难组织一个具体的、目标明确的德育活动。长期以来,由于缺乏科学的德育目标分类,德育过程的组织者在笼统模糊的情况下开展德育活动,难免会出现主观性、随意性和走过场的局面,德育效果往往不佳。有了具体的分类德育目标,从德育活动的设计到实施中的引导和监督,一直到过程后的总结和评估,都有了可以遵循和具体操作的标准和尺度,这样就会有力地保障德育目标的实现。

(二)德育目标分类的功能

德育目标分类在德育实践活动中具有重要功能,具体表现在:

1.导向功能。德育总目标是德育活动过程的总指针。对德育总目标进行科学分类就是构建了一个纵横交错的、可操作的、完整的目标体系。它不仅向教育者和受教育者示明了总目标所包含的各项具体内容,而且也表明了各项具体目标在实施过程中由低到高的不同层次的要求,使整个德育过程始终有明确的方向,避免盲目性、偶发性和随意性,并且可以在分类目标体系的指引下,不断追求,最终实现德育的总目标。

2.选择功能。德育的总目标规划了预期在受教育者身上所要形成的各种品德。对总目标分类既是一个目标分解的过程,同时也是对具体目标进行选择的过程。每项具体德育目标的选定和实现,都要根据思想品德、行为规范的内在逻辑体系以及受教育者自身品德发展的逻辑体系作出选择。因此,目标分类过程是一个选择的过程,分类发挥了选择的功能。

3.激励功能。经过分类的目标,一般来说都具有可操作性和具体化的特点。它把总目标转化为教育者和受教育者能够明确掌握并可能实现的要求,也更能激发人们的动机,鼓舞和激励他们自觉地为实现这种目标而努力。

4.评价功能。由于分类的目标具有具体性、可操作性,有较明确的标准,便于监督和检查,因此也更有可能据此而确定具体的德育评价的指标体系,从而可以比较科学地测定受教育者实现德育目标的程度与水平,测定德育过程的得失与效率。

(三)德育目标分类的方式

德育目标分类是一个较为复杂的问题,在我国,研究尚处于起步阶段。正如《教育目标分类学》中所云:因为“在某种程度上,确定类别并冠以名称是人为的,所以……分类与命名就可能有无数种方式”。目前,对德育目标的分类,有各种不同的分法。有从德育内容的角度进行分类,如美国全国教育协会政策委员会关于“自我实现”目标的分类,即将“人际关系”和“公民责任”目标分解为社会正义、社会活动、社会了解、审慎的判断、容忍、维护公共资源、科学的社会应用、世界公民、遵守法律、经济知识、政治责任、笃信民主等12项具体目标。有的是从德育途径的角度进行分类,如教学中的德育目标、社会活动中的德育目标、劳动中的德育目标、课外活动中的德育目标。还有的是从品德心理结构方面对目标进行分类,如道德认识目标、道德情感目标、道德意志目标和道德行为目标等。以上是对德育目标的横向分类。还可以从纵向进行分类,如将德育目标划分为小学的德育目标、中学的德育目标和大学的德育目标。在我国,基本上是从德育内容角度划分的,把德育的总目标划分为思想教育目标、政治教育目标、法纪教育目标、道德教育目标和心理健康教育目标,在此基础上,再作进一步的纵向和横向的划分。

三、我国的德育目标

(一)国家对中小学德育目标的规定

《中共中央关于改革和加强中小学德育工作的通知》(1988)规定,我国各级各类学校德育的总目标是:“把全体学生培养成为热爱社会主义祖国,具有社会公德和文明行为习惯,遵纪守法的好公民。在这个基础上,引导他们逐步确立正确的世界观、人生观、价值观,不断提高社会主义思想觉悟,成为有理想、有道德、有文化、有纪律的社会主义现代化建设者和接班人,并为使他们中的优秀者将来成长为具有共产主义觉悟的先进分子奠定基础。”

《小学德育纲要》(1993)规定小学德育的培养目标是:“培养学生初步具有爱国家、爱劳动、爱科学、爱社会主义的思想情感和良好品德;遵守社会公德的意识和文明行为习惯;良好的意志、品格和活泼开朗的性格;自己管理自己,帮助别人,为集体服务和辨别是非的能力,为使他们成为德、智、体全面发展的社会主义建设者和接班人,打下初步的良好的思想品德基础。”

《中学德育大纲》(1995)规定初中阶段德育目标为:“热爱祖国,具有民族自尊心、自信心、自豪感,立志为祖国的社会主义现代化努力学习;初步树立公民的国家观念、道德观念、法制观念;具有良好的道德品质、劳动习惯和文明行为习惯;遵纪守法,懂得用法律保护自己;讲科学,不迷信;具有自尊自爱、诚实正直、积极进取、不怕困难等心理品质和一定的分辨是非、抵制不良影响的能力。”高中阶段德育目标是:“热爱祖国,具有报效祖国的精神,拥护党在社会主义初级阶段的基本路线;初步树立为建设有中国特色的社会主义现代化事业奋斗的理想志向和正确的人生观,具有公民的社会责任感;自觉遵守社会公德和宪法、法律;养成良好的劳动习惯、健康文明的生活方式和科学的思想方法,具有自尊自爱、自立自强、开拓进取、坚毅勇敢等心理品质和一定的道德评价能力、自我教育能力。”

(二)对我国德育目标的正确理解

正确理解我国德育目标是做好学校德育工作的重要前提之一。中小学德育大纲中关于德育目标的规定体现了现代德育的发展性精神:

(1)德育目标的组成更加完整,改变过去只强调政治教育、思想教育,忽视基础道德和文明习惯教育的情况,把心理品质的发展列入了德育目标要求;

(2)德育目标具有了层次性,有了基本要求和较高要求两个层次,把对全体学生的基本要求和对其中优秀分子的较高要求区别开来,这符合社会发展现状,也反映受教育者发展不平衡的情况,而且注意到了目标分类的必要;

(3)强调个人本位与社会本位的统一,对个体道德观念、责任感和道德批判能力的培养等问题有了初步的强调;

(4)注重按中小学品德心理发展水平提出要求,体现了基础教育的性质。

(三)德育目标的贯彻实施

德育目标作为对未来人的思想道德面貌的期望,是一种教育设计、教育理想,这种理想能否变为现实,涉及应然的德育目标转化为实然的德育目标的问题以及抽象的德育目标转化为具体的德育目标问题。

所谓应然的德育目标,是指依据有关理论和实际设计的以应有的价值判断形式表述的、法律认可的德育目标,如上述德育大纲中规定的德育目标。所谓实然的德育目标是存在于教育活动参与者教育思想之中的,为参与者所实际追求的目标。教育活动参与者的实际追求目标可能是由应然目标转化而来的,也可能不是由应然目标转化而来的,而是自觉不自觉地按照自己的愿望实施教育。例如,我们的德育目标是培养富有时代精神,勇于开拓,具有个性和创造性的人,但在实际生活中,教育者所推崇的往往是学习好顺从听话的人格形象,富有个性、敢于表达的人反而不受欢迎。因此,要使实际的德育目标体现应然性目标的精神,必然要认真领会有关文献精神,提高自身素养,以科学的态度对待之,使应然性目标真正转化为支配、指导教育行为的实际目标,这样才能使大纲所规定的目标得以实现。

第二节 德育内容

一、德育内容概述

(一)德育内容的涵义

德育内容是指德育活动所要传授的具体道德价值与道德规范及其体系,是为实现德育目标而在德育实施过程中确定和安排的具体教育内容。

在不同的社会历史条件下,德育的性质和目标不同,因而德育内容也是不同的,德育内容具有历史性。在原始社会,以血缘关系为基础的原始的集体主义是道德教育内容的核心,维护民族、部落存在所需要的忠诚、勇敢、勤劳、复仇等道德法则是德育内容的重点。古代社会,由于教育的目的是培养"治才"和教化民众,因此德育内容中充斥着对于等级制度合理性的辩护。到了现代社会,自由、平等、公正等道德观念纷纷进入学校德育内容,同时由于市场经济的需要,道德教育中开始强调诚信、效率、开放与宽容等价值观念。与此同时,不同社会和阶级有着一些共同的社会意识规范,如切勿偷盗、尊老爱幼等,是人们应该共同遵守的,它体现了德育内容的历史继承性。

不同的民族由于其文化背景的不同,其德育内容也是不同的,即具有民族性。例如,东西方由于文化背景的不同而反映出价值取向的差别。受儒家思想影响较大的东方民族对家庭、集体、国家一般采取的是集体主义立场;而欧美诸国个人主义传统决定了他们更强调个人的权利与自由。再如,在德育内容的呈示方式上,东方国家多采用直接的道德教育模式,德育内容是直接呈现的;而西方国家采用间接德育模式的较多,强调德育内容呈示的隐蔽性。与此同时,一些与人类生存相联系的普遍价值是全人类共通的,如全球伦理、生态问题等等,越来越成为全球性关注的问题。目前,学校德育中如何看待生命,如何保护环境以及如何使学生掌握人类生活所必须的基本价值规范等内容已经成为各国学校德育的追求。如香港教育署于 1996 年印行的《学校公民教育指引》建议将人类的普遍价值作为"核心价值"来设计其公民道德教育课程。尽管由于历史和文化的不同导致了世界各国德育内容的千差万别,但也存在一些人类共有的因素,表现出一定的全人类性。因此,德育内容是民族性和全人类性的统一,社会历史性和继承性的统一。

(二)德育内容的组成

学校德育内容一般可分为两大部分:一为基本的,相对稳定的内容,二为灵活性的、可变性的内容。前者可称为基本内容,后者可称为时变内容。

一般说来,根据教育目的,学校德育目标以及学生品德发展年龄特征确定的德育内容是学校德育的基本内容。如爱国主义、集体主义、社会主义教育,唯物论、无神论、行为规范教育等内容是固定不变的,有必要用纲要的形式规定下来,以保证德育内容的系统连贯性、相对完整性和稳定性。如《小学德育纲要》和《中学德育大纲》中规定的德育内容即是学校德育的基本内容。

根据当前形势任务和学生品德实际确定的德育内容具有针对性和可变性，如安全教育、禁毒教育、择业教育、消费指导等一般内容，以及青春期教育问题、早恋问题、女生日常生活中的自我保护、父母离异的学生教育等特殊内容，这部分内容难以用大纲形式规定下来，应由教师根据当时形势任务和学生品德实际，因时、因地、因人制宜地加以确定，以便有针对性地进行德育，从而保证德育工作的实际效果。学校德育应处理好基本内容和时变内容之间的关系，两者在不可替代的位置上行使着各自的职能，共同构成了学校德育内容。

二、我国中小学德育内容

(一)国家文件对中小学德育内容的规定

我国中小学德育内容主要集中在教育部颁布的《小学德育纲要》和《中学德育大纲》两个文件中。《小学德育纲要》规定了十条德育内容：一是热爱祖国的教育；二是热爱中国共产党的教育；三是热爱人民的教育；四是热爱集体的教育；五是热爱劳动、艰苦奋斗的教育；六是努力学习，热爱科学的教育；七是文明礼貌，遵守纪律的教育；八是民主与法制的启蒙教育；九是良好的意志、品格的教育；十是辩证唯物主义观点的启蒙教育。《中学德育大纲》对中学德育内容的规定是分初中、高中两个学段进行的。其要点大体相同，主要规定了八个方面的内容：一是爱国主义教育；二是集体主义教育；三是社会主义教育(高中是“马克思主义常识和社会主义教育”)；四是理想教育；五是道德教育；六是劳动教育(高中是“劳动和社会实践教育”)；七是社会主义民主和遵纪守法教育；八是良好的个性心理品质教育。

专栏 11－1

《中小学生守则》

1. 热爱祖国，热爱人民，热爱中国共产党。
2. 遵守法律法规，增强法律意识。遵守校规校纪，遵守社会公德。
3. 热爱科学，努力学习，勤思好问，乐于探究，积极参加社会实践和有益的活动。
4. 珍爱生命，注意安全，锻炼身体，讲究卫生。
5. 自尊自爱，自信自强，生活习惯文明健康。
6. 积极参加劳动，勤俭朴素，自己能做的事自己做。
7. 孝敬父母，尊敬师长，礼貌待人。
8. 热爱集体，团结同学，互相帮助，关心他人。
9. 诚实守信，言行一致，知错就改，有责任心。
10. 热爱大自然，爱护生活环境。

[资料来源] 中华人民共和国教育部修订：《中小学生守则》，2004 年 3 月。

此外，教育部颁发的《小学生守则》(1981)、《中学生守则》(1981)、《小学生日常行为规范》(1991)、《中学生日常行为规范》(1994)对学生品德形成和行为习惯养成提出了基本要求。随着社会的发展变化,中小学生思想道德建设面临许多新的情况和新的问题。根据《中共中央国务院关于进一步加强和改进未成年人思想道德建设的若干意见》(2004)和《公民道德建设实施纲要》的要求,教育部对守则和规范进行了修订,将《小学生守则》、《中学生守则》合并成为新的《中小学生守则》(2004),对《小学生日常行为规范》、《中学生日常行为规范》的内容进行了必要的调整和补充,形成新的《小学生日常行为规范(修订)》、《中学生日常行为规范(修订)》。守则和规范除对部分内容进行修改和调整外,根据社会发展对人才培养提出的新要求,分别增加了符合时代特征的内容,如诚实守信、加强实践、合作意识、创新意识、网络文明、安全自护、远离毒品等。大纲、纲要、守则、规范构成了我国学校德育的基本内容。

(二)我国中小学德育的基本内容

1.心理教育。严格地说,心理教育并不归属德育,可以说智育之知识、德育之德性、美育之美感都同为心理的特殊表现。因此心理教育并不唯与德育而与整个素质教育联系在一起。但是在我国,中小学心理教育是作为学校德育工作来推进的。《中共中央关于进一步加强和改进学校德育工作的若干意见》(1994)提出"要帮助学生提高心理素质,健全人格,增强承受挫折、适应环境的能力。"《关于当前积极推进中小学实施素质教育的若干意见》(1997)中也提出"根据德育工作总体目标对学生进行健康心理品质教育。"《中小学德育工作规程》(1998)中规定"德育即对学生进行政治、思想、道德和心理品质教育。"《关于加强中小学心理健康教育的若干意见》(1999)提出"学校要逐步建立在校长领导下,以思想品德课和思想政治课,班主任和团队干部为主体,专兼职心理辅导老师为骨干,全体教师共同参与的心理健康教育工作体制。"《中共中央国务院关于进一步加强和改进未成年人思想道德建设的若干意见》(2004)更强调"要加强心理健康教育,培养学生良好的心理品质。"可见心理健康教育与学校德育工作紧密联系在一起。因此,尽管心理教育不能归属德育,但在我国现行教育体制下,学校心理教育事实上是归属德育工作来开展的。

中小学心理教育的主要任务:一是对全体学生开展心理教育,使学生不断认识自我,增强调控自我、承受挫折、适应环境的能力,培养学生健全的人格和良好的个性品质;二是对少数有心理困扰或心理障碍的学生给予科学有效的心理咨询和辅导,使他们尽快摆脱障碍,调节自我,提高心理健康水平,增强发展自我的能力。

2.道德教育。

(1)社会公德教育。社会公德又称社会公共生活准则,是社会每个成员必须遵守的最简单、最基本、最起码的行为准则。中小学的学生守则和日常行为规范是中小学校的学生必须遵守的基本行为准则。它是对学生进行基本文明行为及其他道德品质教育的基本要求,是中小学教育经常性的重要的内容之一。

(2)国民公德教育。国民公德又称国民道德、公民道德,是指一个国家全体国民必须共同遵守的道德准则和规范。我国的国民公德具体指爱祖国、爱人民、爱劳动、爱科学和爱护公共财物。"五爱"国民公德是1949年9月通过的《中国人民政治协商会议共同纲领》概括的,体现了我国社会主义道德规范的基本要求。

(3)人道主义教育。人道主义是社会主义成员处理相互之间关系的最基本的道德准则。我国学校人道主义教育的基本内容和要求是教育学生尊重人、关心人、爱护人等。

(4)集体主义教育。集体主义是处理个人、集体和社会相互关系的基本行为准则,是社会主义道德教育的最重要内容之一。集体主义以个人利益服从集体利益为前提,同时充分尊重个人正当的合法权益,保证个性得到发展。

此外,还要对学生进行家庭美德教育、青春发育期的性道德教育以及适当的职业道德教育等等。

3.法纪教育。法纪教育是指法制教育和纪律教育。我国学校的法纪教育主要包括自觉纪律教育和社会主义法制教育两个方面。

(1)自觉纪律教育。学校自觉纪律教育的基本内容和要求是,教育学生正确认识纪律的性质、意义和作用,帮助学生形成正确的纪律观念,提高遵守纪律的自觉性,养成遵守纪律的习惯,敢于并善于跟违反纪律的现象和行为作斗争。

(2)法制教育。学校法制教育的基本内容和要求是,使学生知法、懂法、守法,并自觉维护法律尊严;培养学生依法办事、依法律己的良好品质,懂得运用法律维护自己的合法权益,敢于并善于跟违法现象和行为作斗争。

4.政治教育。政治教育是高层次的学校德育内容,它包括爱国主义教育、社会主义民主政治教育以及中国共产党在社会主义初级阶段的基本路线教育。

(1)爱国主义教育。爱国主义是人类一种最古老的感情,是千百年来固定下来的人们对祖国的一种最深厚的情感。中华民族素有爱国主义的优良传统,加强爱国主义教育是中小学德育的重要内容。学校爱国主义教育的基本内容和要求是,让学生了解祖国的历史、地理、文化和物产资源,自觉维护民族尊严;通过中国近现代史和国情教育,教育学生热爱自己的祖国,拥护中国共产党的领导,激发他们的使命感和责任感,自觉维护祖国统一和民族团结。

(2)社会主义民主政治教育。学校社会主义民主政治教育的基本内容和要求是,使学生懂得民主的性质、意义和作用,帮助学生逐步形成社会主义民主观念,公民的政治法律意识和主人翁精神,懂得民主和集中的关系及民主集中制的组织原则,并自觉遵守和维护社会主义法制 。

(3)中国共产党在社会主义初级阶段基本路线教育。学校党的基本路线教育的基本内容和要求是,使学生了解我国社会主义初级阶段的根本任务,教育学生坚持四项基本原则,并对学生进行社会主义市场经济观念教育。

5.思想教育。广义的思想教育是指有目的地形成人们一定的思想观念的教育。狭义的思想教育是指有目的地形成人们一定世界观的教育,在社会主义社会特指科学世界观的教育,具体包括科学人生观教育、科学无神论教育、辩证唯物主义世界观方法论教育和理想教育。世界观、人生观、理想所要完成的是个体的终极价值问题,是人之德性的核心问题,是德育必备的理性基础,因而是德育内容的最高层次。

以上是我国中小学德育的基本内容。顺应社会的发展对人才培养提出的新要求,学校德育内容也出现了新的发展趋势。表现在基本内容的构成上,基础性道德教育得到普遍的重视;表现在德育的时变内容上,适应我国社会转型和全球化、国际化的背景,生命道德教育、生态道德教育、科学道德教育和信息道德教育受到了人们的重视。赋予时代特征的德育内容如诚实守信、加强实践、合作意识、创新意识、网络文明、安全自护、远离毒品等时变内容正进入中小学生守则和行为规范,成为学校德育的基本内容。

第三节　德育过程

一、德育过程概述

(一)德育过程的概念

德育过程即思想品德教育过程,是以形成受教育者一定思想品德为目标,教育者与受教育者共同参与双向互动的教育活动过程。是教育者的组织、启发、引导与受教育者的认识、体验、践行相结合的文化——心理互动过程,是德育活动的客观程序与工作流程。

德育过程与思想品德形成过程是两个既相互联系又相互区别的概念。从区别角度来说,它们之间是教育活动与思想道德素质发展的关系;从联系来说,思想品德形成发展的规律是德育过程的依据,德育只有遵循品德形成发展的规律,才能有效地促进受教育者品德的发展;而品德的形成发展也离不开德育这一外在因素的影响;同时从受教育者的角度看,德育过程也是受教育者个体品德的形成过程,只不过是在教育者的价值引导下,按照社会思想道德的要求形成品德罢了。

(二)德育过程的结构

德育过程是由教育者、受教育者、德育内容和方法等几个因素构成的,这些因素在德育过程中各有特殊的地位和作用,彼此以一定的方式相互联系、相互作用。德育过程就是由这些因素按一定关系构成的相互作用的矛盾运动过程。

教育者作为一定社会思想和道德的体现者,是德育活动的设计者、组织者和调控者,是道德教育的主体。他的主要任务是设计、组织、引导、调整、控制整个德育过程,进而影响学生品德的形成和发展。

受教育者是受教育主体,或称道德学习主体。在德育过程中,教育对象具有教育客体和教育主体的双重性质,当他们作为接受影响的对象时,也不能认为是消极被动的,而是具有能动性的人。他们在受到某一德育过程的正式影响之前,是已经受过某些影响的社会成员,他们总是作为道德行为的主体参加到德育过程中来。

德育的内容和方法是教育者用以影响、作用于受教育者的中介或手段。从完成特定的德育任务来看,德育内容、方法乃至教育者自身都是实施教育影响的手段,教育者的人格、意志、情感、举止等都是影响受教育者的因素。因此,在德育过程中,教育者和教育手段是融为一体的。

德育过程并非是教育者、受教育者、德育内容和方法的简单相加,单是这几个因素还不能构成德育过程,还必须有教育者和受教育者各自的活动。教育者借助德育内容和方法这个中介作用于受教育者,受教育者积极主动地接受影响,参与到活动中去,这样各因素间发生一定的关系和相互作用,才构成德育过程。德育过程就是这种施教与受教相统一的活动的延续和发展,没有活动也就无所谓德育过程。也正是由于活动使德育各要素间发生联系和作用,从而形成德育过程内部矛盾运动。

(三)德育过程的矛盾

德育过程是一系列矛盾运动的过程。一般认为,学校德育过程中的基本矛盾主要有三个方面,从德育过程外部到内部依次是:第一,学校德育影响与外部环境影响之间的矛盾;第二,德育目标要求与学生品德发展实际之间的矛盾;第三,学生的道德认识、道德理想与道德实践之间的矛盾。

学校德育影响与外部环境影响之间的矛盾是学校德育系统外的社会价值环境与学校德育价值系统的矛盾,是德育过程的外部矛盾。这一矛盾主要表现为同质矛盾和异质矛盾两个方面。所谓同质矛盾是指社会正面价值观念与学校德育影响之间的矛盾,社会正面价值观念是学校德育内容的基础,社会价值的变化会影响学校德育的目标建构和内容安排。但是社会正面价值观念是多种多样的,只有那些合乎教育对象发展实际的内容才能进入学校德育的范围。如何处理这一矛盾是学校德育目标确定和内容选择的重要任务。所谓异质矛盾是指同学校德育价值相冲突的价值观念与学校德育系统之间的矛盾。这一矛盾在价值多元的现代社会表现日益突出。学校德育除做好价值引导之外,还应当在学校德育活动中注意培养学生的道德分析、道德判断和道德抉择能力。

德育目标要求与学生品德发展实际之间的矛盾是学校德育过程中的主要矛盾,是德育过程的内部矛盾。德育过程的内部矛盾表现为教育者与德育内容、方法之间的矛盾,受教育者与德育内容、方法之间的矛盾,以及教育者和受教育者之间的矛盾。德育过程正是在这一系列矛盾运动中展开的。其中教育者所提的德育目标要求与受教育者品德发展实际之间的矛盾是德育过程中的主要矛盾,也是规定德育过程性质的特殊矛盾。

学生的道德认识、道德理想与道德实践之间的矛盾是德育过程中一个关键性的矛盾,也是受教育者主体内部的矛盾。当德育过程中的主要矛盾基本解决后,常常会遇到学生知而不行、行而不力的情况,出现这一情况的原因主要有两方面:第一,学生的道德认识与道德情感之间缺乏紧密的联系;第二,学生缺乏道德行动的策略训练而导致行为乏力。解决这一矛盾的关键是:第一,加强德育过程中的情感培育,使道德认识成为为情感所接纳的道德信念。第二,注意在德育过程中对学生进行意志的锻炼和实践技能的培养。这就要求我们转变传统的“美德袋”教学而变为加强道德交往与实践,让学生在交往和实践中不断认知道德价值的情感方面、意志方面,并在道德实践中提升自己道德实践策略水平,实现从道德认知到道德行动的转化。

二、德育过程的特点

要做好德育工作,完成德育任务,除必须研究德育过程的基本矛盾外,还应正确认识德育过程的特点。

(一)正面性与可控性

德育过程与一般社会影响的区别主要表现在正面性与可控性两个方面。所谓正面性是指学校德育在价值选择上应选择积极的价值内容和最有利于德育对象品德发展的教育方式。所谓可控性是指学校德育不像一般社会影响那样处于自然、无序状态,难以控制,而是有目的、有计划、有组织的影响过程。学校德育的使命在于精心组织最有利于学生品德成长的价值环境去自觉影响学生。所以它更有可控性、针对性。

(二)复杂性和多端性

与其他教育过程相比,德育过程的首要特征是它的复杂性。相对于智育、体育、美育过程来说,德育过程较为复杂的主要原因是德育所要完成的任务往往是对个体利益的调整、态度的改变和行为的约束。此外,复杂性的另一个表现是德育过程的多端性。所谓多端性是指德育过程可以从知、情、意、行任何一个心理环节开始。一般情况下,智育主要从认知出发,美育主要从情感出发,体育主要从行为出发开始教育过程。而德育可以从知、情、意、行任何一端开始进行教育。这是因为,品德结构的几要素各具相对独立性和相互渗透性,这就为德育过程的多种开端性提供了可能性。而且,教育实践中的大量事实表明,学生每一种品德的形成,其知、情、意、行的发展经常处于不平衡状态,这就需要我们在德育过程中根据学生品德的实际情况,选择品德结构诸要素的任何一方面为教育开端,以使受教育者在知、情、意、行几方面都得到发展。

(三)引导性和整合性

德育是一种非注重发挥德育对象主体性而不能具有实质性效果的教育形态。因此,德育过程中应充分实现道德学习主体的道德自主建构,这种道德建构离不开道德教育主体的价值引导,德育过程应实现自主建构与价值引导的统一,这就是所谓的德育过程的引导性。正是由于引导性特征的存在,我们再谈德育过程的主体性就不能仅理解为德育对象个体的主体性,而是教与学双方的"双主体性"与"主体间性"。所谓"双主体性"是指在德育过程中存在教师和学生两个主体,教师是教育主体,学生是受教育主体,必须发挥两个活动主体的主体性。教师的主体性体现在对德育目标、内容的正确把握和对教育途径、方法的正确运用上。学生的主体性体现在对德性的形成和发展的自觉意识和对德育活动的主动参与上。在德育过程中,教师主体和学生主体双向互动,共同实现德育目标。所谓"主体间性"是指主体之间的关系,德育过程中的主体性更多的是在主体间发生的,包括师生之间,也包括道德学习个体之间。德育过程实质上是主体间一种渗透灵魂的、深层次的精神上的互动交往。从这个意义上说,德育过程实际上是师生双方或多方交往关系的整合,这就是德育过程的整合性。

(四)渗透性与长期性

道德学习不同于知识与技能的学习,其核心是态度和价值观的学习,所以直接道德教学的作用是有限的,而主要渗透于学科教学、课外活动、校园文化等学校生活的各个方面。这种间接地渗透不仅余地宽广,而且受教育者容易接受。因为受教育者(尤其是青少年学生)独立性的觉醒使他们从本性上不愿被人教育,他们越少感受到教育意图,效果就越好。德育过程的渗透性会使受教育者在不知不觉中受到教育,因而能产生良好的效果。此外,品德的形成和发展不是直线式的上升运动,而是波浪式、螺旋式前进,有时甚至出现反复,思想品德形成的反复性和曲折性,决定了德育过程的长期性。

三、德育过程的组织

德育过程的组织应建立在对德育过程的特点、基本矛盾和运动以及思想品德形成的机制的正确理解的基础上。德育过程的组织可以抓住以下几个基本环节:

(一)组织好教育性活动和交往

思想品德的形成是主客体相互作用的结果,只有活动和交往才能使主体和客体相联系。因此,人的思想品德是在活动和交往中形成的,活动和交往是学生品德形成的基础。不仅如此,学生的品德也只有在活动和交往中才能表现出来,并受到检验。活动和交往是内在道德认识和情感外化为相应道德行为的桥梁。但是不是所有的交往与活动都具有价值性和教育意义。德育过程所说的活动和交往是一种能够引发价值思考、体验道德情感、锻炼道德意志、培养道德行为习惯的活动和交往,即教育性活动和交往。教育性活动和交往是按照教育目标组织的,依据思想品德形成发展规律设计的,在教育者指导下进行的活动,因而具有加速个体品德发展的作用。

表 11－1　课堂道德交往中教师的多元角色及德育功能[①]

道德价值	教师角色	要点	学生的体验及可能成效	期望传达给学生的道德品质
真诚	榜样	“一真俱真,一妄皆妄”:将自己真实的一面展示给学生	归属感 同感共属	真诚
平等	伙伴	“不尚贤,使民不争”;平等对待学生;给学生提供平等的机会	安全　分享　自尊	平等
尊重	聆听者 欣赏者	重视学生当下的感受;不伤害学生的自尊心;给学生以更多的自主权	自由表达意见 敢于质疑 独立见解 责任感	尊重
公正	提问者	将评价的原则及依据的理由向学生公示	安全感　正义感	公正
宽容	引导者 导师	将学生的错误看成是其成长过程中的正常现象;给学生的成长“留有时间”	合作意识　创造力	宽容
同情	关怀者 照顾者	丰富的情感,为处于困境(学习、心理、交往等方面)中的孩子提供帮助	依恋感　关注他人 感恩	同情
关爱	赞助者 激励者	表扬与批评对事不对人;称赞只对德性而言	感恩　积极改正 不骄傲	关爱

虽然每一种类型的教育活动和交往都实现着主体—客体的相互转变作用,但我们尤应重视教学中的师生活动和交往。教学活动是学校教育中最主要、最经常的活动,师

① 朱小蔓:《课程改革中的道德教育和价值观教育》,《全球教育展望》,2002(12)。

生交往是各种类型交往中主干的、基础的交往,同时也是一种道德交往。教学中的师生关系、教学方法、课堂气氛以及教师人格等有着巨大的德育功能。此外,在交往问题上,除正式交往外,对非正式交往也应正确引导。社会心理学家已经证实,非正规团体对成员往往更具吸引力,价值影响也更大。所以对待非正式交往应当正确地引导,而不是杜绝这一交往形式。

(二)处理好德育过程的矛盾

德育过程是一系列矛盾运动过程,受教育者的品德就是在这种主体与客体、内因(即内部矛盾)与外因(即外部矛盾)的相互作用下形成的。个体内部矛盾与外部矛盾的相互作用构成了思想品德发展的动力系统。但是内因是变化的依据,外因是作为条件起作用的。事物的发展是“自己运动”,品德是个体现象,其发展是通过自我意识内部矛盾,即通过个体思想品德内部矛盾运动实现的。个体内部矛盾很多,主要矛盾是德育过程中教育者提出的德育目标要求所引起的受教育者新的精神需要与其思想品德发展现状之间的矛盾。已有的品德发展现状有其相应的品德结构,这种品德结构一旦形成就具有相对独立性和主观能动性,当外部德育影响反映到主体内心世界时,就会以“自己”的方式作出反映,或积极接受即肯定反映,或者中立反映,或者拒斥即否定反映。不论主体内部结构如何,只要外界有德育影响作用于主体,主体就有可能作出反映,进行“选择”或“加工”,改变或调整内部思想品德结构,形成新的内部控制机制。所谓思想品德的发展,也就是这种思想品德结构的矛盾运动。但外部矛盾并非都能成为发展的动力,它必须转化为个体发展内部矛盾才能成为发展的动力。这取决于教育者所提的目标要求是否适合于受教育者思想品德发展现状,能否形成个体对实现德育目标的新的精神需要和自身思想品德现状之间的矛盾。这就要求教育者在提德育要求时,既要适当超越学生目前的接受能力,有道德水平提升的可能,同时又不能高于学生通过努力也难以达到的高度。即在设计德育过程时应努力把握学生道德发展的“最近发展区”,依据“最近发展区”安排教育内容,选择教育方法。

(三)坚持教育与再教育、自我教育的统一

德育过程中每一个预期德育目标的实现,只表示一个具体德育过程的结束。从个体品德发展来说,过程并未结束,它总是通过教育性活动和交往产生个体内部矛盾运动,再产生新的品质。德育过程就是这样一种螺旋式上升的过程,需要坚持教育与再教育的统一。这也正反映了德育过程的复杂性和长期性特点。同时,思想品德发展的原理表明,任何价值观念的学习离不开主体内部矛盾运动,归根到底取决于学习者自身的价值建构。因此,德育真正的功效取决于学生的自我道德判断、道德评价、道德抉择。德育的持久的机制在于学生自我教育和自我修养能力的提高。所以在德育过程中应坚持教育与自我教育的统一,培养学生自我分析、自我评价、自我体验、自我激励、自我禁约、自我训练、自我检查等方面的能力。

第四节 德育途径和方法

德育途径和方法是指为实现德育目标所采取的影响和培养人们思想品德的具体活动渠道与各种方式的总和。在特定的德育内容体系下,科学有效的德育途径与方法有利于更好地实现德育目标。

一、德育途径

德育途径是对学生实施德育影响的具体活动渠道,是实现学校德育目标,落实德育内容的组织形式。我国的学校德育主要途径包括:思想品德课和思想政治课、其他各科教学、三育人(教书育人、管理育人、服务育人)、班主任工作、党团队和学生会工作、劳动与社会实践、课外活动、校外教育、校园文化建设、心理咨询和职业指导、家庭教育与社会教育等。这是根据我国的国情和各级学校德育工作的实际情况提出的。

(一)思想品德课和思想政治课

通过何种途径实施德育,在近代并非难题。古典人文学科中蕴涵着丰富的道德内容,通过这类学科的教学自然地渗透道德教育,可谓是学校教育的传统。然而,随着自然科学知识大量涌入学校,学科教学逐渐与德育疏远,仿佛成了专门实施智育的途径。教育界不得不另辟蹊径以实现学校教育的道德目的,这条新途径就是开设专门的道德课系统地向学生传授道德知识和道德理论。自 1882 年法国率先把道德课列为学校的正式课程后,许多国家纷纷效仿,在学校里设置专门的“道德课”、“公民课”、“修身课”或“思想品德课”等。杜威把这条途径称做“直接的道德教学”。

我国自 20 世纪初开始设置道德课,中间历经多次变化,终于在 1986 年的《义务教育全日制小学、初级中学教学计划》中规定:小学统一开设“思想品德课”,“进行以爱祖国、爱人民、爱劳动、爱科学、爱社会主义为中心的社会公德教育和社会常识教育,从小培养良好的思想品德和行为习惯”;初中统一开设“思想政治课”,“进行道德、民主和法制、纪律教育,进行社会生活和社会发展规律以及社会主义建设常识的教育,培养爱国主义思想和社会主义人道主义的道德品质以及高尚的审美情趣,初步树立社会主义民主、社会主义法制和纪律观念,对我国社会主义社会的实际情况和发展方向有初步认识,培养学生对社会的责任感”。与之相应,高中原来的“政治课”也改为“思想政治课”,这就形成了我国中小学现行的“思想政治课”和“思想品德课”的格局。希望通过专门的道德课教学,系统地向学生传授道德知识和理论。

在学科教学日益智能化的今天,单独设置道德课进行直接的道德教学,不仅使学校德育的实施在课程和时间上得到了最低限度的保证,而且可以系统地向学生传授道德知识和道德理论,提高学生的道德认识。然而,在一切以考试为终极追求的学校里,道德课变成了关于道德知识的教学,受教育者把道德理论、规范、准则作为知识掌握,学生获得的是关于道德的知识,而非美德。很多实验研究表明,学生在道德课上获得的道德知识与其在实践中的行为基本不相关。可见直接的道德教学作用是相当有限的。正如杜威所言,直接的道德教学对学生行为即便是有所改变,其数量也是有限的,其程度也是轻微的。大量的事实表明,仅仅依靠直接的道德教学不足以实现学校的道德目的,而应与更加经常性的,范围更加广泛的其他各科教学结合起来进行。

(二)各科教学

道德学习不同于知识和技能学习,道德学习的核心是态度或价值观念的学习。知识学习的基本方法是理解和记忆,技能学习的基本方式是模仿和练习,教师可以通过口授或示范、训练的教法直接帮助学生获得知识和技能,教师却不能通过口授或训练的方式直接帮助学生获得某种态度和价值观,而只能通过知识与技能的教学间接地影响学生的态度或价值取向,即通过各门学科的知识教学对学生进行道德渗透。如果说道德课是实施德育的一条直接途径,那么各科教学就是实施德育的间接途径。而且由于各科教学的经常性、广泛性而使得各科教学成为学校德育的基本途径。1993 年 4 月 26 日,我国正式颁布的《小学德育大纲》强调:"各科教学是向学生进行思想品德教育最经常的途径。"

关于教学过程的教育性功能,赫尔巴特在他 的《普通教育学》里明确说"我不承认有任何'无教育的教学'",在他看来,教育的本质就在于道德教育,教学只要是真正的教学,就是教育性的教学,亦即必定是以意志之陶冶为目的的。这就是赫尔巴特有名的"教育性教学"(Der Erziehende Vnterrieht)说。而且各门学科中都包含了大量的思想内容或道德教育的因素,它们对学生道德价值观的形成起着潜移默化的作用。当代一些重要的教学论、课程论专家开始重视课程教学过程中人的价值感受及其定向,强调课程是具有政治性、伦理性、文化性、实践性的活动。反过来说,道德教育又必须建立在各门学科所呈现的多样认知性知识的基础上,道德知识并不主要是关于道德的知识,而是建立在广泛认识世界、认识人的基础上的。杜威就反对道德教育只教授关于道德的知识,强调道德教育要以人的生活经验为基础,道德是生活的智慧。前苏联教育家苏霍姆林斯基也说,学生在学校学习的自然、社会、思维方面的知识是世界观和正确道德行为的基础。所以美国当代德育学家托马斯·里考纳(T·Lickona)明确提醒大家各科教学对道德教育的意义。他认为,各科教学对道德教育来说是一个"沉睡的巨人",潜力极大。所以,不利用各科教学进行价值与道德教育是一个重大的损失。

然而,课程对道德与价值教育目标的实现,最终依赖于由教师主持,学生与教师共同构建的教学过程的展开。因此,必须使教师理解教和学的过程是一个价值过程,教学在本质上是具有道德性质的。教师首先要充分利用和挖掘不同学科在内容和材料本身所蕴涵的道德教育资源,结合不同学科内容的特点对学生进行道德上的渗透。其次,要注意在教学方法中渗透道德影响。教师应使教学方法有助于社会精神的培养,学科教学如果一味地灌输,其重心如果放在学生被动的学习,自私的吸收和排他性竞争上,学生养成的将是个人主义的意识和习惯。相反,学科教学的重心如果放在学生主动参与、积极贡献、相互合作和互惠互享上,学生养成和不断发展的将是民主生活的意识和习惯。正如英国道德教育学家 Tayor1996 年的研究曾指出:"价值观教育得以实现的形式方面,比价值观教育的内容本身更为重要,事情是怎么说的、做的,要比说了、做了一些什么更有影响力。”此外，教师本身在教学过程中的道德表率作用也不可忽视。教师本人是否尊奉并践履着诸如平等、尊重、公正等价值观，教师本人对做人、做事持什么态度都显性或隐性地传递着价值。因此，教育学生平等待人的最好方式是教师平等地对待学生，教育学生关心他人的最有效方式是教师关心学生。同样道理，民主教育的最佳方式是教师民主地对待学生。

表 11－2　可能的道德教育资源及其表达方式①

学科			素材形式		蕴涵的道德价值	教与学的方式	教师的角色	学生的角色
分类	特征	学科	学科内容	学科方法				
人文学科	伦理 正义 情感 关爱 审美	品德	伦理、价值观、人物、情操……	榜样示范、体验、讨论、思考……	真诚、孝亲尊师、感恩、五伦十义	伙伴 ↓ 参与者 ↓ 体验者 ↓ 引导者	伙伴 ↓ 参与者 ↓ 体验者 ↓ 引导者	伙伴 ↓ 参与者 ↓ 体验者 ↓ 求教者
		政治	经济政治社会原理、人物、事件、价值观……	分析、论证、推理、批判、独立思考、辩证思维……	平等、尊重、正义、公正			
		语文	字词句章、人类文化、人物、情感、伦理……	榜样示范、阅读、审美、情感、语词的敏感……	伦理、正义、同情			
		历史	典籍、人物、事件、价值观……	批判性、独立思考、历史感、辩证思维……	正义、宽容、理解			
		外语	语言、文字、文化风俗……	情景、交流、对话、语感……	尊重、倾听、国际理解、宽容			
自然学科	理性 秩序 对称 工整 和谐 复杂性 有机性	数学	公理、公式、原理、计算、数学家、发现……	推理、演绎、归纳、计算……	严谨、理性、坚韧			
		物理	定律、原理、公式、计算、物理学家、发明……	实验、观察、实证、计算、设计……	严谨、理性、坚韧、求实			
		化学	定律、原理、公式、计算、化学家、发明……	实验、观察、实证、计算、设计…	严谨、理性、坚韧、求实			
		地理	天文、地质、气象、风土人情、人物、发现……	观察、实证、描述……	严谨、理性、坚韧、报国、感恩、审美			
		生物	物种、生命成长、人类、定律、生物学家、发现……	实验、观察、分析、描述……	严谨、生命尊严、感恩、有机性			
		自然	物种多样性、环保组织、志愿者、发现……	观察、分析、描述、感受……	多样性、和谐、敬畏、感恩、审美			

因此，藉着这次新课程的推行，改变以往智德分离的现象，将德育落实在课堂上是十分重要的。南京师范大学道德教育研究所正在尝试推出“课程中的德育”计划，其中计划之一就是学科教学活动中的道德教育。其理论假设是，每一门学科中都蕴涵着丰富的道德教育资源，教师和学生对学科教学内容中具有道德教育价值的素材的发掘，以

① 朱小蔓：《课程改革中的道德教育和价值观教育》，《全球教育展望》，2002(12)。

及在课程教与学的活动中的阐发和经验,可以表现为三个作用:一是培养、增进教师和学生对学科价值(特别是其中的人文道德价值)的敏感和景仰;二是激发教师和学生教与学的兴趣及情感投入,在培养学习能力的过程中实现认知发展与情感态度的统一;三是共同挖掘、诠释学科教材内容与形式的道德教育价值,即实现了教育的道德目的。

学校德育的途径体系,除上述一些行之有效的成熟途径外,还应加强对新德育途径的拓展与开发。目前对德育途径的拓展工作集中在德育课程体系的改革和信息互联网的开发利用上。传统德育课程体系突出思想政治要素而忽视品德要素、法纪要素和心理要素,使得思想政治要素的发挥由于失去其他要素的有力支撑而受到制约。因此,新教材体系在内容上必须保持德育"五要素"的完整性,不能因为强调思想政治因素而削弱或忽略其他要素。而且,德育的本质是实践的,新的德育课程体系至少应有教材部分和实践部分两大块,以提高德育的实践性。同时,随着科技的迅猛发展,信息技术的应用必然成为教育的途径和手段,学校德育必须重视对信息网络途径的开发拓展,一方面开发声情并茂、影像俱佳的德育电子课件,为学生提供虚拟现实训练场景,以提高德育实效;另一方面还要培养学生网络道德和法纪意识,特别是要采用有效教育与技术手段,培养学生明辨是非的能力,使学生具有对网络有害信息的抗干扰和免疫能力,使信息互联网成为稳定、高效的德育途径与载体。

总之,构建德育途径体系应体现整体性,注意纵横结合,使德育具有网络优势。纵向应包括适应学生个体——班级集体——学校整体,从小学到初中、高中直至大学各个层次与阶段。横向应包括学校途径、家庭途径和社会途径等各个方面,使各种有效途径都能被纳入而体现整体性。此外,还应遵循以下要求:德育途径,对应内容;一项内容,多条途径;有主有辅,协调配合;分工合作,形成合力。从而真正发挥出德育途径体系的整体效能。

二、德育方法

(一)德育方法概述

德育方法是教育者与受教育者在德育过程中为完成一定的德育目标而采取的各种活动方式的总称。包括教育者和受教育者两方面的活动方法。

德育方法是完成德育任务的手段,是影响德育效果的重要因素。所以,德育方法的选择与应用对德育实践有着重要的意义。一般说来,影响德育方法选择的主要因素有以下几个方面:

第一,教育者与受教育者因素。教育者作为道德教育主体应考虑自身的优势与不足,尽可能选择那些能够发挥自身特长的德育方法,而尽力避免选择那些因自身条件不足而可能为其所累的德育方法。受教育者作为道德学习主体,他们的身心发展实际、道德发展水平、实际道德经验、文化背景、兴趣、个性、特长等应得到充分考虑,以做到因材施教。

第二,受品德形成和德育过程观的影响。苏格拉底视道德观念为天生的,认为德育的任务是将它"接生"出来,任何方法的使用只能帮助固有的思想品德的发展,不能由外而内地塑造,因此主张用谈话法引出天生观念。杜威把品德形成看做是有机体的生长过程,主张让学生在道德生活中体验与学习,或者提供必需的材料,鼓励学生进行假设、推理和发现。如果教师接受杜威的德育过程观就会选择道德实践法或价值澄清法实施德育。

第三,德育目标、德育内容和德育手段的影响。德育方法是实现德育目标的中介,因此,德育目标应成为德育方法选择的最根本依据。同时,德育方法为完成一定的德育目标,还必须与相应的德育内容相适应,即要考虑到具体的教育内容去选择教育方法。此外,学校德育手段的实际也是选择德育方法应当考虑的因素。目前,教育手段、教育技术上的迅速变化以及教育网络化时代的到来对传统的德育方法提出进一步改进的要求,学校也应充分利用起信息网络手段为学校德育服务。总之,德育方法应当根据德育过程的所有条件和因素来决定,并做到优化组合,以实现方法与效果的高度统一。

(二)中小学德育的基本方法

1.以语言说理形式为主的方法。这是一类借助于语言这种教育手段,以提高学生的道德认识和道德思维能力为主要目的的德育方法。这类方法主要包括讲授法、谈话法、讨论法、演讲法、道德叙事法。

(1)讲授法。讲授法是教师以语言为媒介,系统地向学生传授知识、表达情感和价值观念的教育方法。德育中的讲授法主要应用于道德科目的教学中。讲授法是一种较为古老的教育方法,其起源可能是原始社会老年人给少年儿童讲述英雄事迹、神话故事和生活经验等。古罗马教育家昆体良曾以讲演法为中心建立其教育体系。在近代,由于自然科学知识的引入和人文科学的巨大进步,大量信息的传播使讲授法仍然作为学校教育的基本方法而被普遍采用。然而,在当代随着主体性教育问题的提出,讲授法被认为是道德知识的“传递”和“灌输”而被全面拒斥、否弃,认为讲授法是对学生主体性的扼杀、宰割。这未免有些矫枉过正。在采用直接道德教育模式的国家,讲授法仍然是一种经常使用的德育方法。

讲授法最大的优势在于它能够在最短的时间内向学生呈现、介绍大量的系统的信息。教师合乎逻辑的分析与论证也有利于学生道德思维能力的提高和价值观念的养成。但在双边活动方面,讲授法最大的缺点是往往没有机会让学生以与教师完全对等的身份主动参与教育过程,作出反馈,产生互动,学生的主体性不易发挥。

(2)谈话法。谈话法是以师生交谈的方式进行知识教学和价值辅导的教育方法。

谈话法的基本类型有两种:一是提问,二是对话。提问法主要是通过启发性的问题,引导学生通过自己的思考和逻辑推演得出结论,或者通过提问使学生通过逻辑推理发现自己原来在概念和结论上的不周延处或不合理处,从而修正自己的看法。

对话法是来源于人文主义心理学、教育学思想的一种较为现代的教育方法。在对话中,师生双方应建立一种相互尊重和信任的人际关系。这一方法的核心是将真诚、信赖、尊重等观念引入辅导者和被辅导者关系中,是一种新型师生伦理关系的表现。对话法要求教师作为学生的伙伴、朋友平等地对话而不是居高临下地进行价值说教。对话法在道德教育、心理教育等领域是最有效的教育方法之一。

谈话法的优点是能够充分调动学生的思维,激活其学习潜能,具有较高的启发性。但它耗时较多,且对教师的谈话技巧要求较高。

(3)讨论法。讨论法是在教师指导下,学生用讨论与辩论等方式就某一道德问题各抒己见,澄清思想,寻求结论的教育方法。

讨论法是一种通过学生集体教育学生个体的方法。它的教育意义首先在于,经学生集体共同讨论决定的公约、规则,有助于学生个体态度的改变。同时,即使集体讨论没有达成明显共识,讨论的过程也可能影响学生品德的发展,它不仅有助于训练学生的道德思维能力,而且也可能导致学生态度和行为的变化。科尔伯格和拉斯等人分别提出的"两难推理"和"价值澄清"的方法是值得我们借鉴的两个著名案例。道德两难推理的方法是设计一些道德上的两难故事并提出一个道德问题,让学生讨论、思考并检验自己的立场,反思不同意见。在讨论中由于存在不同道德水平与结论,可以引导学生朝更高一级的道德水平发展。价值澄清的方法则强调每个人都有权力和机会通过讨论澄清自己的观念,珍视并实践自己的道德判断。与我国的道德讨论相比,其突出优点是讨论中学习主体的自由以及教师角色的隐蔽。

专栏 11-2

新的德育方法——价值澄清法

该方法强调道德或价值观是经过自由选择、反省和行动澄清而得出来的。因此,要重视道德或价值观的形成过程。新加坡教育部把拉斯提出的价值澄清法的三个阶段七个步骤简化为五个步骤:(1)认清问题,找出各种可能的选择;(2)衡量各种选择的利弊;(3)考虑各种选择的后果然后做出选择;(4)珍惜并愿意公开所做的选择;(5)根据自己的选择采取行动。在教学上,为了避免学生以自己的好恶做出选择,应强调发挥教师的主导作用,要求教师给学生以指导,传递社会文化既有的价值观,澄清学生的非道德的、不正确的价值判断。

[资料来源]人教图书(www.pep.com.cn)

2.以形象感染形式为主的方法。这是一类借助于情境、人物形象等手段感染学生,以熏陶学生道德情感为主要目的的德育方法。包括情感熏陶法、榜样示范法、角色扮演法、影视音像法等。如果说语言说理是一种明示的德育方法,形象感染则是一种暗示的教育方法。

(1)情感陶冶法。情感陶冶法是指通过设置一定的情境让学生自然而然地受到道德情感熏陶的一种教育方法。陶冶法的特点是直观具体、生动形象且情景交融,易于为学生理解,也易于激起学生情感上的共鸣,产生强烈的熏陶和激励作用。现代教学理论中,保加利亚心理学家洛扎洛夫创立的"暗示教学法"以及我国学者在语文教学中探讨的"情境教学法"都是基本属于陶冶的教学方法。

在道德教育中,英国教育家威尔逊的家庭化模式(family model)和美国斯坦福大学教育学院教授诺丁斯的关怀德育模式,都是典型的情感陶冶的教育方式。威尔逊的道德教育家庭化的具体做法是:由 30～80 名不同年龄和性别的学生组成一个“家庭”,有自己的家长、男女舍监和房子,成员共同参与一些仪式和日常生活。其中家长既是保证规则实施的监督和主持者,更是一位与儿童平等的家庭成员,他的主要任务是使学生意识到自己的情感并正确处理好与他人的情感。男女舍监则代表男女主人,管理家庭生活。由于家庭既可以提供归属、安全、交流与合作的机会,又促使儿童独立思考和承担责任,情感生活和道德生活统一,应该说是一种较好的德育模式。

运用陶冶法的关键是设置具有隐性教育意义的教育情境,教师的主要功能就体现在教育情境的创设上。情境设置之后,教师的作用应尽量淡化,除非教师在情境中是作为情境的构成要素之一存在的。此外,应当促进学习主体与教育情境的互动,学生的主动参与可以使情境变成一种具有亲和力或亲切感的道德影响源,是增强道德陶冶作用的一个重要条件。

情境陶冶法的实施途径有三个方面:教师的师爱、环境陶冶、艺术陶冶。陶冶法由于其生动形象、感染力强而被广泛应用于道德教育中。但它也有不足之处,即不能在短时间内传送明确和大量的信息。所以,陶冶法有时必须与其他的方法结合起来才能发挥其最大的教育功效。

(2)角色扮演法。角色扮演法是一种引导学生担当别人角色的教育方法。人生活在群体之中,担当着各自的角色。角色与行为有密切关系,人一旦确定了自己的角色,也就确定了自己的行为方式,角色控制行为,角色扮演因而成了道德学习的一种方式。

角色扮演法是向学生提供各种以经验为基础的学习情境,通过人际或社会互动情境,再现学生现实生活中可能发生的人际或社会难题,让学生以参与者的身份卷入这种真实的问题情境中,并作出相应的反应。而由扮演所引起的一系列言语或行动、理智或情感的反应则成了学生道德探索的直接经验。借助这些直接经验,学生可以去探究和识别自己及他人的感情,洞察和理解自己及他人的立场、观点和感受,从而有助于培养学生对他人处境、需要、利益的敏感性,以及设身处地为他人着想的移情能力,有助于改变学生的态度。如让违章驾驶者扮演警察,让乱扔纸屑的学生扮演卫生监督员,都会给扮演者留下深刻的感受。因为学生往往是站在自己的立场上考虑人际互动的行为后果,角色扮演可以变换学生的位置,体会别人的行为造成的后果。在西方学校里是一种常用的德育方法。我国的教育实践工作者也开始尝试用角色扮演来培养学生的道德敏感性和道德移情能力。

角色扮演只是一种教育方法,不是为表演而表演。因此,表演前对问题情境的认识和探讨,表演中的观察,表演后的分析与评论,与角色扮演本身同等重要,教师应重视对每一个环节的组织与引导。

3.以实际训练形式为主的方法。这是一类借助于实践和活动为手段,培养良好道德行为习惯的德育方法。包括道德实践法、调查访问法、参观考察法、常规训练法、大型活动法等。

道德实践法是以学生为主导的一种教育方法,其特点是要求学生到实践中去完成具体的道德任务,在完成任务过程中培养学生的道德情感,巩固道德认知,练习道德策略。德育课程所传授的道德知识实质上是一种实践智慧,要想让学生掌握就必须到实践中去学,离开道德实践活动也不可能真正地学会道德。实践法不仅有利于巩固道德知识教学的成果,更有利于提高学生的道德实践能力。

学校里的道德实践活动更多的是学校组织学生参加的各种集体活动,如团队活动、社区公益活动等。活动的安排要求教师有较高的教育艺术,并把握好自己在活动中的角色。在活动中教师角色有三种:第一,教师是活动的组织者或领导者。这一角色要求教师要帮助学生明确学习性实践活动的目标,激发动机和端正态度,并适当安排好实践活动的时机、难度以及作业要求。第二,教师是活动的指导者和帮助者。这一角色要求教师必要时给予一定的示范,并作适时、适度的巡查和策略上的指导。第三,教师是活动的鼓励者和评价者。这一角色应当成为实践活动中教师的主要角色。它要求教师充分尊重和鼓励学生通过实践主动学习、自主探索,并引导学生在实践过程结束时及时总结经验,提高自我检查、自我评价和纠正错误及增强自身优势的主体能力。

道德实践法最大的长处是教育过程寓于学生的主体学习或探索之中,不仅有利于发挥学生的主体性,更有利于道德技能训练和价值观念的培养。然而在德育实践中常常由于教师干预太多从而使本属于以学生为主的道德实践活动变成学生在教师操纵下的一种没有自主判断,没有行为决策自由的活动。这样对道德实践主体自由的否定等于取消了实践法存在的意义。

4.以品德评价为主的方法。这是应用奖励、惩戒等手段对学生业已形成的品德进行肯定或否定的评价,从而影响学生品德发展方向的德育方法。品德评价实质是检测和评定德育的效果,所以它是德育过程中的一个环节。但由于评价本身具有教育价值,所以它可以作为德育的一种辅助方法加以使用。主要包括奖惩法、表扬鼓励法、评比选优法、操行评定法。

奖惩法是通过奖励与惩戒这两种积极和消极的强化方式去影响学生道德行为的教育方法。它可以分解为奖励法和惩戒法。

奖励作为一种积极强化的教育方法在教育活动中被广泛接受和采用。奖励意味着对学生的正确认识与行为的肯定性评价。适当的奖励可以使学生得到精神上的满足,产生愉快的情绪体验,从而增强其学习的动机,改善教育活动的氛围。实践中我们常常可以看到一些成绩一般的学生因得到表扬等积极强化而增强自信并迈入优等生的范例。但是要想使奖励成为一种有效的教育方法而非中性的教育手段,就必须注意奖励的艺术:第一,奖励不仅仅指向成功的结果,还应包括获得成就的过程。第二,注意奖励的频率和程度。表扬只要是实事求是就可以多用,奖赏却不能滥用,否则会使这一辅助性手段失灵。在程度上,奖励的级别应与成就的高低相当,过高或过低都会降低奖励的功效。第三,灵活运用奖励。在对象上,多奖励一些胆小和没有信心的学生,而对一些自尊稳定,有骄躁表现的学生要慎用或少用奖励。在形式上,从点头赞许到口头表扬到物质奖励,多种形式灵活运用。第四,尽可能面向全体学生,以形成集体道德舆论,获得学生群体的支持,起到教育全体学生的功效。

惩戒作为一种消极的强化方式,是对学生的错误言行的否定性评价,这种消极强化会使学生产生不愉快的体验,从而抑制学生的失范行为。然而在教育实践中,人们对待惩戒持一种十分矛盾的心态。一方面,在倡导激励教育、赏识教育的今天,惩戒似乎与教育的时代精神不符;另一方面,许多教育工作者又意识到惩戒所具有的教育性。如果说奖励可以激励学生,催人奋进,那么惩戒则可以给学生犯错时以必要的提醒与警示。问题的关键在于我们如何理解惩戒、如何使用惩戒手段。正确应用惩戒手段应注意以下几点:第一,惩戒不同于体罚,惩戒是指教师对违反学校生活规范的学生有意施加痛苦与不快,使犯过者身心感觉痛苦,但以不损害受罚者身心健康为原则。体罚是对学生给予身心上感到痛苦或极度疲劳的惩罚,并造成学生身心健康损害的侵权行为。适当惩戒是允许的,但体罚却是明令禁止的。第二,惩戒只是教育的手段,不能为惩戒而惩戒,当学生已经认识到错误并决心不再重犯时应免于惩戒。第三,把握惩戒的分寸与尺度。学校毕竟是教育场所,应更重视其教育价值,“惩罚与罪错对等”原则不适合在校学生,应本着“小惩大戒”的原则,一方面惩戒强度必须足以警醒学生,另一方面又不能伤害学生的自尊,避免造成精神或身体上真正的伤害。尤其是对感受性较强,自信心不足的学生,少用或减轻惩戒的强度。第四,注意惩戒的方式,惩戒方式不当容易对学生造成伤害。北师大教育系劳凯声教授与中国少儿研究中心孙云晓主任在“当代中国少年儿童人身伤害问题”研究课题中指出:“校园里的隐性伤害主要来自不当的教育惩戒及教师的心理惩罚。”学校的惩戒方式主要有言语责备、隔离措施、剥夺某种特权、没收、留校、警告与记过等。目前有些善良的教师用罚做作业的方式惩戒学生,这种做法看似两全其美,实则问题很大。教师无意中在学习与痛苦、耻辱之间建立起了人为的联系,造成学生对学习的憎恶。因此,学校惩戒方式的选择不纯粹是技术问题,其中还有伦理问题。

正所谓德育有法,而无定法。每一种方法在实施学校德育的某个方面都具有一定的优势,如讲授重在提高学生的道德认识,讨论有利于提高学生的道德判断力,角色扮演有助于培养学生的道德敏感性,社会实践则有利于提高学生的道德实践能力。但同时另外一些方面可能有局限性,单单依靠其中的某一种方法,很难实现学校教育的全部道德目的。学校德育有赖于教师根据学生的品德发展水平和形成规律,灵活有效地使用各种教育方法,并把它们有机的结合起来。

思考题

1. 德育目标分类有何意义?试对一个年级的德育目标进行分类。

2. 如何把握国家文件中有关学校德育内容的规定?你认为我国当前学校德育应强调哪些符合时代要求的道德价值?

3. 试述德育过程的特点,并分析如何组织好德育过程。

4. 试用事实说明和分析直接的道德教学和间接的道德教育各自的利弊。

5. 你认为我国学校德育应如何进行德育方法和途径的改革与创新?

第十二章 教 师

教师是教育活动的实施者,学校对学生的教育主要是通过教师的工作来进行的。学校的教育效果取决于教师的质量,建设高质量的教师队伍,是全面推进素质教育的基本保证。那么,教师从事的是个什么样的职业?具备什么素质才称得上是一名合格的教师?怎样才能成为一名合格的教师?这是本章所要讨论的问题。

第一节 教师的权利与义务

一、教师职业

(一)教师的界定

广义的教师是指社会上一切能给别人以积极影响的人,即我们通常所说的“能者为师”、“三人行,必有我师焉”。

狭义的教师是指以育人为职责的专门工作者。在我国今天的学校里,教师是国家教育方针的执行者和体现者,是学校教育活动的组织者和实施者。他是受过严格的、系统的专业训练并取得合格证书的专业工作者。正如《中华人民共和国教师法》(以下简称《教师法》)所指出的:“教师是履行教育教学职责的专业人员,承担教书育人,培养社会主义事业建设者和接班人,提高民族素质的使命。”

(二)教师职业的性质

1.教师职业是一种专门职业。职业是指个体在社会中所从事的作为主要生活来源的工作。社会学者常把职业划分为专门职业和普通职业。作为专门职业具有三个基本特征:一是从业者需要专门技术和特殊智力,在职前必须接受过专门的教育;二是提供专门的社会服务,从业者具有较高职业道德和社会责任感;三是从业者拥有自身职业的自主权和控制权。根据这三条标准来衡量,教师职业是一种专门职业。

教师职业的专门性被普遍认可与自觉建设是20世纪中叶以后的事。1966年,国际劳工组织和联合国教科文组织在《关于教师地位的建议》中指出,教育工作应该被视为专门的职业。这种职业要求教师经过严格而持续不断的学习,获得并保持其专门知识和专门技能;它还要求对其管理下的学生的教育和福利具有个人和公共的责任感。1996年,第45届国际教育大会以“加强变化世界中教师的作用”为主题,再次强调教师在社会变革中的作用,并建议:通过给予教师更多的自主权和责任提高教师的专业地位;通过个人素质和在职培养提高其专业性。美国在20世纪80年代中后期,掀起了“教师专业化”的改革浪潮。

教师职业是专门性职业,那么,教师就是专业人员。在国际劳工组织制定的《国际标准职业分类》中，共列出八大类职业，各级各类教师被列入了“专家、技术人员和有关工作者”这一大类。1986年，我国统计局和国家标准局发布了《中华人民共和国国家标准职业分类与代码》，将全国职业也分为八大类，各级各类教师被列入了“专业、技术人员”这一大类。1993年，我国颁布的《教师法》把教师界定为“履行教育教学职责的专业人员”，并在1995年和2000年相继颁布了《教师资格条例》和《〈教师资格条例〉实施办法》，通过资格认定来体现教师职业专门性的要求。

2.教师职业是以教书育人为职责的职业。教育活动与其他人类活动的区别就在于教育活动是培养人的活动，从事这种活动的教师的职责是育人。育人的途径多种多样，教师是通过教书来育人的，即教师通过承担某门学科的教学，向学生传授系统的科学文化知识，引导学生树立科学的世界观、人生观，促进学生身体和心理素质提高。可以看出，教书是教师活动的外部表现，育人才是教师活动的本质。

专栏 12-1

经师与人师

教师是有两种人格的，一种是“经师”，一种是人师。人师就是教行为，就是怎样做人的问题。经师是教学问的，就是说，除了教学问以外，学生的作风，学生的生活，学生的习惯，他是不管的。人师则是这些东西他都管。我们的教学是要采取人师和经师两者合一的，每个教科学知识的人，就是一个模范人物，同时也是一个有学问的人。

[资料来源]《徐特立教育文集》，240页，北京，人民教育出版社，1979。

二、教师的权利与义务

教师作为社会成员，必须享有一定的权利并履行一定的义务。作为教师应该了解自己的权利和义务。

(一)教师的权利

教师，首先应享有一般公民的权利，如生存权、选举权、享受各种待遇和荣誉的权利等。而作为专门的教育工作者，教师还应拥有特殊的社会权利。

1.教师的教育权。教师依法享有对学生实施教育的权利。由于教育是教师有意识地对学生施加积极影响的一种精神活动，在这一活动中，教师和学生都不是机器，而是有自主意识的人，因此，教师必须依据自己和学生的具体情况对教育活动进行科学构思和灵活安排，这就要求人们赋予教师在教育活动中一定程度的教育自主权。我国《教师法》第七条规定，教师有“进行教育教学活动，开展教育教学改革和实验”以及“指导学生的学习和发展，评定学生的品行和学业成绩”的权利。

2.教师的发展权。教师依法享有提高自身素质和发展个人兴趣特长的权利。现代社会各行各业发展迅速，社会生活丰富多彩，教育领域内的变化也日新月异。要充分享受现代社会带给人们的更多的发展机会，充实地生活，适应激烈的竞争，教师必须掌握大量新的知识和技能。所以，人们不能只要求教师劳动，还应当让他们“充电”，让他们补充“养料”,给教师进修和个人发展的机会。《教师法》第七条规定,教师享受“从事科学研究、学术交流,参加专业的学术团体,在学术活动中充分发表意见”以及“参加进修或者其他方式的培训”的权利;第十九条规定:“各级人民政府教育行政部门、学校主管部门和学校应当制定教师培训计划,对教师进行多种形式的思想政治业务培训。”第二十条规定:“国家机关、企业事业单位和其他社会组织应当为教师的社会调查和社会实践提供方便,给予协助。”

3.教师的参与权。教师可以通过各种合法途径和方式参与学校的各种工作。学校是一个小型社会,这个小社会的各个成员都应当有参与各部门管理的权利。教师是学校内部的工作人员,他们在学校中扮演多种角色。面对学生,他们是教育者;面对其他教师和工作人员,他们是同事。这两种角色的成功扮演是和学校具体的行政管理工作密切相关的,所以,学校在作出某些决定,制定学校某些政策时应考虑教师的意见,听取他们的建议。《教师法》第七条规定,教师享有“对学校教育教学、管理工作和教育行政部门的工作提出意见和建议,通过教职工代表大会或者其他形式,参与学校的民主管理”的权利。

《教师法》第七条还规定,教师有“按时获取工资报酬,享受国家规定的福利待遇以及寒暑假期的带薪休假”的权利。

(二)教师的义务

1.遵纪守法。教师应该成为国家公民的楷模,他必须自觉遵纪守法,使自己的言行举止都具有示范性。我国《教师法》规定,教师应当“遵守宪法、法律和职业道德,为人师表”。

2.履行职责。《教师法》规定,教师要“贯彻国家的教育方针,遵守规章制度,执行学校的教学计划,履行教师聘约,完成教育教学工作任务”。

3.全面教育学生。教师要对全体学生负责,要对学生德、智、体等方面全面发展负责。《教师法》规定,教师要“对学生进行宪法所确定的基本原则的教育和爱国主义、民族团结的教育,法制教育以及思想品德、文化、科学技术教育,组织、带领学生开展有益的社会活动”;要“关心、爱护全体学生,尊重学生人格,促进学生在品德、智力、体质等方面全面发展”;要“制止有害于学生的行为或者其他侵犯学生的合法权益的行为,批评和抵制有害于学生健康成长的现象”。

4.提高自身素质。教育是一种高度复杂且具有创造性的活动,随着科学的发展和教育水平的提高,对教师的要求也越来越高。教师要想高质高效地完成教育任务,行使自己的权利,必须不断提高自身的素质。因此,《教师法》要求教师“不断提高思想政治觉悟和教育教学业务水平”。

教师的权利与义务是统一的。教师应当自觉地履行义务,并增强权利保护的意识和能力。有关部门及学校应监督、考核教师义务的履行情况,同时,也要切实保障教师的权利不受侵害。

三、教师的作用与地位

(一)教师的作用

1. 教师在儿童发展中的培养引导作用。儿童是在主观因素与客观因素相互作用的实践活动中发展的。其中的学校教育的作用最大,因为学校教育既是一种特殊的环境,又是一种特殊的活动。教师是学校教育活动的实施者,他在儿童发展中起着主导作用。教师之所以起主导作用,是由教师的职责和师生特点决定的。

从教师的职责来看,教师体现着一定的社会要求,他的作用就在于使学生的身心朝着社会要求的方向发展。列宁说过,"学校的真正的性质和方向并不由地方组织的良好愿望来决定,不由学生'委员会'的决议决定,也不由'教学大纲'等等决定,而是由教学人员决定的"[①]。在我国学校中,课程计划、课程标准等主要是通过教师的教学活动去实现的。一所学校能否按照党和国家的要求,为社会培养高质量的人才,关键在教师。

从师生特点来看,教师"闻道在先"、"术有专攻",在各方面更为成熟;相比之下,学生是比较不成熟的,学什么,怎样学,都有赖于教师的教。教师通过选择最佳的方法、途径,缩短学生的认识过程,有效地把社会意识和人类的知识经验内化为学生的精神财富,培养他们成为社会所需要的人。教师的工作能够影响学生的一生,甚至改变一个人的命运。海伦·凯勒(Helen Keller)是美国的著名人物。她经历了难以想像的艰难,克服自幼所患的盲、聋、哑三重疾病,以优异的成绩完成高等教育,成为著名作家和社会活动家。然而,把海伦从黑暗无声的世界带领出来的是她的老师安娜·萨利文(Anne Sullivan)。海伦把萨利文来到她身边称为"我一生中最重要的日子"。

2. 教师在社会发展中的文化传递作用。人类社会延续和发展的一个重要前提,就是必须进行世代之间文明的传递和交接。文明的传递和交接必须依靠教育来完成。教师是专门从事教育工作的。所以,做人类文明的传递者,同样是教师的天职。教师作为人类文明的传递者,他的作用可以分为纵横两个方面。从纵的方面来讲,他行使着文化传代的职能,对社会的发展起着阶梯和桥梁作用。从横的方面来讲,他行使着文化播撒的职能,对社会的进步起着普及和推广作用。

如果没有教师的劳动,人类的文明就会中断,各民族精神劳动就无法交流,人类社会就得不到发展。正如俄国教育家乌申斯基所说的:"一个教师如果不落后于现代教育的进程,他就会感到自己是克服人类无知和恶习的大机构中的一个活跃而积极的成员,是过去历史上所有崇高而伟大的人物跟新一代人的中介人,是那些争取真理和幸福的人的神圣遗训的保存者,他感到自己是过去和未来之间的一个活的环节——他的事业,从表面上来看虽然平凡,却是历史上最伟大的事业之一。"[②]

不仅如此,教师在把人类积累的知识传递给下一代的同时,又注意对学生创新精神和实践能力的培养,使他们在将来的社会实践中创造新的知识,进而丰富人类的知识宝库。

---

① 上海师范大学教育系:《列宁论教育》,54页,北京,人民教育出版社,1979。

② 转引自顾明远、黄济《教育学》,25页,北京,人民教育出版社,1982。

(二)教师的社会地位

教师作用的大小影响到教师社会地位的高低。教师的社会地位是指教师职业在社会行业总体中所处的位置。一般把教师的地位划分为经济、政治和文化三个方面。

1.教师的经济地位。教师的经济地位反映在教师所得到的物质报酬上。教师的劳动属于复杂劳动,教师的物质报酬应相当于社会复杂劳动者所享有的物质报酬水平。教师的物质报酬不仅影响教师个体的生存和发展,也影响教师队伍的稳定和教师职业专业化程度,它是教师社会地位的最直观表现。

2.教师的政治地位。教师的政治地位体现在教师的身份、政治参与度以及教师自治组织的建立等方面。关于中小学教师的身份,一般视为公务员,例如美国为地方公务员,英国公立小学教师为地方公务员,法国为国家公务员,德国为州公务员,日本国立小学教师为国家公务员,地方小学教师为地方公务员。我国教师作为知识分子被明确为工人阶级一部分,很多教师作为人大代表、政协委员参政议政,优秀教师受到表彰,授予"特级教师"、"全国优秀教师"、"先进工作者"、"劳动模范"等称号。从世界发展趋势看,形成统一的专业组织是认同教师专业和争取专业权利的重要手段。许多国家都成立了教师组织,如全美教育协会(National Education Association,NEA)、美国教师联盟(American Federation of Teachers,AFT)、英国全国教师联盟(National Union of Teachers,NUT)、日本教职员组合(JTU)等。

3.教师的文化地位。教师在整个社会人口的文化水平、学术水平中占有较高的位置。因为教师作为一种专业,本身是需要较长时间的教育和训练的,也就是说,较高的文化水平和学术水平是担任教师的条件和基础。一般而言,教师在整个人口中属于文化水平较高的一个群体。另外,教育是一项文化事业,是文化的传递与发展,教师从事的就是这种事业。在工作中,教师会不断地学习,丰富自己的文化底蕴,甚至通过学术研究,进一步发展文化。因此,教师在文化的延续、传播和发展过程中,由于发挥比较突出的作用,因而在文化中享有较高的地位。

专栏 12-2

我国历史上的教师地位

在我国历史上,儒家把教师的地位抬得很高,常常把师与君相提并论。孟子在跟齐宣王对话时,引《尚书》中"天降下民,作之君,作之师"的话,把君师并列起来。随后,荀子进一步把师纳入天、地、君、亲的序列,他说:"天地者,生之本也;先祖者,类之本也;君师者,治之本也。无天地,恶类?无先祖,恶生?无君师,恶治?"荀子还对尊师的原因作了这样解释:"国将兴,必贵师而重傅;贵师而重傅,则法度存。国将衰,必贱师而轻傅;贱师而轻傅,则人有快,人有快则法度坏。"

《吕氏春秋》宣称:"古之圣王,未有不尊师者也。"他们是怎样尊师的呢?《学记》上说:"是故君之所不臣于臣者二。"其一便是"当其为师,则弗臣也。"这就是说,当臣子担任教师的时候,天子就不以对待臣子的态度对待他。正常情况下,天子面南,臣子面北。当天子与他的老师交往,天子面东立,教师面西立,不以臣待之,表示尊师。

自汉唐至明清，历代都有大儒。这些人饱学多识，才气纵横，四方之士前来求教者众多。这些大师多能严师弟之礼，学生也多能根据礼教事师如事父。弟子平时见师，肃然敬立如见大宾，“程门立雪”的故事在儒林传为佳话。老师去世，弟子要服三年心丧。据史书记载，孔子去世后，弟子皆服三年，三年心丧毕，相诀而去，而子贡又庐于冢上六年然后去。郑玄去世后，自郡守以下尝受业者奔丧者千余人。朱熹去世后，弟子自四方来送葬的有千人之多。可见，教师在儒家心目中的地位。

不过，封建社会受尊重的是“名师”，蒙师的社会地位是不高的。韩愈在《师说》中说：“彼童子之师，授之书而习其句读者也，非吾所谓传其道、解其惑也。”意思是讲，童子之师，不过是能识文断句的教匠，没有多大才学，算不得真正能够传道、解惑的教师。清人唐彪在他所著《父师善诱法》中说：“人仅知尊敬师而不知尊敬蒙师。经师束修犹有加厚，蒙师则甚，更有薄之又薄者。”在整个封建社会里，蒙师的处境似乎一直是不太好的。

另外，在整个封建社会时期，并非是把“师道尊严”或“尊师重道”一直置于突出地位的，其间也有“非学无师”的情形。韩愈在《师说》中曾慨叹：“嗟呼，师道之不传久矣。”他的朋友柳宗元深有同感地说：“由魏晋氏以下，人益不事师。今之世，不闻有师；有辄哗笑之，以为狂人。”魏晋至唐初，“师道”之所以不传，与当时的取士制度有关。三国时代，魏文帝曹丕行九品官人法，士族高级阶层的子弟不必具有真才实学就保证有官可做，他们就自然不肯也不需要认真学习。学校陷于废驰，教师的作用也就难于发挥。在元代，教师曾被安排行九的位置，有所谓一官二吏——九儒十丐的说法，比叫花子高一级。

从历史上看，教师的社会地位十分复杂。根本的原因在于教师所从属阶级的社会地位，即教师的教学是为哪一个阶级服务，这个阶级的社会地位如何。此外，社会生产力的发展水平、经济发展对教育的依赖程度、经济发展为教育提供了多少资源资金以及由此产生的对教育作用的认识等都影响到教师的社会地位。

第二节　教师劳动的性质和特点

教师劳动的性质和特点具体体现在教师劳动的过程中。通过对劳动过程的分析，我们可以进一步加深对教师工作的认识。教师劳动的性质和特点也是构建教师专业素质的依据。

一、教师劳动的性质

教师的职责是育人，其工作是塑造儿童的心灵。它的性质是精神生产。教师付出的劳动，主要是一种心智的消耗，不像工农业生产者那样主要是体力上消耗。所以，教师的劳动本质上属于脑力劳动。

由于教师承担着促进学生全面发展的任务，他的工作任务多，工作繁重；又由于教师对儿童的教育是随时随地进行的,他的劳动不受时间、地点的限制,包括班上班下、校内校外,为了教育好学生,他需要付出大量精力;再由于学生不是消极被动地而是自主地在活动中接受教育,这就增加了教师劳动的复杂性。所以,更加精确地说,教师劳动的性质,是复杂而繁重的培养人的脑力劳动。

二、教师劳动的特点

(一)劳动对象的主动性、未成熟性

主动性。教师劳动的对象是人,人有自己独立的思想和感情,他对外部世界的反映,不是一个模式,每个人都有独特的反映。学生不是一张白纸,想怎样画就能够怎样画。学生也不是一个容器,想怎样往里面装就怎样装,想装多少就装多少。这种主动性,对教师而言,首先必须尊重,认识到它的客观性;其次,要在教育中加以利用。

未成熟性。教师的劳动对象是还未成熟的人,即是学生。未成熟性一方面是指问题和不足。正因为学生不成熟,需要我们的教育和培养,需要我们引导他们走向成熟。由于不成熟,学生就会犯很多错误。另一方面,要看到未成熟性的积极因素。这种未成熟性,表明学生有很大的可塑性、可教育性,是教育的一种基础和前提。杜威(Dewey, J.)对此分析得很透彻。“我们说未成熟状态就是有生长的可能性。”他指出:“我们往往把未成熟状态只是当作缺乏,把生长当作填补未成熟的人和成熟的人之间的空缺的东西。”① 这是不对的,它是一种积极的势力和能力。

(二)劳动手段的主体性、示范性

主体性。教师的劳动手段是教师自身。教师自身可以成为活生生的教育因素和具有影响力的榜样。

示范性。教师言行举止是学生学习和仿效的对象,是教师发挥作用的方式,他是通过语言表达、说服、行为示范、演示等方式来影响学生的,教师的人品、才能、治学态度等都可成为学生学习的楷模。因此,教师必须以身作则、为人师表。

(三)劳动过程的长期性、连续性

长期性。这是指人才培养的周期比较长。把一个人培养成为能够独立生活、能够服务社会、能够为人类做出贡献的合格人才,不是一朝一夕之功,正如俗话说的,“十年树木,百年树人”。这种特点,要求教师一方面要有耐心,不能急躁,急于求成。另一方面,教师要有计划性,不能因为时间长,就漫无目的,在每个年级、每个学期、每个星期,都要有安排,循序渐进,最后按照预期目的把学生培养成人才。

连续性。是指工作时间的连续性。教师的劳动没有严格的交接班的时间界限。上班前、下班后都可能是教师劳动的时间。这个特点是由教师劳动对象的相对稳定性决定的。学生作为教师的劳动对象不是一天一换的,教师的劳动具有连续性和复杂性。

(四)劳动环境的文化性、精神性

文化性。学校是一个文化场所。它的目的是传递文化,主要的物质手段是书籍和

① 杜威:《民主主义与教育》,45~46页,北京,人民教育出版社,1990。

其他信息载体,教师是受过教育的文化人。这种文化不是一般的俗文化,而是社会积累起来的文化精品,是积极的和健康的文化。教师和学生在这种环境中,一般都能够受到好的影响和熏陶。

精神性。我们常说,教师是人类灵魂的工程师。这说明教师影响的是人的精神世界。如果我们真正改变了学生的精神世界,使他们变得更加聪明,更加富有智慧,更加富有同情心,那就证明我们的工作是富有成果的。如果我们对学生的精神世界触动很少,或者我们不幸损害了他们的头脑,那么,我们就生产了废品和次品。

(五)劳动成果的长效性、迟效性

教师对学生所施加的影响,往往不是立竿见影的,要经过很长的时间才能见效果。正如苏联教育家苏霍姆林斯基(1918~1970)所说的,教育工作的最后结果如何,不是今天或明天就能看到的,而是需要很长时间才能见分晓的,你所做的、你所说的和使儿童接受的一切,有时要经过五年、十年才能显示出来。特别是中小学教育处于打基础的阶段,教师的教育影响通常要反映在学生对高一级学校学习的适应中,甚至反映在学生走上工作岗位后的成就上。

(六)教师劳动的潜在创造性

教师的劳动既有一定的规律性和节律性,又有一定的方法和程序,但是又不像工人生产物质产品那样机械,它要求教师表现出教育的聪明机智和灵活性。它的创造性与科学家的创造性有所不同,我们称为潜在创造性或者准创造性。教师劳动的创造性从总体来讲,主要表现在教师创造性地运用教育教学规律。这是因为,教育的对象是未定型的正在发展的人,而教育的情景和条件又总是复杂多变的。对于教师来讲,不存在绝对"相同或不变的教育对象"和"相同或不变的教育条件",因此任何教育教学规律都需要教师创造性地去运用。教师劳动的创造性具体来讲,主要表现在三个方面:第一,因材施教;第二,教学上的不断更新;第三,教师的"教育机智"。

第三节 教师的素质

一、教师素质的重要性和依据

(一)教师素质的重要性

1.教师素质是办好教育的重要条件。办好教育的因素有多方面,其中的关键因素是教师的素质。我国当前普及义务教育,关键在于提高质量,要符合提高国民素质的要求。而当前提高义务教育质量所面临的最迫切需要解决的问题,是教师的质量问题,是教师队伍的建设问题。为了提高教育质量,必须大力加强教师修养,提高教师的素质。

2.教师素质是提高教师社会地位的重要手段。提高教师社会地位,除了大力宣传教师劳动的意义、劳动特点外,另一方面就要求教师提高自身素质,使教师的职业成为别人不可替代的职业。教师社会地位不高,与教师素质不高有关。正像黄宗羲在《续师说》中所说:"嗟乎!师道之不传岂特弟子之过哉?亦为师者有以致之耳。师者,所以传道、授业、解惑者也。道之未闻,业之未精,有惑而不能解,则未师矣。”

(二)构建教师素质的依据

1.时代精神。教师的素质是一个历史的概念,不同时代对教师素质有不同的要求。不同时代对培养人的要求不同,而教师要把学生造就成什么样的人,他自己首先就应当是这种人。因而,教师的素质是随着不同时代的要求而转移的。

教师应当具备的条件也受到时代发展水平的具体状况的限制。这个道理告诉我们,在确定我国教师素质时,应当体现时代的特点,既要放眼未来,又要照顾到当前我国社会发展水平所能提供的实际条件。

2.教师职业的特点。教师的职业特点对从事这种职业的人提出了特殊要求。教师的素质不仅指教师应具有教育的业务知识和能力,而且包括教师的职业道德以及教师的心理品质。

3.教师的层次。不同层次的学校对教师素质有不同的要求。

二、教师素质的结构

所谓教师素质,就是“教师在教育教学活动中表现出来的、决定其教育教学效果,对学生发展有直接而显著影响的心理品质的总和”[①]。对于教师素质的要求,我国1993年颁布的《教师法》规定“国家实行教师资格制度”,“中国公民凡遵守宪法和法律,热爱教育事业,具有良好的思想品德,具备本法规定的学历或者经国家教师资格考试合格,有教育教学能力,经认定合格的,可以取得教师资格”。取得教师资格应具备相应的学历。1999年,《中共中央国务院关于深化教育改革全面推进素质教育的决定》要求“2010年前后,具备条件的地区力争使小学和初中阶段教育的专任教师的学历分别提升到专科和本科层次,经济发达地区高中阶段教育的专任教师和校长中获硕士学位者应达到一定比例。提高高等学校教师中具有博士学位教师的比例”。“到2010年,全国城乡新增小学教师中,具有本科学历者平均达到70%,新增初中教师全部具有本科学历;通过新教师补充和在职教师培训使在职小学教师基本具备大专以上学历;初中教师具备本科学历;高中阶段教师具有硕士学位者15%以上。”[②] 北京市已规定2004年入职的小学教师全部要求本科毕业。可见,我国中小学教师平均学历水平正在大幅度提升。

教师素质是多方面的,基本素质包括教师的教育观念、教师的专业知识和专业能力。

(一)教师的教育观念

教育观念是教师对教育的看法和认识。其表现形态就是各种教育观点,如教学观、师生观、人才观、质量观等。教育观念对不同教师来说,可以是系统的、完整的,也可以是零散的、局部的。从教育观念的内容结构上看,主要分为两部分:一部分是价值性的

① 林崇德,申继亮,辛涛:《教师的素质的构成及其培养途径》,《中小学教师培训(中学版)》,1998(1)。

② 管培俊:为全面建设小康社会准备高素质教师,http//www.moe.edu.cn/jsduiwn/jspeiyang/19.htm。

教育观念,主要是指教育的价值观、人才观、学生观、教育目的观及教育功能观,这些观念主要指引教育的方向;另一部分是操作性的教育观念,如教育内容观、教育方法观、教育体制观、教育质量观等。教育观念也可以分为社会所倡导的教育观念和个体所采用的教育观念。社会所倡导的教育观念是社会上认可的、倡导的,理想的、理论上的观念,它往往是通过外界讲解和自己的学习而知道的,教师容易意识到,容易报告出来,也容易受外界新信息的影响而产生变化,但它并不能对教育行为产生直接的影响。个体所采用的教育观念是教师通过不断的亲身实践而逐步内化的教育观念,它是内隐的,隐藏在教师的头脑中和行为的背后,教师不容易报告出来,甚至不容易觉察到,但它对教育行为产生直接影响而且不容易受新信息的影响而产生变化,更多地受文化和习惯的影响。

教育观念对教师的教育行为具有指导作用,正确的教育观念是教师实施素质教育的前提条件,是指导教师教育行为的必要条件,是提高教师自身素质的必备条件。有没有对自己所从事职业的正确观念,是专业人员与非专业人员的重要差别,也是对现代教师的基本要求。

现代中小学教师的教育观念,主要是在认识基础教育的未来性、生命性和社会性的基础上,形成新的教育观、学生观和教育活动观。

基础教育是整个教育系统的奠基部分,不管时代如何变化,其基础的地位是不变的,所变化的只是如何确定基础的立场和具体的任务。当代科学技术和社会发展的加速,使人们在确定基础教育的任务时更强调人对未来社会的适应能力,强调为人的终身学习与发展打好基础。因此,立足于未来,为了未来来确定今日之"基础"的涵义与基础教育的任务,成了当代基础教育与以往不同的特征,即未来性的特征。生命性在基础教育中特别被强调,是因为基础教育的对象是儿童,他们一方面年幼,缺乏生活经验,需要学习,另一方面又处在生命中充满活力和潜力,多方面都需要发展和具有多种发展可能的重要时期。这是人生最集中的一段学习时期,对于每个人来说是十分宝贵但自己却并不知晓其价值的时期。因此,教师在这一阶段的作用特别重大,他不只是影响学生发展的这一阶段,而且有可能对其一生产生作用。这是最需要优秀和出色教师的人生时期,需要珍爱生命,懂得生命的整体性和儿童对于生命的独特重要价值,并善于开发生命潜力的教师。基础教育的社会性包括两方面的含义:一方面,基础教育的任务和内容要有助于学生认识社会、热爱本民族优秀文化传统,为未来社会培养合格和出色的公民;另一方面,基础教育与千家万户、生活社区、城市、乡村有着千丝万缕的联系,因此,紧密依靠社会和社区开展工作是基础教育社会性的重要特征。

对以上三个特性的认识为形成新的基础教育观、学生观和教育活动观提供了理性的依据。

1.基础教育观。基础教育观是教育价值取向的定位。21世纪的基础教育应把每个学生潜能的开发,健康个性的发展,为适应未来社会发展变化所必需的自我教育、终身学习的意识和能力的初步形成作为最重要的任务。教育部印发的《基础教育课程改革纲要(试行)》指出:"新课程的培养目标应体现时代要求。要使学生具有爱国主义、集体主义精神，热爱社会主义，继承和发扬中华民族的优秀传统和革命传统；具有社会主义民主法制意识，遵守国家法律和社会公德；逐步形成正确的世界观、人生观、价值观；具有社会责任感，努力为人民服务；具有初步的创新精神、实践能力、科学和人文素养以及环境意识；具有适应终身学习的基础知识、基本技能和方法；具有健壮的体魄和良好的心理素质，养成健康的审美情趣和生活方式，成为有理想、有道德、有文化、有纪律的一代新人。"可见，这与传统教育中把基础主要定位于基础知识、基本技能的训练有很大的区别。我们不仅强调基础知识本身应随时代的变化而更新，更强调人与社会发展的需求在基础教育中的独特反映。"发展"作为一个中心词，在基础教育价值定向中应得到充分、具体的体现。

2. 学生观。学生观是对教育对象认识的集中体现。传统教育中对中小学生的看法，强调的是他们缺乏知识、能力和经验的一面，即看到的主要是学生的现在状态，而不是他的潜在状态、内在的积极性和发展的可能性；传统观点把学生发展的过程，主要看做是把人类已有的文化传递给学生的过程，忽视了学生作为学习主体的作用。新的学生观把学生看做虽有不足和幼稚，但却是有旺盛的生命力，具有多方面发展需要和发展可能的人；具有主观能动性，有可能积极、主动参与教育活动的人；把他们看做是学习活动中不可替代的主体。只有具备了这样的学生观，教师才不会把教育仅作为一个灌输的过程，才不会把学生当作一个可装大量知识的瓶子，通过反复操练形成技能、技巧的人。学生观还包括承认学生有不同的特征和禀赋，尊重学生的差异性、个别性，善于使每个学生都得到更好地发展。

专栏 12 - 3

这样的"问题学生"

英国科学家麦克劳德，上小学的时候曾偷偷地杀死了校长家的狗，这在西方国家显然是难以原谅的错误。幸运的是麦克劳德遇到了一位高明的校长，校长的惩罚是要麦克劳德画两张解剖图：狗的血液循环图和骨骼结构图。正是这个包含理解、宽容和善待对学生的"惩罚"，使小麦克劳德爱上了生物学，并最终因他发现胰岛素在治疗糖尿病中的作用而走上了诺贝尔的领奖台。

［资料来源］钟祖荣：《现代教师学导论》，140 页，北京，中央广播电视大学出版社，2001。

3. 教育活动观。教育活动观是指对有关学校教育活动及其相互关系特性的本质认识，它具有指导、构建学校教育实践的重要价值，学校教育活动观主要强调教育活动的"双边共时性"、"灵活结构性"和"动态生成性"。

双边共时性强调教育活动由师生双方共同参与，而且两者的活动在时间上具有共时性，并时时产生交互作用。灵活结构性强调教育活动的内容、方法与过程不是一成不变的。教师应根据教育内容和学生特点，有针对性地进行教育活动的设计。动态生成性强调教育发展有多种可能性存在，教育过程的推进就是在多种可能性选择中发生的。

(二)教师的知识

教师的知识是指教师所具备的各种知识及其掌握程度。由于教师所教年级、学科不同,详细地描述教师的知识结构将是一项很困难的事情。如果从教师知识结构的功能出发,可以把教师的知识结构分为通识知识和专业知识。

1.通识知识。通识知识是指一般的文化知识。教师需要具备广博的文化知识,如基本哲学理论知识、现代科学和技术的一般常识、社会科学的理论和观点。这些知识是教师从事教育工作所不可缺少的。

专栏 12-4

特级教师于漪笔记中的一段记录

《木兰诗》上了两节课,学生兴趣盎然,口诵心记,十分喜爱。谁知课要结束时,小唐在座位上面叽咕开了:"写得倒蛮好,不过是假的,吹牛。"话音刚落,教室里开了锅,七嘴八舌,都冲着我来了:"同行十二年,不知木兰是女郎,根本不可能。""'十二年'这么长的时间同生活、同打仗,怎么会认不出是女的呢?""不说别的,一洗脚就要露馅,小脚怎么藏得住。"在一片喧嚷声中,我说了一句:"南北朝时妇女还不裹小脚。"课堂上刹时安静下来。约摸几秒钟光景,小陶首先站起来一本正经地问:"那么,中国妇女什么时候开始包小脚的?"其他同学顿时活跃起来,说:"是啊,哪个朝代啊?"我被问懵了。备课哪会备到包小脚这个问题呢? 课后查阅了好些书,在《陔余丛考》中查到了"弓足",方知一般地说,妇女弓足起于五代,"李后主令宫嫔娘以帛绕脚,令纤小作新月状,由是人皆效之"。

[资源来源] 胡寅生:《小学教育学课程》,124～125页,北京,人民出版社,1995。

2.专业知识。对教师专业知识结构的研究始于20世纪70年代,它是认知心理学应用于教师研究的一种表现。现在,一般把教师的专业知识分为本体性知识、条件性知识、实践性知识三个方面。

(1)本体性知识。教师的本体性知识是指教师所具有的特定的学科知识,如语文知识、数学知识等,这是人们普遍熟知的一种教师知识。

由于学科不同,本体性知识的具体内容是不同的。从一般意义上说,教师本体性知识应包括四个方面:一是教师应对学科的基础知识有广泛而准确的理解,熟练掌握相关的技能、技巧。二是教师要基本了解与所教学科相关的知识。三是教师要了解该学科的发展历史和趋势,了解推动学科发展的动因,了解该学科对于社会、人类发展的价值以及在人类生活实践中的多种表现形态。这些知识的意义在于使教师能够在教学中把学科知识与人类的关系、与现实世界的关系揭示出来,使科学具有丰富的人文价值,激发学生的学习兴趣,激发学生发现、探索和创造的欲望。四是教师需要掌握每一门学科所提供的独特的认识世界的视角、域界、层次以及思维的工具与方法,熟悉学科内科学家的创造发现过程和成功原因,在他们身上展现的科学精神和人格力量,这对于发展学生的信心和创造意识具有重要的价值。

(2)条件性知识。条件性知识是指个体在什么时候、为什么以及在何种条件下能更好地运用陈述性知识和程序性知识的一种知识类型。在教学中,条件性知识是指教师知道在什么时候、为什么以及在何种条件下能更好地运用原有知识、经验开展教学的一种知识类型,具体地说,就是教育科学知识。这种知识包括学生身心发展知识、学与教知识和学生成绩评价知识等。心理学和教育学知识是一个教师成功进行教育活动的重要保证。运用条件性知识的过程就是教师运用心理学和教育学知识对具体的学科知识予以解释的过程,这种解释要依据学生对该学科的掌握情况,考虑到学生对该学科已有的知识和理解。

(3)实践性知识。教师实践性知识是教师积累的教学经验,是教师在从事有目的的教学行为中所具有的课堂情境知识以及与之相关的知识。教师的教学不同于研究人员的科研活动,教师的教学具有明显的情境性。在一种情况下是适宜和必要的方法,在另一种情况下可能不恰当。只有针对学生的特点和具体情况开展工作,才能取得良好的教育效果。专家教师面对不确定性的教学条件能作出复杂的解释和决定,能在仔细思考后采取适合特定情境的教学行为,离不开他们丰富的教学实践知识。

教师专业知识结构的三个方面是紧密联系的。一个专家教师这三方面知识是均衡发展、相互作用的。本体性知识是教学活动的实体部分,条件性知识可以提供教育过程中处理问题的原则,实践性知识可以提供教育过程中处理问题的方式和方法。

专栏 12-5

美国的标准:新教师的要求

美国教育学院协会于1986年成立“教师教育改革中心”,在这个中心的赞助下,许多工作小组开始探讨各种教师教育改革方案,其中名为“知识基础行动小组”的工作小组试图建立一套新任教师必备的知识基础,该小组最后完成了《新教师知识基础》一书。在该书中,他们认为教师必须拥有专门的知识。

1.有关所教学科方面的知识。内容知识,即各学科里的事实、概念、原理、理论等。

实质知识,即一个学科领域的主要逻辑框架与概念框架。

章法知识,即一个学科领域里新知识被引入的方式以及研究者对知识的追求与探究或思考的方式等。

有关学科的信念等。

2.有关教学理念方面的知识。一个新教师必须对教学拥有四种理念:即教学是文化的传递,教学是技能的训练,教学是培养自然的发展,教学是促进概念的改变。教师不应受某种单一理念的影响,要摆脱单一理念的限制。

3.有关学生与学习方面的知识。教师必须了解学生的学习、认知与思考方式,以便及时协助学生克服各种学习的困难,并引导学生负起积极的学习的责任,包括改进学生的自我监控、学习技巧、学习动机、认知策略等。此外,教师还必须知道儿童的自我概念发展、道德发展和社会发展等方面的知识。

4.有关班级组织与管理方面的知识。新教师必须具备如何管理好一个班级,如何营造良好的班级学习气氛，如何安排学习环境、教室座位、学习活动时间，建立班级规章制度，进行恰当的学生分组和实施个别指导等方方面面的知识。

5. 有关教学的社会背景、政治背景、文化背景等方面的知识。

教学是被各种背景所包围的，包括教学语言环境、物理环境、分班的方式、学校组织、社区组织、学校与家庭社区的关系、国家教育制度、文化环境、政治环境等，教师必须了解这些背景。

6. 有关特殊儿童教育方面的知识。教师必须了解班级有哪些需要特殊照顾的儿童，知道如何帮助他们解决各种特殊的学习问题，如何帮助他们留在班级里或安排到其他班级或学校去学习，如何利用资源开发这些有特殊要求的儿童，如何与特殊儿童的父母和其他教师合作进行最佳教育。

7. 有关课程论方面的知识。教师必须知道各个层次的课程计划，包括国家层次、课堂层次和学生层次，以及这些层次之间课程计划的关系。专业的教师不仅是课程的执行者，更是课程的规划者、发展者、评价者。因此教师必须拥有与课程相关的一些基本概念及理念。

8. 有关评价方面的知识。评价是教师对学生做出正确决策的一个基础，良好的评价可以提供有助于决策的信息。因此，教师必须知道如何评价、评价什么、如何解释评价的资料、如何设定评价标准、如何使用现成的测验工具等。

9. 有关各学科教育学方面的知识。教师必须知道如何把自己所拥有的学科知识加以转化，并以适当的方式来呈现，以引导学生理解并建立自身的认知结构。因此，教师必须知道采取什么有效的方法和途径，将学科知识以符合学生已有认知结构与经验基础的形式传授给学生。不同的学科除有一般性的教学方法论外，还有不同的学科方法。

10. 有关阅读和写作教学方面的知识。阅读和写作是每个学生必须具备的，因而教师必须知道如何具体指导学生阅读，如何提高阅读能力，如何指导学生写作，提高写作能力。教师必须了解与阅读、写作及其教学的相关知识。

11. 有关数学教学方面的知识。教师必须知道如何帮助学生在学习数学时理解概念，而不是一味地要求进行数字的运算及处理。教师必须知道如何以不同的表现形式来帮助学生发展数量性思考，并透过数学概念来理解世界，每一位中小学教师都要具备一定的数学知识。

12. 有关人际沟通、协调合作方面的知识。教师不仅要善于和儿童沟通，更要善于与成人沟通、协调合作，包括上级、同事、家长等，教师必须具备这方面的技巧，例如沟通技巧、协同技巧、咨询技巧、问题解决技巧、转介技巧等等。

13. 有关教师的法定权利与义务方面的知识。教师必须知道许多法律上的权利与义务，尤其与教师本身有关的内容，包括教师的选用、解聘，教师在教室外所拥有的议论自由权，政治活动、生活风格选择权等。教师也必须知道自己受到什么限制，自己应尽什么义务等。

14. 有关教学的道德与伦理层面的知识。教师必须知道如何帮助学生理性地判断，如何启发学生善良的心灵，如何培养关怀他人的情操，如何激发学生的道德行为。

[资料来源] 钟祖荣:《现代教师学导论》，157～159页，北京，中央广播电视大学出版社，2002。

(三)教师的专业能力

一般说来,能力可以划分为一般能力和特殊能力。一般能力是指完成一般性的活动或任务所需要的基本能力,一般能力没有学科、专业、职业等的区分,例如,观察能力、思维能力等。特殊能力是指解决某一专业或职业领域的特殊问题所需要的专门化的能力。教师职业作为一种特殊职业,教师所需的能力——专业能力,是教师职业所具有的特殊能力,它建立在教师的一般能力的基础上,一般能力是教师从事教育、教学活动的前提和基础,专业能力是教师完成教育、教学任务必须具备的能力。教师的一般能力和专业能力两者相辅相成,在教育教学过程中,二者缺一不可。

1.教师专业能力的结构[①]。

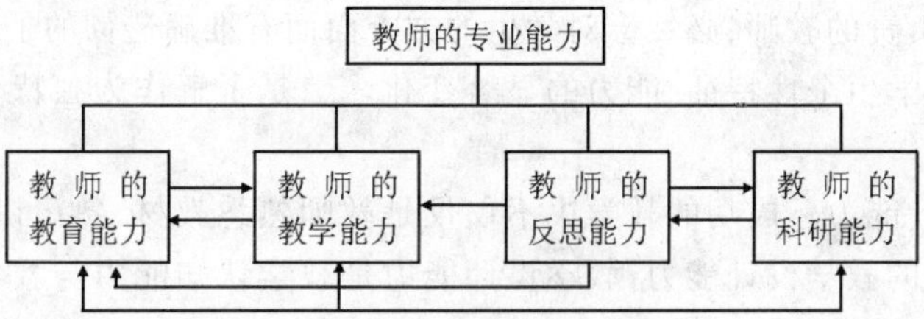

图 12－1　教师专业能力结构图

教师的专业能力是教师顺利地从事教育教学的专业工作的稳定的心理特点,它是一个复杂、丰富、动态的结构体系,主要包括教育能力、教学能力、反思能力、科研能力四种。其中,教师的反思能力(体现在教学中就是教师的教学监控能力)是培养和提高教师的教育、教学能力和科研能力的基础。科研能力以教师的教育、教学能力为基础,同时,科研能力的增强是提高教师教育、教学能力的最有效途径。教师的教育、教学能力是教师专业能力的基本成分,反思能力、科研能力是教师专业能力的高级成分,教师专业能力的提高或发生"质"的飞跃的关键要素也是反思、科研能力的增强。

2.教师的教学能力。教师的教学能力,是教师从事教学活动、完成教学任务的能力,是教师专业能力的重要方面。教师教学能力的内容非常广泛,主要是教学认知能力、教学设计能力、教学操作能力和教学监控能力。教学认知能力是基础,它直接影响到教师教学准备的水平,影响到教学方案设计的质量。教学设计、操作能力是课堂教学的具体实施能力,也是最能体现教学艺术性的能力。教学监控能力是教学能力诸成分中最高级的成分,它不仅是教学活动的控制执行者,而且是教学能力发展的内在机制。这四种能力互为关联,教学监控能力分别与教学认知能力、教学设计能力、教学操作能力直接相关,而教学认知能力、教学设计能力与教学操作能力的联系往往是通过教学监控能力实现的。

(1)教学认知能力。教学认知能力主要表现为:

第一,领会课程标准和分析处理教材的能力。中小学各科课程标准是根据国家的教育方针和课程计划制定的指导教学的纲领性文件,是中小学教师进行教学工作的主

①　钟祖荣:《现代教师学导论》,162页,北京,中央广播电视大学出版社,2002。

要依据，也是评估教学质量的重要标准。中小学教师必须认真学习各科课程标准，领会其精神实质。能根据课程标准准确确定具体的教学目标，把握教学重点，进行教学改革的实践。教材是根据课程标准编写的教学用书，是教学的主要媒体，提高教学质量的一个重要方面就是教师驾驭和运用教材的能力。为此，教师必须具有分析处理教材的能力。教师需要从教材编写者、学生、教师等多角度来分析教材，分析教材的地位和作用、知识结构和特点、教材所涉及的技能和能力以及分析教学要求等。做到对教材分析深刻、全面、独到。

第二，了解学生的能力。了解学生是指教师对学生的个性特征、心理素质、道德素质、学习能力以及身体状况等方面的了解和把握。了解学生是教育学生的前提，一个对教育、学生高度负责的教师，必然会对学生的方方面面有准确透彻的了解。一是从整体上了解当今中小学生个性特征、能力的显著变化。二是了解作为独特个体的每一个学生。

(2)教学设计能力。成功的教学决不仅仅是教师熟悉教材，熟记讲稿，它还依赖于教师具有的出色的教学设计能力，教学设计能力是教学认知能力与教学操作能力之间的中介和桥梁。关于教学设计问题在教学实践论部分有专门介绍，不在此赘述。

(3)教学操作能力。教学操作能力主要包括语言表达能力、课堂管理能力、使用现代教育技术能力等。

教师的语言表达能力是教师应该具有的职业能力之一，是教师职业要求的最基本条件，缺乏这种能力，就无法正常地与学生进行交流，更谈不上对学生的教育。充满知识性、智慧性、启迪性且准确、明了、生动的教学语言，是提高教学质量的一个重要手段，也是教师、学校魅力之所在。一般而言，教学语言可分为口头语言(有声语言)、书面语言(教学板书)和身体语言(无声语言)三种类型。

就口头语言表达能力而言，要求教师做到：一是说好普通话，吐字清晰、准确；二是教师语言表达准确简明，富有教育性、启迪性；三是教师的口头语言必须符合学生特点，通俗生动，富有幽默感；四是语调抑扬顿挫，富有节奏感。

教师的书面语言主要指教师的板书，恰当地运用板书，能加强内容的直观性，集中学生注意力，特别是对教学内容起到“提纲挈领”的作用。教师板书要做到：一是书写要正确规范、美观大方；二是书写之前要进行板书的设计，包括设计板书的内容和布局，还应考虑板书字体的变化，以使板书生动有趣；三是能画形象的简笔画和图示、图表，把抽象的原理转化成生动的形象。

人们彼此之间传递信息，除了靠语言系统外，还可以借助非语言系统，如手势、姿势、面部表情、体动、空间距离等，它们也称做人的体态语言。体态语言能够引起学生注意，沟通师生感情，帮助学生理解知识，促进师生互动。教师的体态语言要求做到：一是目光分配要合理，顾及班上每个学生；二是面部表情要适宜，既自然，又适度、温和；三是动作姿势要恰当，要求动作准确，站立自然平稳。

课堂组织管理能力是指教师对课堂教学中各种要素进行调控，使教学得以顺利进行的能力，主要表现为课堂教学的有序实施，营造课堂学习气氛，调动学生积极参与教学和控制课堂教学的节奏等。教师的课堂组织管理能力表现为教师具有按照教学设计实施教学方案的能力,具体包括导入新课、创设最佳教学情境和教学总结三个方面。

教学过程是一个信息传递过程,在这个过程中,现代化教学媒体发挥了重要作用。现代化教学媒体以其信息量大、形象化、丰富的表现力等特点在教学中起到提高教学效果的作用。教师除具有使用传统媒体(如教科书、黑板、挂图等)的能力外。还必须具有使用现代教学媒体的能力。

教师运用现代教育教学技术的关键,不是教师能够使用各种教育教学设备,而是如何使用这些设备提高教与学的质量。现代化教学媒体不是教育的装饰品,而是发挥教学作用的工具。

教师运用现代化教育教学技术的能力,要求教师不仅知道怎样使用,而且必须知道什么时候用以及为什么用。

(4)教学监控能力。教师的教学监控能力,是指教师为了保证教学的成功,达到预期的教学目标,而在教学的全过程中,将教学活动本身作为意识的对象,不断地对其进行积极主动的计划、检查、评价、反馈、控制和调节的能力。

根据教学监控的对象,可以把教学监控能力分为自我指向型和任务指向型两类。自我指向型的教学监控能力主要是指教师对自己的教学观念、教学兴趣、动机水平、情绪状态等心理因素进行调控的能力。任务指向型的教学监控能力主要是指教师对教学目标、教学任务、教学材料、教学方法等任务操作因素进行调控的能力。这两类教学监控能力之间是相互联系、相互影响的。

根据其在教学过程不同阶段的表现形式的不同,教学监控能力包括:计划与准备——课堂的组织与管理——教材的呈现——言语和非言语的沟通——评估学生的进步——反省与评价。

教学水平高的教师,其教学监控能力一般也高,即他们具有较多的关于教育、教学方法等方面的知识,善于计划、评价、调节自己的教学过程,灵活地运用各种策略,以达到预设的教学目标。教学水平低的教师则正相反。

第四节 教师的专业发展

前一节主要论述了教师的专业素质结构即对专业的横向方面做了分析。但这些素质的提高,需要一个过程,而且最后要落实到自己的行动上来。本节从教师专业发展的过程上,即专业纵向方面进行阐述。

一、教师专业发展阶段

根据什么来划分教师发展阶段呢?国外关于教师专业发展阶段的研究主要有两大流派:一是将年龄作为主要参数和分析常模,运用生命历程的方法,分析教师专业发展的阶段;二是按照与教师认知发展阶段有关的情感、行为等方面,分析教师专业发展阶段。我们认为,最能反映成长和变化的,就是教师的素质和他们的工作成绩或成果,它们是教师实践活动的内化和外化。根据这一观点,我们把教师专业发展过程分为四个阶段:准备期、适应期、发展期和创造期。

(一)准备期——学生

职业准备期是指教师从事教育工作以前的阶段,是接受教育和学习的阶段。这个阶段的活动是学习,包括在基础教育阶段的学习和专业阶段的学习。在这个阶段的学习,对他们成为教师或者成为一个什么样的教师是有影响的。

在职业准备期,他们的素质如何,取决于多种因素,包括家庭和学校两方面。其中以他们的教师的影响最为突出。而他们自身是否勤奋,学习是否得法,则是决定性的因素。

(二)适应期——新手教师

职业适应期是教师走上工作岗位,由没有实践体验到初步适应教育教学工作,具备最基本、最起码的教育教学能力和其他素质的阶段。

这一阶段的主要活动是开始从事教育教学工作,具体包括熟悉学校的工作环境和工作常规,熟悉教材,熟悉学生,备课,上课,带班当班主任等。

这一阶段开始形成实际的、具体的、直接的知识和经验;教育教学能力开始初步形成;素质水平还处于较低的层次,不够全面。

职业适应期结束的标志,就是教师能够适应和胜任教育教学工作,能够基本上完成教育教学任务,得到学生的认可。适应期的时间大体1～3年,当然,这只是一个经验的指标。

教师适应工作的快慢,取决于以下一些因素:教师在职前准备期的素质高低,他的素质是否适合于教师的工作;在适应期,是否得到有经验的教师的帮助,学校是否为他们提供教育教学实践的机会和舞台,他们自己是否努力锻炼自己等。

(三)发展期——成熟教师

发展期是教师素质逐渐走向成熟的时期。发展期又可分为发展前期和发展后期。

1.发展前期——经验型教师。其特点:一是教育教学工作熟练化和经验化。教师的各项教学基本能力基本形成。二是素质全面化。经过实践锻炼,他们各方面的素质得到提高,逐渐形成全面的素质;同时,一个一个相对孤立的素质相互支持,相互促进,融会贯通,逐渐形成整合的、一体的素质。在工作中表现为既能教好课,又能带好班,还能负责一些行政管理工作。

2.发展后期——研究型教师。其特点:一是知识深广化。为了研究问题,他们千方百计地争取学习机会,他们的知识与能力结构在不断地由目标到反馈的自我监控过程中得到更新与扩展。二是关注目标学生化。他们把课堂上的注意力由自己的活动转向关注学生的反应和对学生的引导,更多地关注和研究学生的心理。这是这一阶段教师素质上的重要特点。三是教育教学表现成熟化。随着教育教学经验的积累,他们在学生时代学习的理论和在实践工作中学习的优秀教师的经验,都逐步内化为对教育真谛的深刻理解,形成了正确的教育观念,并用这种观念指导着自己的教育行为,表现出成熟化的教育教学行为。

这个阶段的时间大致是3～7年,也就是工作以后的5～10年。一般到了这个时候,他们也就由一般教师变成了骨干教师。我国大多数教师停留在发展期的时间比较长,经验表明,80%左右的教师终身停留在这个阶段。

影响职业熟练期时间长短的因素有:他们在职业适应期是否能够很快适应教育教学工作,是否刻苦钻研业务,是否善于积累和总结自己的工作经验,是否得到崭露头角的机会,是否得到在各种工作岗位全面锻炼的机会等等。

(四)创造期——专家教师

职业创造期是教师开始由固定的、常规的、熟练的工作进入探索和创新的时期,是形成自己独到见解和教学风格的时期。专家教师的特点:一是活动的探索性。这个阶段的教师开始就某些问题进行专门探讨,如编写新教材,改进教学法,就某一项教学目标的实现进行综合改革。在这些探讨活动中,他们要重新学习和积累某方面的知识和信息资料,请教专家,进行探索和各种尝试,还有理论上的总结。黎世法的异步教学法、李吉林的情境教学法、魏书生的六步教学法、邱学华的尝试教学法、顾泠沅的数学反馈回授教学法等即是。通过这些创造性活动,他们就成为某一个方面的专家了。

二是目光远大性和前瞻性。创造期的教师非常注意学习和研究新的教育理论,关注教育改革的整体情况。他们除了具有扎实的专业知识外,还能够广泛吸收相关学科知识,关心社会发展潮流,站在社会发展的角度思考教育问题,具有正确地提出发展方向与具体目标的教育决策能力。

专栏12-6

教师专业发展阶段划分理论

1.富勒和鲍恩(F.Fuller&Bown)的教师关注阶段论:任前关注阶段、早期求生阶段、关注教学情境阶段和关注学生阶段。

2.卡鲁索(J.Caruso)的教师发展阶段论:焦虑/欢快期、混乱/清晰期、胜任/不胜任期、批判/新意识期、更有信心/更不胜任期和失败/缓解期。

3.亚格尔和默腾斯(Yarger&S.Mertens)的教师发展阶段论:教师教育之前的学生阶段和师范生阶段。

4.萨克斯和哈林顿(S.Sacks&G.N.Harrington)的教师发展阶段论:预想期、进入实习期、定向期、试误期、整合/巩固期和掌握期。

5.卡茨(L.Katz)的教师阶段发展论:求生阶段、巩固阶段、更新阶段和成熟阶段。

6.伯登(P.R.Burden)的教师阶段论:求生阶段、调整阶段和成熟阶段。

7.彼德森(A.Peterson)的教师阶段发展论:第一时期、第二时期和第三时期。

8.麦克唐纳(F.McDonald)的教师阶段发展论:过渡阶段、探索阶段、创新阶段和实验阶段、专业教学阶段。

9.斯特菲(B.Steffy)的教师阶段发展论:预备职业生涯阶段、专家职业生涯阶段、退缩职业生涯阶段、更新职业生涯阶段和退出职业生涯阶段。

10.休伯曼(M.Huberman)等人的教师职业生活周期论:入职期、稳定期、实验和歧变期、重新估价期、平静和关系疏远期、保守和抱怨期、退休期。

[资料来源]叶澜:《教师角色与教师发展新探》,338~345页,北京,教育科学出版社,2001。

二、反思:教师成长之路

随着批判文化的出现,认知心理学的发展和"教师专业化"运动的勃兴,20世纪80年代,关于"反思"(reflection)的讨论首先在西方国家教师教育界兴起,然后很快波及世界范围内的教师教育领域中,于是有关"反思"、"反思性教学"(reflective teaching)、"反思性实践"(reflective practice)、"反思型教师"(reflective teacher)、"教师即研究者"(teacher as researcher)等等的教师教育口号铺天盖地而来。可以说,"反思"现已成为国际教师教育改革的一个方向。在我国,基础教育课程改革正在全面展开,教育改革成败的关键在于教师的素质。如何提高教师素质并使之成为专家教师日益成为我国教育工作者讨论和研究的课题。20世纪90年代后期,我国教师教育界逐渐认识到"对教学经验的反思"是"缩小新教师与专家教师之间差异"的可行方法[①]。因此,《基础教育课程改革纲要(试行)》要求教师"对自己教学行为"进行"分析与反思",教师要成为反思性实践者。

(一)反思与教师自身发展

反思是指一个人把自己或自己的活动作为认识的客体。教师的主要活动是教学,所以,教师的反思主要是教学反思。教学反思是教师走出自己教学困境的过程。具体地说:第一,教学反思是因教学困境而引发。疑惑激起教师对自己的教学活动进行思考,分析教学困境形成的原因,设想解决教学问题的办法。第二,教学反思以走出教学困境为目标。在分析困境、提出解决问题办法的基础上,通过一系列内部活动和外部活动,使问题得以解决,最终走出教学困境。

教师的素质是在实践中不断提高的,如表12-1所示,中学优秀教师教育能力大部分是在工作过程中形成的。

表12-1 中学优秀教师教育能力及其形成时间[②]

教师教育能力	大学前(%)	大学期间(%)	任职后(%)
对教学内容的处理能力	18.95	12.63	62.42
运用教学方法和手段的能力	21.65	12.37	65.98
教学组织和管理能力	19.59	11.34	69.08
语言表达能力	34.69	20.41	44.90
科学研究能力	18.18	11.11	70.71
教育机智	19.19	11.11	69.70
与学生交往能力	21.43	10.21	68.37
平均	21.95	12.74	65.31

① 皮连生:《学与教的心理学》,20页,上海,华东师范大学出版社,1997。

② 王邦佐:《中学优秀教师的成长与高师教改之探索》,46页,北京,人民教育出版社,1994。

能否说教师的教育教学能力是在实践中随着教学年限的增加,经验的积累,自然而然形成的?“就教学工作来说,我们已注意到,二十年的教学经验也许只是一年工作的重复;除非我们善于从经验中汲取教训,我们就不可能有什么改进。”[①] 这就是说,教师的工作能力不是自然形成的。教学反思才是教师自身发展的手段。

1.反思是沟通教学理论与教学实践的桥梁。当前教学中存在着明显的教学理论与教学实践“两张皮”现象。双方都为此感到苦恼。原因何在?我们可以根据奥斯特姆(Osterman)关于教师知识的观点进行分析。奥斯特姆将教师的知识分为两类[②]:一是“所倡导的理论”(espoused theories),相当于我们习惯所讲的“教学理论”,这是指教师容易意识到的,容易受到外界新信息的影响而产生变化的知识,但不能对教学行为产生直接影响;另一类是“所采用的理论”(theories-in-use),相当于我们所讲的“教学经验”,它是指不易被教师意识,不易受到外界新信息的影响,更多地受到文化和习惯影响的知识,这种知识直接影响教师的教学行为。这两类知识并非截然分开,“所倡导的理论”可以转化为“所采用的理论”而对教学活动产生影响。“所采用的理论”是教学理论与教学实践之间的中介理论。转化的途径就是教师对自己的教学进行的反思,寻出自己教学活动“所采用的理论”,并与“所倡导的理论”进行比较,找出二者异同,以便在教学中采取相应的措施,真正使“所倡导的理论”应用到教学实践中去。所以,教学反思是教学理论与教学实践之间的对话,是沟通教师“所倡导的理论”与“所采用的理论”的桥梁。正如波斯纳(G.J.Posner)提出的教师成长公式:经验十反思=成长。他进一步指出,没有反思的经验是狭隘的经验,至多只能形成肤浅的知识。

2.反思能提高教师教学研究能力,能使教师获得成就,产生强烈工作动机。教学反思过程实际上就是教学研究过程,它包括“首先,引起思维的怀疑、踌躇、困惑和心智上困难等状态;其次,寻找、搜索和探究的活动,求得解决疑难、处理困惑的办法”[③]。在这过程中,教师的教学能力和教研能力得到训练和发展,使教师获得成功,满足了教师成就需要,进而增强了教师的工作动机。

(二)教学反思的过程

较系统地论述了反思问题的杜威认为,“思维活动是从疑难的情境到确定的情境”,为此,他把反省思维分为五个阶段[④]:

(1)暗示,在暗示中,心智寻找可能的解决办法;

(2)理智化,使感觉到的(直接经验到的)疑难或困惑理智化,成为有待解决的难题和必须寻求答案的问题;

(3)假设,以一个接一个的暗示作为导向意见,或称假设,在收集事实资料中开始并

① 斯坦托姆著,汪琛译:《怎样成为优秀教师》,见瞿葆奎主编,李涵生等选编:《教育学文集·教师》,114页,北京,人民教育出版社,1991。

② 参见张建伟《反思——改进教师教学行为的新思路》,北京师范大学学报(社会科学版),1997(4)。

③ 同上,81页。

④ 杜威著,姜文闵译:《我们怎样思维·经验与教育》,88页,北京,人民教育出版社,1991。

指导观察及其他工作；

(4)推理,对一种概念或假设从理智上加以认真的推敲(推理是推论的一部分,而不是推论的全部)；

(5)验证,通过外显的和想像的行动来检验假设。

借鉴杜威的观点,我们把"教师走出自己教学困境的过程"的教学反思过程设计为图 12-2。

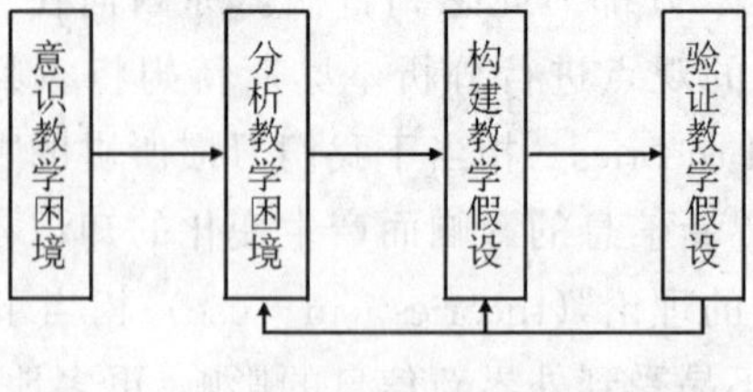

图 12-2 走出教学困境的反思过程

1. 意识教学困境。教师通过对自己教学的实际感受,意识到自己教学中存在着问题,并有积极的解决问题的意向。

2. 分析教学困境。亚里斯多德有句名言:思维是从疑问开始的。疑惑引发教师分析思考。教师广泛收集并分析有关自己教学活动的信息,以批判的眼光反观自身。其方式多种多样,如回忆自己的教学活动,征求学生对教学的意见,同行的观察,也可以借助录音、录像等现代化教学媒体。在获得一定信息之后,教师要进行一系列的分析思考活动,看指导自己教学活动的教学思想究竟是什么,它与"所倡导的理论"是否一致,自己的行为结果与期望是否一致,为什么一致或不一致,从而明确问题的根源所在。这个阶段的任务可以由某个教师单独完成,但发挥教师集体作用,以合作的方式相互观察和评议,往往更有效。经过这样的分析,教师对自己教学中存在的问题有了更明确的认识。

3. 构建教学假设。通过观察分析,认识到了问题成因过后,教师就要积极寻找新思想和新策略解决所面临的问题,设想解决问题的办法,构建改进教学的假设。为了构建出一个理想的解决问题的假设,教师会在自己已有的知识中搜寻与当前问题解决有关的信息。如果从大脑中搜寻不到,他就会请教其他教师或阅读有关书籍来获取这些信息。这一阶段是教师学习教育理论最见效的时期。因为他是针对特定的教学问题且对问题有较清楚认识的情况下来学习的,这时教师寻找知识的活动是有方向的、聚集式的活动,因而不同于传统教师教育中的由外部强加的知识灌输。

4. 验证教学假设。检验前一阶段所形成的教学假设和教学方案。验证的形式可以是实际尝试,也可以是角色扮演,还可以是"表象教学",即在大脑里想像教学方案实施时可能出现的情况。如果按照新的教学方案从事教学活动,具有明显的教学效果,并走出了教学困境,这种教学方案就会巩固下来,转化成为这个教师的教学风格和特色。这一阶段的结束,不仅意味着具体教学问题解决,而且为将来的教学提供了更抽象的理性的教学策略。若方案行不通,则需要再次分析和重新假设。

这样,教师在自己的实际教学中发现问题和不足,而后是对自己的教学活动进行观察和分析,明确问题的关键所在,进而结合一定的经验和理论提出解决问题的假设,探求改进教学的途径,最后验证所设想的方案,寻出解决问题,提升教学实践合理性的途径。在这四个环节中,反思最集中体现在分析教学问题和明确教学问题中,但它只有和其他环节结合起来,才能更好地发挥作用。在实际的反思过程中,这四个环节往往是此中有彼,彼中有此,相互渗透,交替进行的。

(三)教学反思的若干途径

1.教学后记。教学后记是教师在一节课后对自己的教学行为和思想轨迹的记录。通过对教学后记的分析,可以发现自己教学活动的成功和不足之处。

教学后记及其分析一般是按照搜集资料、系统分析、修改完善教案的程序进行。

2.观摩教学。观摩教学又称公开教学,是探讨教学规律,改进教学内容和方法,评价或推广教学经验,开展教学研究活动的一种教学组织形式。观摩教学一般有三种类型:

(1)由经验丰富的教师上示范课。

(2)教学专题研究课。一般是在某学科教师学习和讨论某一专题的基础上,由一位教师设计教案,再进行试验性的教学。

(3)青年教师汇报课。由任课的青年教师经过独立钻研教材,设计教学方案,经由有经验的教师指导修订教案之后开展的教学。

观摩教学是教师学习的一种类型,听课者在观察执教者教学时,“见贤思齐,见不贤而内自省”,从而激发对自己教学活动的反思。

观摩教学一般是按照确定观摩教学的目的,听课者听、看、思、记相结合,执教者说课、评议的程序进行。

3.微格教学。微格教学是20世纪60年代和70年代师范教育中最有影响的创新之一。它是一种有控制的实习系统,它使师范生有可能集中解决某一特定的教学行为,或在有控制的条件下进行学习。微格教学最初是师范生和在职教师掌握课堂教学基本技能的一种训练方法,当今又应用于教师经验总结和课堂研究等方面。

作为反思教学的一种途径,微格教学是把执教者的教学活动进行录像,然后重放录像,执教者和有关人员边看边评议,分析问题,设想解决问题的办法。与其他教学反思的途径相比,微格教学具有准确全面、反馈及时、镜像效应三个特点。一般按照微格教学实践,反馈评议的操作程序进行。

4.行动研究。起源于二战期间的美国,20世纪70年代又在欧美兴起的行动研究是教师在职培训的一条重要途径。作为教师教学反思途径之一的行动研究,我们把它界定为通过实践活动检验教学假设的过程。

行动研究具有如下特点及作用:

(1)实践性。行动研究是以解决教学实际问题为主要任务的研究。研究的目的侧重于当时当地情境的改善,而不是理论的发展、普遍规律的发现。研究者基于教师实际工作情境中所发生的问题,将它直接或间接地转化为研究课题,并将可能解决问题的各种方法作为变量,然后在研究过程中逐个加以检验。研究的过程,便是解决问题的过程;研究的结果也就是问题的初步解决。

(2)合作性。行动研究要求教师参与研究,研究者参与实践,并在研究和工作中相互协作。行动研究能跨越教育理论与教育实践之间的鸿沟,在教育理论和教育实践之间架起了一座桥梁。

(3)动态性。行动研究过程中,可以随时根据研究情况边实践边修改,不断修改研究的假设与研究的方法,甚至要改变研究的课题,以适应不断变化的新情况、新问题。

(4)特殊性。行动研究是在真实的、特定的工作环境中进行的研究,研究成果不一定具有普遍的代表性,而是具有时空性和时效性,它讲究此时此地对实际问题的解决。正如柯雷(S. Corey)所讲的,行动研究得出的结论只适用于此时此地的教育情境,而不具有普遍的意义。

关于行动研究的程序,表述各不相同。从教学反思这个角度来说,由凯米斯、艾里奥特(J. Ellioll)和埃巴特三人提出的实施程序值得借鉴。他们认为行动研究是一个螺旋式加深的发展过程,每一个螺旋发展图又包括四个相互联系、相互依赖的环节:计划、行动、考察与反思。

思考题

1. 如何合理地给教师职业定位?

2. 教师劳动具有哪些特点?

3. 现代教师基本素质应包括哪些内容?

4. 结合教师专业发展的不同阶段,谈谈师范教育在教师专业发展中的作用?

5. 试论反思与教师自身发展的关系。

第十三章　班级管理

班级管理质量始终与班级管理理论和班级管理技能、技巧联系在一起。广大班级管理工作者只有认真学习掌握必要的班级管理理论,提高班级管理的技能、技巧,才能推动班级管理水平的不断提高。

第一节　班级管理概述

一、班级组织的产生与发展

19 世纪初,各国的小学仍然普遍实施个别教学,形成班级的并不多。但由于班级教学可以同时向数量众多的儿童传授同样知识,大大提高人才培养的效率,且费用低廉,因而,逐渐被各国政府接纳。19 世纪 70 年代,班级教学开始遭到批判,适应个别差异的班级教学组织的改造运动以美国为中心开始活跃起来。对班级的改造主要集中为两类方案:一是编制上的改革方案;一是教学上的改革方案。其代表是哈利斯在圣路易创始的"圣路易编制法"(根据儿童的能力在短期内随时升级,尝试根据能力来编制班级)和 1898 年创始的"巴达维亚法"(把同步教学和个别教学结合起来,减少同步教学时间,增加个别教学时间),以及 19 世纪末在德国出现的著名的"曼海姆班级编制法"(打破了传统的单凭年龄作为分班编制的惟一标准的做法,根据儿童的能力来编制普通班和特别班,特别班则分促进班和辅导班。曼海姆班级编制法对各国影响巨大)。这些改革都是在维持班级教学组织现状的基础上做出的,试图在一定程度上弥补班级教学的缺陷。

19 世纪末 20 世纪初,在西方出现了分组教学的一些教学改革或实验,所谓"分组教学",就是按学生的能力或学习成绩,把他们分成水平相同的组进行教学。如沃德的"分团制"、伯克的"个别计划"、华虚朋的"文纳特卡制"、帕克赫斯特的"道尔顿制"和贝里的"底特律计划"等等。

对班级组织进行彻底革命的是"道尔顿制",它对班级组织的改造与上述种种改革有着不同的特点与不同的影响。道尔顿制是帕克赫斯特创始的,因 1920 年在马萨诸塞州的道尔顿中学实施而得名,又称为"道尔顿实验室法"。道尔顿制以自由与合作为根本原理,这里所谓的"自由"是指儿童按照自定步调(速度)学习一定的学科,而且不受其他因素的束缚,能兴趣盎然地持续学习。因此,这个方案废除了传统学科中占有重要地位的课程时间表和班级中的同步教学。所谓"合作",换言之,指的是团体生活的相互作用。在传统的学校组织中,儿童只有通过"课程"这一公共的安排,才能与团体有稍微的接触,在多数场合,还是离开团体而生活的。不过,真正的社会生活不仅止于单纯的接触,还有合作和交互作用。因此,在该方案中,学校的所有部分都应当彼此有效地组织起来。道尔顿制的特点在于,改善传统教授法几乎不顾及每个儿童本身特点的弊端,使学习者能按照自定的步调学习,针对传统方法中各科的课程时刻表不分优劣生,一律平等的弊端,依据每个儿童学习各学科的难易度,适当分配课程时间。不过整体看来,该方案的最大特征是个别学习。

道尔顿制是针对班级组织改造的若干个方案中的一种极端方式,20 世纪 20 年代,曾在各国广泛流行。帕克赫斯特于 1925 年来到中国宣传她的计划,30 年代末,道尔顿制开始降温。

此外,作业学校的思想和教育社会学的理念,从根本上改变了传统的班级观。凯兴斯泰纳倡导以"作业共同体"作为学校教学改革的基础。他主张,所有学校都必须以自由为中心,构成活动的共同体。在这个共同体中,所有儿童都应该给自己规定作业,并且自己完成作业。这样不仅提高儿童本身的能力,同时还能养成勤勉、忍耐、合作、服务等美德,从而得到社会训练。根据这种教育观念,必须废除原来僵化的班级模式,使班级成为具有弹性的组织。还有一种以"生活共同体"为基础的班级观,也是对传统班级的根本改造,其特点是从儿童的共同生活出发,自发地使团体成为一个训练组织并发挥作用,根据这种教育理念进行的教育实践有利茨的"乡村教育之家"和温纳肯的"自由学校共同体",此外,耶拿制、协同教学、不分级制等实验也对班级组织的改造具有一定的影响。

20 世纪 70 年代流行于欧美等国的"开放班级"也是对班级组织进行的一种积极探索。它源于 20 世纪 30 年代美国进步主义者的教育主张。在开放教学形式下,教学没有固定的形式和结构,学校、教师没有固定的教学计划和教材,儿童以兴趣为中心,在"做"中学。教师的任务是给儿童提供学习背景,进行个别辅导。开放教学确实在一定程度上促进了儿童的独立性、创造性和求知欲的发展,但总的说来,开放教学在教学实践中的成效并不显著,其最大的不足是无法保证大多数学生获得系统的知识和技能。因此,美国于 1976 年掀起了一场"恢复基础"的教育改革运动。

纵观 20 世纪以来教学组织的改革,它呈现出这样的趋势:一方面表现为教学的个别化,另一方面则表现为教学的社会化。

班级组织产生和发展的过程具有如下基本特征:①班级组织与社会有着紧密的联系。一方面它依托社会大背景而存在;另一方面,班级通过为社会培养所需要的人作用于社会。所以,班级既要反映社会存在,又要完成社会的要求,班级不仅是"反映"社会的,更重要的是要成为体现社会要求的"主动者"。任何把班级与社会割裂开来,甚至把班级封闭起来的想法、做法,都是不利于班级组织发展的。②班级组织的目标是儿童的身心发展。这一点有别于以生产产品为目的的企业。班级组织的最高目标是使学生获得身心发展。班级在促进学生发展时,不仅要把社会的思想意识、价值观念等传递给学生,使学生成为一个"社会人",而且要尊重学生个性,给学生提供各种发展潜力的机会。③教师在班级组织中起主导作用。教师是受社会委托,传递和传播人类文明的专职人员,是社会和人生理想的播种者。班级组织不能以儿童的好恶为标准,而应该让他们有意识、有目的地接受教师的影响，这也是班级组织实现预期目标的必要条件。④对于儿童而言，进入学校的哪个班级带有偶然性，可一旦被编入某一个班级，他的归属则具有强制性，不能随意转换班级。

二、班级管理的意义、特点、任务

美国教育行政专家古柏列曾指出，教育行政集中于三种人的工作：第一种是教室内的教师，管理学校教室内的工作；第二种是学校的校长，主管一校的组织行政与监督事宜；第三种是教育行政机关的长官，担负许多学校的组织行政与监督之责。有人因此认为，班级管理即古柏列言及的教室内行政管理。班级管理理应担负班级内部各项工作的管理，但并非只局限于"教室内的工作"。班级管理是班主任按照一定的要求和原则，充分利用教育资源（人力、物力、财力、环境、信息），采取适当方式，以建构良好的集体为目标的综合性活动。

（一）班级管理的意义

1. 班级管理是学校工作的基础。在学校管理中，班级管理是基层管理，属于被领导被监督的工作层。但班级管理与学校管理是相互影响、相互合作与支持的关系。学校的育人目标、规章制度，校长的决策和意图，都要通过班级管理去贯彻落实和检验。

2. 班级管理是开展教育活动的保证。班级管理过程就是对学生实施教育的过程，而要有效地开展对学生的教育活动，就必须加强班级管理工作。在实施班级管理过程中，班主任处于中心地位，负有主要责任，对于班级管理工作的成败起着关键作用。首先，班主任是班级的组织者和领导者，班级管理目标、内容、操作运行主要由班主任决定。第二，班主任又是校长实施管理工作的得力助手和骨干，必须服从校长的决策，并积极地去贯彻和执行校长的工作意图。第三，在班级管理中，班主任又是联络各任课教师的纽带，必须主动地听取任课教师对搞好班级管理的建议和意见。第四，班主任是协调和沟通社会教育、家庭教育的桥梁，必须主动争取家长和社会有关方面的配合。

3. 班级管理是建设班级集体的必要保证。建设良好的班集体是实施班级管理的直接目标，也是班主任工作的中心内容。一个班集体的形成必须经历计划、执行、协调、监督、总结等环节，班主任正是通过这些环节的工作，促进班级一步步地发展成班集体的。离开了班级管理，便不可能有班集体的形成。

（二）班级管理的特点

1. 管理过程的教育性。班级管理的起点、过程和归宿都以教育为宗旨。班级管理活动以促进学生健康和谐发展为前提，班级管理活动的设计，活动的展开以及评价，都要体现教育性。班级管理的成果，是以学生身心成长、成熟、发展为标志的，没有学生的进步，班级管理就是无效的管理。

2. 管理内容的广泛性。班级管理工作繁杂琐碎，且不定因素较多。从工作内容看，涉及德、智、体、美、劳各方面；从工作时空看，涉及课内外、校内外。所以，班主任实施班级管理时，要处理好主要矛盾和次要矛盾的关系，要善于抓重点，抓关键。

3. 管理对象的不成熟性。中小学班级管理的对象一般是六七岁到十七八岁的青少年儿童，他们正处在长身体、长知识，积累经验，学习做人的关键期，对很多问题认识偏颇，情绪偏激。班级管理对象的这种不成熟性决定了在班级管理中班主任既不能包办代替，也不能撒手不管，应将教育、辅导、引导、规范有机结合起来。

4.管理方法的多样性。班级管理中，即使有完备的计划，正确的内容，也可能因为方法不当，而造成工作上的失败。班级管理方法的选择必须适应青少年学生的特点，针对不同的管理内容，不断地创造新的方法。

(三)班级管理的任务

1.落实学校的管理目标。班级管理要依据学校教育目标和学校管理目标确立目标。目标可以是多种多样的，如根据目标实现的时间要求，可分为远期目标、中期目标、近期目标；根据目标实现的难易程度，可分为高层次目标、中层次目标、低层次目标；根据目标实施的范围大小，可分为班级目标、小组目标、个人目标等。

管理目标的内容主要包括：

(1)目标方针。目标方针是贯穿班级管理始终的中心和主题，是对班级管理目标进行提炼形成的精神内核。班级目标方针首先必须是科学的、正确的，即符合教育方针和学校管理目标。其次，目标方针的表述应当是明确且具有激励性的。再次，目标方针要具有可操作性和评价性。

(2)目标项目。目标项目是目标方针内容的具体化，即班级管理工作的具体要求。目标项目既要顾及班级管理的全面性，又要具有针对性。从目标项目的主要构成看，主要包括：品德要求、学习要求、劳动要求、体育保健、日常管理要求以及课外活动要求等。

(3)目标值。目标值表示目标项目的具体的程度和实现状态。目标值可用定性和定量相结合的形式来表示。目标值要恰当地反映出目标项目的要求，有一定难度，有一定概括性和可行性，要确定明确的检查办法和评价方法。

2.组织建设班集体。组织建设班集体是班主任工作的中心。班集体是班级管理的对象，又是进行班级管理不可缺少的条件。班集体的健康和成熟是班级管理成功的标志，一个健康的班级集体能够促进班级管理目标的实现。

3.做好班级日常管理。班级的日常管理渗透在每天的班级工作中，具体内容很多，主要是保证学生正常的学习、生活以及开展各项活动的一些管理内容。

4.协调各方面教育力量。班级既是学校的一个基本单位，也是社会系统中的一个小的群体，同时又与每个学生的家庭发生着广泛的联系。只有集中各方教育力量，目标一致，共同促进班级发展，班级管理才能达到最佳效果。

三、班级管理的内容

班级管理内容广泛，在此，只就班级管理中的主要内容加以阐述。

(一)班级学习管理

班级学习管理是指对学生学习思想、学习活动、学习组织、学习目标、学习计划及学习质量的管理。学习管理的根本目的是提高学习质量。凡是对提高学习质量有益的因素都是学习管理涉及的内容。学习管理是班级管理的经常性工作；学习管理是学生顺利学习的保证;学习管理是做好班级工作的基本条件。就班级整体工作而言,班级学习管理是中心内容,学习管理做好了,其他问题的解决就有了一个共同文化知识基础。

学习管理的内容主要包括:

1.激发学生的学习欲望。班主任要始终把调动学生学习欲望放在学习管理的主要方面,对学习成绩好的学生要强化他的学习欲望,对学习成绩差的学生要从调动学习欲望入手,如营造愉快的学习心境,培养积极的学习情感,增强学生对学习成功的体验,从而使学生摆脱学习上的厌倦感、被动感和恐惧感,生发出高涨的学习情绪。

2.指导学生制定学习计划。班主任要指导、帮助学生制定科学规范、切合实际的学习计划,并且还要检查、调节、监督学生学习计划的实施,使学生的学习有序、有效。

3.与学生讨论学习方法。班主任要帮助学生寻找到适合自己的学习方法,并且经常进行方法指导以及做好具体的指导工作。

4.帮助学生养成好的学习习惯。班主任既要了解学生的学习习惯,还要引导他们养成良好的学习习惯。包括良好的预习习惯、听课习惯、作业习惯、认真对待考试的习惯,尤其要注重培养学生独立思索、勇于创新的习惯。

班主任在进行班级学习管理时,要从学生健康发展出发,注意用脑卫生;要研究学生间的差异,从不同起点入手,不搞"一刀切"。

(二)班级德育管理

班级德育管理是以一定的德育目标为依据,以计划、组织、指导和调控为手段,发挥各种德育因素的作用,使班级德育的水平不断提高。班级德育管理的持续开展,是班级德育工作有序化和有效化的基础,是形成良好班风的条件。

班级德育管理的主要内容包括:

1.制订德育工作计划。包括班级德育工作目标及德育工作的实施意见。

2.组织开展德育活动。结合德育课程的学习,开展有效的德育活动是实施班级德育目标的主要途径,如主题班会、社会实践活动、公益活动等。

3.持续进行班级德育的常规工作。包括对例行会议(如班级学生干部会议、学校的升旗仪式、大型集会、班会、社团会议)的管理;对各种行为规范的学习宣传;对班级内人际交往的管理及对口号、座右铭、公约的管理。

(三)家长工作的管理

家庭教育对孩子的成长有深刻影响。孩子的一生是由家庭教育奠基的,孩子的"型"是从家庭开始铸造的。家长的态度直接影响班主任的工作。

家长工作管理的主要内容包括:

1.通过与家长的接触,获得更多更真实的学生信息。

2.了解学生家庭的背景信息。

3.帮助家长掌握教育子女的方式方法。

4.调动家长的积极性,为班级管理献计献策。

第二节　班级管理过程

一、班级管理过程的特点

从系统论的观点出发,班级就是一个动态发展的系统。根据系统论的观点,霍尔运用三维结构法对班级管理过程的特点进行了较清晰的描述。“三维”具体指理论维、设计维和操作维(如图 13－1 所示)。由此看出,班级管理过程的特点具体包括:

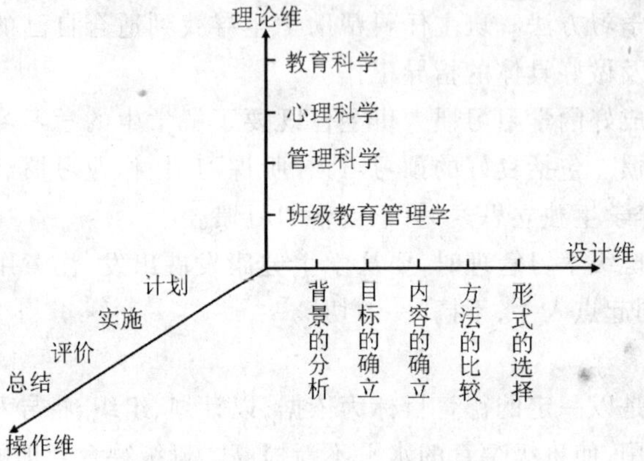

图 13－1　三维班级管理结构

(参见桂冬林等主编《班级教育管理学》)

1.从理论维度看,三维管理过程是确立教育管理指导思想,形成正确教育管理理念的过程。科学的班级管理离不开科学理论的指导,没有科学理论指导的管理体制是不可能高效低耗,有效运转的。班级管理者必须学习掌握管理科学、教育科学、心理科学、班级教育管理学等理论,树立正确的教育管理思想,学会对班级进行科学的系统分析。

2.从设计维度看,班级管理过程是对班级进行系统分析,作出科学决策的过程。包括背景的分析、目标的确立、内容的决定、方法的比较、形式的选择等。班级既是一个自我教育管理的系统,也是一个需要依靠外部力量进行教育管理的系统。班级功能能否实现,受班级系统内外各种因素的影响。因此,班级管理者要对影响班级系统的各种要素的地位、作用及组合方式进行分析。从班级学生的实际和班级其他各种因素变化发展的实际情况出发,对班级管理过程进行合理设计,对具体实施对策进行正确的决策。

3.从操作维度来看,班级管理过程是班级教育管理方案的具体实施和调控过程。班级管理是通过一系列具体的管理活动来进行的,班级管理目标的实现是在动态的教育管理运作过程中逐步实现的。没有具体的管理活动,班级管理便是纸上谈兵。班级管理的具体实施包括四个步骤:计划;实施;评价;总结。

班级管理过程是理论维、设计维、操作维的协同运作过程。理论维保证了班级管理的科学性,是前提条件;设计维保证了班级管理的计划性,是基础;操作维保证了班级管理的实效性，是关键。三维在协同运作中互相联系、互相渗透，在不断取得动态平衡中推动班级管理逐步展开。

二、班级管理过程的基本原则

班级管理过程应该遵循的理性规范主要有：

(一)目标性原则

班级管理应该实现目标管理，从培养人的目标意识入手，提出明确的班级管理目标，组成目标系列，目标要明确、具体，切实可行，行之有效。

(二)协调性原则

班级管理应沟通与协调班级与学校和社会的内外关系，充分调动各种有利因素服务班级建设。

(三)整体性原则

班级管理要全面安排各个方面活动，面向全体学生，促进学生个性的全面发展。

(四)民主性原则

班级管理的核心要素是学生，必须调动学生的管理积极性、主动性和创造性。

三、班级管理的方法

班级管理的方法很多，此处所谈的方法是指班级管理宏观的方法。主要包括如下几个方面。

(一)目标管理法

目标管理法以目标指导行动，以成果和贡献作为管理活动的重点。班级目标管理重视用班级发展目标促进师生的行为，重视活动的结果，并以活动的结果测量目标的实现程度。目标管理是班级管理活动中行之有效的管理方法。但只有在用好的前提下，才能发挥应有的作用。首先，要保持目标管理的目标与学校目标和班级目标一致。其次，目标的内容应有主次轻重之分，班级管理者必须明了班级管理的主要矛盾，解决班级管理的迫切问题。再次，要确保目标评价的可行性和准确性。

(二)制度管理方法

制度管理方法是指班级管理者通过制定并运用规章制度管理班级的方法。班级管理的规章制度主要有三个层次：一是国家教育行政部门制定的规章制度，如学生守则、德育大纲、道德规范、升留级制度、奖惩制度等；二是学校里的规章制度，如课堂规则、请假规则、阅览室规则、生活作息制度、卫生打扫制度等；三是班级组织自己制定的班级规章制度，如值日生制度、教室公约、宿舍规则等。

制度管理方法的运用必须遵循如下的要求：首先要让每个学生都了解规章制度的内容及意义。其次，要严格要求，认真检查监督，坚决贯彻实施，最后，要坚持不懈地执行规章制度。

(三)民主管理方法

民主管理方法指班级管理者广泛发动学生参与班级管理活动，共同完成各项任务的管理方法。民主管理方法对于提高学生的主人翁意识,增强学生的责任感,养成民主的作风,促进班级师生关系的不断改善,能够起到良好的作用。

在运用这种方法实施班级管理时,必须遵循如下要求:首先,班级管理者要真正具备民主管理的理念;其次,管理者要确立平等的师生观;再次,把班级的民主管理渗透到各个环节,落到实处。

(四)学生自主管理方法

学生自主管理方法指班级管理者让班级成员独立自主地管理班级活动的方法。

运用这种方法的要求是:首先,班级管理者要树立主体教育的学生观。承认学生具有自主的意识要求及自主发展能力。其次,管理者要注意及时给学生以具体指导,帮助他们解决难题。

第三节 班级集体的教育管理

班级是学校教育的基层组织。良好的班级集体是完成教育、教学任务的保证。班主任要完成学校交给的任务,必须从班级集体的教育管理开始。

一、影响班级集体形成和发展的因素

(一)影响班级集体形成和发展的外部因素

1.学校环境对班级的影响。学校环境由学校的物质环境和学校的精神环境两部分组成。良好的学校环境对师生的身心有积极的陶冶作用,对师生的言行有潜移默化的影响,是班集体健康发展的必要外部条件。而不良的学校环境,则会使学生产生消极、自卑、失落的心理,导致行为上的消极与放纵,从而影响班集体的教育和管理。

2.家庭环境对班级的影响。依据家庭成员在家庭中的地位,一般可将我国的家庭分为三种类型,即以成年人为中心的家庭、以子女为中心的家庭和父母指导下的家庭。父母指导下的家庭环境通常有利于学生的健康成长。家庭环境对学生的影响力、对班级教育和管理的作用力随着学生年龄的增长,呈递减的趋势。

3.社会环境对班级的影响。社会环境对学生和班级的影响,分为学校所在社区的特点对班级的影响和社会传媒对班级的影响两个方面。随着社会和教育的发展,学校已经成为一个完全开放的组织,已无围墙可言。社会环境已经成为学生成长和班级发展的一个必不可少的外部因素之一。良好的社会环境及教育是学校教育有益的必要补充,不良的社会环境及教育则会冲击学生稚嫩的心灵,从而对学校和班级教育造成影响。

班主任作为班集体的组织者和协调者,在班集体的教育和管理中应采取有效措施,利用班集体外部环境中的有利因素,推动班级教育管理工作的发展。对班集体外部因素中存在的消极影响,则应尽量控制,发挥班主任的组织和协调作用,为班集体的教育和管理创造良好的外部环境。

(二)影响班级集体形成和发展的自身因素

学生是班集体教育和管理的对象,更是班集体教育和管理的主体。学生个体和学生群体的已有发展水平是影响班集体形成和发展的前提条件。

1.学生个体和学生群体的认识水平影响着班级成员对目标的认同,影响班规的建立和舆论的形成。班级学生的认识水平高,则容易对班集体教育和管理目标达成共识,目标的导向功能也易于发挥作用;班级学生比较强的是非观是顺利建立和贯彻班规的基础;学生的认识水平高,组织座谈、讨论、辩论等多种活动的可能性就比较大,是非判断的能力也会随之提高,这对形成健康的班级舆论具有重要意义。

2.学生的心理倾向对班级的影响。学生的心理倾向,是指学生的兴趣、爱好、性格、气质、特长等意向特点。班级学生的心理倾向相同或相近是发展班集体内良好人际关系的前提,也是班级活动顺利开展以及良好班集体形成与发展的心理基础。

3.班集体心理气氛对班级的影响。班集体的心理气氛,是指班集体学生在活动和交往中形成的相对稳定的人际关系及相应的情感、态度的表现。班级心理气氛有积极、和谐、轻松和消极、冷漠、沉闷等多种类型。班级心理气氛对班集体每个成员的心理和行为有直接的调节作用,影响着学生参与班级活动的积极性,影响着班级教育和管理的效率。

4.学生非正式组织对班级的影响。学生非正式组织是学生基于对友谊的追求和寻找感情的寄托而形成的"小团体"式的一类组织。学生非正式组织具有自愿结合、自由进出,群体意识浓厚、情感密切,信息反映灵敏、传递迅速,有一定影响等特点。学生的非正式组织具有积极、消极和中间三种类型。班主任应充分利用积极型非正式组织,利用和改造消极型非正式组织、转化中间型非正式组织,以发挥学生非正式组织在班集体建设和发展的积极作用。

(三)影响班集体形成和发展的主导因素

班主任是班级管理的实施者,班主任素质的高低是影响班集体形成和发展的主导因素。对班主任素质的研究我们将在第五节中进行专门讨论,在此仅就班主任的管理意识、班主任的威信和班主任的管理风格对班集体教育和管理的影响加以论述。

1.班主任的教育管理意识对班级的影响。班主任的管理行为是在管理意识的支配下产生的,班主任正确的管理意识是班级教育管理活动顺利进行并取得良好效果的根本保证。班主任正确的管理意识,一方面要求班主任必须具有正确的学生观,把学生看做是"大写的人"和"发展中的人",认识到学生的主动性、积极性在班级管理中的作用,不仅把学生看做是受教育者和管理的对象,还要把学生看做是管理者和教育的主体;另一方面要求班主任必须具有明确的育人观,在班级教育管理中用发展的眼光和全面的观点来看待学生。

2.班主任的威信对班级的影响。班主任的威信,是指班主任对学生的影响力和感召力。班主任的威信影响着学生的认识、情感和行为,对班集体的教育管理具有重要作用。

3.班主任的管理风格对班级的影响。班主任的管理风格具有民主型、专制型、放任型和保姆型四种,班主任的管理风格直接影响着班级的心理气氛和班级教育管理的效率。

二、班集体形成和发展的一般过程

班集体是在班级里每个成员的活动和交往中形成和发展起来的。班集体的形成和发展一般要经历班级初建、班级形成、集体形成初期、集体形成、良好班集体五个阶段,并且每个阶段都具有各自不同的特征。

1.班级初建阶段的特点:学生之间缺乏交往和认识,班级缺乏凝聚力和吸引力,班级学生发生偏离行为的可能性较大。

2.班级形成阶段的特点:已成为一个有组织的班级,学生在共同活动中彼此的交往和认识加深,班级小群体开始出现,班级规范开始发挥作用,班级有一定的吸引力和凝聚力,学生行为趋于一致。

3.集体形成初期的特点:具有初步的集体目标,集体规范不断完善,良好的人际关系得以形成,班级凝聚力和吸引力增强。

4.集体形成阶段的特点:集体目标不断完善并且基本上得到学生的认同,集体规范得以完善并且开始为学生所内化,集体具有强烈吸引力和凝聚力,班级大部分同学得到较好的发展。

5.良好班集体阶段的特点:班集体不仅是教育管理的对象,同时也是教育管理的主体,班集体以自我教育、自我管理为主。

三、班集体的组织与培养

班主任应按照班集体形成和发展的一般过程,并且以良好班集体为目标实施对班集体的教育管理。

班主任组织与培养班集体应从奋斗目标的制定、领导核心的组建与培养、健康舆论和良好班风的培养、规章制度的建立健全等四个方面着手开展工作。

1.班集体奋斗目标的制定。班集体奋斗目标是指,经过全体学生和班主任、班级教师集体讨论、商定在一定时期内通过共同努力可以达到的预期结果。班集体奋斗目标应具有方向性、可行性、激励性和针对性的特点,在班集体建设和学生的成长过程中具有导向、激励、凝聚、评价和教育作用。班集体奋斗目标的提出应遵循先进性和可行性相统一、集体性和个性相统一以及全面性和关键性相统一的原则。在制定班集体的奋斗目标时,首先要明确班集体奋斗目标的体系,实现近期目标和远期目标的结合、外在目标和内化目标的结合以及班级目标和个体目标的结合;其次是师生通过协商初步提出班级目标;最后在反复征求师生意见的基础上确定班级目标。

2.培养积极分子,形成班级领导核心。班集体的领导核心包括班委会、团委会和其他积极分子。在班集体的领导核心中班干部的选拔与使用尤其重要,因为班干部是班集体的核心和中坚力量,他们在老师和同学之间起着上通下达、联络沟通的作用,在班集体教育管理中发挥着组织管理和示范带头作用。而班干部的自身素质在很大程度上影响着班干部作用的发挥。因此,在选拔班干部时,既不能脱离班级实际任意“拔高”条件,也不能马虎行事降低标准。作为班主任应在了解学生的前提下依据学习好(主要是指学习品质好),思想品德好,具有相应的特长和能力,具有公仆意识四个方面的标准以民主推选或轮换等方式产生班干部。班主任要加强对班干部的指导和帮助。

3.健康班级舆论和良好班风的培养。班级舆论是在班级中占优势的,并为多数学生赞同的言论和意见;班风是指一个班级的精神面貌,它是经过长期细致的教育和严格的训练在师生中逐步形成的一种行为风气和精神风貌,是学生思想、道德、人际关系、舆论力量等方面的精神风貌的综合反映。在班级舆论建设中,班主任必须坚持正面教育,结合形势任务和规章制度开展舆论导向宣传,结合学生实际,选择学生愿意参与的形式和愿意接受的方法开展正确舆论教育。在班风建设中班主任必须做好讲清道理,树立榜样,重视行为训练,实施情真意切的熏陶感染等四个方面的工作。

4.建立健全班集体的规章制度。班级规章制度就是全班学生必须遵守的办事规程和行为准则。班级规章制度具有科学性、可行性、群众性和严肃性四个方面的特点。俗话说:“没有规矩,不成方圆。”班级的规章制度是一个班集体行为规范,协调一致,团结合作的重要保证,也是维护班级的共同利益,实现班集体目标的重要保证。在制定班级规章制度过程中班主任必须坚持方向性和教育性相结合、民主性和目的性相结合、通俗性和可操作性相结合、稳定性和变化性相结合的原则。在执行班级规章制度的过程中,班主任必须遵循公平性和因人制宜相结合、强制性和教育性相结合、经常性和及时性相结合、教师率先垂范与学生的自觉遵守相结合的原则,最终达到“使‘必要’的班级规章制度变得‘不必要’”的良好效果。

第四节　班级个体的教育管理

班级教育管理的最终目的是促进学生个体的全面和谐充分自由发展,实现学生个体社会化。如何发挥班级教育管理的功能,实现素质教育的目标,是班级教育管理的一项长期的研究课题。

一、学生个体社会化的特点

个体社会化是指个体适应一定社会或阶级的要求,在与社会的交互作用过程中,通过学习内化特定的社会文化而胜任一定阶级社会所期待承担的角色,并相应地发展自己的个性的过程。学生作为特殊社会群体,有其个体社会化的特点:

1.学生个体社会化的过程是学生社会化和个性化的有机统一的过程。一方面,从教育的大环境来看,学校、家庭、社会三位一体共同构成了学生的生活环境,而且学校的教育目标、教育内容、教育方法手段都受到社会具体条件的制约。因此,学生个体的社会化过程必然受到社会关系和社会条件的制约。另一方面,学生个人除了具有一般的类特征外,还具有其独特的、明显的个性。马克思主义关于人的全面发展的学说也曾提出“个人的全面发展只有到了外部世界对于个人的才能的实际发展所起的推动作用为个人本身所驾驭的时候,才不再是理想、职责”。因此,学生个体的社会化过程也必然受到个性发展的制约,促进学生社会化和使学生个性化是相辅相成的,学生个体社会化是学生社会化和个性化的矛盾统一。

2.班级是学生个体社会化的重要单位,必须重视和加强班级教育管理的社会化功能。正如前文所述,班级是学生个体社会化的重要场所之一。为了实现学生个体社会化就必须重视和加强班级教育管理的社会化功能。

3.实践活动是实现学生个体社会化的根本途径。学生个体社会化是学生在各种实践和活动中实现的,实践活动是实现学生个体社会化的根本途径。

总之,学生个体社会化的过程是学生通过学校教育接受并形成社会经验和不断形成与丰富自己个性相互统一的过程,是学生在班集体中通过各种实践和活动逐步实现的过程。

二、班级的社会化功能

班级的社会化功能的主要内容包括四个方面:

(一)传递社会价值观,指导生活目标

班级按照社会需要和教育目标,在组织学生学习、交往和社会实践活动中,向学生进行世界观、人生观、审美观、价值观等方面的教育,引导学生正确处理个人、集体与社会的关系,确立科学的知识观、价值观、人生观和世界观,确立符合社会期望的人生理想,教育年轻一代成为顺应历史潮流,推动社会变革的社会成员。

(二)传授系统的科学文化知识,使年轻一代获得社会生活的基本技能

班集体作为“学生社会”,其具有教学目标的规范性、教学内容的系统性、教学过程的可控性、班级生活的集体性的特点。因此,班集体的各种实践活动是学生获得社会经验,获取社会活动知识、技能的基础和前提。班级教学改革的深入,班级教学过程的社会化,学校隐型课程的开发,为提高学生的智力水平、学习能力、人际交往能力、社会实践能力等创造了更为有利的条件。

(三)教导社会规范,训练社会行为

班级的教学、教育活动实质上就是一种特殊的“师生、生生交往”,是在各种师生、生生交往中展开的。班集体中的各种人际交往和关系必然也必须形成相应的组织、制度和规范,如班级规章制度、学生守则、班风舆论等,对学生具有一种同化力和约束力。使生活在其中的学生潜移默化地受到影响和熏陶,这对于培养儿童的社会态度和社会行为,具有不可或缺的作用。

(四)培养社会角色

班集体作为“学生社会”,班级学生在这个特殊的“社会组织”中扮演着各自的角色。在班集体各项活动的开展过程中,在师生、生生交往的过程中,学生逐渐积累社会经验,学习角色变换,获得角色体验的机会,提高担当社会角色的能力。

三、班级学生个体的教育管理

(一)努力促进学生个体的社会化发展

学生个体社会化的过程既是一个被动的过程,更是一个能动的过程,按照马克思主义的观点,这个能动的过程相对于被动的过程而言更为重要。学生是学习主体,在促进学生个体社会化方面,必须尊重学生个体的主体地位,重视发挥学生个体的主体作用。

1.学生积极行为的激励。学生的积极行为是学生个体社会化的重要因素。因此,对学生积极行为的激励在促进学生个体社会化的过程中至关重要。班主任在班级个体的教育管理过程中,应根据具体情况采取目标激励、情感激励、榜样激励、反馈激励、奖惩激励、赏识激励等一种或多种激励方式,来激发学生的积极行为。

2.学生不良行为的纠正。学生的不良行为是妨碍学生个体社会化的重要因素。学生不良行为的改变一般要经历三个阶段,即认识转变阶段、行为转变阶段和新行为巩固阶段。班主任在班级个体的教育管理中要因人而异地选用参与性改变(即发挥学生的主体作用和主动性,让具有不良行为的学生知道自己行为存在的问题,认识行为改变的必要性和要求,并亲自参与行为改变的目标、途径和方法的制定,在新的认识的基础上自愿地转化自己的行为)和强迫性改变(即教师利用自己地位赋予的权利,发挥教师的主导作用,向学生提出改变不良行为的要求,制定相关的规定,运用奖励和惩罚等方式控制学生不良行为的发生,纠正学生的不良行为)等方法。

3.学生异常行为的引导。某些学生的某些行为,如厌学、敏感、孤僻、失眠等,是由于各种心理障碍引起的,许多伴有心理病态的表现,我们把它叫做异常行为。造成学生异常行为的原因包括学生的内在因素和外在因素两个方面。对学生的异常行为班主任必须坚持心理疏导和行为引导相结合的原则,采用改变情景、注意和兴趣转移、精神发泄、晓之以理和动之以情等方法对学生的异常行为进行引导和纠正。

(二)塑造学生丰富多彩的个性

班级个体的教育和管理除了应促进学生个体的社会化外,还应尽可能地培养学生丰富多彩的个性,以实现全面意义上的个体社会化目标。

1.组织丰富多彩的活动,培养学生的个性。实践活动是培养学生个性的主要途径,只有在实践活动中学生的个性才能得到培养,也只有在各种实践活动中学生丰富多彩的个性才能得到体现和发展。班主任在组织班级活动时,要坚持自觉自愿参与的原则,要使活动具有丰富多彩、富有创造的内容,具有令人向往的组织形式。

2.创设教育情境,提供参与机会。班主任在班级教育和管理中,要根据不同学生的不同特点,创设并有意识地控制各种不同的教育情境,并尽量为每个学生创造参与各种活动的机会。

3.培养和发展学生的自我意识。自我意识是个性心理中的核心内容。班主任在班级教育和管理中要有意识地培养和发展学生的自我意识,并最终使学生达到自治状态;要相信学生,发挥学生的主体作用,敢于放手。

(三)机智处理班级突发事件

班级突发事件是指学生在校学习、生活、活动中突然发生的意外事件。

1. 班级突发事件的主要特征是:偶然性、突发性、危害性、爆炸性(突发事件一经发生,消息传播极快,在学校、家庭、社会一时成为爆炸性新闻,特别是一些恶性事件,在学校、家庭、社会造成的反响更强烈)。

2.引发班级突发事件的原因主要有:学校教育失当;学生思想认识的局限(青少年正处于身心发展的关键时期,他们或者是“半幼稚、半成熟”的“半大人”,或者是“不成熟、不完全”的“未成年人”,他们的价值判断、价值取向容易陷入误区。青少年学生自我意识的发展正由自我感觉阶段向自我意识的理性反思阶段过渡。主体的我与客体的我、理想的我与现实的我、积极的我与消极的我之间的矛盾斗争构成了人生这个阶段的重大内容。在社会上各种价值观念并存,社会消极影响存在的情况下,青少年在对道德价值的选择中易出现偏差);学生心理矛盾与冲突(青少年学生正处于生理、心理发展的高峰期,是产生心理困扰与障碍的高发期);环境干扰(包括自然因素的干扰和人为因素的干扰。自然因素主要是指学生学习的环境条件,包括环境、温度、空气等,还包括自然性灾害,诸如雷电水灾造成学生的伤亡,教室及各种公共设施的毁坏砸伤击伤学生的事故等。环境干扰除自然因素的干扰外,更多的是人为因素的干扰,包括不良的班级气氛、问题家庭、消极社会风气)。

3.处理班级突发事件的原则。班级突发事件虽然其内容和形式各异,但因为一般都有共同的特点,所以班主任能够也必须遵照一定的原则来处理。

(1)了解情况,把握分寸的原则。班级突发事件发生后,班主任、学生一般都处在不冷静的状态中,容易出现班主任对突发事件处理不当的情况。这个原则就是要求班主任在突发事件出现后,要沉着应对,争取立刻了解情况,认真分析事件经过,不偏听偏信,主观臆测,不从“现象”、“表面”来认识问题。突发事件因为具有偶然性、突发性的特点,往往要及时处理,所以给了解情况带来了困难。在这种情况下,班主任不要急于下结论,不要急于判定是非,要采取简明的办法先“平息”事件,待进一步了解情况后,再做适当的、稳妥的处理。

(2)诚恳亲切,尊重学生的原则。处理班级突发事件,比较常见的麻烦是学生与班主任不协调,甚至存有戒心,或是存有敌意。学生处在突发的矛盾漩涡中,有这样或那样的不协调,或是产生某种对抗情绪是可以理解的。因此,班主任在处理班级突发事件时,要用诚恳亲切的态度对待学生,并尊重学生的人格和保护学生的隐私,班主任要真心诚意帮助学生,使学生体悟到班主任的真诚,使学生在班主任诚恳亲切的态度中感到温暖。

(3)教育大多数的原则。班级突发事件多半是比较孤立的事件,也多半发生在少数学生身上,但处理突发事件却要着眼于大多数,着眼于教育的效能。除了隐私性事件不能公开外,多数的班级突发事件都应该作为教育大多数的内容。班主任要通过对突发事件的处理,帮助学生总结经验教训,使多数学生受到教育。班主任可以“借题发挥”,从偶然的、个别的事件中,找出某种必然性,找出经验和教训,找到解决某种、某类问题的方法。这样学生就会从某个具体的事件中提高认识能力、判断能力和解决问题的能力。

4.处理班级突发事件的方法。班级突发事件一旦发生，必须运用恰当的方式加以制止，防止事态的扩大，并采取灵活、有效的方法，妥善的予以解决。处理班级突发事件没有固定的模式可以套用，应因人、因事、因时而定，但一些基本的方法可供大家借鉴参考。

(1)当机立断。当机立断就是在班级突发事件发生发展的紧要关头，立即做出决断，采取有效的紧急措施，控制事态的发展，达到釜底抽薪的效果。这适用于处理急性突发事件，如学生持械殴斗，突发疾病以及发生人身安全事故等，这类突发事件情况紧急，不容迟缓。处理时，班主任应表现出应有的办事魄力，当机立断，决不能拖泥带水，优柔寡断，延误时机，使问题严重化。班主任迅速果断地做出决策，对于助长正气，增长信心，防止事态的发展起着至关重要的作用。反之一旦失去控制，局面将无法挽回。

(2)随机应变。随机应变是指在处理班级突发事件时，要善于根据事件的性质，事态的变化情况，灵活地采取应变措施进行诱导处理。班级突发事件形形色色，千变万化。如果事件的起因、参与人员、表现形式及产生的后果各不一样，而且事件还在动态发展变化之中，则宜采取有针对性的灵活的措施，化险为夷，保护学生，促使矛盾由激烈趋于平和，化消极为积极。如果简单从事，粗暴训斥或空洞说教，不但不能解决问题，有时还会激化矛盾，使事态扩大，或者只是表面解决问题，但学生口服心不服，造成师生之间的隔阂，埋下下一次诱发冲突的因子。

(3)冷处理。在班级突发事件发生时，学生多半头脑过热，情绪不稳，因此很难心平气和地接受教育。同时，班主任在对待突发事件时也很难有充分的教育准备和冷静细致的分析。这时候去“热处理”就难免发生失误或难以取得更好的教育效果。所以在处理不是非立即处理不可的班级突发事件时，要尽量坚持冷处理。冷处理不等于学生急切要求“答案”时不给予“答案”，也不等于学生迫切想与班主任沟通思想、说明情况时，班主任不予理睬。冷处理是班主任在寻找恰当的教育时机。

第五节　班级管理者的素质

班主任作为教师队伍中的一支生力军，理所当然要符合作为合格教师的起码要求，即热爱本职工作，热爱学生，有合理的知识结构及一定的工作能力。而且，从班级管理者所承担的任务和要求出发，班主任在具备一般教师素质的基础上，还要达到更高的要求。

一、能力素质

(一)智力品质

这里的智力品质主要是指敏锐的观察力、全面的注意力、清晰的记忆力和多角度立体交叉的思维判断能力。这些能力是班主任准确地了解和研究学生，作出正确判断，进行科学决策的前提条件。其中,最为重要的是敏锐的观察力和多角度立体思维能力。前者指的是班主任善于透过学生的外部表现去分析、判断其内心世界的活动与变化,能透过现象看本质。敏锐的观察力应该既有“发现”的功能,又有“发掘”的功能,即发现学生还没有明显表现出来的问题和闪光点,发掘学生潜在的能力和积极因素。具备敏锐观察力的班主任,才能掌握了解学生的主动权。多角度立体思维能力,是指班主任能采用多方位的立体思维模式,在事物发展的不同层次上向纵横两个方面延伸思考,变“封闭式”教育为“开放式”教育,变单一少层次的教育为多渠道多层次的教育。立体思维能力意味着班主任有开拓创新的勇气和良好的思维品质,如独创性、多维性、求异性等等,正因如此,班级发展才会充满生机、充满希望。

(二)组织管理能力

组织良好的班集体是班主任工作的头等重要的事情。把一个班级发展成良好的班集体必然牵涉到多方面的因素,要开展多种多样的活动。班主任要具备多方面的组织管理能力和驾驭能力,主要包括:一要有组建班集体所必须的能力,如进行科学决策,制定管理目标,拟定具体方案,挑选班干部,进行班级总结等方面的能力;二要有参与学生活动和组织学生活动的能力,如开展生产劳动、社会实践、文娱体育、各种竞赛、兴趣小组、旅游参观等活动的能力;三要有协调各种教育力量,疏通多种教育渠道的社交能力,如协调学校与社会、班级与家庭、课任教师之间的能力等。

(三)语言表达能力

班主任工作经验表明,语言表达能力与班主任工作效果有直接关系。无论对学生的知识教授,还是生活指导及活动开展,都离不开班主任的语言——口头语言和书面语言。班主任的口头语言要准确、简练、生动流畅,有说服力、感染力和鼓动力,能较好地运用报告、演讲、座谈、个别谈心等方式准确地表达自己的思想感情和对学生的要求,使学生能心悦诚服地接受。书面表达要准确、严谨、流利,概括,能写善写,能掌握一般文章、墙报、工作总结、表扬信、操行评定等写作技能、技巧。

(四)科研能力

班主任工作对象是充满生命活力,千差万别的活生生的个体。工作的内容天天变化,时时不同,工作中不确定性因素很多。这些特点决定了班主任要将自己从事的班级管理工作当做一门专业来对待,作为一门学问加以研究,要以开拓创新的态度不断地学习、不断反思、不断发现。

二、知识素质

如前所述,班主任的知识素质除了符合一般教师的要求外,还有更高的要求。

(一)现代管理科学知识

班级管理只有在正确的管理知识指导下,才能自觉有效。班主任只有认真学习并较好地掌握了现代管理学知识,如系统论、科学决策理论、目标管理理论、行为科学理论、学校管理理论、领导素质理论、班级管理理论等方面的知识,才能有效地利用人力、物力、财力,以最小的代价取得最大的收获,实现预定目标。

(二)一定的教育法律知识

我们正在迈向法制社会,以法执教是每位教育工作者必须遵循的要求,班主任首先要掌握国家的教育方针政策及有关教育法规,如《义务教育法》、《教师法》、《教育法》、《未成年人保护法》等;其次,在教育活动中自觉地尊重学生权利,用法律规范调整师生关系,捍卫师生的正当权益;再次,要有意识、有目的地培养学生的民主、法律意识与能力。

(三)身心保健知识

班主任要全面关心学生的身心发展,尤其是现代社会,竞争激烈,长期以来应试教育的负面影响,导致了许多学生身体素质差以及心理问题突出,如精神抑郁、神经衰弱等,认识和防治这些问题,是现代班主任面临的新问题,也是义不容辞的责任。首先,班主任要掌握保护身心健康的有关知识包括医学知识、心理知识、生物知识、保健知识、营养知识、美学知识、性心理学知识等;其次要掌握如何促进学生身心健康发展的策略措施。

三、心理素质(个性心理)

实践证明,班主任对学生最有效的影响力并非在于学校赋予他的权力和责任——行政的权力影响力,而在于班主任内在的学识、气质、修养等非权力性因素所形成的精神力量。其中占有很重成分的是其个性心理素质。主要包括有时代特色的性格、较强的社会适应能力、对职业的敬业精神。

(一)时代的性格

性格是人的态度和行为方面的较稳定的心理特征,是个性心理的核心。班主任的良好性格对学生性格的形成和发展有至关重要的作用。正如乌申斯基所言,只有个性才能影响个性的发展和定型,只有性格才能养成性格。我们正处于改革开放、开拓进取的时代背景下,时代的特点要求现代人的性格必须具有创造、开拓、竞争、拼搏的品质。班主任就是要形成和发展班级学生这样的性格。首先班主任本人就要有这种时代的性格。现实中,一些贡献突出,深受学生爱戴的班主任,就是时代性格的代言人。丁榕是这样,魏书生是这样,任小艾也是这样。

(二)较强的社会适应能力

班主任工作繁忙,压力大,担子重,是有目共睹的事实,如果没有较强的承受能力和适应环境能力,难以有效完成工作任务。从给学生树立良好的榜样,在学生面前保持最佳心态,以愉快乐观的情绪感染学生的角度看,班主任更需学会面对压力、面对困难,也要做到豁达、宽容、坦诚、开朗。在任何困难情境中,都能理智地去处理各种矛盾,解决各种困难。

(三)坚定的信念

坚定的信念是指班主任能持之以恒地热爱自己的职业,并且有为本职工作而献身的精神,也就是我们所说的事业心。如果班主任一辈子敬业、乐业,就能做到“学而不厌,诲人不倦”。能否有这样的事业心,则取决于他们对自己所从事的职业的理解程度。

只有充分理解了教育在人类发展中的作用、班主任工作的平凡与伟大的深刻含义，才能树立献身本职工作的信心与决心。尤其是班主任工作纷繁复杂、周期性长的特点，更需要班主任有高度的责任感和坚定的信念。

四、身体素质

班主任工作的复杂性、艰巨性、繁重性，需要班主任拥有健康的体魄和健全的大脑。班主任要树立身体第一、健康第一的生活理念。身体健康是生存发展的前提条件，是开展各项工作的物质基础。如果没有强健的体魄，充沛的精力，理想、信念、目标、计划只能付之东流。因此，学校在确定班主任人选时，一定要考虑班主任的身体状况和年龄因素。作为班集体主要管理者——班主任要养成良好的学习、工作、生活的习惯，坚持锻炼身体，合理支配时间，劳逸结合，学会自我保健，注意情绪的调适，始终保持乐观心境。另外，注意饮食科学卫生。一句话，为了促进学生的全面发展，班主任自己首先是一个身心健康发展的人。

专栏 13－1

学生喜欢什么样的班主任

▲学生喜欢具有高尚思想道德品质，对工作认真负责，不怕吃苦，无私奉献的班主任。

▲学生喜欢学识渊博、聪明能干的班主任。班主任干练的言行、广博的学识使他们感到恰到好处而赏心悦目。他们讨厌愚蠢无能，只会夸夸其谈的班主任。

▲学生喜欢上课认真，声音甜美有磁性，富有感情，上课不迟到早退，不拖堂，教学方法多样的班主任。僵化的教学方法会使学生无法接受平易、朴实、合理的教育。“一个坏的教师奉送真理，一个好的教师教人发现真理”。教育的艺术不仅使学生学得快学得好，而且能让学生喜欢教师所教的东西。

▲学生喜欢能不断学习、勇于进取热情洋溢的班主任，而讨厌迂腐、老气横秋、落伍时代步伐的班主任。

▲学生喜欢能以身作则、为人师表的班主任。班主任文明、雅致的言行举止、服饰、发型等自然是班级学生的表率。

▲学生喜欢宽厚、仁爱的班主任。野蛮产生野蛮，爱产生仁爱，这就是真理。班主任态度和蔼，为人随和，对学生的思想、学习、身体、安全等时刻记挂在心上，会创造一个充满爱的良好班级环境，形成良好的班风，学生热爱这样一种有温暖感、安全感的学习生活环境。

▲学生喜欢办事公正、严格、果断、自信、有逻辑的班主任。对待男生、女生、优生、差生一视同仁，严格要求。处理问题注重调查了解，实事实是，一分为二，对症下药，不道听途说，不一叶障目，不添枝加叶，小题大做；办事干脆果断，敢于承担责任，不拖泥带水，不留“后遗症”，行动步骤清晰，主次分明。

▲学生喜欢作风民主，对学生充满希望、尊重和信任的班主任。具有民主作风的

班主任,对于班集体大事会与学生共同协商,共同决定。鼓励学生对班集体的工作充分发表个人意见,经常赞扬和鼓励学生,不挖苦、讽刺、蔑视学生。能给学生提供一个宽松的学习环境,创造条件让学生在活动中充分表现自己,动之以情,晓之以理,正确引导,增长他们的聪明才智。

▲学生喜欢真诚守信、乐于交际的班主任。班主任许诺的事,言而有信,如期完成,有时确有实际困难而不能完成的,也说明理由,让学生充分理解。这样的班主任善于到社会中去,到老师中去,会协调各方面的人际关系。

▲学生喜欢相貌、气质、风度俱佳,多才多艺的班主任。马克思曾指出:"人也按照美的规律来塑造物体。"爱美是人的本质力量的一种表现。外貌俊俏、打扮得体、气质高雅、洒脱、风度优美、多才多艺的班主任使学生感到赏心悦目、轻松愉快、活泼向上,让学生感受到美,从而创造美。但班主任的内在美是主要的,外在美与内在美的统一,便构成了一个完美的整体。

[资源来源] 屠大华主编:《现代班级教育与管理》,300～302页,武汉,华中理工大学出版社,1997。

思考题

1.加强中小学阶段班级管理的意义有哪些?

2.设计并实施一份了解班主任工作状况的问卷,写一份调查报告。

3.根据调查报告得出的结论,设计一份改进班级管理的方案。

4.通过回忆留给自己深刻印象的班主任的工作事例,谈谈你对班主任工作的认识。

5.班主任应具备哪些素养才能做好新课改背景下的班级管理工作?

第十四章　教育科学研究的理论与方法

教育科学研究的理论与方法是教育学中的一个重要组成部分。教育学自身的丰富、完善和发展，离不开教育科学研究，而教育学本身发展的成果也指导和影响着教育科学研究。就当前教育改革与发展的实际看，教育科学研究的作用越来越不容忽视，可以说是教育能否现代化的主要标志。从这个意义上讲，作为教育工作者的中学教师，学习和掌握教育科学研究的理论和方法应该是理所当然的事了。

第一节　教育科学研究的一般原理

教育科学研究，是指人们对教育领域中尚未认识或未彻底揭示的教育规律、现实的教育环境和教育实践中遇到的具体问题进行探索，对现存教育理论的观点、方法和价值进行反思评价的创造性活动。

一、教育科学研究的特点与类型

（一）教育科学研究的特点

教育科学研究与任何事物一样都具有自己的特殊性。认识和掌握教育科学研究的特点是教师开展教育科学研究的基础，有助于我们全面认识教育现象的本质和规律，有助于我们更深刻地了解和进行教育科学研究。它的特点表现在以下四个方面。

1.综合性。教育科学研究问题都带有一定程度的综合性，研究者要着手解决的任何一个方面的问题，都不能单一地归结为理论问题或者实践问题、历史问题或现实问题。比如，研究素质教育问题，就涉及教育目的、教育制度、教育思想观念、教育价值等一系列理论问题，又牵涉到教育内容、教育方法、教育技术等实践问题。又如在教学方法改革研究上，它涉及教师、学生、教学内容及教学手段等多方面因素。漏掉任何一种因素研究的最终信度和效度都将大打折扣。

2.复杂性。从系统论的角度来看，教育是一个由多种因素构成的系统工程。它的内部结构包括教育者、受教育者、教育内容、教育手段等诸多因素；它的外部结构包括社会、家庭、学校等诸多因素，这些因素相互作用、相互影响，因果关系复杂。例如，中小学教育科学研究的对象是中小学生及其教育，这些教育问题牵涉到社会各行各业、千家万户、男女老少，形成了多因素的广泛联系，再加上人们的愿望、价值观念的参与，使任何一个教育问题的提出和解决都处于一种复杂的因果关系之中。我们在做教育分析研究的时候，不得不以复杂的眼光去观察、思考每一个教育问题。

3.应用性。应用性这一特点是由教育本身的育人性决定的。在教育实践活动中，教育工作者可能遇到诸多亟待解决的问题，例如，在中学教育阶段如何处理好“减负”而不“降质”、素质教育和特色教育的关系、创新教育与道德教育的关系、青少年的心理健康及违法犯罪等等。而要找到解决这些问题的办法，就必须进行教育科学研究。这些研究都是把教育基础理论研究成果转化为解决当前教育实际问题的途径和方法的应用性研究。

4.有效性和持久性。从总体上讲，教育科学研究很难在短时间内见到成效，多数课题都具有较长的研究周期。一般情况下，教育科学研究从发现问题、选择课题、提出假设，到验证假设、得出结果，形成理论，进而推广应用，每一个阶段都需要较长的时间，5年或10年甚至更长的时间。

（二）教育科学研究的类型

为了更有效地进行科研，更好地进行科研工作的指导、组织和管理，我们应了解和掌握教育科学研究的类型。教育科学研究按不同的目的、内容和标准可以划分为多种类型，形成一个多元化的教育科学研究类型结构体系。

1.从研究的范围来划分，可分为宏观研究、中观研究、微观研究。宏观研究是指对国家社会发展密切联系的教育问题做综合性、系统性的研究。比如，对教育方针、教育政策、教育目的、教育制度、教育结构等方面的研究。这类研究涉及面广、范围大、理论性强，具有较强的理论性、方向性和综合性。中观研究是指在某一个范围内进行的综合性的教育科研，介于宏观和微观之间的一种研究层次。比如，城市中小学整体改革的研究。微观研究是对教育问题进行具体细微的研究。它研究的范围小，但很深入具体，具有较强的应用性。比如对学科教学法、学习策略、德育模式、教学管理等方面的研究。

2.从研究的层次来划分，有阐释性研究、综合性研究、创造性研究。阐释性研究是指通过自己的教育实践对教育规律的理论进行叙述、解释或验证。如暗示教学法在中学英语教学中的应用。综述性研究是把分散的，从不同角度讨论的观点综合起来，形成整体系统的观点和认识。如国内外中小学课程改革比较研究等。综述性研究对信息资料进行鉴别、加工、整理、分析，对教育现象进行高度的概括和总结。创造性研究是用已知的教育信息进行研究探索，形成新颖而独特的教育思想、教育理论和教育成果。

3.从研究的方式来划分，有理论研究、调查研究、实验研究。目前，一般的划分方法是把教育科学研究划分为基础研究、应用研究和开发研究。

基础研究也称基本理论研究。它是以建立和发展理论体系，系统阐述并验证各种假说、原则、法则为最终目的的一种教育科学研究。基础研究虽然不解决具体问题或特定问题，但它为教育实际工作提供具有普遍性的指导。例如，关于教育本质、教学规律、素质教育理论的研究。

应用研究是运用教育基础理论知识，解决教育实际问题的研究。应用研究着重研究如何把教育科学的基础理论知识转化为教育技能、教育方法和手段，使教育科学理论知识同实际教育教学衔接起来，解决实际问题。例如，“小学生计算能力的培养研究”是运用儿童计算能力发展的一般规律来解决小学生计算能力培养的具体途径和方法。又如课程与教法研究，成功教育和愉快教育研究，减轻学生负担，促进学生生动活泼全面发展的研究。

开发研究是根据基础研究和应用研究得到的成果,为教育实际工作者提供能够直接运用的教育产品。例如,研究者在对集中识字或分散识字进行应用研究的基础上,将成果编成教材、音像材料等。

二、教育科学研究的基本原则

教育科学研究原则是教育科学研究应当遵循的理性规范。它是教育科学研究规律的反映和教育科学研究实践经验的概括。

(一)教育性原则

教育性原则是指教育科学研究要符合教育的要求,任何教育科学研究要服务于一定的教育目的和教育任务,不能与教育目的、教育任务相违背。首先,教育科研的目的、内容要符合教育的目的和要求。其次,教育科研的方式方法、实施过程不能损害学生的身心健康,要符合道德要求。总之,教育科研要把教育人、培养人、塑造人作为出发点和归宿。

(二)客观性原则

客观性原则是指在教育科学研究中坚持实事求是,一切以客观实际为准绳,根据客观事实的本来面目加以考察,排除一切主观偏见。贯彻这一原则要求研究者坚持实事求是的作风,收集资料、分析资料要客观,不轻率地作结论。选用材料必须严格地查证核实。在研究过程中,还要运用科学的方法和程序去研究客观现实。只有从课题的选择到材料的分析,从方法手段到研究的组织都客观科学,才能取得理想的成果。

(三)系统性原则

系统性原则是指用整体的、系统的观点指导科研活动。教育现象也不是孤立的,而是相互联系、相互作用、相互制约的整体,是一个多层次、多水平、多系列组成的系统。我们研究教育现象时必须要有整体系统的观点,要考虑教育与社会的相互联系,分析家庭环境、系统环境的影响,要重视总体的系统研究,把研究对象或问题放在系统的形式中,考察整体与部分、部分与部分、整体与外部环境之间的关系,寻求解决问题的有效途径。例如,陈会昌主持的“中国3～9岁儿童的社会性发展”研究是探讨儿童如何发展成为具有社会规范的社会性的人,是发展心理学和儿童教育的一个重要课题。从系统论的观点来看,这一课题的研究应当从父母、同伴、教育和其他社会因素对儿童社会化过程的影响出发,系统、全面地探讨儿童社会化过程的发生、发展、变化的规律,寻找适当的干预措施和测量手段,进而指导教育实践,促进儿童社会性的正常发展。

第二节 教育研究的设计

教育研究设计是整个教育研究工作中的重要环节,其是否合理完善,不仅直接影响教育研究的预定目标能否实现和教育研究工作的效率,而且影响教育研究结果的可靠性和科学性。要想使教育研究达到预想的结果,就必须在着手进行研究之前缜密地做好教育研究问题的确定和教育研究方案的设计工作。

一、教育研究问题的确定

从广义上来讲,教育研究问题的确定包括两方面的含义:一是确定教育研究的方向,二是选择教育研究问题。能否确定一个有创见有意义的教育研究问题,对教育研究的发展有着十分重要的意义。

(一)正确选定教育研究问题的重要性

所谓正确选定教育研究问题,是指选择教育研究时,应当选择有意义的,而且问题提法原则上是正确的,是有可能实现的科学问题。尤其对于教育科学研究,选题是否正确,意义十分重大。

1.问题是科学研究的起点。科学研究往往是从发现问题开始的。科学问题的选择、确定和解决,是科学自主发展的内在动力。科学问题往往蕴藏在科学理论与科学实验之间、不同理论之间的冲突之中。所谓科学研究,就是对人类未知的问题作出解答,科学研究固然是为了解决问题,但往往是引出更深的问题。正是"问题"的导入研究的深入。可以说,教育研究发展的历史就是它所研究问题发展的历史,就研究者本身而言,在自己研究领域内发现和提出一个有科学意义的问题,本身就是认识的成果。能否善于提出有意义的问题正是进行科学研究的关键,它决定着研究价值大小和成功与否。选题不当是导致研究失败的最常见的原因。正因为如此,林定夷教授在其《科学的进步与科学目标》一书中明确指出,问题是科学研究的起点,提出问题是科学研究的真正灵魂。

伟大的科学家爱因斯坦和我国著名物理学家茅以升都认为,提出问题比解决问题更为重要。"因为解决一个问题也许仅是一个数学上或试验上的技能而已。而提出新的问题、新的可能性,从新的角度去看待问题,都需要有创造性的想像力,而且标志着科学的真正进步。"就科学研究过程而言,研究都是从问题开始的,发现和提出有意义的问题是科学研究的起点。

2.选题制约着教育研究的方向和内容。教育现象和教育过程是较为复杂的,需要研究的问题很多,这些问题反映了教育内部错综复杂的矛盾。但并非每个矛盾都是有意义的科学问题,也并非每个科学问题都值得作为研究的对象。在人力、物力和时间条件都有限的情况下,首先应选择那些带有全局意义的规律性问题,抓住问题的内在关系来研究,才能真正发挥教育研究的效益。过去,由于受多种因素的干扰,我国教育研究的选题在理论研究与应用研究的关系、一般与重点的关系和学习与独创的关系等方面存在不少问题,至今仍存在一定的盲目性,这在相当程度上影响了教育研究的发展。作为教育工作者,应该及时掌握全局动态,正确处理理论研究与应用研究、重点与一般、学习与独创的关系,从而正确选定自己的研究方向和问题,避免盲目性,提高自觉性。

3.正确选定教育研究问题是教育研究工作者研究素质的重要体现。独立地判断和正确地选定教育研究问题是衡量教育研究工作者研究水平的一个重要标志。原因在于教育研究问题的确定,意味着教育研究工作者要善于从理论本身、理论与实际之间、现状与社会发展之间种种矛盾的透彻分析中发现、提出和形成一个有意义、有创见的问题，它是教育研究工作者的观察力、对形势的判断力以及胆识的综合反映。

（二）确定教育研究问题的基本原则

确定教育研究问题的基本原则是指广大教育研究工作者进行教育研究时应当遵循的理性规范。其目的是为了避免人力、物力及财力的浪费，它有利于教育研究工作的高效益及专门问题的解决。

1.创新性原则。选定的教育问题应是前人未曾解决或尚未完全解决的问题；通过研究应有所创新，有新意和时代感。教育研究选题的创新将成为衡量教育科学技术成果质量与水平的重要评价标准。知识经济时代，加入WTO以后，持续创新已成为习惯，知识创新将成为知识经济发展的生命。教育问题的选择力求创新，富有新意，选择他人没有研究过的或没有完全解决的问题，这样，才能有所发现，得出新的结论，体现教育研究的价值。贯彻这一原则，不仅要深刻理解创新概念，建立一种创新的体制，而且还要营造创新的文化，提高创新的能力。事实上，教育研究选题的创新，尤其是原创，是对教育研究的根本要求之一。研究发现，只有在原始研究成果基础上的突破和创新，才具有研究的意义。

2.价值性原则。价值性原则包含两层意义：一是所选取的研究问题要符合社会发展和教育事业发展的需要，有利于提高教育质量，促进青少年全面发展；二是所选择的研究问题要符合教育科学本身发展的需要。在现代教育研究中，有许多实际的问题需要解决，有许多新理论还未经过实践检验。因此，教育研究工作者应根据自己的研究能力及客观条件，选择最有价值的研究问题。

3.可行性原则。可行性原则是指所选定的教育问题是能被研究的，存在现实的可能性。它主要包括三方面条件：一是客观条件。教育问题研究必须具备相应的资料、设备、时间、经费、技术、人力、理论准备和科学上的可能性。它反映了完成问题研究的可能性。二是主观条件。指研究者本人必须具备本学科相当的科学知识、研究能力和工作经验，以及对有关工作方法、研究工具的掌握与运用的程度，它反映了研究者完成问题研究的可能性。三是时机问题。选定教育问题必须抓住关键性时机，什么时候提出研究问题要看有关理论、研究工具及条件的发展成熟程度。提出过早，问题会攻不下来；提出过晚，毫无新意。因此，选定教育问题既要善于抓住新问题，又要注意时机。

4.科学性原则。科学性原则是选题必须有事实根据和理论根据，必须符合科学原理和教育规律。任何教育研究问题的选取都不能凭空臆想、胡编乱造，必须有一定的根据。

（三）教育研究问题确定的过程与方法

在提出问题之后，并不是所有的问题都值得研究或者都有实力研究的，还需要进一步分析问题的理论价值或应用价值，分析该问题有无进一步扩展的可能性，即有无发展价值。提出问题仅仅是问题确定过程中的第一步。从问题确定的过程来看，它还包括明确研究方向、问题分解、转换问题提法和课题论证四个步骤。从问题确定的方法来看，它应该是灵活多样的，没有固定不变的方法。

1.明确与相对稳定的研究方向。教育研究工作者如要在某方面真正获得成果，且有所成就,就必须把主要精力集中在一两个方向上。研究方向的含义有三层:一是总方向,二是某学科领域的方向,三是研究者个人的主攻方向。个人研究主攻方向是受前者制约的,只有把个人的研究纳入到某一具有顽强生命力的学科系列中,个人的研究才会得到发展。

2.善于进行问题分解。所谓问题分解就是把一个大的问题按照内在逻辑体系分解成相互联系的许多小问题,从而找到解决这个问题的步骤和相关的网络。即将所要研究的问题展开成一定层次结构的问题网络,从而在问题具体化的基础上选题。正确地对问题进行分解,实际上也是预期课题将会以什么样的方式和步骤获得解决,从而为进行课题论证提供依据。

3.善于转换问题的提法。善于转换问题提法是指能不断地从新的角度提出问题。作为教育研究工作者要善于按照现代社会、现代教育发展的要求,从新的角度提出问题,找到各种发展的生产点,使研究的问题步步深入。问题的转换还指当一个问题解决以后,把握时机,及时转向由此引伸出的其他相关问题,把握问题延伸的系列。

4.课题论证。课题论证是为了避免选题中的盲目性,依据翔实的资料,并以齐全的参考文献和精细的分析来对选定课题的价值、科学性、可行性及效益等方面进行分析、预测和评价,使课题的设计更加科学、更加完美。课题论证的形式常有课题审题报告会与课题申报书两种。对于重大课题,常常要求写出开题报告,并经过同仁专家的审议。课题论证一般包括:

(1)选题:本课题国内外研究现状述评、选题的意义。

(2)内容:本课题研究的主要思路(包括视角、方法、途径、目标)、重要观点。

(3)价值:本课题创新程度、理论意义、应用价值。

(4)研究基础:已有相关成果、主要参考文献。

以上各个部分是课题论证的基本内容,不同的课题在其论证报告的编排顺序、组合方式等方面略有不同。承担有关部门下达的课题,通常按照其规定的课题申请书填写并提交有关专家评审。

二、教育研究方案的设计

教育研究方案是进行课题研究的具体计划,它主要包括以下几方面内容。

(一)确立研究类型与方法

要根据研究目的、课题性质确定研究类型,选择研究方法。教育研究的具体方法很多,如历史法、调查法、比较法、实验法、理论研究法等等。但不存在绝对的"最优方法",哪一种或哪几种研究方法对实现研究目的最有效,就选择哪一种或哪几种方法。另外,教育研究的每类方法,有各自的特点及不同的适用条件和范围,不能互相替代。在注意它们独立性的同时,还要注意它们之间的联系,注意配合使用,要考虑被研究者的特点,研究的主观条件,然后再确定采用的具体方法。

(二)教育研究的抽样技术

要使一项研究得出科学的结论,最好的办法莫过于考察对象的全部或整体。然而,限于人力、财力和时间等条件,除少数微型研究外,绝大多数研究不可能穷尽对象的全部,而只能采用从对象总体中抽取一部分有代表性的样本进行研究,然后将研究结论推广到对象总体,这必然涉及对象的选择和确定问题,即抽样技术。抽样不是由研究者随意进行的,它要求研究者遵循人们在长期研究中逐步形成的一整套严格的技术规范。

1.总体、样本和抽样。总体,即研究对象的全体。凡是在某一相同性质上结合起来的许多个别事物的集体,当它成为统计研究对象时,就叫总体。总体是一定时空范围内研究对象的全部总和。样本,是从总体中抽取的、对总体有一定代表性的一部分个体,也称为样组。它是能够代表总体的一定数量的基本观测单位。样本中所包含的个体数量称为样本容量。抽样,是遵循一定的规则,从一个总体中抽取有代表性的一定数量的个体进行研究的过程。其目的在于用一个样本去得到关于这个总体的信息及一般性结论,从样本的特征推断总体,从而对相应的研究作出结论。

2.抽样的基本要求。抽样的基本要求主要包括以下几方面:

(1)明确规定总体。研究目的和课题性质决定总体的内涵。譬如,"小学学习困难学生教育的研究",总体是城乡小学学习困难的学生。研究目的决定了总体的范围,研究者准备将研究成果推广到什么样的范围,就应在该范围内抽样。

(2)抽样的随机性。要尽可能使每个被抽取的个体具有均等的机会,也就是说使被抽取的任何个体与个体之间是彼此独立的,在选择上没有联系。这里不存在任何选择的标准,不带有任何有意义的成分,从而尽可能使样本保持与总体有相同的结构。

(3)抽样的代表性。只有样本具有代表性,那么由样本特征推断的总体特征才有一般性,对总体的研究成果才有推广价值。样本的代表性是由部分推断整体做法的理论根据。要使抽样有代表性,就必须对抽样误差进行正确估计,要分析影响误差大小的因素,努力把误差控制在最低的程度。

(4)合理的样本数。什么样的样本数才算合适,主要取决于总体的性质和研究的目的。有的研究项目所涉及对象的总体比较小,就可以运用直接研究总体的办法。然而对于规模较大的总体来说,研究总体是异常困难或根本不可能的。这时就有一个样本数(或称样本容量)的问题。按照惯例,样本数是按照总体所含的抽样单位数的多少决定的。对于一项总体较大并且要求进行统计处理或归因分析的教育调查或教育实验来说,抽样的单位数或个案数可能至少不能低于 30 这个数字。目前国内外一些长期从事调查研究的学者和专家则认为,这个数字不是 30 而是 100。理由主要是:在一个调研项目中,常常有一些子总体中的有些变量需要加以适当的控制。除此之外,在确定样本数时,研究者还需记住:理论上预期的样本单位数与实际抽样过程中所获得的样本单位数往往是有区别的。就调查来说,在调查之前确定的抽样单位,由于种种原因,比如被调查者未能及时找到、拒绝合作或答题不符合要求或调查涉及的某些问题使被调查者难以作答而交回了无效问卷等,使得实际样本单位数减少。

3.常用的抽样方法。抽样推断最根本的依据是:"样本是总体的一个代表性剖面。"为了使抽样推断有令人满意的可靠性,关键在于采用合理的抽样方法。抽样的方法多种多样,要根据研究目的和条件灵活选用。

(1)简单随机抽样。简单随机抽样就是总体中的每一个体均有同等的被选机会,而且样本中的每一个体是被单独地选出来。简单随机抽样分为重复抽样和不重复抽样两类。在重复抽样中,已被选中的个体仍放回总体中,因此,在同一样本中某一个体就有可能不止一次地出现。在不重复抽样中,被选为样本的个体不再放回总体中。当总体足够大时,通常使用不重复抽样,采用抽签法或随机数字法。

(2)系统抽样。系统抽样又称等距抽样或机械抽样。它是根据研究总体中各个个体的某些标志、排列顺序进行编号,然后每隔一定的顺序间隔(距离),抽取一个个体组成研究样本。系统抽样主要考虑抽样间距和抽样比率,两者均是由总体大小和样本大小决定的,如总体数为 N,样本数为 n,则抽样间距 $k=N/n$。该方法适用于同质性较高的总体,具体应用中要注意个体的预先排列所具有某种次序上的先后、等级上的高低及间隔对应的周期性分布情况。

(3)分层抽样。分层抽样又称类型抽样、配额抽样。它是先将总体依照一种或几种特征分为几个子总体(类、群),每一个子总体称为一层,然后从每一层或类型中采用随机抽样或系统抽样的办法抽取一个样本,构成分层样本,最后将分层样本加起来构成总体样本。分层抽样又分为按比例分层抽样和非比例分层抽样,适用于总体内个体数目较多,结构复杂,在研究中不但要了解总体情况,而且要了解某些类别的情形。

(4)整群抽样。整群抽样也称聚类抽样。它是指成群成组地抽取样本单位的一种抽样方法。在整群抽样时,不是逐一地选取抽样单位作为样本,而是整类整群地抽取,然后再对抽出来的各类各群中的全部单位逐一研究。教育实验中,考虑到教师学生的配合等问题,有意地选定研究班级而不打乱原教学单位,所以它是常用的方法。整群抽样最明显的特点是在时间和经费方面的大量节省,但它也有其不足,最突出的特点就是整群抽样所抽取的样本并不是一个简单样本,而是两个或两个以上样本,并且每个样本中都有可能出现误差。因此,研究者在整群抽样过程中不仅要注意样本数和抽样的精确度,而且必须把握每一阶段的抽样程序及其产生误差的机会或可能性。

我国学者在对抽样方法进行研究时还提出了“随机抽样”与“非随机抽样”、“概率抽样设计”与“非概率抽样设计”的分类法,并对非随机抽样、非概率抽样进行了具体分析。

(三)分析研究变量

研究变量是指某一群体,其组成成分在性质、数量上可以变化,可以操纵或测量的条件、现象或事物的特征。

具体的教育研究课题,往往涉及多个变量及其相互关系。由于受人力、物力及其他因素的限制,研究者一次只能研究某些变量。因此,在设计教育研究方案时,必须依据研究目的,详细列出研究所涉及的所有变量,并加以选择和确定。变量依其相互关系可分为自变量、因变量和控制变量。

自变量是一个刺激变量或输入,是由研究者主动操纵,并通过独立的变化而引起其他变量发生变化。因变量则是一个反应变量或输出,即是由自变量的变化引起研究对象行为或有关因素、特征的相应反应的变量。换句话说,自变量即是研究者所操纵的条件或因素,因变量则是由这种条件或因素变化而产生的效果。

研究者在进行方案设计时，首先要对该研究中自变量和因变量将呈何种关系进行初步判断，这种判断通常是由制定假说来完成的。因此，搞好教育研究设计的前提就是要使研究问题明确化，认真选择并明确确定所要操纵的自变量及随自变量变化而变化的因变量。

在一项教育研究中，所有在情景中的变量或研究对象的素质变量不能同时研究，有些变量必须使之无效，否则它们会在选定的自变量和因变量关系上产生差异性影响。这种与某特定研究目标无关的、必须消除或受到控制的非研究变量称为控制变量，也叫无关变量。无关变量如果不加以控制或消除，就无法确定因变量变化的根本原因。因此，在选择并确定自变量与因变量的同时，必须辨明无关变量，并考虑哪些无关变量可能对研究结果有影响，需要在研究过程中加以控制。

通常情况下，根据教育研究目标确定了自变量后，因变量也就随之可以得到确定。但是，研究中由于自变量的变化引起相应的变化因素可能是很多的，因此，在确定因变量过程中，需要根据研究目标，在全面、完整考虑的基础上，有重点地做出选择。

(四)形成研究计划

教育研究计划是在设计的基础上，对整个教育研究过程的全面规划和对各项主要工作的合理安排。研究计划的形成，标志着教育研究的构思、设计阶段基本完成。

教育研究计划主要内容包括：

(1)课题名称。要求简明具体，反映研究的实质并有新颖性。

(2)课题研究的目的意义。包括课题提出的理论依据和实践依据；国内外研究的现状；本课题的学术思想、立论根据、主攻关键与独到之处；本课题研究的理论意义和实际意义。

(3)课题研究的内容。包括研究的具体问题，在较大型的研究中，还须列出所含的子课题。

(4)课题研究的思路与方法、研究工作方案和进度计划。

(5)研究成果的预计取向与使用范围。

(6)课题研究的条件与经费预算。

第三节 问卷编制与结果处理

在教育研究方法中，问卷法是一种常用的研究方法，随着教育研究领域的扩大，问卷法所取的作用显得越来越重要。问卷法的运用，关键在于问卷编制和结果处理。

一、问卷编制

问卷是通过书面形式，以严格设计的问题或项目，向被调查者收集研究资料和经验事实的一种工具。问卷作为搜集资料的重要工具，是进行调查的基本前提，问卷编制的好坏直接决定问卷调查的结果。

(一)问卷类型与结构

1.问卷类型。根据问题的回答方式及其组合,问卷可分为封闭型、开放型和综合型三种。

(1)封闭型问卷。封闭型问卷又称结构型、限制型问卷。它是指研究人员在提出问题时,为被调查者提供备选答案,让被调查者在此范围内选择答案或对答案进行评价、排序的问卷方法。这种问卷的题型有:

①是否型:把问题可能答案列出两种极端情况,然后让被调查者选择“是”或“否”、“对”或“错”。

示例:

我晚自习有明确的学习内容。

A.是　　B.否

我坚持每晚上自习。

A.是　　B.否

我晚自习时间从不看电视。

A.是　　B.否

我从来不到他班教室上晚自习。

A.是　　B.否

②选择型:从多种答案中挑选一种或多种答案。这是调查问卷中所采用最多的一种形式。

示例:

你愿意当中学班主任吗?

A.很愿意　　B.愿意　　C.无所谓　　D.不愿意　　E.很不愿意

你认为你班同学之间团结吗?

A.很团结　　B.一般　　C.不团结

你赞同班干轮换制吗?

A.很赞同　　B.赞同　　C.无所谓

③评判型:每个问题后列有许多答案,要求被调查者依其重要性进行评判后排出顺序。

示例1:您认为目前新课程改革存在的主要问题是什么?请按您认为的顺序选择两项:

A.人们思想观念陈旧　　B.教师素质不高

C.教学方法不适应　　D.结果不好评价

E.说不清楚

示例2:以下是办好学校的5种基本条件,请您按重要程度从1(最重要)至5(最不重要)依次排列出来。

人员　经费　物资　时间　信息

示例3:请将以下所列的课程,依你喜欢的程度,由1到8排列。

(　　)语文 (　　)数学 (　　)物理 (　　)化学

(　　)外语 (　　)体育 (　　)政治 (　　)音乐

④填充式:在问题后划一横线,让被调查者直接在空白处填写。它一般用于容易回答的问题及基本情况的调查。

示例:你班总人数是________人。

你每天学习英语________分钟。

你身高________厘米。

你每月零花钱________元。

⑤划符式:对于有确定答案的定名问题,先列出各种选择的类型,然后在相应位置划符号。

示例1:在适当的横线上划"√"。

性别:男________;女___√___。

示例2:下面是关于你性格方面的几个问题,符合你实际情况的,请划"√",不符合你情况的,请划"×",拿不定主意的请划"○"。

(　　)能独断独行 (　　)快乐主义的人生观

(　　)喜欢安静悠闲 (　　)对人十分信任

(　　)筹思五年以后的事

封闭型问卷主要优点在于:①回答标准化,因而可以在不同的调查对象之间进行比较。②所回答的问题及答案均具体而清楚,使被调查者易于回答,有助于提高问卷的回收率。③方便实用,省时省力,花钱少。④不记名,在某种情况下结论比较客观。⑤易于整理归类和结果处理。

(2)开放型问卷。开放型问卷又称非结构型问卷、自由型问卷。这种问卷研究者不为被调查者提供备选答案,被调查者可根据问卷提出的问题,不受限制地、自由自在地陈述自己的意见。

示例:您认为新一轮基础课程改革的关键是什么?

你最喜欢的教师形象是什么?

你最感兴趣的问题是什么?

你认为提高课堂教学质量的主要因素是什么?

开放型问卷的优点在于:①开放型问卷可得到许多意料之外的答案,在具有探索性的教育调查中,开放型问卷更能得到广泛应用;②被调查者在无拘无束地情况下充分表述自己的意见,这样便可以使他们感到答案是自己作出的,从而增强与研究者的合作意识;③可以得到许多丰富的材料。

开放型问卷的不足在于:①搜集到的材料丰富具体,其中包含有难以排除的无价值的不确切答案;②由于是自由陈述,所以答案往往不集中,难于进行横向比较,不易进行统计处理;③要求被调查者具有较高的表达能力与写作技巧,这样使得开放型问卷仅适合于那些具有较高文化程度的被调查者;④常会耗费被调查者过多的时间和精力,因而会使问卷回收率降低。

(3)综合型问卷。这种问卷又称为混合型问卷。它是指根据调查需要,综合封闭与开放的优点并弥补其不足,将封闭型问题和开放型问题编排在一起的调查问卷,以封闭型为主,适当加入若干开放型问题。对于比较确定的问题,用封闭型问题提出,对于尚未明了的问题或深层次的调查,用开放型问题提出。

2.问卷结构。问卷结构一般包括标题、说明语、问卷题目和结束语等内容。

(1)标题。问卷标题主要反映调查课题和调查内容。拟订问卷标题时既要简明概括、又要能吸引被调查者。

(2)说明语。问卷说明语通常包括两部分:①对研究目的的简单说明,这部分要简明、中肯,篇幅宜小不宜大,为的是消除被调查者答题的疑虑;②指导被调查者填写问卷及注意事项等,必要时,可以给出样题,说明回答方法。

(3)题目。问卷题目是问卷的主体,包括问题及待选答案(封闭),说明性问题(开放)。封闭型问卷最好将答案按标准化格式编拟。

(4)结束语。问卷结束语主要是对被调查者表示感谢。

(二)问卷编制的基本步骤

问卷编制的过程,是研究者根据调查研究的目的和需要,编写问题和形成问卷的过程。主要包括以下步骤:

1.明确研究目的,确定研究对象。

2.列出要研究的问题,确定要搜集的信息和问卷类型。

3.围绕主题草拟问题,征求专家意见,修订问卷。

4.进行测试,计算信度、效度,考虑有关社会影响。

5.根据测试结果,再次修订问卷,形成最终问卷。

(三)问卷问题设计的注意事项

问卷问题设计关系到问卷的科学水平,是问卷编制中关键的一环。因此,问卷问题设计时要特别注意以下几点:

1.题量要适当。由于问卷容易受社会变量的影响,题量太少,容易导致答案失真。因此,问卷应围绕主题从不同角度多出一些题目,题目应该覆盖研究的全部内容和项目,以检验被调查者回答的一致性。若题量太多,被调查者容易产生厌倦情绪,从而导致不回答或胡乱回答,影响答案的真实性。

2.尽量采用封闭型与开放型相结合的综合形式。问卷问题从类型上看,最好是封闭与开放相结合的综合型,封闭型问题要按标准化测试的原则进行拟编,开放型问题应具有启发性,有利于被调查者回答。

3.语言表达要简明易懂。问题的语言表达应简明具体,通俗易懂。对简单、明了、具体的问题直接发问,对敏感性问题做释疑或增加条件,再进行提问,避免冷僻或专业性太强的术语。

4.问题排列要讲究艺术性。问卷问题设计,要讲究问题的排列顺序。因为问题的排列顺序不同,也会使问卷的质量和效果不同。

(1)由易到难。排在问卷前面的问题应该相对容易些,否则将对被调查者构成威胁或产生心理障碍,影响被调查者正常答题。

(2)合乎逻辑。人的思维是按一定的逻辑顺序进行的,被调查者在做问卷时也不例外。为了切合人们思维的逻辑性,问题的排列要讲究先后次序,要考虑问卷问题结构的内在逻辑性。

(3)避免定势影响。问题的排列在考虑问题结构的内在逻辑性的同时,要尽可能避免定势影响。这里的定势影响指的是不管问题的内容或正确的答案是什么而只以某种特定的方式来回答问题的倾向。因此,问题排列在合乎逻辑性的同时还要随机排列,以免定势回答带来负面影响。

(4)敏感问题和开放型问题宜放在问卷的后面。敏感性问题放在前面有可能引发被调查者的敌对情绪,导致拒绝合作。而开放型问题则需要花费被调查者大量时间去思考,这样便有可能使被调查者望而生畏,中止答题。因此,宜将这两种问题置于问卷末尾。

(5)问题的长短要适度。问题的长短要适度并尽可能在选择答案中分出等级封闭型问题,以便对问题有更深入的了解。

二、问卷结果处理

通过邮寄、有组织地分配和当面填写等不同方式进行问卷调查,之后要做好问卷回收,特别是结果分析处理工作。

(一)回收率的计算

对回收的问卷,在剔除废卷的同时要统计有效问卷的回收率。裴娣娜教授等人认为:回收率如果仅30%左右,资料只能作参考;50%以上,可以采纳建议;当回收率达到70~75%以上的,方可作为研究结果的依据。因此,回收率一般不应小于70%。

(二)偏差的估计

有效问卷不等于无偏差问卷,要想获得较为客观真实的结果,还必须做好各种偏差的估计工作。

(1)回收起来的问卷,有的是部分题目未做,有的是全部题目未做,这需要分析原因。

(2)社会道德所要求与事实相反。假如选择答案A,符合客观事实存在,但社会道德不允许人们做A,故在回答此题时,选择了符合社会道德要求的答案B。

(3)有些问题涉及个人隐私,被调查者不愿透露真情而不真实回答。

(4)被调查者在回答问题时,因记忆错误而误答。

(三)定性分析与定量分析

任何事物都是质和量的统一体,问卷调查结果也存在质与量两个方面。因此,我们对问卷结果既要作定性分析,又要做定量分析。

1.定性分析。它是根据研究者的认识和经验确定问卷结果是否具有某种性质或某一现象变化过程和变化原因,是侧重于问卷结果的质的方面的分析评价,它能有效地处理那些难以用定量方法描述的因素,从而从总体上把握问卷结果的基本情况。

2.定量分析。它是把问卷结果分解为多项因素,并将其数量化,引用一定的数学方法,通过变换来判断诸因素的关联,最后用数值来表示分析研究的结果,它侧重于问卷结果的量的方面的分析评价。目前,定量分析随 SPSS 的 PC 机版本的广泛运用,数据的分析处理已经变得非常简单、准确,教育研究与实验结果的说服力也因此大大提高。

(四)问卷结果的表达

对问卷结果进行定性分析和定量分析等统计处理后,还要把它作为科研成果以适当的形式表达出来,表达的形式多种多样,比如:教育调查报告、教育实验研究报告和学术论文等。其中最常用的是教育调查报告。

教育调查报告从内容上看主要包括提出问题、分析问题和解决问题三个部分,从结构上看它主要包括题目、引言、正文、讨论或建议、附录等几个部分。

1.题目。应以简炼、概括和明确的语句反映主要研究问题,引人注目。

2.引言。调查报告引言部分,文字要简炼、篇幅不能太长。主要说明清楚几个问题,第一,说明调查什么、原因和背景、准备过程、主要内容、国内外对同一课题的研究概况以及此次调查的意义和价值。第二,说明清楚调查时间、地点、对象、范围、抽样及方式方法。第三,对此次调查的有利因素和不利因素的简单分析。

3.正文。它是调查报告的主干部分。这部分要把问卷调查得来的大量材料、经过分析整理,归纳出若干项目,条分缕析地叙述,做到数据确凿、事例典型、材料可靠、观点明确。在写作安排上应先后有序、主次分明、详略得当。

4.讨论或建议。依据正文的科学分析,可以对结果作理论上的进一步阐述,深入地讨论一些问题,摆出自己的观点,提出建设性的意见。

5.结论。利用逻辑推理、归纳出结论。即交待问卷调查研究了什么问题、获得了什么结果,说明了什么问题。

6.附录。必要时要把调查工具或部分原始材料附在报告后面,其目的在于对所写报告负责,并供他人参考,同时也表示尊重作者的劳动。

第四节 校本研究及行动研究

一、校本研究

"校本"一词是一个舶来品,其英文是"school - base",大意为"以学校为本"、"以学校为基础"。对校本研究,很难找到一个为大家所认可的一致的说法,但是,作为校本活动,它应体现出"校本"所具备的一系列特征。就此而言,校本研究应该是以学校所存在的突出问题和学校发展的实际需要为选题范围,以学校教育作为研究的主要力量,通过一定的研究程序取得研究成果,并且将研究成果直接用于学校教育教学的研究活动。在这当中,有以下几个方面需要加以注意。

第一,校本研究的研究课题应该主要来自于学校实际所面临的突出问题。那些从文献资料中寻找出来的与自身学校实际关系不大的问题不能称之为校本研究,那些专业研究工作者为了验证自己假设的研究问题,也不能称之为校本研究。

第二,校本研究的研究主体应该是学校中的教师。“校本”是“在学校中”的,既要在校内进行,就要汇总学校内部的各种力量。

第三,校本研究应该遵循一定的研究程序。作为一种研究活动,应该具备三个方面的特征。即,目的:“研究”是一种有计划、有意图的活动,它以发现事物的规律性,解决新问题或改进某种实际情景为目的。过程:为了达到目的,“研究”将是按步骤、分阶段进行的,它有一套严格而系统的操作原则和程序。方法:“研究”的过程,就是运用各种方法认识和解决问题的过程。方法以自己的尺度调节着整个活动的进行,它的正确选择与使用是研究成败的关键。

第四,校本研究的研究结果应直接用于学校实践的改进。校本研究的出发点是学校实践中的困境与问题,研究的落脚点更应直接体现为学校面貌的改变。将研究成果用于学校的发展规划或问题的解决。

(一)校本研究问题的确定

研究始于问题,如果没有了问题,研究也就没有了开展下去的必要与可能。研究问题,是校本研究中极为重要的一个方面。

1.研究问题的来源。

(1)学校发展中由来已久存在的困难与缺点。学校发展,可能存在着一些显而易见的困难与缺陷,它们阻碍着学校的变革,对学校的未来发展起着一定的限制作用。对于这些难点,一时缺乏解决的方式与方法,只能在研究过程中逐渐找到削弱其阻碍、转化其限制力量的对策。例如,某学校选择把主体教育的实验作为研究的课题,而这一课题的提出,正是由于学校有感于教育中尚没有充分尊重学生主体地位,努力培养学生主体性这一困境。

(2)学校当今所面临的突出问题。有些问题虽然其根源存在于过去,但当今迫切需要解决,这类问题常常与时代发展的需要结合在一起,与社会对人才培养规格要求的改变维系在一起。例如,第三次全国教育工作会议,提出素质教育要以学生创新精神与实践能力为重点。在这一政策引导下,学校反观自身,注意到许多的方面与创新人才的培养相悖,与动手实践能力的养成相悖。一些中学以“研究性学习”为着眼点开展研究。

(3)学校自身的定位及已有的传统。在整个教育管理体制中,学校由于其性质、类型不同,处于不同的位置,并且每一所学校在其长期的发展中,都会有意无意地形成诸多的经验、思想观念、行为方式。在确定校本研究课题的过程中,应该注重对本校问题的分析,提高选题的针对性。

(4)学校已有的成功经验。学校在教育教学实践中往往积累了一些成功的经验,如果在此基础上分析总结,探讨其中的规律,或设计一定的实验,检验某种经验与教学效果之间有无必然联系等,都是进行研究的较好的课题。从成功的经验中发掘问题,既可以从自身的经验出发,也可以他人的成功经验为蓝本,或总结、或实验、或调查,都是大有文章可做的。

(5)社会政治经济发展需要与学校发展变革需要之间的结合点。社会需要是学校发展的动力，事实上那些与社会政治经济发展需要一致的学校研究课题，是最富有生命力的课题。无论是时下所讨论的双语教学问题，还是网络时代与学生发展的问题都属于这类性质的问题。将这类问题确定为校本研究的课题，会使学校的特点更加明显。例如，某学校从所处的地理位置以及当地社区发展需要的角度出发，确立了"中学生环境知识内化为行动的途径和方法"的课题，及时捕捉敏感的社会问题，并深刻分析学校应产生的变化，以便进一步确定两者间的关联程度。

2.研究问题的特征与选择准则。

(1)研究问题的特征。哪些问题可称之为研究问题，是有着一定要求的。作为一个校本研究的问题来说，首先问题必须旨在对两个或多个变量之间的关系的探究。例如，"某学校有多少学生的智商超过120?"这种问题根本不需要决定变量之间的关系，只是记录、统计下来就可以了，所以不能作为研究问题。若改为"某学校智商超过120的男生是否可能多于女生?"这种陈述建立了变量之间的关系，是确定性别这一变量在智商上的差异情况。其次，问题必须明确地毫不含糊地陈述出来，通常可用发问的形式提出。例如，智商与学习成绩的关系是什么？预先受过训练的学生比未预先受过训练的学生学习某一课程速度更快吗？最后，所研究的问题必须具有可检验性。

(2)选择问题的准则。第一，可行性：经过慎重考虑选择的研究工作是否在你的经费和时间所允许的范围之内。研究方法是否易于处理和可以理解。第二，适当性：问题的大小和范围是否达到研究的目的，是否有够使用的变量。第三，教师方面的考虑：教师对所研究问题感兴趣吗？它与教师的处境、经历有密切的关系吗？第四，实际的价值：校本研究的成果能在校内加以推广吗？能够使得教育教学有所改进吗？

一般来说，在校本研究中，很少考虑研究问题的理论价值，更关注的是其实践价值，即能否解决教育教学所面临的实际问题。

(二)校本研究共同体的形成

校本研究常常体现为一种集体协作，体现为研究者相互之间的合作，是靠团体的力量来从事研究活动，最终达到研究目的的。在研究中，研究者之间实际上构成的是一个研究共同体。这一共同体主要表现为大学教师与中小学教师合作、教研员与中小学教师合作，学校部分教师合作三种类型。

1.大学教师与中小学教师合作的研究共同体。这种共同体的构成双方是大学教师和中小学教师，这种形式在西方20世纪60～70年代就已出现。人们有感于教育理论长期脱离实际，不能真切地指导学校实践，大学教师作为专业研究者不乏对教育问题的理论见识，但若闭门造车，不但理论本身没有验证的场所，而且由于对实践的认识与体悟上的缺乏，理论自身的针对性、现实性及意义也就越来越缺乏，最后有可能丧失理论的功能。而中小学教师作为工作生活在教育教学实践第一线的人员，虽然积累了不少的经验，对教育教学也不乏感性的认识，但对于如何从事研究、如何通过反思来提升自己的认识，形成"个人化的理论"，有时难免无从着手。这样，双方就有了合作的愿望，而中小学改革的实际又为这种合作提供了可能和其他的必要条件。

2.教研员与中小学教师结成的研究共同体。在中国教育研究体制中，教研员以及各级教科所或教研室的科研人员扮演着一个非常重要的角色。他们与中小学教师的教科研工作直接相关,指导着中小学教科研工作的进行,是教育科研队伍中举足轻重的一支力量。由教研员与中小学教师构成的校本研究共同体,是较为常见的或者说是最普遍的研究合作形式之一。它具有联系普遍、直接、灵活、广泛等特点。不过,在这类研究共同体中,要注意避免以下几种倾向。

(1)教研员由于视野所限,在指导中小学教师从事科研活动时,为自身的狭隘经验所局限。教研员要注意更新自己的知识结构,使自己与中小学教师的合作能够与时代的发展合拍,与教育研究发展的趋势相适应。

(2)要尽量淡化指导与被指导的关系,把民主、合作作为处理双方关系的准则。

(3)注意消除中小学教师对教研员的依赖心理,逐步使中小学教师能独立地从事研究活动。

3. 学校部分教师结成的研究共同体。这一类型的共同体所进行的研究大概是最能体现校本研究的基本要求的了,因为研究问题不仅来自对学校实际的深刻认识,而且研究的主体又是学校中的领导与教师。它体现以下一些特点。第一,研究的问题是产生于实际的工作情境之中的,并且其计划的内容并非在决定后就一成不变,而是从实际情境出发,随时检讨,不断修正。第二,校本研究在突出教师实践的"研究"特征的同时,也突出了教师作为研究者的角色。校本研究不再是对教师职业的补充,而本身应是教师职业生活的方式,它体现了教师作为人、作为实践者所拥有的本性。第三,在校本研究中,教师虽然具有行动的理论或者说研究过程中不断积聚起来的理论见识,但掌握一般的理论也是同样重要的。

(三)校本研究方法的综合运用

在校本研究中,由于研究问题大多是在学校层面上展开的,涉及学校的方方面面,要对它进行深刻的分析,通常不是一种单独的研究方法可以奏效,需要多种不同方法的综合运用。并且,因为校本研究常把研究与问题解决、实际采取的行动结合在一起,不仅要对问题本身作较深入的探讨,而且还需要考虑选用不同的方法、策略运用于实践,并检验、反思实践的成果。与其他研究类型相比,校本研究更强调研究方法的综合运用。

研究方法运用的方式多种多样,这是由研究方法的多样性以及教育问题的复杂性所决定的。在学校教育中常用的研究方法,如果按层次来划分的话,大致可以分为五个不同的层次水平。第一层次:研究方法论——科学主义、人文主义等哲学思想。第二层次:研究范式——定性研究、定量研究。第三层次:研究样式——行动研究、个案研究、实验研究。第四层次:研究方式——观察、问卷、访谈。第五个层次:研究技术、手段——摄影、摄像、录音等。在谈到综合时,至少会有三种不同的综合样式,即定性与定量的综合运用、行动研究与个案研究的综合运用、问卷观察等的综合运用,当然也存在这些方法、方式间构成立体交叉形态的综合运用。

1. 研究范式的综合运用。定性研究与定量研究被称之为教育研究的两种不同"范式",在校本研究中,之所以要综合运用这两种不同的范式,是因为两种范式本身各有其特点,各自不可替代而又相互补充的。定量研究主要是模仿自然科学对教育现象进行观察、研究，目的在于确定因果关系，并作出解释；定性研究的方法，是从人文学科中推衍出来的，所注重的是整体的和定性的信息，以及说明的方法。比如，关于“影响学生学业成绩的因素”的研究，首先要通过定性研究，确立哪些因素在影响学生的学业成绩，并对这些因素作逻辑明晰的分类、划分；然后，通过定量研究，具体确定各个因素的影响作用的系数；随后在此基础上定性、定量研究某一因素，如大众媒介中的电影、广播等分别对学生学业成绩的影响，这两者在教育研究中都是有其存在的必要的。

2.研究样式的综合运用。研究样式的区分也不是绝对的，如行动研究是从教育实践与教育研究相结合的角度来命名的，注重的是实践者也要成为研究者，研究的结果要运用于实践。个案研究是从研究对象的角度来着眼的，是以典型性的人或事例为研究对象的。实验研究是从研究过程中对无关变量的控制的角度出发的，是以探察教育情境中因果关系为目的的。它们因为着眼点、出发点的不同，有自己研究中的不同侧重点，而在研究中，常常是互相联系，甚至是交叉的，以至于很难找到“纯粹的”不掺杂任何其他研究成分的“行动研究”或“个案研究”等。研究形式间的综合运用，可呈现为实验研究与个案研究间的综合、行动研究与个案研究的综合、行动研究与实验研究的综合、行动研究与个案研究和实验研究间的综合，等等。例如，在某学校进行的“个性优化发展教育”的综合实验中，研究者实验的主要目的——探索一条从儿童实际出发，综合设计和组织教育教学过程，力求以不超过规定限度的时间和精力，取得对实验班具体条件来说是尽可能高的教育效果的途径，这个“尽可能高的教育效果”反映在全班每个学生身上，就是德智体美等诸方面和谐适时的发展，一方面通过课堂教学改革、班级管理方式变革等实验手段培养学生的个性，另一方面教师通过个案分析的工作方式，探寻培养学生个性的不同途径。

3.研究方式的综合运用。在研究方式的选择上，没有好坏之分，只有适当与不适当之分。任何一种研究方式在彰显其优点的同时，也在暴露其缺陷。以研究方式中最常见的观察、问卷、访谈为例，莫不是如此。

(1)观察法特别适用于研究人们言行的微妙差别。它还具有灵活性，研究设计可以随条件而改变。但观察法也存在一些问题，如研究者个人的主观认识会影响研究结果；观察过程本身有一个概括性问题，当研究者与某个研究对象交谈时，你并不知道他的情况是否“典型”，因此存在抽样偏差的情况。

(2)问卷法有以下四个特点：第一，标准化。这有利于数据的处理，有助于进行定量分析，但难于适应不同的调查对象的实际情况，难于根据个体情境灵活地了解情况；第二，匿名；第三，间接性。这一特点的优越性是节省调查经费，以及避免调查者与被调查者见面可能带来的不良印象和偏见；第四，问卷调查的真实程度难以保证。一般说效果要低于访谈法。

(3)访谈法具有灵活性强、回答率高、回答内容完整等优点，但是访谈也存在一些缺点，如费用高、时间长、易产生偏见和误差、易受各种因素的干扰等。

在研究中，无论是怎样的综合，都应立足于设想什么方法可以收集到解决问题所需要的资料，而不是为了方法而方法。由于每种方法都有其局限性，因此采用多种方法来进行研究是非常重要的,有利于达成研究的目的,有利于反映教育的真实现象。

二、行动研究法

行动研究法出现于20世纪30年代末40年代初,由美国社会心理学家勒温首先提出。行动研究法最初运用于研究社会生活领域,到50年代,经美国哥伦比亚大学师范学院当时的院长考瑞等人的提倡,引入教育研究领域而逐渐成为一种教育科学研究方法,近年来在教育研究领域得到了广泛的运用。

(一)行动研究法的含义和特点

行动研究法是将教育研究与教育实践相结合,以解决实际问题为目的的一种研究方法。这种方法要求研究者把教育实践中提出的改进意见或方案作为研究的目标,研究与实施达到目标的具体措施,及时反馈在实施过程中出现的新问题,充实或修正原定的意见或方案,提出新的目标。

行动研究法有如下一些特点:第一,行动研究法是一种以解决教育教学中某一实际问题为导向的现场研究法;第二,行动研究法是以实践经验为基础的研究方法;第三,行动研究法是以小组成员间的相互合作方式来进行的研究方法,这种研究小组成员间的相互合作方式通常由研究人员、教师、行政领导乃至学生家长联合组成;第四,行动研究法是一种在动态环境下立即或较短时间内显示其在实际工作中的作用和效能的研究方法;第五,行动研究法中的教师是一个不间断的学习者,他通过对自己教学行为的直接或间接的观察与反思,通过与专业人员或其他合作者的交流,不断地加深对自己实践的理解,并在研究中提高自己。

(二)行动研究法的优缺点

1.行动研究法的优点。

(1)适应性和灵活性。

(2)评价的持续性和反馈的及时性。

(3)较强的实践性与参与性。

(4)能提高教师自身的研究能力,兴趣和专业精神,以及与他人和谐工作的能力,改变思维习惯,增进教师间的互助。

2.行动研究法的缺点。

(1)因研究进行的松弛和简单性,易忽视其计划性、系统性和潜在的控制性,而影响到研究的可靠性。

(2)因研究者自身的观念、能力及存在着自身影响效应,而影响到研究的客观性。

(3)因研究样本易受具体情景的限制,对于自变量的控制较少,而影响到研究的代表性。

(4)因研究人员之间的协调困难而影响到研究的计划性。

(三)行动研究实施的基本模式

行动研究的基本模式:计划——行动——考察——反思,四环节之间的关系如图14-1所示。

“计划”是行动研究的第一个环节。计划应以已经发现的大量事实和调查研究为前提,它始于解决问题的需要和设想。设想是行动研究者对问题的认识以及他们掌握的有助于解决问题的知识、理论、方法、技术和各种条件的综合;设想还包含了行动研究的计划,“计划”包括总体计划和每一个具体行动步骤的设计方案,特别重视计划中的第一、二步行动。

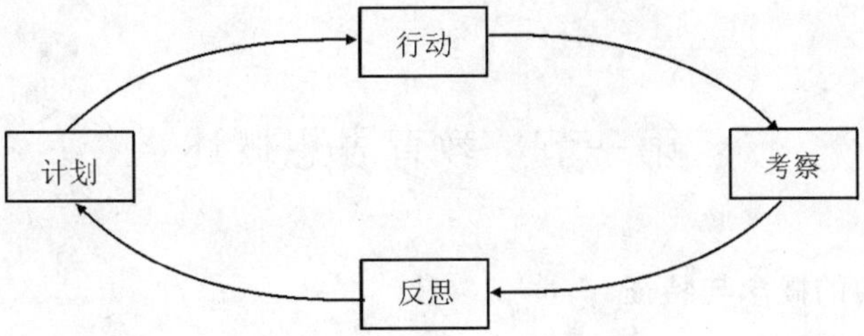

图 14－1　行动研究模式图

“行动”是第二个环节,即实施行动计划。行动者在获得了关于背景和行动本身的信息,经过思考并有一定程度的理解后,有目的、按计划采取行动。行动应是灵活、能动的,也就是说行动计划的执行和实施具有灵活性。随着研究者对问题认识的逐渐明确以及行动过程中各种信息的及时反馈,不断吸取参与者的评价和建议,已制定的计划可在实施中修改和调整。行动是不断调整的。

“考察”是第三个环节。由于教育教学受到实际环境中多种因素的影响和制约,而且许多因素又不可能事先确定和预测,更不可能全部控制,因此需要在行动中考察。考察内容:一是行动背景以及影响行动的因素。二是行动过程,包括什么人以什么方式参与了计划实施,使用了什么材料,安排了什么活动,有无意外的变化,如何排除干扰。三是行动的结果。包括预期的与非预期的,积极和消极的。为了使考察系统、全面和客观,研究人员要灵活运用各种观察技术以及采集的数据、资料和分析技术,充分利用录像、录音等现代化手段。

“反思”是第四个环节。反思是行动研究第一个循环周期的结束,又是下一个循环周期的中介。这一环节包括:整理描述、评价解释、写出研究报告。整理描述是对观察到的、感受到的与制定计划、实施计划有关的各种现象加以归纳整理,描述出本循环过程和结果;评价解释,即对行动的过程和结果作出判断评价,对有关现象和原因作出分析解释,找出计划与结果的不一致性,从而形成基本设想、总体计划,决定下一步行动计划是否需要修正,应做哪些修正,最后写出研究报告。

思考题

1. 什么是教育科学研究？教育科学研究应遵循哪些原则？
2. 什么是校本研究？教师应怎样开展校本研究？
3. 教师的教育研究为什么说属“行动研究”？
4. 如何分析和把握教育行动研究的过程？
5. 为什么说“教师即研究者”？
6. 结合自己关心的课题,设计一个研究计划。

第十五章　现代教育思想

第一节　教育思想概述

一、教育思想的概念与特征

所谓教育思想,即人们对教育现象的理性认识。主要包括教育主张、教育理论和教育学说。教育思想有广义和狭义之分。广义的教育思想泛指人们通过直接或间接的教育实践而形成的对教育现象和教育问题的认识、观点和看法。无论是零散的、个别的、肤浅的,还是系统的、普遍的、深刻的,都属于教育思想的范畴。狭义的教育思想主要是指经过人们理论加工而形成的,具有思维深刻性、抽象概括性、逻辑系统性和现实普遍性的教育认识。教育思想具有如下几方面特征:

(一)哲学基础性

教育思想的形成和发展往往要以某些哲学观点作为其理论基础。人本主义哲学的基本内核是人本—人化—主体化,探寻从人自身中体悟万物法则的认识途径和与自然和谐统一,重义轻利,注重道德人格的完善。人本主义教育在培养目标上注重个性发展,在教育教学方法上反对禁欲主义,尊重儿童天性,坚信通过教育这种后天的力量可以重塑个人、改造社会和自然。科学主义教育思潮则是以科学主义哲学为基础的,科学主义哲学的基本内核是物本—物化—对象化,致力于寻求自然界客观规律的认识途径和对自然的征服、开发和利用。科学主义教育重视科学知识的学习和人的智力与潜能的开发,主张以自然科学的方法(观察、实验、实证的方法)研究教育。

专栏 15－1

什么是人文主义教育?尽管人文主义教育在不同的地域和不同的发展阶段有不同的特色,但在基本特征上毕竟有共通之处,这些特征是人文主义的基本特征在教育上的具体表现。其一,人本主义。人文主义教育在培养目标上注重个性发展,在教育教学方法上反对禁欲主义,尊重儿童天性,坚信通过教育这种后天的力量可以重塑个人、改造社会和自然,这些都表现出人本主义内涵,人的力量、人的价值被充分肯定。其二,古典主义。人文主义教育思想吸收了许多古人的见解,人文主义教育实践尤其是课程设置亦具有古典性质,但这种古典主义绝非纯粹的“复古”,实则含有古为今用、托古改制的内涵,尽管它也具有局限性,然而在当时却是进步的。其三,世俗性。不论从教育目的还是从课程设置等方面看,人文主义教育充溢着浓厚的世俗精神,教育更关注今生而非来世,这是人文主义教育与中世纪教育的根本区别。其四,宗教性。人文主义教育仍具有宗教性，几乎所有的人文主义教育家都信仰上帝，他们虽然抨击天主教会的弊端，但不反对宗教更不打算消灭宗教，他们希冀以世俗和人文精神改造中世纪陈腐专横的宗教性以造就一种更富世俗色彩和人性色彩的宗教性。其五，贵族性。这是由文艺复兴运动的性质（并非大众运动）所决定的，人文主义教育的对象主要是上层子弟；教育的形式多为宫廷教育和家庭教育而非大众教育的形式；教育的目的主要是培养上层人物如君主、侍臣、绅士等。

综上可见，人文主义教育具有两重性，进步性与落后性并存，尽管它还有不足之处，但它扫荡了中世纪教育的阴霾，展露出新时代教育的灿烂曙光，开欧洲近代教育之先河。

［资料来源］吴式颖主编：《外国教育史教程》，25页，北京，人民教育出版社，1999。

（二）社会历史性

一定的思想观念总是产生于一定的社会历史情境之中。人们的教育思想必然依据人们历史和社会背景的不同而打上历史的和社会的烙印。例如，西方传统的精英主义教育，鼓励天才个人的脱颖而出，极为重视高质量的优秀人才的培养，是阶级社会维护统治阶层特权利益的产物，明显反映了西方社会贵族阶层对受教育权的垄断。而18世纪兴起的教育大众化与平民化思想，则明显受到了当时波澜壮阔的民主政治革命和思想解放运动的强烈影响。

（三）批判现实性

综观历史上较有影响的教育思想可以发现，几乎每一个教育理论、教育流派、教育观点的产生都是从批判当时的教育现象开始的，继而才提出自己的观点、主张。例如，19世纪末20世纪初科学主义教育思潮的兴起，就是在对那种偏重形式训练、对一般人显得相当空疏无用的传统人本主义教育的批判中形成和发展起来的。而20世纪90年代以来发展的科学人文主义教育思想，又是在对偏执一端的科学主义教育和人文主义教育的批判和反思的基础上形成的。

（四）超前预见性

所谓教育思想的预见性，是说教育思想能够超越现实、前瞻未来，告诉人们现实教育的未来发展前景和趋势，从而帮助人们以战略思维和眼光指导当前的教育实践。例如，邓小平在深刻地洞察了我国教育已有的成就、缺陷和面临的挑战之后，提出“教育要面向现代化、面向世界、面向未来”。邓小平“三个面向”的教育思想已成了我国当代教育改革的指导思想，具有鲜明的超前性和预见性。

二、教育思想的类型和价值

（一）教育思想的类型

这里主要介绍几种有着较为系统、较为严密组织形式的教育思想类型，如教育理论、教育流派、教育思潮、教育经验等。

1. 教育理论。教育理论是指由一套较完整的概念体系构成的，并且具有较强的逻辑关系组合起来的教育思想体系。如苏霍姆林斯基的和谐教育理论，赞可夫的发展性教学理论，布鲁纳的结构主义教学理论，布卢姆的掌握学习理论等。教育理论是对教育实践的较高层次的反映，具有间接性、深刻性、全面性、稳定性的特点，对教育实践有普遍的指导意义。

2.教育流派。教育流派是指具有系统的教育思想主张，以富有说服力的独到研究成果占据第一研究领域和研究优势，在学术界具有广泛社会影响力的教育理论派别。在教育实践中人们提出了关于教育的不同看法和主张，逐渐形成各自的体系，发展为不同的教育流派。如进步主义教育流派、永恒主义教育流派、存在主义教育流派、建构主义教育流派等等。教育流派一般都有创始人、代表人物、代表性著作或文章，以及自己特有的理论系统。

3.教育思潮。教育思潮是指在一定历史时期内，集中反映社会群体教育愿望、教育要求和教育思想，流传较广、影响较大的一种思想倾向或思想潮流。与教育理论、教育流派不同，教育思潮的理论体系不够完备，它的盛衰过程很明显地受社会政治、经济、文化等因素的制约和影响。如终身教育思潮倡导构建终身自主、主动地不断学习的学习化社会，等等。

4.教育经验。教育经验是指特定时期、特定社会背景和特定教育环境下，教育实践者摸索和积累出来的对实现教育目的或目标行之有效的操作方式的总和。由于教育经验是一时一地特定教育实践过程的概括反映，所以教育经验的推广范围比较有限，往往缺乏普遍性。但是，在诸多教育经验基础上形成的教育理论就具有了普遍意义。教育经验是联系教育实践与教育理论的中间环节，教育实践中点点滴滴教育经验的积累，对促进教育革新和教育理论建设是十分重要的。

(二)教育思想的价值

1.教育思想的理论价值。教育思想的理论价值主要表现在教育思想有助于教育学科的发展和完善。例如，通过对单纯为应付考试争取高分和片面追求升学率的应试教育的分析批判，我们提出了素质教育的理论。而今，全面推进素质教育，提高学生的全面素质，已成为我国教育工作的战略重点。

专栏 15-2

素质教育思想

1.内涵：全面贯彻党的教学方针，以提高国民素质为根本宗旨，以培养学生的创新精神和实践能力为重点，造就有理想、有道德、有文化、有纪律的德、智、体、美、劳全面发展的社会主义事业的建设者和接班人。

2.特征：全体发展；全面发展；主动发展；和谐发展；充分的发展；可持续发展。

3.实质：实质在于是一种导向思想。指导学校和教师按照党的教育方针和教育、教学规律，克服片面追求升学率的不良倾向，使学生得到全面的发展。

4.核心和重点：重点是学生实践能力的培养，核心是学生的创新精神或创造能力 的培养。

5.主渠道:课堂教学。

6.需要处理好的几个关系:

(1)素质教育与考试的关系:素质教育不是不要考试,而是要通过科学的考试改革,使其为素质教育服务。

(2)素质教育与升学率的关系:素质教育的正常开展应该获得更高的升学率,素质教育是把升学率作为目标之一去追求,两者的重大区别是之一和惟一的关系。

(3)素质与知识、能力的关系:知识和能力是构成一个人素质中的主要成分,即素质包括知识和能力。

(4)处理好与时代主题的关系:素质教育有其特定的时代内涵和涉及范围,不能也不必要把一些具有个性特色的研究与实验统统冠之以素质教育。

[资料来源]中央电大师范部:《现代教育原理》辅导文本,2002。

2.教育思想的实践价值。教育实践,尤其是现代学校教育实践,都是有目的、有计划、有组织的活动。教育实践的目的性、计划性和组织性则是教育思想的具体化。例如,针对当代信息技术的发展,互联网的普及,整个世界的教育资源都将呈现在学生面前,主体教育思想提出学生是自身生活、学习和发展的主体,现代教育应该把发挥和培养学生的主体性作为一项核心性的目标。而要实现这一目标,需要教育过程中师生双主体的协同活动,需要师生之间建立民主、平等的相互关系,需要相应的教育管理模式作为保障。

第二节　现代教育流派简介

一、进步主义教育

进步主义教育是以实用主义哲学为基础,影响广泛的教育运动。其基本主张是通过教育和教育改革,促进社会的改造和人的更新,从而推动人类社会的不断进步。进步主义发端于十九世纪八、九十年代的美国,形成了美国学校教育的基本特征。对美国及世界教育的发展产生了深远的影响。进步主义教育的主要代表人物有杜威、帕克、约翰逊、克伯屈等,尤以杜威的教育思想影响最大。其主要教育观点如下:

(一)关于教育本质

杜威认为,教育即生活,教育即生长,教育即经验的继续不断的改组或改造。在杜威看来,只有这种教育,才对人的解放和民主社会的发展真正有价值。他的这种教育本质是他的价值观中重生活、重过程、重活动、重经验等特点的必然反映。正如他所说:“生活就是发展;不断发展,不断生长,就是生活。”可见,教育是一个过程,它不是一个静止的结果,正是在生活、生长的过程中,正是在“做中学”的过程中,经验不断得到改造和改组。因此,他把传统教育中以“教师、书本、课堂”为中心看成是“坐中学”,而他自己则认为应以“学生、活动、经验”为中心,即强调“做中学”。

专栏 15-3

我相信——学校主要是一种社会组织。教育既然是一种社会过程,学校便是社会生活的一种形式。在这种社会生活的形式里,凡能最有效地使儿童分享人类所继承下来的财富以及为了社会的目的而运用自己的能力的一切手段,都被集中起来。因此,教育是生活的过程,而不是将来生活的预备。学校必须呈现现在的生活——即对于儿童是真实而生气勃勃的生活。像他们在家庭里、在邻里间、在运动场所经历的生活那样。不通过各样生活形式,或者不通过那些本身就值得生活的生活形式来实现的教育,对于真正的现实总是贫乏的代替物,结果形成呆板而死气沉沉的局面。学校作为一种制度,应当把现实的社会生活简化起来,缩小到一个雏形的状态。现实是如此复杂,以致儿童不可能同它接触而不致陷于迷乱;他不是被正在进行的那些活动的多样性所淹没,以致失去自己有条不紊的反应能力,便是被各种不同的活动所刺激,以致他的能力过早地被发动,致使他的教育不适当地偏于一面或者陷于解体。

[资料来源] 张焕庭:《西方资产阶级教育论著选》,6页,北京,人民教育出版社,1980。

(二)关于教育目的

杜威认为,"教育的过程,在它自身之外没有目的;它就是它自己的目的。"他还曾说过,如果说教育有目的的话,那就是更多的生长,更多的教育。杜威的这些话,使人感到他似乎是主张教育无目的的,其实是一种误解。实际上杜威也提出了良好教育目的的特性:"一个教育目的必须根据受教育者的特定个人的固有活动和需要","一个教育目的必须能够转化为与受教育者的活动进行合作的方法",这样的目的才能激发人的智慧,使人自由地活动,不断取得经验,从而有助于人的发展和民主社会的进步——这才是真正的目的所在。杜威把"更多的生长"、"更多的教育"视为教育的宗旨,其用意在于反对传统教育无视儿童生活的需要、无视现时环境的需要。这种重视儿童、注重现时环境的主张,使教育与生活有了直接的、密切的联系,并由此而引发教育实践方面许多重大的改革和变化。

(三)建立以儿童为中心的课程体系

杜威认为,儿童是教育的出发点,人是教育的对象。"教育并不是一件'告诉'和被告知的事情,而是一个主动的和建设性的过程"。即真正的教育必须能够使儿童感觉到学习的需要和兴趣,产生学习的自觉性和积极性,从而去主动地探究和发展。他认为课程必须与儿童的生活相沟通,理想的课程应该促进儿童的生长和发展,课程的内容不能超出儿童的经验和生活范围,并且要考虑儿童的需要和兴趣。课程的组织应该考虑儿童的心理发展的次序,以利用儿童现有的经验和能力。他提出在课程中占中心位置的应是各种形式的活动作业,例如,木工、铁工、烹调、缝纫以及各种服务性的活动,以便使儿童从中获得正常的与有效的学习。

(四)"从做中学"的教学理论

杜威认为,"做"是儿童的本性,学校应鼓励儿童在活动中通过解决问题来求得知

识,即"从做中学"。杜威在教学过程中提出五个要素:

(1)设置疑难情境,使儿童对学习活动有兴趣;

(2)确定疑难在什么地方,让儿童进行思考;

(3)分析资料,提出解决问题的假设;

(4)推论每个步骤所含的结果;

(5)通过实际应用、证实、驳斥或反证等方法,检验假设是否有效。

在教学形式上,杜威提倡活动教学,要求在课堂中为儿童准备具有充分活动的地方,要在学校设实验室、工场、园地等,让儿童在制作的活动中学习。

(五)关于教师和学生的地位与作用

杜威认为,学校应该是儿童生活的场所,是他们一起做事情的场所,儿童所做的事情不应由教师或固定的、现成的教材来规定,而主要由儿童个人来决定,也就是说,儿童所做的只是那些在他们看来是重要的事情。儿童居于学习过程的中心,他可以自由地探索真理,获得他认为有用的知识。教师的任务是在儿童做的时候给予帮助,提出忠告,并努力创设一个尽可能好的学习情境。杜威及其所代表的进步主义的教育观及一整套教育方法对20世纪上半叶的世界教育界产生了深远的影响,引发了人们对几千年来学校教育的反思,使儿童从传统教育的被压迫地位中解脱出来,使儿童的自然天性得以自由发展,使人的主体性受到重视,从而奠定了当今主体性教育思想研究的理论基础。但是,由于这一理论自身所带有的理论性的缺点与错误,在20世纪30年代,它又遭受来自各方面的批评,被认为是导致美国教育质量下降、科技水平落后于别国的重要根源。1955年美国"进步教育协会"宣告解散,标志了进步主义教育理论在美国的衰败。与此同时,对杜威及其进步主义教育理论进行马克思主义的分析批判也发展起来,使这一理论体系得到应有的分析与发展。

二、永恒主义教育

永恒主义产生于20世纪30年代,在当时反对进步主义教育理论中发展起来,属于新传统派教育理论。它以古典的实在论为基础,主要代表人物有美国的赫钦斯、艾德勒,法国的阿兰和英国的利文斯通等。

(一)关于教育目的与教育功能

永恒主义认为世界上存在着由"实在"构成的永恒不变的真理,由"实在"构成的人性也是永恒不变的。这种人性也称"潜能",包括人的理性、意志和感情,其中最本质的特征是理性。教育的首要的和根本的作用就是培养和发展人的理性。他们主张,教育的基本原理是永恒的、往复再现的,教育的任务是传授给学生关于真理性的知识。赫钦斯说:"教育包含着教学,教学包含着传授知识,而知识就是真理。"① 教育的作用在于帮助学生揭示并把握永恒真理的内涵,以使学生成为一个富有理性的人。真理应该成为教育本质所追求的目标。

---

① 陈友松主编:《当代西方教育哲学》,66页,北京,教育科学出版社,1982。

(二)关于课程设置

在课程设置方面,永恒主义者注重于哲学、文学、数学、历史与科学的古典作品等的学习。他们认为古典著作蕴涵着永恒不变的价值,可以培养学生的智力以及学生细心和批判性的思考能力。他们提出读"百部名著"的计划,所选名著中包括古希腊、罗马时代及资本主义初期的关于哲学、文学、历史与科学的古典作品,如:荷马史诗、圣经、莎士比亚的著作、牛顿的《光学》等。而职业教育性的课程对于他们来说则是次要的,在他们看来,"重要的生活真理体现在文学传统之中,而不是体现在现代实验科学之中"。[①] 他们提出了通才教育的思想,主张培养人的理性,为人们日后进入各自不同的研究领域提供共同的必备的理智基础。

(三)关于教师及其教学

永恒主义者十分重视教师的作用,认为教师担负着造就人的责任,要求教师必须具备无可挑剔的品质,必须是某一领域的权威,必须具有毋庸置疑的知识和专长,并且是值得效仿的楷模。教师要讲究教学方法,注重启发和培养学生抽象思维能力的发展,要按照学生自己的学习速度、接受能力来进行教学,同时要严格管理学生,认为人只有经过严格方法的管理才有希望,拒绝严格方法的人永远不会有所成就。教师的责任就是给儿童下命令,责令他完成各种作业。教学的艺术恰恰在于让儿童自己努力实践,通过辛勤努力之后发觉一种真正的乐趣。永恒主义教育流派产生后,在西方世界影响比较大,它以其复古的特色在西方各种教育流派中独树一帜。它提出了一些合理的教育建议,如注重理性培养,提倡人文教育、通才教育,注重教师作用,讲究教学方法等,对现代教育有一定的借鉴意义。但由于永恒主义教育理论的哲学基础是极其荒谬的,它所提出的永恒教育的目的、永恒课程、永恒人性等口号,都是不足取的。其明显的复古主义教育倾向更是一种极端保守、落后、倒退的主张,当今社会知识陈旧速度加快,科技成果倍出,学校教育应当以培养学生使之跟上时代的步伐为目标,如果让学生把更多的时间和精力花费在读古书上,甚至成天让他们钻到故纸堆里,势必造成一种科盲,其后果不堪设想。

三、存在主义教育

存在主义教育是现代西方教育思想的一个流派。存在主义哲学产生于第一次世界大战后的德国,第二次世界大战期间传至法国,第二次世界大战后在整个资本主义世界广泛流行,是一种颓废的主观唯心主义哲学。主要代表人物有德国的海德格尔、雅斯贝斯,法国的萨特和奥地利的布贝尔等。20 世纪 50 年代,美国资产阶级教育家奈勒、莫里斯等把存在主义应用于教育理论,提出了一些主张,于是形成一个教育思想流派。

(一)关于教育目的

存在主义以"主观性"为"第一原理",认为人的存在或者纯粹的自我意识"先于本质",鼓吹周围世界和"自我"是对立的,因而每个人都是孤立的,充满着"死亡的恐惧"。

① 罗伯特·梅逊:《西方当代教育理论》,51 页,北京,文化教育出版社,1984。

由此出发,认为教育应以个人的“自我完成”为目标。它否认“外界因素”对个性形成的作用,而把个人作为“教育的主体”,鼓吹把“在发现自我的境遇中进行个人的自由发展”作为教育的基本目标。它认为如果一个教育制度的主要任务是培养一般平凡的学生而不是特殊的学生,势必以庸碌之才代替出类拔萃的“天才”。因此主张实行“天才教育”,反对普及教育,以便更好地维护资产阶级的统治。

(二)关于教育任务与内容

从其教育目的出发,存在主义者对教育的任务与内容也提出了自己的看法。关于智育,存在主义者反对为学生规定固定的课程,认为课程设置最终要由学生的需要来决定。他们认为知识的真实性要看它对个人主观的价值,教学应把个人的“主观性”作为出发点。因此,在教学内容上,它提出“课程的全部重点必须从事物世界转移到人格世界”,特别强调人文学科,认为人文学科比其他学科能更深刻、更直接地表达人的本性及人与世界的关系,更能洞察和发展人存在的意义,主张要使所有的儿童,除圣经以外还要熟悉古代历史和古典著作。在存在主义者看来,智育的首要任务是发展学生的情感与意志,即应以对自己的本性体验为主要内容。心智训练与理性发展则是次要的。关于德育,存在主义者否认任何固定的道德标准,否认道德标准的阶级性,主张让学生“自由选择”道德标准,鼓吹以“自由选择”道德标准为原则的品格教育。它强调“名副其实的教育实质上就是品格教育”,认为只有这样,才能培养出“一个品格崇高的人”。道德教育的具体内容,主要是发展自己,保存自尊心。蔑视自己对他人与群众的顺从,即完全是为了把自己培养成为具有独一无二的个性的人。这是资产阶级极端个人主义在教育上的一种表现。

(三)关于教学方法与教学组织形式

在教学方法上,存在主义者认为古希腊教育家苏格拉底的问答式、启发式方法是最理想的教学方式,“因为学生用这种方法学到的是他自己肯定的东西”,反对课堂教学中只由教师讲授的教学方法。在教学组织形式上,存在主义者强调个别教学,认为教师应尊重每个学生的个别意愿,能够与学生平等对话,教师与学生之间的关系应该是“我与你”而不是“我与你们”、“我与它”,只有这样才能促进学生的个人发展。存在主义教育主张教育应当为每一个具体的人服务,能够促进人们顺利地投入有重要意义的生存中去,要求教育能够为每一个人的自由的、合乎道德的选择提供机会等思想,对推动教育改革和发展是具有一定的积极意义,但它鼓吹道德虚无主义、强调极端的个人主义,对青少年的成长与发展会起很大的涣散作用,对社会的革命运动也会起干扰与破坏作用。

四、合作教育学

“合作教育学”,作为一个学派于 1986 年 10 月在前苏联提出。从教育思想上看,合作教育学在俄罗斯占主流地位。合作教育学的倡导者阿莫纳什维利、伊万诺夫、谢季宁、沙塔洛夫等通过各自的教学实验提出“合作教育学”的理论,其核心是不要强制学生学习,要尊重其人格,培养其自尊心,重视发展其个性。合作教育学强调把教学、教育过程建立在师生合作这种新型关系之上。口号是:合作人道化、个性民主化。热爱每一个学生,尊重每一个学生的人格和个性,这是合作教育学的基础。合作教育学实质上是人道主义的教育学,同西方国家人本主义教育学派遥相呼应。其有关教育思想,对于我们全面推进中小学素质教育,有一定的借鉴作用,具体如下:

(一)民主思想

民主思想是推进素质教育的根本保证。"合作教育学"强调在教学中必须建立民主、平等、互相尊重、信任、互相合作的师生关系,排除交往中有损于儿童自尊心,压制儿童个性发展的因素。首先,教师不能凌驾于学生之上,以教育者自居;其次,不能以"严格要求"为借口,以强制手段——训斥、羞辱、打坏分数、向家长告状等强迫学生服从教师意志;再次,教师要创造生动活泼的方法吸引学生学习。这就要加强师生合作,在完成学习和认识任务中师生在兴趣、情绪、目的和努力方面保持一致性。

(二)内化思想

学生在素质教育中得到发展是学生内化的结果,此内化是建立在对学习需求的基础上的。"合作教育学"十分强调学生确立新的学习动机,从学习内部获得学习推动力。其动机来源:一是靠教师培养,使正确的学习动机在有目的、有组织的教学过程中逐步形成和确立;二是必须使每一个学生感到成功、进步和发展的欢乐,哪怕最差的学生,也不能让他意识到"自己落选"和体验到"自己什么也不行"。

(三)因材施教思想

素质教育是面向全体学生,促进每一个学生全面素质发展的教育,必须坚持因材施教。"合作教育学"认为,过分强调统一的教学内容、教学进度和教学方法,是与学生实际不符合的。实验证明,只要教育思想端正,教学方法适当,可以保证每一正常学生达到普及教育的标准,中等生可提高到优等水平,而优生可超纲地学到更多东西。所以,应在学生成熟而尚未完全成熟的心理机制上下功夫,即教师教给学生的东西要有一定超前性和有一定难度,通过师生努力,克服困难,加速发展。

(四)个性发展的思想

素质教育是开发每个学生潜能,促进个性发展的教育。"合作教育学"也提出教育教学必须从发展儿童的个性出发。一是给学生自由选择的权利。传统教学活动,教师压制了学生的积极性、独立性和创造性。"合作教育学"倡导教学中要使儿童有自由选择权。当然,并非放任自流和降低教学要求,而是根据儿童的个性特点,即品尝生活经验和可能达到的能力,运用巧妙的教学艺术,使必需的学习任务变为学生内在的自觉要求。二是争取让学生从事自己感兴趣的活动。当堂完成作业,不留家庭作业;大量阅读,改善学生"智力背景";从事创造性制作活动,让学生在多种多样活动中发展个性。

(五)建立正确评价体系思想

"合作教育学"认为简单地用分数评价学生,会严重挫伤儿童学习积极性,损伤其自信心和自尊感。因此,提出学校不应把分数当成驱赶学生的"鞭子",要引导学生正确理解评分的含义,逐步建立以培养学生自我分析、自我评价、自我确认、自我控制能力为目标的评价体系,以促进学生的发展。

五、建构主义教育

20世纪80年代建构主义理论的产生,标志着教育领域的又一次革命。建构主义者不仅非常关注学生是如何根据已有的经验来建构新的知识,强调学习的主动性、社会性和情境性,而且在此基础上,对学习理论和教学提出了许多新的独特见解和主张。可以说,建构主义不仅是一种全新的学习理论,更是一种全新的教学理论。它给当前中小学素质教育的实施提供了许多启示。

(一)建构主义学习理论

建构主义学习理论认为,教学活动应是在教师指导下的学生自主建构知识的过程。建构主义理论从认识论的高度揭示了认识的建构性原则,强调了认识的能动性。建构主义更强调学习的非结构性和具体情境性及学习中的社会性相互作用。建构主义关于学习的基本观点为:

1.学生的主体性是天然具有的,而非外界赋予的,学生是自己的知识的建构者。学习是学习者在原有知识经验基础上,主动建构内部心理表征及新知识意义的过程,既包括结构性知识,也包括大量的非结构性的经验背景。

2.学习者不是被动地接受知识,而是对信息进行主动的选择和加工。学生不是从同一背景出发,而是从不同背景和角度出发。学习应该是在他人(教师等)的协助下,形成一种独特的信息加工过程,建构出更符合意义的东西。

3.关于学习的条件,要以学生为中心,注重主体作用;注重情境的作用,特别是实际情境(结构不良领域),要注重协作学习。课堂教学形式并不理想,要强调师徒式的传授及学生间的相互讨论与学习;注意对学习环境进行设计,为教育者提供充分的资源。

4.学习的结果,是建构了结构性与非结构性知识意义的表征;知识是围绕关键概念而形成的网络结构,不是层级结构(认知派观点:学习结果是按知识水平的高低而形成的层级系统)。

(二)建构主义的教学理论

建构主义的教学理论则要求教师要由知识的传授者、灌输者转变为学生主动建构意义的帮助者、促进者;要求教师应当在教学过程中采用全新的教育思想与教学结构(彻底摒弃以教师为中心、强调知识传授、把学生当作知识灌输对象的传统教育思想与教学结构)、全新的教学方法和全新的教学设计(以“学”为中心的教学设计理论正是顺应建构主义学习环境的上述要求而提出来的)。

以学生为中心教学结构的特点是:

1.学生是信息加工的主体,是知识意义的主动建构者;

2.教师是课堂教学的组织者、指导者,是学生建构意义的帮助者、促进者;

3.教学媒体是促进学生自主学习的认知工具;

4.教材不是学生的主要学习内容,通过自主学习,学生主要从其他途径(例如,图书馆、资料室及网络)获取大量知识。

建构主义理论的突出优点是有利于具有创新思维和创新能力的创造型人材的培

养;其缺点则是忽视教师主导作用的发挥(因而不利于系统知识的传授,甚至可能偏离教学目标)和忽视情感因素在学习过程中的作用。建构主义学习理论主张以学生为中心,强调学生是信息加工的主体,是知识意义的主动建构者;认为知识不是由教师灌输的,而是由学习者在一定的情境下通过协作、讨论、交流、互相帮助(包括教师提供的指导与帮助),并借助必要的信息资源主动建构的。建构主义的教学理论则强调教师要成为学生主动建构意义的帮助者、促进者,课堂教学的组织者、指导者,而不是课堂的"主宰"和知识灌输者;要求学生主要通过自主发现的方式进行学习。建构主义的"以在原有知识的基础上的建构为核心"的学习观,"以学生为中心"的教学观,以及其应用研究成果,对于我们"培养以创造性为核心"的素质教育的探索有一定的借鉴作用。在科学教育中,我们如何批判地吸收建构主义教育观的合理成分还有待于我们进一步探索。

第三节　现代教育理论简介

一、苏霍姆林斯基的和谐教育理论

瓦·阿·苏霍姆林斯基(1918～1970),前苏联著名教育家。出生于乌克兰一个农民家庭。从1948年直至逝世,他一直担任他家乡所在地的一所农村完全中学的校长。他主张教育就是要培养全面发展的、和谐的个性,强调德育、体育、智育、美育和劳动教育都非常重要,不可偏废。一生写的教育著作有40多种,600多篇论文。主要代表作有:《和青年校长的谈话》、《帕夫雷什中学》、《学生的精神世界》、《公民的诞生》、《把心灵献给儿童》、《给教师的建议》等。

(一)关于教育目的

苏霍姆林斯基主张教育要把青少年培养为"聪明的人"、"幸福的人"、"全面和谐发展的人,社会进步的积极参与者"。要达到上述目标,就要进行"和谐的教育"。他给"全面和谐发展"以极其丰满的内涵,他谈到:人的和谐发展,意味着他有能力担当多方面的任务,他应该是社会物质生产和精神生活整个领域中的创造者、享用者、鉴赏者和保护者,是有文化素养和道德风貌的人,是积极参与社会活动的公民和具有道德基础的新家庭的建立者。为此,必须对学生实施包括德育、智育、体育、美育和劳动教育的全面发展的教育。

(二)关于教育任务

苏霍姆林斯基认为,完成全面发展的诸种任务,并不意味着使儿童分别在这几个方面得到收获,最根本、最重要的在于形成儿童的统一的、丰满的精神世界,即让儿童有一个广阔的心胸和各方面的素养得到高度和谐发展,并反映在内心生活中的精神风貌。丰富的精神世界应该包括一个人的世界观、智力、思维、兴趣与才能的充分发展,这就要靠德、智、体、美和劳动等各种教育任务的共同实现才能达到。

苏霍姆林斯基认为,德育在全面发展的教育中起主导作用。他不同意只重视自然科学知识传授而轻视道德教育的观点,强调世界正进入一个"人的世纪"。他非常重视培养青少年具有共产主义信念、共产主义道德、共产主义劳动态度、爱国主义、集体主义精神等。他说,要教育儿童,首先要了解儿童、研究儿童,要具有必要的教育科学理论的指导。苏霍姆林斯基认为,“没有不想成为好孩子的儿童”,“要让每个学生都抬起头来走路”,有“充分表现自己的机会”。“从儿童来到学校的第一天起,教师就应该善于发现并不断巩固和发展他身上所有的好的东西”。要审慎地运用惩罚。“让集体看到的首先是每个儿童的优点,这才是育人的艺术所在”。教师要注意控制自己的情绪,即使是在发泄自己的愤怒的时候,也不能忘记;不能泼灭学生“成为一个好人”的愿望的火花。要重视学生的自我教育的培养。

苏霍姆林斯基从全面发展教育的高度出发,对智育提出一些精辟的见解。他认为“智育包括:获得知识,形成科学世界观,发展认识能力和创造力,养成脑力劳动习惯,培养在整个一生中丰富自己智慧的需要和把知识运用于实践的需要”。他强调学生要掌握基本知识,但掌握知识不仅仅是为了劳动,更重要的是为了使学生具有丰富的精神生活,成为一个真正幸福的人。

苏霍姆林斯基把体育、美育和劳动教育视为全面发展教育的不可分割的组成部分。苏霍姆林斯基把体育与学生身体健康联系在一起,他认为,“良好的健康状况、乐观向上的精神状态是随时准备克服困难的最重要的条件。儿童的精神生活——他的智力的发展、思维、记忆、注意、想像、情感、意志,在很大程度上取决于他的体力的活跃程度”。关于美育,他说:“美是道德纯洁、精神丰富和体魄健全的强大的源泉。美育最重要的任务是:教育儿童通过周围世界的美、人的关系的美,而看到精神高尚、心地善良、情感诚挚的美德,并在此基础上,在自己身上确立美的品质。”关于劳动教育,他说:“儿童高尚的心灵是在劳动中逐渐培养起来的,关键是要使儿童从小就参加劳动,使劳动成为人的天性和习惯。”他认为劳动教育具有推动德、智、体、美全面发展,发掘学生的天赋才能,促进学生以科技革命和现代化生产为指针的职业定向的职能。

(三)关于教学

苏霍姆林斯基从智育的基本任务出发,要求正确解决教学过程中的两对矛盾,即教学—教育、教学—发展,要求在促进矛盾的辩证统一过程中,完成教学的目的,实现和谐发展的总任务。他认为教学必须是教育性的教学,“如果不触动儿童心灵并使其内心精神活跃起来的教学……不能构成儿童头脑中的知识素养”。关于教学与发展,他主张通过教学来发展学生的智力、思维和内在的精神世界,他说:“在学生的脑力劳动中,摆在第一位的并不是背书,不是记住别人的思想,而是让学生本人进行思考,也就是说,进行生动的创造。”“人的心灵深处,都有一种根深蒂固的需要,这就是希望感到自己是一个发现者、研究者、探索者。”他认为教学中应同时具有两套教学大纲:一套教学大纲是国家颁布的正式教学大纲;另一套则是非正式的“校本”教学大纲。他指出:“教学大纲和教科书规定了给予学生的各种知识,但是却没有规定给予学生最重要的一样东西,这就是‘幸福’”。苏霍姆林斯基设计的“校本”教学大纲主要是对课外阅读知识的要求,课外阅读时“学生带着一种无比高涨的激励情绪从事学习和思考,对面前展开的真理感到惊奇和震惊;在学习中意识和感觉到自己的智慧力量,体验到创造的乐趣,为人的智慧和意志的伟大感到骄傲”。大量的课外阅读既吸引了学生的学习兴趣,扩大了知识面,又发展了心智。苏霍姆林斯基的教育经验与理论是一个庞大的体系,他不拘泥于传统旧习,紧紧与教育的现代发展需要相吻合,使他的教育实际经验和理论观点都具有很强的生命力。但是,他的教育理论在理论论证上还有欠缺,学习时需做具体分析。

二、布鲁纳的结构主义教学理论

J.S.布鲁纳(1915～　)是美国著名的教育心理学家和教育改革家,“结构主义”理论学派的重要代表人物之一,他的代表作《教育过程》被誉为教育史上“具有划时代意义”的著作,影响了许多国家。他认为,学习的基础是学习者内部的心理结构的形成和改组,教学就是要促进学习者内部的心理结构的形成和改组。20世纪60年代,布鲁纳的理论对美国的中小学教育改革产生了广泛的影响。其教学理论的基本主张是:

(一)理智发展的教学目标

布鲁纳认为,发展学生的智力应是教学的主要目的。他指出,教育不仅要培养成绩优异的学生,而且要帮助每个学生获得最好的理智发展。教育主要是“培养学生的操作技能、观察技能、想像技能以及符号运算技能”。具体为:

(1)鼓励学生发现自己猜想的价值和可修正性,以实现试图得出假设的激活效应;

(2)培养学生运用心智解决问题能力的信心;

(3)培养学生的自我促进;

(4)培养学生“经济地运用心智”;

(5)培养理智的诚实。

(二)学习和掌握学科的基本结构

布鲁纳认为,学生在学校所学到的东西是有限的,要使这些有限的东西发挥更大的作用,就需要使学生学习和掌握各门学科的基本结构。所谓学科基本结构就是一门给定的学科中的基本概念、基本原理和法则的体系。他认为学习基本结构有四个好处:第一,如果学生知道了一门学科的基本结构或它的逻辑组织,就能理解这门学科;第二,如果学生了解了基本概念和基本原理,有助于学生把学习内容迁移到其他情景中去;第三,如果把教材组织成结构的形式,有助于学生记忆具体细节的知识;第四,如果给予学生适当的学习经验和对结构的合理陈述,即便是年幼儿童也能学习高级的知识,从而缩小高级知识与初级知识之间的差距。

(三)教学原则

布鲁纳提出了四条教学原则:第一,动机原则。学习取决于学生对学习的准备状态和心理倾向。儿童对学习都具有天然的好奇心和学习的愿望,问题在于教师如何利用儿童的这种自然倾向,激发儿童参与探究活动,从而促进儿童的智慧的发展。第二,结构原则。即要选择适当的知识结构,并选择适合于学生认知结构的方式,才能促进学习。这意味着教师应该认识教学内容与学生已有的知识之间的关系,知识结构应与学生的认知结构相匹配。第三,程序结构。即要按最佳顺序呈现教学内容。由于学生的发展水平、动机状态、知识背景都可能影响教学序列的作用,因此,如果发现教学效果不理想，教师就需要随时准备修正或改变教学序列。第四，强化原则。即要让学生适时地知道自己学习的结果。但需要注意的是，教师不应提供太多的强化，以免学生过于依赖教师的指点。另外，要逐渐从强调外部奖励转向内部奖励。

(四)发现教学方法

布鲁纳认为，掌握学科知识的基本结构对于促进学生认知发展具有重大意义，因此，学习最适宜采取发现法，让学生自己去发现知识的基本结构。"发现法"的核心思想是真正确立学生在教育中的主体地位，这种方法要求学生在教师的认真指导下，能像科学家发现真理那样，通过自己的探索和学习，"发现"事物变化的因果关系及其内在联系，形成概念，获得原理。他认为发现学习具有以下一些优点：

(1)有利于激发学生的潜力；

(2)有利于加强学生的内在学习动机；

(3)有助于学生学会学习；

(4)有利于知识的保持与提取。

布鲁纳的结构主义教学理论突出理论知识，强调学生的主体地位，注重学生的智力发展，触及了许多曾被忽视的重大理论问题，对传统的教学理论产生了强烈的冲击。但它过分集中于认知的发展而置情感的发展于不顾，忽视了学生的非智力因素这一现代教学理论的重大课题，这不能不说是一种缺憾。

三、赞可夫的发展性教学理论

列·符·赞可夫(1901～1977)是前苏联著名的教育家，他先后从事过儿童教育工作，对心理学和教育学都有研究。1957 年至 1977 年的 20 年间，赞可夫领导了俄罗斯教育科学院普通教育研究所的"教学与发展问题"研究室进行了大规模的长期的实验，提出了"小学教学新体系"，并撰写了大量的论文和著作，受到国内外的广泛关注。其代表作有 1963 年发表的《论小学教学》、《小学教学新体系》，1975 年出版的《教学与发展》、《和教师的谈话》等，其中《教学与发展》是赞可夫教育实验的工作总结，比较全面地阐述了他的教育理念和教学思想，即彻底改革旧的教学原理及教学法体系，从提高教学效果入手，促进学生的一般发展，进而提高学生的学习质量。

(一)教学与发展的关系

赞可夫认为学校教学的首要任务应该是促进学生的"一般发展"。他说："所谓一般发展，就是不仅发展学生的智力，而且发展学生情感、意志品质、性格和集体主义思想。"[①] 教学既要促进学生心理的发展，又要促进学生身体的发展。在教学与发展的关系中，他认为教学结构是发展的原因，学生的发展进程是结果。教学不应追随儿童现有的发展水平，而应走在儿童发展的前面，发挥儿童心理发展的潜在力量，促进儿童的积极发展。

① 赞可夫著，杜殿坤译：《教学论与生活》，30 页，北京，教育科学出版社，1984。

(二)实验教学论体系的教学原则

赞可夫以要达到“尽可能高的教学效果来促进学生的一般发展”为指导思想,提出了独具特色的教学原则:

1.以高难度进行教学的原则。赞可夫认为难度有两个含义,一是指克服障碍,二是指学生的努力。高难度原则就是在教学中给予学生一定难度的教材,使学生在努力克服困难的过程中掌握知识技能,同时促进学生的发展。

2.以高速度进行教学的原则。赞可夫主张以知识的广度来达到知识的深度,要让学生多读点课外书,多参加点科技活动,多搞一些参观旅行,多交谈,多争论,使儿童能不断地前进,不断地以丰富多彩的内容丰富儿童的智慧。

3.理论知识起主导作用的原则。赞可夫强调理论知识对学生认识过程的指导作用,认为理论知识是形成技能技巧的基础,只有抽象思维才能更深刻、更接近事物的实质。

4.使学生理解学习过程的原则。这一原则要求学生理解学习过程的结构和进程,要求教师在教学中随时向学生说明学习的方法与策略,以培养学生的自学能力。

5.使全班学生(包括差生)都得到一般发展的原则。赞可夫认为教学应尽量使每个学生都得到最大限度的发展,充分发挥个人的潜能。对于差生,应从发展上下功夫,通过鼓励自信心、培养学习兴趣等方式促使差生进步。

(三)教学方法

在教学方法上,赞可夫认为教学必须要触及学生的精神需要,必须要重视形成学生的内部学习需要,使学生成为学习的主体。他要求重视学生的“情绪生活”,建立融洽的师生关系,通过积极的发展学生的语言、有效使用间接法、精心设计练习等教学策略,从各个方面引导学生深入学习。赞可夫的发展性教学理论把“智力发展”概念扩大为“一般发展”,注意到了个性心理品质在人的发展中的作用,注意到它们对实施教学任务,提高人的素养具有重要作用。他所创立的新颖的教学论原则体系,对于克服传统教学思想所带来的少、慢、差、费,促进学生学会学习,使每个学生得到最优的发展具有重要意义。

四、布卢姆的掌握学习教学理论

20世纪以来,由于科学技术的迅速发展,使现代社会发生了深刻的变化,各国的教育都面临着系统的深刻的变革。它已不再满足于选择和培养少数优秀人才,而要求大力普及教育,努力提高劳动者大军的科学文化素质。如何变革传统的教育观念,关心每个学生的发展,让所有学生掌握在复杂社会中求得自身发展所必须具备的知识和技能的问题引起人们广泛的关注。20世纪60年代,美国教育心理学家B.S.布卢姆创建了适应学生个体差异的掌握学习教学理论。该理论在战后世界性教学改革热潮中产生了广泛的影响。布卢姆在《为掌握而学》(1968)、《掌握学习理论导言》(1974)与《人类特性和学校教育》(1976、1982)等论文和专著中,阐述了有关掌握学习教学的理论,在他看来,掌握学习教学乃是旨在使学习材料为绝大多数学生所掌握的一种有效的教学策略。

其主要内容扼要介绍如下。

(一)掌握学习教学的核心思想

布卢姆认为掌握学习的教学包括五种变量:即允许学习的时间、毅力、教学的质量、理解教学的能力和能力倾向。

1.允许学习的时间。它是指教师对学生完成一定的学习任务所明确规定的时限。布卢姆认为,学生要达到掌握水平,关键在于时间量的安排要符合学生的实际状况。如果学生有足够的时间去学习,则绝大多数都能达到掌握水平。

2.毅力。布卢姆认为毅力是指学生愿意花在学习上的时间,毅力与学生的兴趣、态度有关。如果学生的学习不断获得成功或奖励,那他就乐于在一定的学习任务中花更多的时间;反之,他受到挫折或惩罚,必然会减少用于一定的学习任务的时间。他强调指出,重要的是通过提高教学质量来减少学生掌握某一学习任务所需要的毅力。因为我们没有什么理由要把学习弄得很难,非要学生有坚忍不拔的毅力不可。

3.教学的质量。在布卢姆看来,教学的质量是指教学各要素的呈现、解释和排列程序与学生实际状况相适合的程度。布卢姆认为教学的要素是:向学生提供线索或指导;学生参与学习活动的程度;给予强化以吸引学生学习;反馈—矫正系统。

4.理解教学的能力。布卢姆认为理解教学的能力是指学生理解某一学习任务的性质和他在学习该任务中所应遵循的程序的能力,它主要取决于学生的言语能力。目前绝大多数学校采取班级授课制,一个教师面对几十个学生,如果其中某些学生不善于理解教师讲解和教科书内容,学习就会遇到困难。所以,只有改进教学,如通过小组交流、个别对待、有效地解释教科书、视听方法的运用与学习性游戏等系列教学才能使每一个学生提高言语水平,并发展其理解教学的能力。

5.能力倾向。布卢姆认为能力倾向是学生掌握一定的学习材料所需要的时间量。只要有足够的时间,大多数学生都能完成一定的学习任务。这就是说,能力倾向只是学习速度的预示,而不是学生可能达到的学习水平的预示。布卢姆不相信能力倾向是完全不变的。因为有证据表明,通过提供适当的环境条件和在学校、家庭中的学习经验,改变能力倾向是可能的。

(二)掌握学习教学的程序

1.为掌握学习定标、定向。定向,首先是让学生明确当前"学习什么"以及"怎样学习",达到"什么程度"。其次是不断地鼓励学生,帮助他们树立学习的自信心并激发学习动机。例如,在学生知道当前"学习什么"的基础上,向他们说明"每人都会得到他学习上所需要的一切帮助;可以灵活地按成绩或能力临时分组学习;每一个学生的成绩等级仅以他期末成绩为依据,且都能达到A等标准……"每一个学生由此而形成一个"方向明,决心大"的心理状态。

2.为掌握学习而反馈—矫正。掌握学习教学则是群体教学并辅之以每个学生所需要的频繁的反馈与个别化的矫正性帮助。教师依据教育目标和学生的基础状况进行互为衔接的各个单元(一般是教材的一章、一专题)教学。每授毕一教学单元,即用20~30分钟时间进行诊断测验(形成性评价)。诊断学生学习上存在的缺陷或发现学生学习进步状况,为师生及时提供教与学的反馈信息。通常由学生自己批阅测验试卷。若学生能掌握80%~90%的测验内容,便算达到本单元的掌握学习水平。如果在测验中发现学生在解题中存在共同问题,教师就对全班学生进行补充、深化性的辅助教学和个别指导。

3.为掌握学习而分等。掌握学习教学在每一学科各单元的循环往复的形成性评价的基础上,于学期结束时进行总结性考试(总结性评价),以分出学生掌握学习的等第。评定学习等第是指学生成功地完成各单元总结性考试(总结性评价),以分出其掌握学习的等第。评定学习等第以成功地完成各单元学习而不是以在团体测验中的等第为依据,且给达到既定目标的所有学生评定相应的等级。由此可见,该总结性考试和分等的目的在于使学生最终达到掌握学习水平并受到鼓励而继续进行掌握学习。经过卢布姆及其同事的多年实验研究,掌握学习教学显示了良好的效果。大量实验证明,虽然这种策略还不能使90%学生达到A等成绩,但大约80%学生达到了A等或B等。布卢姆的掌握学习教学理论把使大多数学生获得发展作为核心思想,注重从某一具体学习任务来分析教学的质量,强调形成性评价,从而使大多数学生达到对课程材料的真正掌握,并增强了学习的兴趣,促进了心理健康。因此,该理论受到许多国家教育理论家的关注并以其推动当代教学改革。当然,掌握学习教学理论也存在不足:它偏重于认知领域教育目标的测定;对学生独立学习的帮助较小;为了使所有学生达到掌握学习水平,往往需要较多的教学时间。

第四节 终身教育思潮简介

1965年12月,联合国教科文组织在法国巴黎召开了国际成人促进委员会第三次会议,主持会议的法国成人教育家保尔·朗格朗(1910～)在会上作了以“终身教育”为题的学术报告,标志着终身教育思潮的开创。朗格朗因此成为终身教育理论的奠基者,在终身教育发展中起了巨大作用。而今,终身教育已经由个别国家的活动逐步发展成为一种方兴未艾的国际教育运动。我国在1995年颁布的《中华人民共和国教育法》中也对终身教育作出了确认。

一、终身教育思想的历史背景

保尔·朗格朗给终身教育下的定义是:“所谓终身教育是指一系列非常特殊的观念、实验与成就;换言之,以其最完整的意义而言,教育包含了所有各个层面与方向,从出生到临终未曾间断的发展,以及各个不同的点与发展阶段之间非常密切且有机的关系。”终身教育思想是一个发源于古代,在人类历史发展的过程中不断丰富,而在现代得到提倡的重要教育思想,这一思想在现代的传播有其深刻的历史和社会的背景。

(一)社会时代背景

20世纪50年代以来,社会发生了许多重大变革。首先是科学技术的发展。知识更新率加快,陈旧率加大,有效期缩短,使人们深刻感觉到现有知识的贫乏和继续学习的紧迫。其次是人口结构和生活状况的变化。随着社会经济的发展,人们的生活水平不断提高,便产生了对更高的文化生活的追求,使终身教育成为一种可能。第三是由于学校传统教育的自身缺陷,使得终身教育成为必然。用现代的观点来看,传统的学校教育自身存在两大弊端:一是有年龄的限制。传统的学校教育期限主要是青少年时期,受教育完毕参加工作,整个人的后半生依赖于原有的学校教育求生存,认为它足以应付后半生的工作,同时认为学习能力随年龄的增大而减弱。二是教育方法缺乏灵活性,内容封闭,难以适应社会的急剧变化。传统的学校教育的内容基本上是世代因袭,然而在现代急剧变化的社会里,这种知识往往落后于时代,限制了年轻一代的发展。社会需要一种新的能更有效地为其服务的教育,终身教育正是在这种背景下应运而生的。

(二)心理学基础

终身教育思想的产生也是建立在心理学的科学基础上的。现代心理学的研究表明:人的早期发展阶段存在着许多有效的发展期,2 至 3 岁是语言的发展期,5 岁为智力的发展期。一个人的学业成败在很大程度上与早期学习和智力发展有关,因此,对儿童进行早期教育是传统学校教育所不能解决的。随着心理学的不断发展,对成人学习能力的研究也有了突破。大量的研究表明:所谓的学习能力随年龄增长而减退的主要原因是由于两代人之间所受教育的数量和质量造成的,真正的减退在 60 岁以前是不可能发生的。这说明成人的智力是可以不断发展的,这种发展是由他是否受教育决定的。对儿童早期学习能力与成人学习潜能的研究,都为终身教育的形成奠定了科学基础。

二、终身教育的主要观点

(一)从胎儿到坟墓的人生全程教育

终身教育认为学习在时间上是持续人一生的活动,学习将从胎儿时起,伴随人的一生,直至个体走向坟墓的全过程。在现代社会中成年人的工作和生活从其基本和发展需要上都是不可能离开教育和学习的,传统的"教育+工作"模式被各种终身教育模式、终身学习模式所代替也就成为必然。

(二)超越学校围墙的教育实施——教育的渠道和方式是多元且具有弹性的

教育体系涵盖正式教育、非正式教育和正规教育、非正规教育。全面整合教育资源,将家庭、社会和学校教育统一起来。终身教育冲破了原有教育体系的围栏,甚至提出了一个空前要求教育的时代,人们所需要的不是一个体系,而是"无体系"的思想。

(三)终身教育的学习方式——自我导向学习

所谓自我导向学习包含两个基本含义,其一,强调学习主体对学习负有大部分的责任。其二,学习者本人要知道如何学习,也就是要学会学习。在自我导向学习中,学习不再是社会或其他成员外部施加强制力的产物,而是学习者自主选择的活动。学习者在学习的过程中逐渐养成良好的学习态度、学习动机和方法,要能够根据自己的兴趣和发展可能性设定学习目标、学习策略,自己选择教育资源、安排学习活动,甚至自己进行学习评价。这样,学习者在离开学校之后就能够终身有效地进行学习。

(四)无所不包的学习内容

从促进人的全面发展的终身教育目标出发,终身教育的内容远远超过了目前人们所熟悉的教育内容体系。从学习新的科学文化知识和各种新的职业技能,到学习社会的伦理道德规范,发展学习者的身体和心理健康;从学习如何建立良好的人际和社群关系,到学习各种艺术和在生活中体现的文化;从学习如何对待工作和生活,到学习如何面对困境和死亡等等,终身教育的内容可以说是无所不包的。

(五)终身教育的目标——完善的人和和谐的社会

从个体发展的角度看,终身教育的目的在于帮助个人不断适应社会生活的变迁和完成其社会化的过程,使每一个社会成员成为一个完善的人。而从社会发展的角度看,终身教育的目的在于完成社会的改造与发展,使社会在全体成员不断学习的基础上更加快速、有效、和谐和圆满地得到发展。如何谋求个体和社会健康而圆满的发展,创建学习化社会就成为终身教育的一个长远和终极理想。

三、终身教育的意义

朗格朗认为,在飞速发展的今天,凭借某种固定的知识和技能就能度过终身的观念已成为历史,教育不再是仅仅为了传播知识,而主要是促进人的发展。终身教育的深刻意义表现在:

(一)终身教育满足了人生各个阶段受教育的要求

教育是贯穿于人的一生的活动,不存在年龄上的限制。从童年期到生命结束这一漫长过程中,每一个年龄阶段都有其长处与短处,有利方面与不利方面。为了使每个人在每一阶段都生活得有意义,就需要在每一阶段接受教育。

(二)终身教育促进了人的全面发展

在自然状态下,每个人都是一个独立的个体,有自己的思想、行为和喜好等,然而人一旦进了学校,各种条条框框限制了学生的自由发展,甚至将不同的个体朝着一个模式培养,使学生失去了自我。终身教育的目的就是将个人从矛盾中解脱出来,重视人格发展的统一性、全面性与连贯性。采取不同的形式与方法,校内教育与校外教育相结合,使人性达到美满与和谐的最佳状态。

(三)终身教育有利于建立一种新的教育制度

传统学校教育制度划一、内容陈旧、形式呆板、结构单一,根本不能适应社会对教育提出的多种类、多层次的培养人才规格的需要。终身教育的出现将带来一种新的制度,它采取开放的、灵活的、训练与信息相结合的方式,传授给学生一生都可以受用的学习技能,促进学生个性和创造精神的发展。

(四)终身教育使成人教育获得更加重要的地位

朗格朗认为,成人教育是终身教育的火车头。终身教育成功与否,依赖于是否建立了一个广泛的成人教育的网络。成人如果不断地学习、不断地接受现代教育,他对于教育的观念、对于学生所受学校教育的期望也会发生变化,这有助于人们真正认识教育的本质。可见,成人教育在未来教育中占有相当重要的地位。

总之,终身教育思想以快速发展变化的当代社会生活现实为背景,它完全应和了人们充分发展个性、创造能力和学习能力的要求,将人生一个阶段的教育改变为终身教育,将制度化教育转变为个性化教育,将学校教育转变为社会化教育,使近代教育发生了根本性的变化。作为一种现代教育思想,终身教育能够保证人的真正个性的发展和自我实现,能够真正实现教育机会均等,它也必将推动社会的持续高速发展,使教育成为实现社会平等和民主的一种强有力的手段。

思考题

1.何谓现代教育思想?它有哪些特征?

2.试评介进步主义教育思想。

3.试评介永恒主义教育思想。

4.存在主义教育思想的合理内核在哪里?

5.合作教育学思想给我们的启示是什么?

6.建构主义教育思想的合理性表现在哪些方面?

7.试评述苏霍姆林斯基的和谐教育理论。

8.分析说明终身教育思潮的近现代教育意义。

9.根据自己的理解,谈谈教育思想与教育之间的关系。

主要参考文献

1. 瞿葆奎主编:《教育学文集·教育与教育学》,北京,人民教育出版社,1993。

2. 全国十二所重点师范大学联合编写:《教育学基础》,北京,教育科学出版社,2002。

3. 陈元晖著:《中国教育学史遗稿》,北京师范大学出版社,2001。

4. 叶澜著:《教育概论》,北京,人民教育出版社,1991。

5. 黄济、王策三主编:《现代教育论》,北京,人民教育出版社,1996。

6. 王坤庆著:《教育学史论纲》,武汉,湖北教育出版社,2000。

7. 冯建军等著:《现代教育原理》,南京师范大学出版社,2001。

8. 张人杰等主编:《20世纪教育学名家名著》,广州,广东高等教育出版社,2002。

9. 郑金洲著:《教育通论》,上海,华东师范大学出版社,2000。

10. 涂艳国,《走向自由——教育与人的发展问题研究》,武汉,华中师范大学出版社,1999。

11. 张天宝:《主体性教育》,北京,教育科学出版社,2001。

12. 石中英:《教育哲学导论》,北京师范大学出版社,2002。

13. 瞿葆奎主编:《教育学文集·教育目的》,北京,人民教育出版社,1989。

14. 瞿葆奎主编:《教育学文集·教育与人的发展》,北京,人民教育出版社,1989。

15. 肖川:《主体性道德人格》,北京师范大学出版社,1990。

16. 叶澜主编:《新编教育学教程》,华东师范大学出版社,1991。

17. 南京师范大学教育系编:《教育学》,北京,人民教育出版社,1984。

18. 柳海民主编:《现代教育原理》,北京,中央广播电视大学出版社,2002。

19. 劳凯声主编:《教育学》,天津,南开大学出版社,2001。

20. 袁振国主编:《当代教育学》,北京,教育科学出版社,1999。

21. 顾明远、薛理银著:《比较教育导论——教育与国家发展》,北京,人民教育出版社,1998。

22. 赵中建选编:《全球教育发展的研究热点——90年代来自联合国教科文组织的报告》,北京,教育科学出版社,1999。

23. 联合国教科文组织、国际教育发展委员会编著:《学会生存——教育世界的今天和明天》,北京,教育科学出版社,1996。

24.《马克思恩格斯全集》第23卷,北京,人民出版社,1972。

25. 邵宗杰:《教育学》,上海,华东师范大学出版社,2002。

26.《列宁全集》第15卷,北京,人民教育出版社,1972。

27.王道俊、扈中平主编:《教育学原理》,福州,福建教育出版社,1998。

28.施良方著:《课程理论》,北京,教育科学出版社,1995。

29.丛立新著:《课程论问题》,北京,教育科学出版社,2000。

30.廖哲勋著:《课程学》,武汉,华中师范大学出版社,1991。

31.廖哲勋、田慧生著:《课程新论》,北京,教育科学出版社,2003。

32.王斌华著:《校本课程论》,上海教育出版社,2000。

33.钟启泉编著:《现代课程论》,上海教育出版社,1989。

34.张华等著:《课程流派研究》,济南,山东教育出版社,2000。

35.泰勒著:《课程与教学的基本原理》,北京,人民教育出版社,1990。

36.多尔著:《后现代课程观》,北京,教育科学出版社,2000。

37.钟启泉等主编:《＜基础教育课程改革纲要(试行)＞解读》,上海,华东师范大学出版社,2001。

38.郭元祥:《综合实践活动课程设计与实施》,北京,首都师范大学出版社,2001。

39.李定仁等主编:《教学论研究二十年》,北京,人民教育出版社,2001。

40.李秉德主编:《教学论》,北京,人民教育出版社,2001。

41.车文博著:《教学原则概论》,武汉,湖北人民出版社,1982。

42.吴立岗主编:《教学的原理、模式和活动》,南宁,广西教育出版社,1998。

43.郑信军等著:《现代教育理论与实践》,北京,首都师范大学出版社,2002。

44.王策三著:《教学论稿》,北京,人民教育出版社,1985。

45.[日]左藤正夫著:《教学原理》,北京,教育科学出版社,2001。

46.王道俊,王汉澜著:《教育学》,北京,人民教育出版社,1999。

47.中国人文社会科学博士硕士文库,《教育学卷》,杭州,浙江教育出版社,1998。

48.瞿葆奎主编:《教育学文集·教育评价》,北京,人民出版社,1989。

49.刘本固著:《教育评价的理论与实践》,杭州,浙江教育出版社,2000。

50.施良方,崔允漷主编:《教学理论:课堂教学的原理、策略与研究》,上海,华东师范大学出版社,1999。

51.瞿葆奎主编:《教育学文集·教学》(中册),北京,人民教育出版社,1988。

52.徐英俊著:《教学设计》,北京,教育科学出版社,2001。

53.顾明远,孟繁华主编:《国际教育新理念》,海口,海南出版社,2003。

54.R·H·Hersh, J·Miller, G·D·Fielding 原著,刘秋木、吕正雄译:《德育模式》。台北,五南图书出版公司,1993。

55.鲁洁、王逢贤主编:《德育新论》,南京,江苏教育出版社,2000。

56.班华主编:《现代德育论》,合肥,安徽人民出版社,2001。

57.檀传宝著:《学校道德教育原理》,北京,教育科学出版社,2000。

58.黄向阳著:《德育原理》,上海,华东师范大学出版社,2000。

59.魏贤超著:《现代德育原理》,杭州,浙江大学出版社,1993。

60. 武汉大学思想政治教育系组编:《比较德育学》,武汉大学出版社,2003。
61. 董小燕著:《比较德育研究》,杭州,浙江大学出版社,2000。
62. 金一鸣:《教育原理》,北京,高等教育出版社,2002。
63. [美]霍尔、戴维斯著,陆有铨、魏贤超译:《道德教育的理论与实践》,杭州,浙江教育出版社,2003。
64. [美]路易斯·拉思斯著,谭松贤译:《价值与教学》,杭州,浙江教育出版社,2003。
65. [美]杜威著,王承绪等译:《道德教育原理》,杭州,浙江教育出版社,2003。
66. [英]约翰·威尔逊著,蒋一之译:《道德教育新论》,杭州,浙江教育出版社,2003。
67. [英]彼德斯著,邬冬星译:《道德发展与道德教育》,杭州,浙江教育出版社,2000。
68. [美]柯尔伯格著,魏贤超、柯森等译:《道德教育的哲学》,杭州,浙江教育出版社,2000。
69. 朱小蔓:《中小学德育专题》,南京师范大学出版社,2002。
70. 胡厚福:《德育学原理》,北京师范大学出版社,1997。
71. 钟启泉:《班级管理论》,上海教育出版社,2001。
72. 吴秋芬主编:《班级管理》,合肥,安徽大学出版社,2002。
73. 屠大华主编:《现代班级教育与管理》,武汉,华中理工大学出版社,1997。
74. 鲁洁主编:《教育社会学》,北京,人民教育出版社,1990。
75. 涂光辉,雷晓波:《班主任工作技能》,长沙,湖南师范大学出版社,1996。
76. 郑金洲:《校本研究指导》,北京,教育科学出版社,2002。
77. 徐学莹:《教育学新编》,桂林,广西师范大学出版社,2000。
78. 刘家访:《教育学》,成都,四川大学出版社,2002。
79. 裴娣娜:《教育研究方法导论》,合肥,安徽教育出版社,2000。
80. 杨小微,刘卫华:《教育研究的理论与方法》,武汉,湖北教育出版社,1994。
81. 郑旗,李吉慧:《现代体育科学研究的理论与方法》,北京,人民体育出版社,2001。
82. 李秉德:《教育科学研究方法》,北京,人民教育出版社,1986。
83. 叶澜:《教育研究及其方法》,北京,中国科学技术出版社,1990。
84. 杨章宏:《教育实验研究》,杭州,浙江教育出版社,1998。
85. 林定夷:《科学研究方法概论》,杭州,浙江人民出版社,1986。
86. 施晓光主编:《现代教育思想专题》,北京,世界出版社,2001。
87. 毕淑芝、王义高主编:《当代外国教育思想研究》,北京,人民教育出版社,2002。
88. 袁桂林主编:《现代教育思想专题》,长春,东北师范大学出版社,1999。
89. 王天一、夏之莲等编著:《外国教育史》(下册),北京师范大学出版社,1999。
90. 衣俊卿:论人的存在——人学研究的前提性问题,《学习与探索》,1999(3)。
91. 扈中平、蔡春:教育人学论纲,《华东师范大学学报》,2003(3)。
92. 韩宗礼:我国教育投资的经济效益探析,《教育研究》,1990(1)。

93.刘复兴:我国教育政策的公平性与公平机制,《教育研究》,2002(10)。
94.朱小蔓:课程改革中的道德教育和价值观教育,《全球教育展望》,2002(12)。
95.詹万生:整体构建学校德育体系研究报告,《教育研究》,2001(10)。
96.刘爱兰:关于优化德育途径的断想,《辽宁教育》,2001(6)。